LE

PARTI DE LA GUERRE

ET LA

LIGUE DES PATRIOTES

LE
PARTI DE LA GUERRE

ET LA

LIGUE DES PATRIOTES

PAR

Léon MAROT

Vice-président de l'Union des Sociétés françaises de tir de la région
de Paris;
Président de la Société de tir l'*Etude*,
Avocat à la Cour d'appel.

Prix: 5 francs

DÉPOT A PARIS

GUSTAVE GUÉRIN ET Cie, LIBRAIRES-COMMISSIONNAIRES

RUE DES BOULANGERS, 22

1887

TABLE DES MATIÈRES

FIN DE LA TABLE

ERRATA

Page 9, *in-fine*. — Au lieu de *mandataires*, lisez : *mandants*.
Page 15, *initio*. — Au lieu de *1887*, lisez: *1855*.
Page 15, *initio*. — Au lieu de *Lebigne*, lisez : *Lebigre*.
Page 54. — Au lieu de XIII, lisez : XII.

CHAPITRE 1.

La Réaction cléricale et le Parti de la Guerre

Depuis quelques années, les forces du cléricalisme se sont concentrées en France ; il a lutté avec acharnement contre l'établissement de la République. N'ayant pu l'empêcher, il ne s'est pas découragé: non seulement il défend obstinément ses positions anciennes et les nouvelles emportées par surprise, mais il agit comme s'il était sûr du succès définitif. On s'imagine généralement que les cléricaux, reconnaissant à la fin leur impuissance, abandonneront la partie et se retireront sous la tente. Erreur ! Pour l'Église, le régime républicain n'est qu'une étape, marquée dans les desseins de la Providence, pour aboutir prochainement au triomphe du trône et de l'autel. Patiente, parce qu'elle croit à l'éternité de la bêtise humaine ; douée, en outre, d'une habileté et d'une souplesse qu'elle puise dans la nature de ses armes, l'araignée cléricale resserre chaque jour les tissus de sa trame ténébreuse. Puis, quand l'heure propice lui paraît venue, elle démasque soudain ses batteries, et fait apparaître brusquement sur la scène un de ces hommes qu'elle excelle à choisir, pour produire quelque cataclysme, guerre ou révolution, dont elle saura recueillir les profits.

C'est surtout de la France que partent toutes les idées d'émancipation sociale; c'est là aussi que les ennemis de cette émancipation peuvent recruter leurs champions les plus ardents. C'est donc en France qu'il importe au cléricalisme de concentrer ses efforts.

Aussi Rome s'applique-t-elle à s'attacher étroitement les catholiques de France, pour en faire les agents conscients ou inconscients de ses manœuvres machiavéliques. Pour cela, elle remontera au besoin vers le passé, et restaurera les superstitions les plus ridicules et les plus odieuses.

On se souvient que c'est après la violente propagande de dom Guéranger, abbé des Bénédictins de Solesme, soutenu par M. Veuillot, que fut décrétée la substitution de la liturgie romaine aux liturgies employées dans les églises de France, et d'où avaient été éliminées une foule de légendes grossières et absurdes, quelquefois même atroces.

Cette réforme fut due à la Compagnie de Jésus qui, de jour en jour, prenait plus d'autorité dans les conseils du pape.

On sait que la secte jésuitique n'a jamais pardonné à la France d'avoir ameuté contre elle l'esprit public en Europe. Aussi est-ce sur l'asservissement et, s'il le faut, sur l'anéantissement de notre Patrie que sont basés ses projets de domination universelle.

Le pape, voyant que le prestige religieux s'affaiblissait de plus en plus, a pu se fortifier par une alliance avec les Jésuites, c'est-à-dire avec un ordre religieux dont l'esprit dominateur avait paru autrefois dangereux pour l'autorité pontificale.

Aujourd'hui, le grand pontife est leur prisonnier, et rien ne se fait à Rome ou au nom de Rome que pour eux et par eux. Nous avons, pour l'attester, un bref du 15 septembre 1886, par lequel, après avoir rendu à la Compagnie tous les droits et privilèges dont elle jouissait, quand le pape Clément XIV la supprima, Léon XIII lui accorde même la faculté de publier de nouveau son organe principal, la *Civilta Catholica*. Toutes ces décisions s'enchaînent pour nous révéler le plan de la conspiration cléricale, dans l'ordre politique.

Voyons, d'autre part, suivant quelles lois se développe le grand courant qui emporte les esprits vers la réforme sociale.

Si l'on envisage la question au seul point de vue scientifique, il est indéniable, pour tout esprit éclairé et de bonne foi, que l'état social, en Europe, est sur le point de subir une modification profonde. De tous côtés, les Déshérités et les Justes réclament avec énergie une répartition plus équitable des richesses naturelles, et une organisation sociale plus conforme à l'indépendance humaine. Pour faire triompher leur cause, ils jettent partout les fondements de vastes associations, qui concentrent les forces de leur parti.

Nous voyons donc s'établir dans la société deux courants contraires : tandis que les diplomates ténébreux, qui travaillent au Vatican, ne désespérant pas de reprendre un jour la domination du monde, combattent de toute leur énergie et par tous les moyens les tentatives d'émancipation, la France, généreuse et clairvoyante, fait la lumière sur leurs intrigues, achève l'affranchissement des esprits, et donne le meilleur d'elle-même pour le triomphe de la cause des peuples.

Pour le Vatican, cette France-là, la vraie France, l'âme de l'humanité, c'est l'ennemi ; et elle est exécrée et maudite par ceux-là mêmes qui la proclamaient la bien-aimée de l'Eglise, au temps où, humble sujette, ignorante et dupe, elle acceptait les loups dévorants pour ses plus fidèles bergers.

Les gens de Rome ont fait une remarque qui inspire leur politique : « Quand la France est prospère, disent-ils, elle est trop prompte à s'assimiler et à propager les idées de liberté et de progrès social. C'est une enfant terrible, d'une santé exubérante ; il est nécessaire, de temps à autre, de la saigner pour qu'affaiblie, elle abandonne sa propagande et retombe dans nos bras. »

Appliquant ce raisonnement, l'Eglise suppute les avantages que peut lui rapporter, de temps en temps, une guerre opportune. Il ne lui déplait point de voir la France en sortir vaincue, mutilée, mais humiliée, désespérant de ses chefs, et bien près, en conséquence, de se jeter aux pieds du premier venu qui se présente comme un sauveur. Puis, chaque calamité apporte une recrudescence de superstition ; c'est tout profit pour les trafiquants de l'autel.

Dans notre siècle de progrès scientifiques, qui a démoli le bon Dieu et ses Saints par A - B, il ne faut pas demander beaucoup de sincérité religieuse à ceux qui exploitent la crédulité publique au nom de la religion. Nous craignons même de rencontrer, parmi les chefs de cette religion, beaucoup plus de dupeurs que de dupes. Ils ne reculeront donc pas devant une étroite alliance avec les agioteurs de la tribu de Judas ou d'Israël, et tous autres adorateurs du veau d'or. Les intérêts des uns et des autres sont identiques. En effet, remonter vers le passé, en toutes choses du domaine religieux ou social, tel est leur intérêt commun.

Nous savons gré à M. Drumont de nous avoir éclairés sur les menées des tripoteurs juifs ; mais son récit doit être complété, par une révélation importante : tant que l'Eglise sentira le besoin de s'appuyer sur l'élément capitaliste, et d'accumuler les richesses de ce monde qu'elle semble dédaigner pour abuser le vulgaire, l'union la plus étroite s'imposera, bon gré mal gré, entre le monde de la haute finance et l'Eglise. La fusion devient ainsi complète entre ceux qui mirent Jésus en croix et ceux qui, depuis dix-huit cents ans, en exploitent le cadavre.

Il est vrai que M. Drumont essaie aujourd'hui de soulever la réprobation universelle contre les Juifs. Nous allons dire pourquoi. L'Eglise avait rêvé de s'affranchir du joug d'Israël, et d'accaparer la banque; à cet effet, elle avait fondé l'*Union générale*. Les millions des Juifs en ont eu raison ; de là le Krack. De là aussi cet esprit de rancune qui fermente dans les élucubrations antisémitiques de M. Drumont. La formidable accusation, lancée par le zélé catholique retombe donc également sur la tête des gens d'Eglise. Il aurait voulu nous divulguer les divers complots des catholiques et leur manière de faire, qu'il n'eût pas agi autrement. Et maintenant, peuples, instruisez-vous !

De tout temps, l'Eglise a eu de grands intérêts dans les colonies; nous allons montrer les effets de son intervention dans les aventures extérieures et les expéditions lointaines.

Un observateur consciencieux remarquera que, toujours, les entreprises coloniales, commencées sous le prétexte d'un massacre de missionnaires, se continuent par l'anéantissement d'un corps expéditionnaire insuffisant, anéantissement à l'occasion duquel on proclame l'honneur du drapeau engagé ; et que ces entreprises se terminent par la fondation d'une banque privilégiée et l'émission de valeurs financières qui n'offrent qu'un gage hypothétique. Ajoutons à cela qu'à l'aide d'intermédiaires, les jésuites fabriquent et vendent des fournitures militaires. En dehors de l'intérêt moral, ils ne négligent pas, comme on le voit, le côté pratique de chacune de leurs œuvres.

Pourquoi sommes-nous allés autrefois au Mexique ?

C'est qu'à des intérêts précuniaires en jeu, il se joignait l'intérêt de l'Eglise à établir un empire catholique, qui contrebalançât la puissance des Etats-Unis protestants.

Qui inspira la guerre de 1870 ? L'impératrice, sans doute, elle qui disait : « C'est ma guerre, à moi. » Mais derrière Madame Eugénie, il y avait Mgr Mermillod, évêque de Genève, son confesseur, précieux cadeau de Basile.

Pourquoi sommes-nous allés au Tonkin ? La présence de révérends pères à côté de chaque chef de colonne, et le différend soulevé relativement à la protection du catholicisme en Chine, nous le révèlent parfaitement : nous allions défendre là des intérêts catholiques.

Par surcroît, on nous dote aujourd'hui d'un *Parti de la Revanche*, chargé d'amener la guerre avant la réparation complète de nos forces, et alors que la paix profite à la France, en désagrégeant peu à peu les forces de l'Allemagne.

Evidemment, c'est jouer le jeu de notre ennemie actuelle ! En effet, personne n'ignore que celle-ci a besoin d'une guerre avec la France, pour détourner les esprits des idées socialistes, fortement implantés dans la terre allemande, et devenues inquiétantes pour ses gouvernants. D'autre part, cette diversion ne sert pas moins les intérêts du pape.

Qu'on ne dise pas que nous exagérons les faits, ou que nous allons trop loin dans la profondeur des raisonnements que nous prêtons au chef du catholicisme. Souvenons-nous, en effet, des prédictions des couvents, pendant la fatale guerre, annonçant la réduction de la France à l'état de la Pologne, et en même temps le retour du roy ! Relisons les discours des évêques et des prédicateurs ! Relisons les livres de propagande catholiques, ceux du Sacré-Cœur en particulier, où la dernière défaite est présentée comme un châtiment mérité, et où la prochaine est saluée comme l'aurore d'une réconciliation avec Dieu !

La déclaration suivante ne figure-t-elle pas en permanence, en tête du *Bulletin mensuel de l'œuvre du vœu national du Sacré-Cœur de Jésus* : « En présence des malheurs qui désolent la France et des malheurs plus grands peut-être qui la menacent encore ; en présence des attentats sacrilèges commis à Rome, contre les droits de l'Eglise et du Saint-Siege, et contre la personne sacrée du Vicaire de Jésus-Christ ; nous nous humilions devant Dieu, et réunissant dans notre amour *l'Eglise et notre Patrie, nous reconnaissons que nous avons été coupables et justement châtiés...* »

Ce qui ajoute à l'ironie cachée sous cette évocation mystique, c'est que le chef de cette religion, qui nous commande de bénir même le châtiment de Dieu par la défaite, ne craint pas aujourd'hui de faire une alliance ouverte avec l'Empire allemand contre la France.

L'un des plus puissants moyens employés par l'Eglise pour créer un parti de la guerre, c'est de s'immiscer dans toutes les associations, même libérales, qui se forment en France. Partout où il existe une association ayant ce dernier caractère, le jésuite s'y glisse pour s'en servir ; ou, s'il ne peut arriver à ses fins, pour amener sa destruction, en la rendant suspecte au gouvernement républicain lui-même. Nous l'établirons plus loin pour plusieurs d'entre elles.

Cependant, il faut de l'argent et beaucoup d'argent, tant pour solder des agents secrets que pour entretenir des feuilles publiques. A cet effet, le parti clérical a créé la fameuse caisse noire, dont l'existence ne saurait être niée.

Les journaux monarchistes, et en particulier le *Gaulois* et le *Pays*, ont affecté un ton ironique, en traitant de fantaisie, les justes craintes des républicains sur ce point; néanmoins, l'existence de cette caisse ou de ces caisses ne peut faire doute pour les hommes sensés : sans argent, pas de conspirateurs. En conséquence, puisqu'il est avéré qu'il y a conspiration, et puisque les monarchistes eux-mêmes ont, à mainte reprise, annoncé qu'ils recourraient au besoin à la violence, il faut, de toute nécessité, que cette ou ces caisses existent.

Il n'est pas douteux que la principale ne soit au Vatican, alimentée, comme on le sait, par les immenses dons que font surtout les naïfs catholiques de France, et aussi ceux des autres pays. Tels sont : le denier de Saint-Pierre, l'Œuvre des Petits Chinois, et tant d'autres entreprises d'escroquerie, propagées par un bas clergé souvent ignorant et même de bonne foi. Cependant, les quêtes, la vente des dispenses, indulgences, scapulaires, médailles et autres clériquincailleries ne rendant plus suffisamment, on a imaginé des fêtes, des loteries autorisées du gouvernement, des souscriptions dites patriotiques, des opérations industrielles ou financières, et jusqu'à des ventes de décorations ; le tout pour faire abonder l'argent des athées eux-mêmes.

Le moyen ordinairement usité pour ces opérations est le suivant : on choisit un ou plusieurs habiles faiseurs, qui ont pour mission de lancer l'affaire, et qu'on autorise même, en échange de leurs bons et loyaux services, à faire de larges prélèvements sur les encaissements.

Mais ce moyen a ses dangers : de temps à autre, la police flaire des manœuvres si criantes et ayant un tel rapport avec celles qui caractérisent l'escroquerie, qu'elle se voit forcée de mettre la justice en œuvre. Les plaignants affluent. Le directeur de l'entreprise est brûlé. Les dévots personnages, membres du comité de patronage, s'empressent alors de le désavouer. Tous innocents ! Ils ignorent tout ; on a capté leur signature ; ils n'ont rien su des procédés mis en pratique par le directeur de l'opération.

Nous ne parlons ici que des cas assez rares où l'action est exercée par le ministère public. Si, au contraire, un plaignant agit à sa propre requête, ou s'il publie imprudemment des doutes sur la loyauté de l'œuvre, toutes les influences cléricales se liguent contre lui ; et le voilà frappé par la loi de 1881, qui n'autorise pas la preuve du fait incriminé contre les simples particuliers ; le voilà durement condamné comme diffamateur.

Qui donc, si ce n'est la caisse noire, a pu fournir les immenses sommes déboursées, aux dernières élections, pour faire triompher, en Belgique d'abord, et dans le Nord de la France ensuite, les candidats cléricaux ? Qui a payé les frais de la propagande, grâce à laquelle nos syndicats agricoles sont devenus, au nom du « Vœu national », autant d'annexes de la confrérie de Saint-Vincent de Paul, des foyers de propagande catholique, savamment organisés par cantons et par communes? Il n'est pas douteux que la formation des *cercles militaires*, l'association de *Notre Dame des soldats*, et les *cercles catholiques d'ouvriers* ne puisent aussi leurs ressources dans cette caisse.

De temps à autre, le parti clérical essaie ses forces contre le gouvernement lui-même et entre en rébellion ouverte, lorsqu'il croit avoir trouvé un point d'appui solide dans quelque région.

Les émeutes de Châteauvillain et de Montaigu (18 juillet 1886), qui trouvaient un aliment dans les excitations des organes autorisés du parti clérical, ne prouvent-elles pas surabondamment l'existence d'une vaste organisation pour ouvrir, un jour, la lutte à main armée contre la République ?

Ce n'est pas sans y être autorisé par tout son parti, que M. le général de Charrette, après une messe célébrée à l'occasion du vingt-cinquième anniversaire de la formation des zouaves pontificaux, par M. l'évêque Sacré, représentant le nonce du Pape, a prononcé ces paroles significatives :

« Oui, mes amis, je me porte garant que, quelle que soit la position dans laquelle nous pouvons nous trouver, nous ferons notre devoir comme soldats, comme Français, et contre les ennemis du dehors et contre les ennemis du dedans. » (*Le Pilote*, 1er août 1885).

Un autre témoignagne irrécusable se trouve dans la correspondance suivante de Bruxelles, à la date du 26 octobre 1886 : — « Hier, *la jeune garde catholique* de Louvain a fêté son anniversaire. Une manifestation a eu lieu dans les rues. Les manifestants ont adressé des provocations aux groupes libéraux ; des rixes s'en sont suivies. Dans la soirée, les manifestants ont parcouru la ville avec des flambeaux. On a crié : « A bas les gueux ! » Il y a eu un grand nombre d'arrestations et quelques blessés. »

Nous en passons, et des meilleurs.

Une guerre civile ne profiterait guère à la réaction cléricale, si notre France ne se trouvait auparavant affaiblie et comme saignée à blanc par une nouvelle guerre extérieure. C'est cette guerre qu'il lui importe donc de susciter par tous les moyens.

La *France militaire* n'écrivait-elle pas, au mois de septembre 1886, l'horrible aveu que nous consignons : « La question sociale n'a qu'une solution possible, et même qu'une seule solution désirable : la guerre ! »

Le principal levier des cléricaux pour créer un courant d'opinion vers l'idée de la guerre, c'est l'organisation des associations de toute nature qui ont été formées dans le pays, et dans lesquelles ils ont su se glisser. N'oublions jamais que les associations, constituées même sur des bases démocratiques, n'ont pas toujours échappé à l'action du clergé. Une enquête publique, qui serait ouverte par le gouvernement à l'instigation de la Presse, ferait la lumière sur cette grave question. Nous ne parlerons spécialement dans cet ouvrage que des associations dites patriotiques.

Quel est leur esprit général?

Les associations d'études sociales, d'assurances, de travail, de secours mutuels, de pompiers, de sauvetage, de secours aux blessés, de musique ; les associations patriotiques de tir et de gymnastique, vont tous les jours en se multipliant, sur la terre de France, à l'abri de l'étiquette républicaine, préparant avec certitude, par les mille liens qu'elles créent entre citoyens, l'avénement de la vraie République. Par leur organisation démocratique et leurs œuvres humanitaires, elles rapprochent les hommes de classes différentes, et elles semblent devoir amener, dans un avenir prochain, un équilibre universel, qui sera l'aurore de la Fraternité, et d'où découlera enfin la suppression des duels entre nations. Dans ces associations, on parle rarement de Dieu, et moins encore de ceux qui vivent de son culte.

Et pourtant, c'est dans ces associations que réside la force ; c'est là que se prépare l'avenir.

Le Vatican fait tous ses efforts pour arrêter leur développement ou s'en emparer. A cet effet, il introduit ses hommes dans beaucoup d'entre elles ; il fonde ostensiblement les cercles catholiques d'ouvriers et les cercles militaires ; enfin, il crée le parti de la guerre et la *Ligue des Patriotes*. Il sait que le patriotisme et la honte de la défaite sont au cœur de tous les Français, en dehors des divergences politiques et des questions sociales qui les produisent : c'est donc le patriotisme qui sera pour lui l'instrument le plus utile, parce que ce n'est jamais en vain qu'on fait appel, chez un peuple si brave, à un sentiment généreux.

La religion a, de tout temps, servi à exploiter la morale : le patriotisme, désormais, favorisera en France, les entreprises du clergé contre la liberté.

Sans le vouloir peut-être, à l'origine, le parti opportuniste a, de fait, capitulé devant le parti clérical ! Loin d'affaiblir son ennemi, il l'a fortifié, au contraire, en essayant d'instituer un clergé national, car c'était reconnaître le principe même qu'il avait résolu de combattre.

Admirons l'habileté avec laquelle les gens de Rome surent compromettre Gambetta. Sous le prétexte de négocier les conditions mêmes d'existence du clergé qualifié « national », par la plus ironique des antithèses, ils surent s'insinuer dans ses conseils.

Jamais Gambetta ne fut sincèrement démocrate ; et, cependant, il jouissait d'une immense popularité qu'il devait à son talent oratoire, et surtout à l'étiquette républicaine dont il se couvrait.

Il ne fut pas difficile de le circonvenir, entouré qu'il était d'une majorité de réactionnaires avérés et de renégats des principes républicains.

L'opportunisme, en effet, n'est qu'un état particulier d'esprit, qui ne se définit pas, mais qui se décèle sous les formes les plus spécieuses.

Cet état d'esprit a pris son nom « d'opportunisme », sous la troisième république ; mais il n'est pas une plaie spéciale au gouvernement républicain : c'est un parasite qui ronge la France, depuis que la Nation se connaît elle-même, et qu'elle lutte pour remonter vers l'idéal que 1789 nous a fait entrevoir. C'est un groupement de gens intéressés à profiter des injustices sociales, tout en affectant, à chaque changement de gouvernement, une préférence sincère pour l'étiquette du jour. C'est le troupeau des égoïstes, des menteurs et des batteurs d'estrade, qui entraîne derrière lui les timides et les ignorants. Il est de toutes les doctrines, quand il y a succès ; il fait siennes toutes les idées généreuses, mais il s'efforce d'en arrêter la mise en pratique.

Dans ces dernières années, ses chefs, tour à tour et suivant les besoins, républicains sans épithète, républicains autoritaires, républicains cléricaux, républicains voltairiens, républicains orléanistes, ont inventé les boniments les plus étourdissants pour éblouir et amuser la galerie. On les a vus, à l'occasion, socialistes prêts à tout renverser, puis défenseurs de la famille, de la religion et de la propriété. De temps en temps ils hasardaient des mirlitonnades patriotiques sur la revanche.

A l'heure du danger, ils ralliaient les irrésolus en proclamant : « Le cléricalisme, voilà l'ennemi. » Mais, en résumé, qu'ont-ils produit ? Quelles grandes réformes, parmi celles tant de fois promises à leurs mandataires, ont-ils fait aboutir ? On peut répondre : aucune ! .. Ils ont tourné en cercle, en prenant pour pivot, dans les nouvelles lois, les vieilles institutions monarchiques, à peine rajeunies dans la forme. En résumé, quel est le moteur qui, à toute époque, a dirigé cette tourbe de jouisseurs, et qui la dirige encore aujourd'hui ? Nous disons hardiment : c'est Rome.

De tout temps, le gouvernement a exercé une action plus ou moins directe et efficace sur les associations ; mais, en même temps, le clergé, s'insinuant dans ses conseils, ne négligeait aucun moyen de faire tourner à son profit l'organisation de ces associations. L'opportunisme, pas plus que les gouvernements précédents, n'a échappé à cette influence. Nous allons le démontrer par un historique succinct.

Le moment était parfaitement choisi, après les désastres de 1870, pour créer un parti de la guerre.

Le courant créé en faveur des expéditions coloniales, si profitables aux intérêts cléricaux, fut même présenté comme un moyen d'aguerrir nos armées et de reconquérir notre influence en Europe

L'esprit public fut un instant séduit; car il s'intéressait à tout ce qui pouvait préparer la réorganisation de nos forces militaires. Les associations patrioti ues, nées d'une initiative privée intelligente, apparaissaient comme un moyen de développer encore cette tendance. Elles avaient déjà pris une extension qui s'est accrue depuis, et dont nos gouvernants s'étonnent et s'effraient quelque peu. Par tous les moyens possibles, on a donc tenté de faire de ces associations de prévoyance nationale des foyers d'excitation à la guerre. Et, pour cela, on s'est efforcé de les militariser.

Cette direction nouvelle était certainement due à Gambetta. En effet, une brochure intitulée « le général Gambetta », dont nous parle l'auteur de la *France Juive*, était distribuée à profusion dans les sociétés et dans les casernes. Ne voyons-nous pas aussi figurer le nom du tribun dans les comités de patronage des groupements généraux d'associations, créées pour appuyer l'esprit de revanche ? Et dans ses discours et ses publications, M. Déroulède manque-t-il jamais de se recommander de son « cher ami Gambetta ? »

Chez Mme Adam, dans les salons de laquelle se réunissaient les hom es d'opinions les plus diverses, et où des républicains autrefois sincères, achevaient de dépouiller le peu de libéralisme que leur avait laissé le soin de leurs intérêts personnels, se tenaient des conciliabules dans lesquels le mot d'ordre était : *guerre à la paix.*

La franc-maçonnerie, institution toute de fraternité humaine et essentiellement cosmopolite, devait donner à l'esprit national une direction qui contrarierait les plans du parti de la guerre· Il était donc naturel que les ligueurs s'attaquassent à la maçonnerie. M. Sansbœuf, dans un discours prononcé à Bordeaux, au Congrès des sociétés de gymnastique (Voir le *Gymnaste* du 18 juin 1885), ne craint pas de dénoncer ce qu'il appelle « l'exploitation de l'idée patriotique par la maçonnerie. » Ce que l'orateur visait bien plutôt, c'était l'esprit anti-clérical de la franc-maçonnerie, qui excluait le principe même de la Ligue des patriotes, basé sur l'élément religieux. M. Sansbœuf ajoutait :

« Cette ingérence de la franc-maçonnerie se justifie par ce fait que, ne pouvant s'emparer de toute la jeunesse par l'école laïque, parce que l'école libre lui enlève la moitié de la jeune génération, elle a perfidement exploité le sentiment patriotique de la nation... »

Néanmoins, le parti de la guerre, usant d'un procédé familier aux cléricaux, a cherché à s'insinuer dans la place ennemie, et il y a réussi. C'est ainsi qu'une des loges les plus nombreuses de Paris, *l'Alsace-Lorraine*, a été fondée par quelques-uns des chefs de la Ligue des patriotes.

On n'entend là que des appels farouches à la guerre, à la haine des races ; c'est, en un mot, la protestation la plus violente contre les sentiments humanitaires qui débordent dans la constitution maçonnique. Aussi cette loge est-elle universellement considérée comme une institution à côté de la Franc-maçonnerie.

Nous venons de démontrer l'action, tantôt directe tantôt indirecte, des cléricaux dans la constitution du parti de la guerre. Et pourtant, M. Drumont, dans la *France Juive*, accuse les Israélites d'avoir provoqué ce mouvement vraiment anti-national. Nous avons rétabli la vérité. S'il est vrai que les Juifs de Berlin donnent la main à ceux de Paris, par l'entremise de *l'Alliance israélite universelle*, il n'est pas moins authentique que le Messie du parti réactionnaire et clérical, — nous avons nommé le comte de Paris, — intrigue outrageusement auprès de la cour de Berlin, pour solliciter un appui dans ses projets de restauration. Le prétendant n'a-t-il pas eu, en novembre 1886, en Italie, une entrevue avec le prince impérial d'Allemagne ? Et en Prusse même, le prince Fritz ne l'aurait-il pas accueilli dans les termes suivants :

« Mon cousin, je ne partage pas les idées de M. de Bismark sur la nécessité de maintenir la République en France ; c'est, à mon sens, entretenir une tache d'huile qui s'étend sur toute l'Europe. » (*Journal de Paris*).

Avons-nous raison de protester contre les idées de guerre à outrance, au risque de nous attirer, de la part des aveugles chauvins, la qualification de « Prussiens », si facilement prodiguée à tous ceux qui, avant la guerre de 1870, disaient la vérité ?

Nous sommes de ceux qui aiment profondément leur patrie, mais qui, ne la considérant que comme un membre de la grande famille de l'humanité, pensent qu'elle a mieux à faire de défendre la paix et la liberté, que de pousser les peuples à s'entr'égorger pour le plus grand esbaudissement des ennemis du progrès.

Qu'on parle de sécurité nationale et de revendication légitime, soit ! Mais qu'on prêche la haine de tel ou tel peuple, irresponsable des actes de son gouvernement, lequel est mû par des intérêts de parti, ou par la poursuite d'alliances dont le secret reste enfoui dans le mystère des ambassades, c'est ce que nous ne pouvons admettre.

Ce que Victor Hugo a dit de Paris est vrai de la France :

« La fonction de Paris, c'est la dispersion de l'idée secouant sur le monde l'inépuisable poignée de vérités, c'est là son devoir et il le remplit. Faire son devoir est un droit, Paris est un semeur. Où sème-t-il? Dans les ténèbres. Que sème-t il ? Des étincelles. Tout ce qui, dans les intelligences éparses sur cette terre, prend feu ça et là et pétille, est le fait de Paris qui l'attise. Il y travaille sans relâche. Il y jette ce combustible : les superstitions, les fanatismes, les haines, les sottises, les préjugés. Toute cette nuit fait de la flamme, et grâce à Paris, chauffeur du bûcher sublime, monte et se dilate en clarté. De là, le profond éclairage des esprits. Voilà trois siècles surtout que Paris triomphe dans ce volumineux épanouissement de la raison et qu'il prodigue la libre-pensée aux hommes : au seizième siècle, par Rabelais ; au dix-septième, par Molière ; au dix-huitième, par Voltaire.

« Rabelais, Molière et Voltaire, cette trinité de la raison : Rabelais, le père, Molière, le gaulois au seizième siècle, humain au dix-septième, cosmopolite au dix-huitième, c'est Paris. »

Qu'on nous permette de résumer notre pensée, en terminant ce Chapitre, par une seconde citation de Victor Hugo :

« La France a, dans le passé, les victoires de la guerre, et, dans l'avenir, les victoires de la paix. L'avenir est à Voltaire, et non à Krupp. L'avenir est au livre, et non au glaive. L'avenir est à la vie et non à la mort. »

CHAPITRE II.

Fondation et but de la Ligue des patrictes.

I

SOMMAIRE : Lettre d'un vétéran lorrain; comment fut créée une Ligue des patriotes, en 1830; intervention du maréchal Soult; dissolution de la Ligue. — Pourquoi elle devait renaître par l'action du clergé.

L'idée d'une association portant ce nom n'est pas récente ; elle remonte à 1830. Dans un livre qui a pour titre : *Sac à papier* (Calmann-Lévy, éditeurs, Paris 1886), on lit à la page 10 :

« *Lunéville*, mercredi. — Mieux que personne, je puis répondre à la question que vous posez dans votre journal. J'étais, en 1830, professeur de mécanique à l'Ecole d'application de l'artillerie et du génie, à Metz. Quelques jeunes gens de la ville ayant peu de confiance dans le patriotisme du gouvernement, imaginèrent de créer une « Ligue des Patriotes ». De jeunes sous-lieutenants, à peine sortis de l'Ecole polytechnique, se firent admettre dans cette société. Le ministre de la guerre désapprouva leur attitude et défendit aux militaires de s'engager dans la Ligue. Les uns obéirent, les autres résistèrent. Ces derniers furent mis en retrait d'emploi. En vieillissant, les ligueurs de 1830 ont oublié leurs serments. Presque tous sont devenus, peu à peu, courtisans fort habiles et fort heureux ; aux derniers jours de l'Empire, plus d'un sommeillait sur son siège de sénateur.

« Moi-même, vice-président de la Ligue, ardent patriote, orateur fougueux, j'ai oublié ces erreurs de jeunesse, à l'heure même où le maréchal Soult, ministre de la guerre, publia son ordre du jour contre la Ligue des patriotes. « La seule ligue des patriotes, disait le vieux maréchal, c'est l'armée française. »

« Depuis 1830, la Ligue dont parlait le vétéran des grandes

armées a répandu des torrents de sang pour la patrie, tandis
que l'autre a joué sa petite comédie, plus lucrative qu'on ne
pense.

« Il est un métier bien rétribué, dans ce siècle, c'est celui
de sauteur.

« Recevez, Monsieur, l'assurance de ma considération distinguée,   « *Un vieillard lorrain.* »

La création d'une association dite des patriotes, en dehors
de l'armée nationale, de la vraie ligue dont parlait Soult, devait plaire au parti clérical. Celui-ci avait intérêt, en effet, à
exploiter le militarisme à outrance, pour composer une armée
à sa dévotion, qui englobât toutes les sociétés patriotiques.
Nous verrons donc, plus tard, marcher de pair le développement
de la Ligue des patriotes (par abréviation : *L. D.P.*), et l'action occulte du clergé militant Ne perdons jamais de vue cette
liaison étroite, pour trouver l'explication des faits que nous
allons citer.

II

SOCIÉTÉ NATIONALE DE TIR DES COMMUNES DE FRANCE ET D'ALGÉ-
RIE, ET ASSOCIATION NATIONALE DES TIREURS DE FRANCE ET D'AL-
GÉRIE.

SOMMAIRE : La maison Duquesne et la société nationale de tir pour toutes les communes de France. — Société nationale de tir des communes de
France et d'Algérie ; patronage de Gambetta. — Comment l'œuvre patriotique marche de pair avec le trafic des articles de tir et de gymnastique et
la librairie religieuse. — Personnages officiels figurant dans le comité de
patronage. — M. Sasportas, secrétaire général de l'œuvre. — L'auteur est
appelé à présider l'une des sociétés de tir fondées sous le patronage de la
maison Duquesne. — Pourquoi M. Baudot, maire du premier arrondissement, en refuse la présidence honoraire. — M. Sasportas explique ses
moyens d'influence sur les présidents de société. — Les premières sociétés fondées par M. Duquesne n'avaient ni statuts ni sociétaires : l'*Association nationale des tireurs de France et d'Algérie* recrutait des
adhérents sans qu'il y eût de constitution régulière : les membres du
comité fondateur se recrutaient eux-mêmes. — Les Sociétés parisiennes
de tir provoquent une réunion, afin de savoir si l'association est indépendante de la maison Duquesne. — M. Duquesne menace les dissidents de leur faire fermer les préaux des écoles. — Assurances données
aux délégués des sociétés par le préfet de police. — M. Duquesne perd
son influence sur les sociétés : il continue d'être protégé par une certaine
presse ; par quels moyens il recrutait des adhérents-courtiers.

Un éditeur, établi 16 rue Hautefeuille depuis 1867, M. Alfred Lebiez, dit Duquesne, lança, vers le mois d'août 1876, une quantité innombrable de prospectus, au nom d'une *Société nationale de tir pour toutes les communes de France* Le style chaleureux de cet appel produisit l'effet attendu, et bientôt l'institution put prendre le titre définitif de *Société nationale de tir des communes de France et d'Algérie*.

Le patronage de Gambetta, si nous en croyons les fondateurs mêmes de la société, assura le succès. Aussi put-elle annoncer bientôt qu'elle avait réuni 160.000 adhérents.

N'allons pas croire que cette société, à son début révéla son caractère politique. Tout au contraire, elle ne s'appliqua d'abord qu'à assurer, sur tous les points du territoire, la formation de sociétés de tir et de gymnastique, en fournissant à la jeunesse des villes et des campagnes, tout le matériel : armes, équipement, insignes, bannières, médailles, etc., qui pouvait leur être nécessaire. Nous ne voyons apparaître jusqu'alors que M. Duquesne, fabricant d'articles de tir, et spéculateur habile ; l'œuvre de *l'Association nationale des tireurs de France et d'Algérie* se greffera plus tard sur cette première combinaison mercantile.

Un livre intitulé : *La France en 1884* (Paris, Baillère et Messager, éditeurs, 1884), confirme dans les termes suivants, cette origine de la Ligue des patriotes :

« Dès qu'arrivait l'époque de la fête d'une bourgade quelconque, la société dite *nationale*, qui avait catalogué les dates des fêtes foraines de France, adressait franco, sans avis préalable, à un cabaretier de l'endroit ou à toute autre personne solvable, une caisse contenant ce qu'elle appelait *un concours de tir tout prêt* : carabines Remington (lisez : *de salon*), affiches, cartons, ronds de serviettes, médailles minces comme du papier, mais très larges ; de plus, et c'est sur ce point qu'il convient d'appeler l'attention du lecteur, des listes à retourner à la société-mère, après le concours, pour toucher la prime promise, en indiquant les noms, profession, domicile, des braves gens qui s'arrêteraient là, et brûleraient quelques capsules, entre deux bocks, à ce grand concours de tir. Enfin, la société dite *nationale* joignait un prospectus spécial, indiquant, à côté des patronages les plus disparates, groupés avec un certain art, un assortiment des marchandises les plus variées, depuis l'*Histoire de la terre sainte*, jusqu'aux portraits du maréchal Mac-Mahon et des généraux de Cissey, Trochu, Vinoy, etc., à offrir en prix aux vainqueurs. Quels sujets d'émulation ! »

Ces renseignements sont rigoureusement exacts. Nous avons nous-même vu entrer dans cette maison de commerce, un gen-

darme qui, moyennant une commission d'un revolver par chaque demi-douzaine vendue, s'était fait le placier de la société
nationale.

Nous possédons la collection complète des différents prospectus de la maison Duquesne. Le choix de la pacotille annoncée,
comme armes et comme fournitures diverses, ferait sourire tous
ceux qui ont pris au sérieux les exercices des sociétés de tir.

Les lettres officielles, qui recommandaient à la fois M. Duquesne et ses articles, mêlant le tout aux sentiments patriotiques, étaient signées : Corbin, colonel d'état-major du
ministre de la guerre ; de Marcère, ministre de l'intérieur ; général Teissier, directeur du génie ; Henri Martin, auteur de
l'*Histoire Nationale* ; général de Cissey, ministre de la guerre ;
baron Berge, chef du service de l'artillerie ; général Berthaud,
ministre de la guerre ; Constans, député, etc. Chacune de ces
recommandatious officielles, dignes peut être de figurer à côté
de celles qui exaltent, de nos jours, les pastilles Géraudel, étaient
ornées de devises propres à tirer l'œil et à enflammer les cœurs :
Honneur et Patrie, Pro Patria, Si vis pacem, para bel-
lum.

Les mêmes prospectus et prix-courants font mention des
œuvres littéraires et artistiques, éditées par la librairie Duquesne. Parmi ces œuvres littéraires nous avons cité une *Histoire de la Terre-Sainte* ; nous trouvons enchâssés dans la
même collection *les Dangers de l'amour*, à côté d'un *Traité
de la virginité où l'on explique tout ce qui appartient à
cette sainte profession (sic)*. Parmi les œuvres artistiques, nous
remarquons la fameuse gravure, représentant M. Mac-Mahon à
cheval. C'est la même gravure qui, en 1876, pendant la période
de mai, fut distribuée gratuitement et avec largesse, dans les casernes, les cabarets et les chaumières.

C'est ainsi que le patriotisme était devenu une marchandise,
et son exploitation, un métier.

Patriotisme et boutique à treize! C'est sous cette auréole que
nous apparaît la Société nationale de tir, à sa naissance. Qu'on
ne nous accuse pas de lancer ici une appréciation arbitraire
et malveillante ; la maison Duquesne associait naïvement ces
deux objets si différents, dans toutes ses réclames patriotico-
commerciales.

Cependant, les sociétés de tir furent unanimes pour répudier
le patronage impudemment mercantile de la maison Duquesne.
Nous en trouvons un témoignage dans le premier annuaire,
publié par M. Vauzanges, sur les sociétés de tir (Paris, Ghio,
éditeur, 1883) :

« Quelques-uns de nos lecteurs de la province s'étonneront peut-être de ne pas trouver ici la Société nationale des communes de France et d'Algérie, entreprise qui se charge de la fourniture aux sociétés de Flobertistes, du matériel, des armes, des diplômes, médailles, etc. Nous répondrons simplement que cette société, en raison de son caractère commercial, n'entrait pas dans le cadre que nous nous sommes tracé. »

La maison Duquesne n'en continuait pas moins ses opérations lucratives. L'historique suivant éclairera le lecteur sur les moyens qu'elle mettait en œuvre à Paris.

En janvier 1881, on remarquait, rue de la Sorbonne 16, un hôtel monumental. Au-dessus de la porte, flottait un large drapeau tricolore. Deux plaques de marbre noir, disposées sur chacun des piliers, portaient l'inscription suivante : *Librairie universelle, Alfred Duquesne, éditeur. Association nationale des tireurs de France et d'Algérie. Société nationale de tir des communes de France et d'Algérie.*

La curiosité nous porta un jour à entrer dans l'établissement. M. Sasportas, officier d'infanterie territoriale, secrétaire général des deux associations, nous accueillit. Il s'empressa de nous initier aux détails de l'organisation des sociétés de tir projetées par la maison :

« Le tir à longue portée, nous dit-il, est trop coûteux ; puis, le Gouvernement ne verrait pas d'un bon œil les particuliers en possession d'armes de guerre. Mais les sociétés de tir à courte portée, dites sociétés flobertistes, recevront tous ses encouragements, tant à Paris que dans les départements ; et nous les verrons s'établir sous le patronage des plus hautes notabilités politiques et militaires. Déjà, nous pouvons annoncer la formation de deux de ces sociétés à Paris, dans les XIe et XVIIe arrondissements ; le premier arrondissement est disposé, grâce à notre concours, à suivre cet exemple. »

Nous dûmes accepter un certain nombre d'exemplaires des feuilles d'adhésion, préparées à l'avance, et les statuts de l'*Union des flobertistes parisiens*.

Le mois suivant, la Société flobertiste du 1er arrondissement, 1re section, était fondée ; et, dans l'assemblée constitutive, nous étions appelé à la présidence. Le 27 mars, la nouvelle société, dûment autorisée de la Préfecture de police, procéda à son inauguration. Cette solennité eut lieu au siège même de la Société nationale de tir, rue de la Sorbonne. M. Duquesne nous servit, à cette occasion, le discours chaudement patriotique qu'il avait l'habitude de prononcer dans les réunions de cette nature.

Les sociétés patriotiques estiment généralement qu'elles ont à gagner auprès de l'autorité supérieure, en mettant à leur tête un président honoraire dont l'influence serve leurs intérêts. Notre société crut flatter ainsi M. Baudot, maire de l'arrondissement, en lui conférant ce titre. La réception de M. Baudot fut peu encourageante ; il dit aux délégués : « Je connais votre affaire. Je n'en suis nullement partisan. J'ai voté contre l'idée à la séance de la Délégation cantonale. Je m'opposerai à votre entrée dans l'école communale, pour vous y livrer aux exercices de tir. »

Le président répondit hardiment : « Monsieur le maire, nous sommes surpris d'un tel accueil, de la part d'un maire républicain, alors que nous, citoyens désintéressés, nous venons l'entretenir d'une œuvre patriotique et d'intérêt général. Nous espérons, néanmoins, vous faire revenir sur votre décision, quand vous aurez examiné les documents que nous mettons à votre disposition. »

Nous soupçonnâmes que le refus de M. Baudot pouvait cacher quelque motif secret dont nous tenions à lui arracher l'aveu. Ce fut à son domicile que nous allâmes chercher une réponse définitive. Cette fois, M. Baudot, fut plus communicatif : « Il y a en ceci, nous dit-il, une affaire de vente de carabines ; et je ne veux avoir aucun rapport avec les *agents* de cette exploitation du patriotisme. »

Assurément, nous fûmes peu flatté d'avoir été pris pour un courtier de la maison Duquesne ; mais la boutade de M. Baudot nous avait éclairé. Nous le remerciâmes même de sa franchise.

Nous avions hâte de contrôler l'imputation dirigée contre l'état-major des associations patriotiques ; et c'était au siège même de son établissement que nous voulions poursuivre notre enquête. M. Sasportas, le secrétaire-général susnommé, nous croyant absolument gagné à sa cause et peut-être lié à ses intérêts, n'hésita pas lui-même à nous révéler quelques-uns des secrets de son négoce. Un jour qu'il nous faisait admirer les vitrines de la maison, il nous dit, en désignant les carabines dont les unes avaient la crosse noircie, et les autres, la crosse couleur bois :

« Celles-ci sont excellentes, c'est pour Paris ; celles-là, c'est de la saleté ; c'est pour la province. »

— « Mais alors, m'écriai-je, vous faites du patriotisme à « Paris, et de l'exploitation en province ! »

Le sourire de M. Sasportas acheva de m'éclairer. Cependant, ma réflexion le rendit plus prudent ; il plaça l'entretien sur un autre terrain, et insista sur l'importance des hauts patronages qui soutenaient la maison, et sur l'intérêt que pouvaient avoir les présidents de sociétés, à rester dans les meilleurs termes avec M. Duquesne, malgré les velléités d'indépendance qui pouvaient se manifester dans leur sein.

« Les présidents de sociétés, ajouta-t-il, sont amateurs de la chasse. Nous les inviterons à prendre part aux battues de lapins que nous sommes autorisés à faire dans les bois municipaux ; nous offrirons aussi à chacun d'eux une magnifique carabine d'honneur. »

Nous étions fixés, par cet entretien, sur la moralité de l'œuvre patriotique de la maison Duquesne ; mais il nous restait à réunir les documents et les témoignages publics, propres à éclairer nos concitoyens sur les agissements de la prétendue association des tireurs de France.

Voici quel fut le résultat de nos premières investigations :

M. Duquesne avait fondé, en 1876, la *Société nationale des communes de France* ; mais cette société était vraiment fictive, puisqu'elle n'avait pas de statuts, qu'elle n'avait pas encore réuni de sociétaires, et qu'elle servait uniquement d'enseigne à la maison de commerce de M. Duquesne.

Quelques années plus tard, en mai 1880, M. Duquesne s'était enhardi jusqu'à simuler l'existence d'une nouvelle association plus étendue que la première, sous le titre d'*Association nationale des tireurs de France et d'Algérie*. Cette dernière société présentait des statuts, œuvre personnelle de M. Duquesne et de quatre de ses amis : MM. Sasportas, Chaulieu, employé du ministère de la guerre, le sergent Hoff et le marquis de Cherville, rédacteur au journal *Le Temps* ; mais il lui manquait la participation d'une assemblée de sociétaires. Ces derniers devaient être recrutés ultérieurement parmi ceux qui adhéreraient aux statuts.

Cette irrégularité, qui entachait peut-être la société de nullité au fond et en la forme, n'empêcha pas M. Duquesne d'obtenir de la Préfecture de police l'autorisation suivante, dont les termes méritent d'être médités :

« Vu la demande formée par M. Duquesne, libraire-éditeur, demeurant à Paris, rue Hautefeuille, 16, tant en son nom qu'au nom d'un certain nombre de personnes dont il a fourni la liste, à l'effet d'obtenir l'autorisation nécessaire *à la constitution régulière d'une association qui prendrait le titre* d'Association nationale des tireurs de France et d'Algérie, et dont le siège serait à Paris ;

Vu la dépêche, en date du 20 de ce mois, de M. le ministre de l'Intérieur, qui approuve la création de ladite société, conformément aux statuts présentés par les fondateurs, et qui nous charge d'assurer l'exécution de cette décision.... »

Un comité de patronage et de propagande de l'Association fut institué avec éclat. Parmi les noms fulgurants qui en composaient la liste, nous relevons les suivants : MM. Gambetta, Ferry, Jules Simon, Farre, Henri Martin, Barthélemy Saint-Hilaire, etc.

Tels étaient les éléments habilement réunis par la maison Duquesne pour surprendre l'opinion publique, et marcher, s'il était possible, à l'asservissement de toutes les sociétés de tir.

Il ne paraît pas que les formalités légales pour la constitution régulière de la société, et notamment l'assemblée générale des sociétaires, aient jamais été remplies, comme le rappelait l'arrêté préfectoral lui-même. Néanmoins, M. Duquesne et ses amis marchaient de l'avant.

L'article 4 des statuts définit fort bien le but de l'association :
« C'était de créer, à Paris, un centre de réunion pour tous les présidents et pour tous les membres actifs ou honoraires des sociétés de tir déjà fondées ou de celles qui pourraient se fonder dans l'avenir. »

Quant aux moyens d'action pour opérer cette fusion, ils consistaient surtout dans les excitations au chauvinisme, au patriotisme factice, sous le patronage occulte du clergé ; nous les mettrons bientôt en lumière.

Pour centraliser l'action, il fut créé un Comité fondateur, investi des pouvoirs les plus étendus, et se recrutant lui-même. Tel était l'objet des articles 11, 12 et 13 des statuts :

« Le Comité fondateur est investi des pouvoirs les plus étendus pour mener à bien son entreprise. En cas de décès ou de démission d'un membre du Comité fondateur, il sera pourvu à son remplacement, dans la quinzaine qui suivra le décès ou la démission. A cet effet, le Comité fondateur, réuni extraordinairement, aura seul le droit de choisir parmi les membres de l'association qui se seront signalés par leur dévouement à l'association, celui qui sera appelé à remplacer le membre fondateur décédé ou démissionnaire. »

Nous trouvons ici un véritable Sénat ou une sorte d'Académie composée d'Immortels, qui perpétuent, par la nature de leur choix, l'esprit de leur corporation. L'article 16 disposait encore :

« Les fonctions de Président fondateur, de membre du Comité fondateur, ou de membre de la commission formant le Comité de direction, seront absolument gratuites, *jusqu'au jour où les ressources de l'association permettront de leur allouer des jetons de présence.* »

Les feuilles d'adhésion, les statuts, diplômes et divers imprimés de *l'Union des Floberlistes parisiens*, préparés à l'avance et vendus par M. Duquesne aux sociétés, portent toutes, en gros caractères, les titres de *Société des communes et Association des tireurs.*

Il était donc impossible, à la lecture de ces documents, de distinguer si les sociétés de Flobertistes étaient sous la direction d'une maison de commerce dite *Société des communes*, ou s'il s'agissait vraiment d'une société exclusivement patriotique et désintéressée, constituée en dehors de cette maison.

La seule clause absolument claire, c'était l'obligation pour les sociétés affiliées de ne prendre leurs fournitures d'armes et de munitions que dans la maison Duquesne.

Frappé de cette confusion intentionnelle, qui confirmait si bien les scrupules du maire du Ier arrondissement, nous nous décidâmes à provoquer, le 1er juin 1881, une assemblée générale des présidents des sociétés parisiennes de tir. M. Duquesne avait été convoqué par lettre particulière. Il n'eut garde de manquer au rendez-vous ; car il s'agissait, pour lui, de sauver le prestige d'une œuvre à laquelle était associée la prospérité commerciale de sa maison. Il parut, assisté de son secrétaire-général, M. Sasportas, et prononça un discours étudié, dont l'enthousiasme patriotique faisait le fond.

Une série de questions, qu'il jugea sans doute indiscrètes, lui avaient été posées :

1° Les sociétés flobertistes sont-elles affiliées à la *Société de tir des communes* ou à celle des *Tireurs de France et d'Algérie* ?

2° En quoi se distinguent ces deux associations ?

3° Serait-il permis aux sociétés flobertistes de mettre en concurrence avec la maison Duquesne, pour leurs fournitures, tous autres fournisseurs similaires ?

M. Duquesne se refusa absolument de répondre aux questions si nettement posées, et se retrancha derrière son patriotisme inébranlable et sa loyauté inattaquable.

En terminant, il usa des grands moyens, et alla jusqu'à menacer les sociétés qui se déclareraient dissidentes, de leur retirer la jouissance des préaux des écoles communales de Paris, qui leur avaient été ouverts jusqu'alors pour leur réunions.

Aucune résolution ne pouvait être prise dans cette première assemblée, présidée par M. Duquesne. Une autre réunion eut lieu, dans la même soirée, dans un établissement voisin. Là, il fut nommé des délégués chargés de demander audience à M. Hérold, préfet de la Seine, et au Préfet de police, afin de s'informer si les menaces faites par M. Duquesne seraient mises à exécution.

Les deux hauts fonctionnaires accueillirent les délégués avec la plus grande bienveillance, et leur donnèrent l'assurance formelle que les autorisations qui ouvraient les préaux munici-

paux aux sociétés de tir, avaient été données à toutes sans distinction, et qu'aucun monopole n'avait été réservé.

Cette communication devint funeste à la maison Duquesne.
Chacune des sociétés de tir demanda et obtint une autorisation
particulière ; ainsi s'accomplit la rupture entre les sociétés
parisiennes de tir et la soi-disant association patriotique.

Le coup fut d'autant plus sensible pour M. Duquesne qu'il
venait de recevoir la décoration de la Légion d'Honneur, pour
services exceptionnels. Il devait cette distinction à un rapport
du général de Cissey, dans lequel le chef de la maison Duquesne
était représenté comme « travaillant dans un but uniquement
patriotique. »

L'habile industriel était parvenu à égarer l'opinion publique,
en faisant sonner bien haut les lourds sacrifices que lui imposait la vente des carabines et des fournitures de tir. Son inventaire de 1881 avait révélé, affirmait-il, un déficit de 15.000 fr.
Et pourtant, on a pu constater, dans la suite, que ces carabines
ne lui revenaient qu'à 18 francs, et qu'elles étaient vendues au
prix de 45 francs. M. Duquesne avouait, toutefois, que son
commerce de librairie lui procurait un bénéfice honnête.

Pour mieux propager ses brochures, il décernait le titre et
même le diplôme de *membre correspondant de la Société de
tir des communes de France* à de naïfs provinciaux, qui devenaient ainsi ses véritables courtiers en librairie et en fournitures de tir.

La Presse ne tarissait pas en éloges sur ce modèle des patriotes. L'agence Havas le signala souvent dans ses correspondances. M. Francisque Sarcey lui consacrait un article élogieux
dans le *Petit XIXᵉ siècle*. Le *Petit National* embouchait aussi
la trompette héroïque en son honneur. M. Siébecker, qui le
prônait dans ce journal, devint plus tard l'une des colonnes de
la Ligue des patriotes.

III

ORIGINES DU JOURNAL *Le Drapeau*

SOMMAIRE : Le *Tir National*, journal fondé par M. Duquesne ; il n'a qu'un
numéro. M. Déroulède s'associe à M. d'Hurcourt pour fonder le *Drapeau* :
ce journal continue l'œuvre de M. Duquesne. — Historique d'un journal
publié sous ce titre pendant la guerre de 1870. — Désaccord entre MM.
d'Hurcourt et Déroulède : l'un se prononce contre la République ; l'autre ne
se prononce ni pour ni contre ; M. d'Hurcourt quitte la rédaction. — Concurrence au *Drapeau* ; l'*Anti-Berlin*, la *Défense Nationale*, l'*Anti-Prussien* et le *Parti National*.

M. Duquesne, en tant que chef des *patriotes*, était fini, usé, brûlé. Mais l'œuvre pouvait servir tant d'intérêts hostiles à la République, et l'existence d'un parti de la guerre importait si fort à ses ennemis, qu'il fallait s'attendre à voir se transformer l'association créée par M. Duquesne.

C'est alors que fut résolue la publication du journal *le Drapeau*.

Déjà, le 2 juillet 1881, M. Duquesne, comprenant la force que lui donnerait un organe de publicité à sa dévotion, avait créé le *Tir national*, et lui avait donné pour rédacteur en chef M. Louis d'Hurcourt, un royaliste ardent. Mais ce ne fut là qu'un ballon d'essai ; car le journal n'eut qu'un seul numéro.

Nous lisons, dans la profession de foi de la rédaction :

« Le *Tir national* ne prostituera pas sa publicité. N'étant lié avec aucun industriel, afin de garder sa liberté d'examen, il n'acceptera que dans une proportion restreinte les annonces qui lui paraîtront dignes de l'attention de ses abonnés, se mettant du reste à leur disposition pour leur fournir officieusement tous les renseignements qui lui seront demandés. »

Évidemment M. Duquesne cachait son enseigne.

On ne saurait nier que la publication du *Tir national* ne fût l'avant-coureur de celle du journal *Le Drapeau*. En effet, le nom de M. Louis d'Hurcourt se trouve associé à celui de M. Paul Déroulède dans la rédaction du nouveau journal.

De plus, les fondateurs du *Drapeau* ne prirent pas d'abord la précaution de dissimuler leur alliance étroite avec la maison Duquesne. C'est ce qu'attestent les neuf premiers numéros du *Drapeau* qui établissent le siège de l'administration, 16 rue de la Sorbonne, où était la maison Duquesne, et simultanément 22 rue Saint-Augustin, où fut établi plus tard le bureau de la *Ligue des patriotes*. La filiation du *Tir national* et du *Drapeau* est mieux prouvée encore par les pompeux éloges que le *Drapeau* adressait à l'association Duquesne.

Enfin, les noms des personnages qui avaient patronné l'œuvre de M. Duquesne, se retrouvent sur les listes de patronage, présentées par la Ligue des patriotes.

Le journal le *Drapeau* lui-même n'était que la résurrection d'une feuille qui avait paru sous le même titre, pendant la guerre de 1870. Cette feuille se publiait alors à Bruxelles, et avait pour rédacteur en chef M. Granier de Cassagnac. On la distribuait à profusion aux officiers français, prisonniers en Allemagne. Sans aucun doute, le colportage ne pouvait se faire qu'avec l'agrément des autorités allemandes. Aussi le journal était-il tenu en juste suspicion ; car le gouvernement allemand n'eût pas manqué de la proscrire, s'il avait contrarié ses desseins.

Nos officiers n'étaient pas peu surpris de trouver dans le *Drapeau* des appels énergiques à une tentative violente de restauration impériale. Des honneurs, des galons, la fortune enfin, étaient promis à ceux qui s'enrôleraient dans la conspiration.

Ce qui indignait le plus nos officiers, c'était le rapprochement qui se faisait dans leur esprit entre le plan de Cassagnac, agréable à la Prusse, et celui dont la réalisation avait été tentée, après Sedan, entre Bazaine, défenseur de Metz, Napoléon III et le vieux Guillaume.

Nous n'avons pas entre les mains les numéros du *Drapeau* de 1870 ; mais nous avons trouvé dans une brochure publiée par le journal *La France*, avec une préface d'E. de Girardin, sous le titre de *Dossier de la guerre de* 1870 (Garnier éditeur, Paris, 1877), une correspondance fort curieuse.

Les pages 155 à 176 de ce volume sont consacrées aux protestations indignées d'un grand nombre d'officiers prisonniers.

Dès les commencements du *Drapeau* de 1881, ses fondateurs comprirent qu'ils faisaient fausse route, en affichant ouvertement leur hostilité à la République. Le nom de M. d'Hurcourt, qui avait jusqu'alors figuré en vedette, était plus propre à éloigner qu'à rallier ceux pour qui le patriotisme est une vérité. Aussi les abonnés faisaient-ils défaut.

M. Déroulède, au contraire, soutenait qu'il était beaucoup plus habile de ne se prononcer ni pour, ni contre le régime républicain, et de n'afficher qu'un seul principe : le *Patriotisme* ! Libre à ceux qui s'enrôleraient dans le nouveau parti de conserver leurs attaches réactionnaires.

A la suite de vives discussions entre MM. Déroulède et d'Hurcourt, ce dernier dut quitter la rédaction.

Le futur chef de la Ligue des patriotes avait trouvé ses voies. Sous sa direction, le journal prit un certain essor ; il eut même des concurrents. Le plus important d'entre eux fut l'*Anti-prussien*, qui parut en décembre 1883, sous la direction d'un certain René d'Irval, bonapartiste militant. Ce journal exploitait, lui aussi, la corde patriotique ; et, dans ses bureaux, on s'entretenait couramment de l'appui de certains évêchés, et de la protection que l'idée patriotique trouvait dans les sacristies.

L'Anti-Berlin, la *Défense nationale* et le *Parti national* succédèrent à l'*Anti-prussien*, avec le même personnel de rédacteurs.

Les liens de parenté entre ces divers journaux et le *Drapeau* ne sauraient être niés ; car, en 1884, des pourparlers eurent lieu entre M. Déroulède et M. Nœtinger, alors rédacteur en chef de l'*Anti-prussien*, pour transformer ce dernier en une feuille populaire, qui aurait eu pour titre : *le Petit Drapeau*.

IV

Procès Duquesne contre L'ANTI-PRUSSIEN

Sommaire : Projet de concours de tir présenté au Conseil municipal de Paris par M. Bourdon. — M. Duquesne suscite un certain M. Caudelier, afin de convoquer dans le même but un Congrès des sociétés de tir de France. — Protestation par la voie de la Presse : en quels termes l'accueille M. Déroulède.

M. Duquesne paraissait s'être condamné à un ostracisme volontaire ; on pouvait même le croire étranger au journal *le Drapeau* aussi bien qu'à la Ligue des patriotes, qui avait été fondée le 18 mai 1882. Mais ce grand nom oublié reparut dans des circonstances qui méritent d'être rappelées.

Un citoyen dévoué à la cause du tir, M. Bourdon, avait soumis au Conseil municipal de Paris un projet de concours de tir fédéral, sur le plan des concours suisses. La question était en discussion dans les différents journaux et dans le monde du tir, quand on apprit qu'un notaire de Lens, M. Caudelier, venait de provoquer la formation d'un congrès des sociétés de tir de France, pour le même objet.

Les représentants de ces sociétés étaient conviés, dans le courant de février 1884, à l'hôtel de *l'Association nationale des tireurs de France et d'Algérie*. C'était mettre l'œuvre du Tir national sous la direction déjà répudiée par les sociétés parisiennes de M. Duquesne, puisque *l'Association des tireurs de France et d'Algérie* et l'établissement commercial de M. Duquesne ne faisaient qu'un. Un tel choix souleva un *tolle* général dans le monde des tireurs ; et *l'Anti-prussien* lui-même consentit à donner sa publicité à ces plaintes. Mais à peine quelques articles eurent-ils paru que le directeur de *l'Anti-prussien* se ravisa et fit amende honorable à M. Duquesne, aux dépens du correspondant qui avait envoyé les articles. Ce dernier eut la naïveté de croire qu'il trouverait une hospitalité plus libérale dans le journal le *Drapeau*, et il s'adressa à cet effet à M. Paul Déroulède. Le délégué de la Ligue fit la réponse suivante : « J'estime profondément M. Duquesne. Persuadez-vous bien que la Ligue, *c'est moi*, et que, qui l'attaque, m'attaque ! »

Le correspondant dont nous parlons, président d'une des

sociétés de tir de Paris. fut étourdi de ces échecs successifs. C'était la maison Duquesne qu'il continuait de rencontrer partout, aussi bien à *l'Anti-prussien* que dans la Ligue des patriotes.

La loi ne nous permettant pas de rendre compte d'un procès en diffamation, nous passerons sous silence le démêlé judiciaire qui eut lieu entre M. Duquesne et les rédacteurs de *l'Anti-prussien*. Le procès aboutit, d'ailleurs, à la mise hors de cause de ces derniers et à la condamnation du correspondant.

<h1 style="text-align:center">V</h1>

FONDATION DE LA LIGUE DES PATRIOTES

SOMMAIRE: Pourquoi M. Déroulède fut-il séduit par le titre de *patriote* ? Il fait partie de la Commission d'éducation militaire; sa propagande patriotique tapageuse amène sa démission ; une réunion de gymnastes lui fournit l'occasion de fonder la Ligue; il s'adjoint MM. Sansbœuf et Henri Martin.

La qualification de *patriote* a toujours été chère au parti clérical. Ce parti est heureux de pouvoir l'opposer à tout ce qui offre un caractère national. Il est convenu, en effet, que tel peuple doit être considéré comme le peuple de Dieu ou l'élu de l'Eglise. Dans cet esprit, le patriotisme se lie fort bien à l'idée cléricale. Au surplus, il présente l'avantage d'offrir le meilleur masque aux conspirateurs jésuites. L'un des principaux organes du parti catholique belge a pour titre : *Le Patriote*.

Ce nom séduisit également M. Déroulède, qui en illustra la Ligue, dont il fut le créateur.

Avant qu'il fût désigné pour fonder cette association, M. Déroulède avait été membre de la commission d'éducation militaire du ministère de l'instruction publique, qui était présidée par M. J. Ferry. Les collègues du fougueux patriote s'accommodant mal de ses vues autoritaires autant que tapageuses, et aussi d'un certain projet de distribution en masse de petits livres et d'images patriotiques (*Drapeau*, 11 mai 1882), M. Déroulède crut devoir donner sa démission, et le fit avec éclat.

Une circonstance fortuite, qu'il raconte lui-même dans *le Drapeau* du 18 mai 1882, lui offrit le moyen de réaliser enfin sa grande pensée : la concentration, sous l'étiquette patriotique, des sociétés de gymnastique, de tir, de sauvetage et même des sociétés de chant et des orphéons.

« Le hasard, écrit-il, me fit assister, *pour la première fois de ma vie*, à une fête de gymnastique. La fête avait lieu au gymnase Heiser, à l'occasion de la remise d'un drapeau. Henri Martin était là, ainsi que MM. Félix Faure et Edmond Turquet. Au milieu de nous, manœuvraient, sautaient, voltigeaient, un véritable bataillon de jeunes gens ardents et robustes, agiles et forts. C'étaient les *Gymnastes de la Seine*. L'esprit public était *contagieusement malade de politique intérieure*, et personne ne lui ouvrait un refuge où se calmer, un asile où se rétablir et se reprendre ! Le refuge était trouvé, il était là, l'asile. Notre vieil historien national, Henri Martin, en serait le véritable patron, et avec lui, au nom de la France vaincue et de l'armée vengeresse, nous rallierions les volontés éparses autour de ces jeunes corporations, si résolument vouées à la patrie. Ainsi se constituerait, tel et meilleur encore que je ne l'avais rêvé, le parti national. La Ligue des patriotes était fondée. Le soir de ce jour, nous nous réunissions aux bureaux du journal *Le Drapeau*, qui allait devenir le moniteur de la Ligue. »

Un comité et des statuts, soigneusement préparés à l'avance, furent présentés aux jeunes gymnastes.

Après de mirifiques paroles sur la Patrie, accompagnées de gestes en ailes de moulin à vent, M. Déroulède fut acclamé délégué général, avec pleins pouvoirs. M. Henri Martin était président, mais sans pouvoirs. M. Sansbœuf, président de *l'Union des gymnastes*, avait été gagné d'avance à cette combinaison. Ce ne fut pas là sans doute l'un des moindres services exceptionnels, qui lui valurent la haute protection de M. Déroulède pour obtenir la croix de la légion d'honneur. M. Déroulède n'a-t-il pas dit un jour à l'Hippodrome, dans une fête de gymnastique :

« En décorant Sansbœuf, gymnastes, je vous ai décorés tous ! »

Quant à l'historien Henri Martin, dont le nom allait servir d'enseigne à la Ligue, M. Déroulède se plaisait à dire de lui, dans l'entourage de ses familiers : « Ce bon Henri Martin, j'en fais tout ce que je veux ! »

Comment M. Déroulède usa-t-il de ses pleins pouvoirs? Il est nécessaire, pour expliquer sa conduite, de décrire l'organisation autoritaire dont il dota la nouvelle association. Nous parlerons ensuite des diverses manifestations dans lesquelles il sut entraîner ses ligueurs. Les diverses péripéties de sa candidature à la députation de Paris termineront ce tableau.

Ce qu'il ne faut jamais oublier, c'est que l'action de la Ligue s'exerça toujours au point de vue des intérêts politiques intérieurs et extérieurs, qui entraient dans son programme.

VI

ORGANISATION STATUTAIRE DE LA LIGUE DES PATRIOTES.

SOMMAIRE: Classification toute aristocratique des affiliés à la Ligue des patriotes; cent mille ligueurs! Les enfants mêmes souscrivent. Des étrangers, des Allemands même sont affiliés à la Ligue. — Concession apparente à l'esprit de décentralisation: nouveau mode de recrutement du Comité directeur: constitution et pouvoirs des sous-comités provinciaux. — Comptes financiers de la Ligue: appointements et indemnités; point de contrôle sérieux. — La Ligue continue le trafic de la maison Duquesne: elle prend les fournitures dans les maisons allemandes.

La base fondamentale de la Ligue des patriotes est essentiellement aristocratique. Les affiliés sont répartis en quatre classes, suivant que leur état de fortune ou leur bonté d'âme leur permettent de verser une cotisation plus ou moins forte.

Les *membres directeurs* sont astreints à un versement unique de deux cents francs ou à une cotisation annuelle de quarante francs.

La deuxième classe comprend les *membres fondateurs*, qui ont fait un versement définitif de cent francs ou qui ont souscrit une cotisation annuelle de vingt francs.

Dans la troisième classe, nous trouvons les *membres associés*, avec un versement définitif de cinquante francs ou une cotisation annuelle de dix francs.

Enfin, dans la quatrième classe, sont relégués les *membres adhérents (vulgum pecus)*, qui ne sont guère là que pour faire nombre, mais dont l'avis n'est jamais demandé. On ne sollicite d'eux qu'un versement annuel de vingt-cinq centimes.

Il ne faudrait pas croire que le seul fait du paiement de la contribution volontaire suffit pour donner l'entrée dans la première classe: l'adhésion pouvait être refusée de toute personne dont les opinions politiques ou religieuses déplaisaient au commissaire général.

D'un autre côté, ceux qui avaient fait preuve de zèle pouvaient être dispensés de tout versement, bien que cette dispense ne fût pas introduite dans les statuts. Ainsi celui qui avait publié une œuvre de propagande ou des articles de journaux utiles à la Ligue, obtenait la dispense.

Quiconque entreprenait de recruter des adhérents, prenait

rang dans une classe supérieure, suivant l'importance de la somme recueillie.

Les affiliés de la première classe formaient la Comité directeur de l'Association. Aux termes de l'article 6 des statuts, ce Comité s'était constitué lui-même pour une période de deux années.

A partir de 1881, les adhérents de la deuxième classe étaient convoqués à des réunions semestrielles.

Il y avait aussi des assemblées générales annuelles, dans lesquelles tous les affiliés étaient réunis pour entendre le compte-rendu moral et financier des opérations de l'année.

Il était permis à des sociétés particulières et à des groupes patriotiques de s'inscrire collectivement à la Ligue, aux mêmes conditions que les individus.

Chaque affilié recevait une petite médaille de bronze, dite de ralliement, et un carton vert pour en orner son chapeau. Chaque membre fondateur était muni d'une carte bleue et d'un diplôme sur lequel était reproduit le portrait du Maître, en uniforme d'officier et dans l'attitude martiale d'un défenseur du drapeau.

La Ligue des patriotes était à peine formée que ses fondateurs déclaraient avoir recruté plus de cent mille adhésions. Il eût été difficile de contrôler ce chiffre, mais il dut être considérable, car la Ligue fit circuler des listes d'affiliation dans toutes les administrations, dans les maisons de commerce, dans les écoles primaires et enfantines de garçons et de filles ; on inscrivait même des enfants de dix-huit mois, moyennant une cotisation de vingt-cinq centimes, de la même manière que l'Eglise recrute les cotisations à l'Œuvre des Petits Chinois ou à la confrérie des enfants voués au bleu ou au blanc.

L'adhérent qui interrompait le paiement de ses cotisations, n'en continuait pas moins de figurer dans la grande armée des cent mille vengeurs de Rome et de la France.

Ce qu'il y a de plus curieux dans la composition hétérogène de cette armée, c'est que l'élément germanique, c'est-à-dire l'ennemi irréconciliable, n'en était pas sévèrement exclu. Faut-il attribuer ce fait à l'insouciance des recruteurs ? Ainsi nous pouvons citer un étranger de nationalité allemande, M. B..., ouvrier bijoutier, employé chez un Allemand du boulevard Saint-Martin. Ce dernier avait été deux fois refusé par la *Jeune France*, société de tir du XIme arrondissement. Nous pourrions citer encore un Espagnol et un Suisse, MM. L... et A..., professeurs de gymnastique. Enfin, parmi les collaborateurs du journal *Le Drapeau*, nous relevons le nom d'un italien, M. Edmundo de Amicis.

Aucune justification de nationalité ni même d'honorabilité

n'était exigée pour entrer dans la Ligue : la cotisation en monnaie de bon aloi tenait lieu de tous ces titres.

Nous devons ajouter, néanmoins, que l'esprit politique de la Ligue parut se modifier, vers la fin de 1884. Le courant démocratique, qui domine en France et surtout dans Paris, quoi qu'on entreprenne pour l'enrayer, triomphe toujours des obstacles. Les idées décentralisatrices, qui se manifestaient énergiquement parmi les membres de la Ligue, contraignirent les directeurs à leur donner un semblant de satisfaction.

C'est alors que furent créés, dans Paris, des sous-comités d'arrondissement, et dans les départements, des comités provinciaux. Cependant, le président de chacun de ces comités ne pouvait être nommé que par le *Comité directeur* de Paris (article 18 des statuts.)

Quelques membres de la Ligue, qui croyaient encore, de bonne foi, que cette association pouvait être utile à la démocratie, demandaient avec insistance la modification de la composition du Comité directeur. Ceux qui formaient la majorité de ce Comité, jaloux de conserver l'autorité absolue, et obligés, néanmoins, de déférer à ce vœu, imaginèrent un biais fort simple. Ils firent admettre, dans l'assemblée générale du 22 novembre 1886, qu'à l'avenir, les membres du Comité directeur ne pourraient être pris que parmi les présidents des sous-comités. Ils semblait ainsi que le Comité dût perdre le droit de recruter ses propres membres. Mais, en définitive, ce droit lui était conservé, puisqu'en vertu de l'art. 18 précité, le Comité directeur de Paris s'était réservé le droit de nommer les présidents des sous-comités.

N'exagérons pas les pouvoirs des sous-comités provinciaux. Ils n'avaient à peu près pour toute fonction que la surveillance des rentrées de fonds. Ajoutons que, dès l'origine, le Comité directeur sut choisir les présidents des sous-comités jusque parmi les employés des grandes administrations de l'Etat.

Bien que les statuts n'attribuassent aux membres du Comité directeur aucune rémunération, ces fonctions ne laissaient pas d'être souvent lucratives : quelques-uns d'entre eux étaient de véritables employés ; ils touchaient des appointements fixes ; d'autres, des indemnités de voyage. Ces indemnités étaient distribuées assez largement pour que le Grand-Maître de la Ligue pût se faire attribuer, un jour, une somme de dix mille francs (*Drapeau*, 6 décembre 1884, p. 594.)

Il est vrai que M. Déroulède restitua ultérieurement cette somme, à la suite de la constatation du déficit qu'avait laissé, disait-on, le premier Concours national ; mais, sans cette circonstance, la restitution aurait-elle eu lieu ? Or, M. Déroulède voyageait beaucoup ; et la brièveté des comptes-rendus ne nous a pas permis de vérifier combien de fois s'étaient renouvelées les allocations de cette nature. En effet, appointements et indemnités de voyage figuraient en total dans les comptes-rendus. Nous reconnaissons, toutefois, que ces frais, et généralement ceux des bureaux, n'y ont jamais été porté pour un chiffre élevé.

La critique de ces comptes est impossible, à raison de l'absence de documents justificatifs et détaillés. Ce n'était pas, d'ailleurs, de la part des membres du Comité directeur qu'on devait attendre le contrôle, puisqu'ils pouvaient être employés de la maison, rémunérés à ce titre.

Etait-ce aux assemblées générales qu'on devait demander un examen plus approfondi des comptes? Les affiliés, étourdis tout d'abord par les grands mots de Patrie, de Revanche, de Revendication de l'Alsace-Lorraine, et grisés d'enthousiasme, ne marchandaient jamais les votes unanimes, relatifs à l'approbation des comptes.

Les statuts ne disaient pas que la Ligue des patriotes serait autorisée à continuer le commerce qui avait fait la fortune de la maison Duquesne. Mais on faisait vendre, dans des magasins spéciaux, au profit de la Ligue, des médailles d'or et d'argent, des médaillons de plâtre, des gourdins patriotiques, des épingles emblématiques de cravate, et jusqu'à des boutons de manchettes et des boussoles patriotiques.

Les couleurs noire et verte dominent dans tous les emblèmes de la Ligue ; car celle-ci avait adopté une bannière à ces deux couleurs.

C'est cette bannière qu'on voyait figurer dans toutes les manifestations dites patriotiques.

Le Comité directeur n'a pas toujours été inspiré par un patriotisme rigoureux et inflexible dans le choix de ses fournitures. On sait pourtant avec quelle préoccupation jalouse le public cherche à avantager la fabrication française, en écartant les produits étrangers. Or, à l'occasion du Concours national de 1884, la Ligue acheta des révolvers d'ordonnance de l'armée française, pour être donnés en récompense aux commissaires de tir, qui avaient généreusement consacré leur temps à la surveillance du Concours. L'année suivante, la Ligue acheta encore des fusils, grossière imitation du Martini suisse, pour être mis à la disposition des tireurs venus sans armes. Eh bien ! les révolvers, au lieu d'avoir été demandés aux manufactures de Saint-Etienne, étaient de fabrication autrichienne, et d'une qualité vraiment inférieure ; quant aux fusils, ils étaient de fabrication allemande !

VII

POLITIQUE INTÉRIEURE ET EXTÉRIEURE DE LA LIGUE DES PATRIOTES

SOMMAIRE : La Ligue ne s'occupe ni de politique ni de religion, disent ses statuts ; les sous-entendus de ce désintéressement : il ne doit exister que pour la masse des affiliés. — Les divagations du Maître en matière de politique extérieure ou coloniale ; pour lui, l'Angleterre est l'amie naturelle de la France.

L'art. 17 des statuts dispose : « La Ligue des patriotes ne s'occupera ni de politique ni de religion. »

Le Maître a souvent développé, dans ses discours, le sens particulier de cette prescription : « Républicain, bonapartiste, « légitimiste, orléaniste, ce ne sont là chez nous que des pré- « noms. C'est *Patriote* qui est le nom de famille. »

Au fond, cela revenait à dire : — « Désintéressez-vous de la politique, nous nous en occupons pour vous. » Basile dit le même à ses dupes : — « Ne pensez qu'au ciel ; et quant aux biens de ce monde, cela nous regarde. »

Ainsi la Ligue proclame, comme un principe supérieur, qu'elle restera étrangère aux discussions politiques et religieuses. Et pourtant, son but avoué n'était-il pas de placer entre les mains d'un sauveur une force organisée et armée, en vue de la revanche ? Si ce n'était pas là assigner à la Ligue un but essentiellement politique, nous n'entendons plus les formes du langage.

Dans diverses circonstances, et, par exemple, lors de l'un des anniversaires de la bataille de Buzenval, le Maître a exprimé l'idée dominante de la Ligue en disant : « Quand donc surgira-t-il un de ces meneurs d'hommes, qui... »

M. Déroulède comprit si bien lui-même l'atteinte ainsi portée aux statuts, qu'il hasarda, pour la couvrir, une distinction entre la politique extérieure et la politique intérieure. C'était cette dernière qui devait être exclue. (*V. Drapeau* 1884, p. 592 et 599 ; 1885, p. 4, 5, 52, 54, 107, 160, 161, 166, 176 et 461.)

Peut-être eût-il été difficile à M. Déroulède d'expliquer comment on pouvait isoler ainsi ces deux politiques ; car ses menées occultes, et nous le prouverons dans la suite, n'allaient rien moins qu'au renversement de la République.

L'expérience nous a mis en garde contre cette classe de dirigeants, qui affectent de recommander au peuple le dédain des intérêts politiques et le désintéressement de tout contrôle.

— « Enrichissez-vous ! » — tel était le mot d'ordre du ministre Guizot à ses notables électeurs. Cet excès de confiance devait aboutir à la catastrophe de 1848. Ce fut le même aveuglement qui inspira les *oui* du plébiscite impérial, et qui nous conduisit au gouffre de Sedan.

M. Déroulède tient à peu près le même langage, en s'adressant à des masses ignorantes et aveugles, qu'il se propose de conduire plus tard à des manifestations dirigées contre l'esprit républicain. Nous le verrons même défendre cette politique de mauvais aloi, dans l'intérêt de sa propre candidature à la Chambre.

Le Maître ne va pas, cependant, jusqu'à afficher le mépris de l'idée républicaine. Il exalte, au contraire, la puissance et l'héroïsme du peuple. Il consent même à admettre que l'Etat soit démocratique ; mais c'est à la condition que le peuple soit entre les mains de ses chefs. Ainsi les soldats de Charrette font figure, dans cette démocratie, à côté des gardes nationaux de la Seine (V. *Le Drapeau*, 1884, p. 484). Au fond, c'est la glorification de l'obéissance passive.

Quoiqu'il eût proclamé qu'il resterait fermement en dehors des luttes politiques, M. Déroulède, mal-mené en diverses occasions par les républicains, qu'il avait osé attaquer le premier, s'emporta en déclarations furibondes contre le drapeau rouge, ravivant ainsi des haines que tout bon républicain doit s'efforcer d'apaiser. Pour mieux marquer la scission, ses incursions dans la politique intérieure sont presque toujours entremêlées d'invocations aux principes cléricaux. Et il continuait d'affirmer que la Ligue resterait étrangère à la politique !

En matière de politique extérieure, nous aurions peine à suivre M. Déroulède dans ses divagations. Après avoir tonné contre la politique coloniale, qui dispersait au loin des forces utiles contre l'Allemagne, nous voyons le Maître faire une demie volte-face pendant la période électorale, et prétendre que l'honneur du drapeau nous prescrivait de continuer nos expéditions coloniales commencés.

Dans le journal le *Drapeau*, le Maître accuse en ces termes M. Ferry de trahir les intérêts français au profit de l'Allemagne, en se mettant en hostilité avec l'Angleterre :

« L'Angleterre est l'amie naturelle de la France ; les légendes sur la perfide Albion ont fait leur temps. Travaillons à détruire tout malentendu entre deux races si bien faites pour se comprendre et s'entr'aider. L'Angleterre et la France unies seront les barrières qui s'opposeront à l'invasion du germanisme. »

L'occupation de l'Egypte par les Anglais, qui est une menace grave pour nos intérêts dans le canal de Suez, et même pour nos colonies, devait répondre aux prédictions fantaisistes de

M. Déroulèda. En effet, l'Angleterre nous rappelait ainsi, si
nous l'avions oublié, que nous lui devons la perte de nos plus
riches colonies, au XVIIIe siècle. Cette nation ne continue-t-
elle pas, à travers les âges, la même politique funeste à l'égard
de la France?

M. Déroulède feint-il d'ignorer que, dans la guerre de 1870,
la neutralité de l'Angleterre ne fut qu'apparente? L'or anglais
n'a-t-il pas alimenté alors les caisses de l'Allemagne, de la
même manière que, pendant les guerres de la République et de
l'Empire, il servait à entretenir les armées du continent, coa-
lisées contre nous?

VIII

LIGUE DES PATRIOTES ET CLÉRICALISME

SOMMAIRE : Coïncidence de l'apparition du *Drapeau* et de la fondation des
Cercles catholiques ; La Ligue et l'Œuvre de M. de Mun défendent la même
cause cléricale ; encouragements donnés par Mme Adam. — Les gravures
du *Drapeau* ; ses citations, son style dévoilent les attaches cléricales. —
MM. Déroulède et Deloncle luttent de ridicule avec Joseph Prudhomme —
Déroulède, Jeanne d'Arc, le peuple de Dieu et l'horreur du drapeau rouge !
— La Ligue des patriotes et les Cercles catholiques marchent de front ; leur
protestation contre la laïcisation des navires de guerre : lettre d'un marin.
— C'est seulement en 1886 que le Conseil municipal, qui avait toujours subventionné la Ligue, ouvre les yeux sur l'esprit de cette association : révé-
lations de M. le conseiller Desmoulins.

Nous avons déjà dénoncé, dans le Chapitre premier, l'alliance
intime qui existait entre le cléricalisme et le parti de la guerre ;
et nous avons montré comment la Ligue des patriotes avait été
créée pour servir cette double cause.

En août 1881, **M.** Albert de Mun, le fanatique capitaine de
dragons, alors en garnison à Lyon, avait lancé le défi du catholicisme et de la contre-révolution. Par une coïncidence qui n'a
peut-être rien de fortuit, c'était à la même époque que paraissait le premier numéro du *Drapeau*.

Pour le chef de la nouvelle croisade catholique, il s'agissait
de fonder *l'Œuvre des Cercles ouvriers*, et de fortifier le catholicisme en embrigadant les recrues de l'ignorance et de la
misère. Pour les fondateurs du *Drapeau*, le but apparent semblait différer : on allait exploiter le sentiment patriotique, pour
rallier les masses qu'on essaierait plus tard de faire marcher
de front avec les légions d'archanges de M. de Mun.

Ce qui prouve qu'il n'y a pas là, de notre part, une insinuation vague, mais que nous nous trouvons bien en face d'un vaste plan qui pourrait constituer un danger dans l'avenir, c'est que les hautes sympathies qui se rencontraient pour l'œuvre de la Ligue des patriotes, se retrouvaient pour acclamer les projets de M. de Mun. Madame Adam n'écrivait-t-elle pas, dans la *Patrie hongroise* : « J'ai étudié l'œuvre des cercles catholiques ouvriers, et je les prends au sérieux... Dans l'état de transition, de recherche, de trouble, de crainte, où se trouve la société actuelle, ceux qui grouperont les bonnes volontés, qui donneront des apparences de solution, seront suivis d'où qu'ils partent, si l'on suppose qu'ils atteindront le but de la paix sociale. » Et c'était Mme Adam, l'Egérie de Gambetta, la grande prêtresse du parti opportuniste, qui affichait une telle déclaration de principes. Evidemment, le cœur qui brûlait d'un enthousiasme si pur pour la cause catholique, devait retrouver les mêmes élans pour acclamer l'œuvre de M. Paul Déroulède : la Ligue des patriotes! Il va sans dire que Mme Adam reçut l'approbation de tous les républicains flottants, pour qui le péril social est à gauche plutôt qu'à droite.

Si les fondateurs de la Ligue s'appliquèrent à dissimuler leurs attaches cléricales, les traces n'en sont pas moins visibles et palpables. De même que l'escargot laisse imprudemment sur son passage une glu qui révèle sa présence, le puant jésuite exhale une odeur *sui generis* que rien ne peut faire disparaître.

Nous retrouvons ce parfum jésuitique dans la collection littéraire et artistique du journal *Le Drapeau*. Ses gravures ne multiplient-elles pas les insignes catholiques, bien qu'ils ne figurent que comme accessoires? C'est ainsi que *Le Drapeau* de 1885 (p. 634) nous représente la chapelle des Invalides, pour rehausser l'éclat du dévouement héroïque.

Le dessin que nous trouvons à la page 247 de l'année 1885, nous montre le peintre de Neuville, sur son lit de mort ; un grand crucifix est placé sur sa poitrine.

A la page 193, même année, l'artiste représente une alsacienne dans l'attitude béate d'une religieuse, et entourée d'une auréole. Serait-ce l'épousée mystique dont parle madame Adam dans un de ses romans, qui brûle d'un amour discret pour un chaste lieutenant, mais qui voit sa flamme dédaignée, parce que son héros est fiancé à l'Alsace (!).

A la page 234, même année, nous voyons réunis dans un élan fraternel, autour du drapeau tricolore, un soldat, deux ouvriers, un jeune bourgeois et un curé !

La gravure qui représente les funérailles de l'amiral Courbet

(*Drapeau* du 5 septembre 1885) déploie un luxe extravagant d'emblèmes religieux.

Une autre gravure du 3 octobre 1885 nous montre le retour de l'Alsace-Lorraine à la France. Une banderolle soutenue par deux anges, porte cette devise : *Gesta Dei per Francos.*

Dans la gravure du 26 juillet 1884, l'Alsace et la Lorraine s'adressent aux enfants d'un bataillon scolaire, en leur disant : « Dieu, mes enfants, vous donne un beau trépas ! »

Sainte Geneviève eût manqué à la collection du *Drapeau* : une gravure du 26 septembre 1885 comble cette lacune, en nous représentant les épisodes de la vie de cette sainte.

Le burlesque se mêle quelquefois aux exubérances dévotes. C'est ainsi qu'une vue du Trocadéro nous laisse apercevoir l'église Notre-Dame de Paris, surmontée d'un ange, à gauche, dans la direction de Passy.

Nous renonçons à poursuivre cette énumération.

La littérature du *Drapeau* est à la même hauteur de principes. Le journal prodigue à tout propos les citations du père Monsabré et du père Didon. Un article de fond est consacré à un pompeux éloge de M. de Lavigerie, évêque d'Alger, et du clergé de France. Les séminaristes bretons sont placés au premier rang des lévites patriotes dans le *Drapeau* de 1884, page 221. Jeanne d'Arc ne pouvait être oubliée ; dans le *Drapeau*, elle symbolise la Patrie, elle en est la patronne.

Le *Drapeau* de 1885, page 95, exprime le regret que « le « service des places n'ait pas permis aux troupes d'accompa- « gner à l'église le cercueil d'Henri Rivière. »

Le *Drapeau* du 11 octobre 1884 nous parle du « saint sacri- fice de la messe. »

Dans son numéro du 25 avril 1885, le *Drapeau* s'emporte contre les communards : « Ils ont pillé et profané les églises, emprisonné l'archevêque et ses prêtres ; et, en démolissant la chapelle expiatoire et la chapelle Bréa, ils ont réhabilité l'assas- nat et le régicide ! »

Mais avec quelle componction le *Drapeau* nous représente ailleurs la Société de prévoyance et de secours mutuels des Al- saciens-Lorrains de Paris, déléguant les membres de son bureau pour la représenter aux funérailles de Monseigneur Dupont des Loges.

La Ligue avait elle-même provoqué cette manifestation, et avait pris soin d'en indiquer le caractère et l'ordonnance. On peut lire, en effet, dans le *Drapeau* du 4 septembre 1886 :

HOMMAGE NÉCESSAIRE

« La Ligue des patriotes estime qu'il est de son devoir de s'unir aux sociétés Alsaciennes-Lorraines, pour prier Monseigneur l'Archevêque de Paris de vouloir bien l'autoriser à faire célébrer, en l'église Notre-Dame, le service à la mémoire de Monseigneur Dupont des Loges, dont la date avait été précédemment indiquée, sur la foi de la presse toute entière, au 2 septembre dernier.

« Une démarche sera faite à cette intention, dès que les sociétés Alsaciennes-Lorraines, au nombre desquelles la Ligue se range, se seront concertées ; et l'on priera Monseigneur Freppel, l'éloquent prélat, qui unit un grand cœur alsacien à une grande parole française, de prononcer, *au nom de la Patrie*, l'oraison funèbre du Saint-Évêque. »

Ailleurs, M. Deloncle, le sous-ordre du Maître, fait retentir la trompette des élus pour célébrer la gloire du même Dupont des Loges, avec un lyrisme dont nous ne priverons pas le lecteur (*Drapeau* du 15 novembre 1884) :

« C'est par la foi qu'il prouva la revendication ; c'est en évoquant Dieu, qu'il rappela la France. Il montra le ciel et l'équité de Dieu.., debout et les mains ouvertes ; il songeait au crucifix et parlait de la Patrie... ; ô saint homme !... Monseigneur, en sondant votre âme chrétienne, nous ne pouvons que vous offrir notre respect...; nous vous demandons votre exemple ; nous avons nos prières ;... dans nos assemblées un jour complètes, où des sièges attendront les députés d'Alsace-Lorraine, vous daignerez peut-être entrer, ennoblissant la victoire, pour que nos dissensions n'osent, tandis que vous serez là, recommencer leurs lugubres forfaits et qu'elles s'arrêtent, silencieuses, devant le confesseur des exilés et des martyrs ;... j'estime que l'exécution de l'abbé Miroy nous interdit de suspecter le prêtre et d'entraver ses actes... C'est avec de vraies supplications, étreignant l'autel, que monteront des lèvres pontificales ces chants d'un si troublant prestige où l'on prie le Dieu vivant de protéger la France vivante... »

Henri Monnier nous a dépeint Joseph Prudhomme dans toutes les attitudes ; mais M. Prudhomme, défenseur du trône et de l'autel, manquait à la collection. MM. Déroulède et Deloncle, le maître et le disciple, nous l'ont révélé ; il est complet.

Admirons les façons insinuantes dont l'un et l'autre savent user pour poser leur bon dieu en patron des sociétés de tir et de gymnastique, en protecteur de la France.

« L'alliance des patriotes, s'écrie M. Déroulède dans un compterendu de la distribution des prix du deuxième Concours national de tir, se résume dans une courte et vaste invocation à l'unité de l'idée divine. »

A cette même distribution des prix, les sociétés chorales chantaient le cantique : *Dieu protège la France.*

Le culte de Jeanne d'Arc et celui de Sainte-Geneviève sont exaltés dans un grand nombre de numéros du *Drapeau*, et présentés comme s'identifiant avec le culte de la Patrie. Dans la pensée évidente des directeurs de la Ligue, ces figures d'une piété démodée étaient surtout mises en relief, parce qu'elles symbolisent la défense du trône et de l'autel.

Léo Taxil n'a-t-il pas osé imprimer que c'était à Jeanne d'Arc qu'il devait sa conversion ? Si nous ne craignions de blesser la modestie bien connue de M. Déroulède, nous ajouterions que la conversion de Léo Taxil est aussi un peu son œuvre.

Dans le récit de la fameuse manifestation de la Ligue, qui eut lieu le 14 juillet 1884, M. Déroulède ne peut oublier Jeanne d'Arc.

« On est allé saluer Jeanne d'Arc, s'écrie-t-il ; on est venu pavoiser Strasbourg. »

Le Dieu de M. Déroulède et de Jeanne d'Arc devait avoir l'horreur des bannières rouges. C'est ce que le Maître exprime en disant, à l'occasion de la manifestation de Levallois-Perret : « Le peuple, en renonçant au drapeau rouge, a bien mérité de Dieu ! » (*Drapeau* de 1885, page 89.)

Dans le *Drapeau* du 27 décembre 1884, M. Déroulède se laisse aller à des divagations poétiques, dans lesquelles nous relevons les expressions suivantes : « Ah ! Jésus !... Si le bon Dieu veut « le protéger... Faisant un signe de croix... Oiseau du bon « Dieu.... Poisson du bon Dieu... Ils sont sous l'œil de Dieu... »

Une brochure inspirée par le Grand-Maître, après le concours de Vincennes en 1884, et intitulée : *Le champion de France*, contient le portrait suivant du vrai tireur ou gymnaste : « Il appartient à cette classe d'artisans, qui ne se laisse troubler par aucune chimère, qui pioche toute la semaine, et qui, le cœur content, suit les prescriptions de l'Évangile, en se reposant le septième jour. »

Nous avons déjà vu plus haut comment la Ligue des patriotes, les salons de madame Adam et la presse bien pensante savaient s'unir dans un pieux concert pour la défense des intérêts de sacristie. On ne peut se refuser à voir un témoignage de cette bonne entente dans la lettre suivante, insérée dans le *Gaulois* du 11 août 1880. On en était alors à l'enfantement de la Ligue des patriotes (L. D. P.) et des cercles catholiques :

« Monsieur le Rédacteur, il est aujourd'hui certain que le *Magon* a été lancé sans avoir été béni, et le gouvernement s'est même fait un point d'honneur d'inaugurer cette nouvelle laïcisation des navires de guerre. Or, je reçois de mes camarades de Cherbourg une lettre dont la sincérité ne peut être mise en doute. Cette lettre affirme que, lorsque le bâtiment a été mis à l'eau, les marins qui se trouvaient là sont tous tombés à genoux et ont fait le signe de la croix.

Interrogés plus tard, ces marins ont répondu qu'ils s'étaient signés, parce que c'était un sacrilège que de lancer un bateau sans le bénir.

« Enfin, moi qui suis breton, je vous affirme que l'Etat composera difficilement l'équipage du *Magon*, et que les marins qui le monteront, contraints et forcés, seront mis en quarantaine par plus d'un équipage.

Agréez, etc. L. P. D., officier de marine en retraite, à Toulon. »

Une voix autorisée devait s'élever enfin pour dénoncer les manœuvres cléricales de la Ligue des patriotes. M. Desmoulins, conseiller municipal de Paris, accepta ce rôle dans une séance de la commission du budget municipal. On discutait alors une demande de subvention, présentée par la Ligue des patriotes, au nom des Sociétés de tir, pour le Concours de tir de 1886. Nous reproduisons ici le compte-rendu du *Bulletin municipal officiel* (19 novembre 1886) :

« M. Desmoulins estime que le Conseil est dupe d'une combinaison jésuitique admirablement ourdie ; cette affaire a été si habilement menée que le Conseil se trouve dans l'obligation d'accorder la subvention demandée, sous peine de paraitre manquer de patriotime.

L'orateur croit faire, au contraire, preuve de patriotisme en attaquant la Ligue des patriotes. Cette institution est aujourd'hui jugée ; on sait que tous les efforts de M. Déroulède sont dirigés contre la République. Il n'en veut pour preuve que le fait suivant, qui s'est passé, il y a trois ans, à l'inauguration du gymnase Voltaire.

En voyant défiler sous ses yeux les enfants des écoles communales, l'assemblée émue et fière en même temps de leur belle tenue, a poussé spontanément et d'acclamation le cri de : « Vive la République ! », M. Déroulède seul s'est récrié, et a dit qu'il fallait crier : « Vive la France ! »

« L'orateur a dû lui faire remarquer qu'en criant : « Vive la République ! » on criait : « Vive la France ! », car ces deux choses se confondent. Il y a eu là, de la part de M. Déroulède, une manifestation absolument scandaleuse. La Ligue des patriotes, d'ailleurs, ne procède que par voie d'intrigue. Comme on l'a dit si bien tout à l'heure, elle ne figure nulle part quand il s'agit de demander une subvention ; puis petit à petit elle s'introduit dans la place, pour ainsi dire en rampant ; c'est à peine si les programmes en font mention ; puis enfin la fête est donnée sous son patronage. Basile ne procéderait pas autrement.

« C'est ainsi que, sans le savoir, le Conseil a favorisé le développement d'une société absolument réactionnaire et cléricale. L'orateur regrette donc de voir figurer les noms de quelques-uns de ses collègues, à côté de ceux du général Boulanger et de M. Déroulède. Quant à lui, il répudie énergiquement cette Ligue qui, sous couvert de patriotisme, cherche à inculquer le chauvinisme. Les membres crient bien haut qu'il leur faut la revanche ; mais personne ne se laissera prendre à ce semblant de patriotisme, car crier très haut qu'on veut cette revanche, c'est l'ajourner indéfiniment. Il préfère de beaucoup cette vieille devise française : « Faire sans dire. »

IX

PROGRAMME PROTECTIONNISTE ET POLITIQUE EXTÉRIEURE DE LA LIGUE DES PATRIOTES

SOMMAIRE : La Ligue devait être protectionniste; ses flatteries à M. Isidore Finance, qui a déserté le parti des travailleurs. — La Ligue applaudit aux protestations de M. Finance contre le projet de l'Exposition universelle.

La Ligue des patriotes devait être essentiellement protectionniste ; ses tendances rétrogrades lui en faisaient un devoir. Mais ce qu'il importe de méditer, ce sont les motifs qui inspiraient la Ligue. Le *Drapeau* du 29 novembre 1881 s'en explique en ces termes :

« Au moment où l'administration est saisie de plusieurs projets relatifs à l'Exposition universelle de 1889, nous croyons utile de reproduire l'adresse suivante, émanée de la Chambre syndicale des ouvriers peintres en bâtiment. La Ligue des patriotes ne peut que s'associer aux nobles et sages idées dont ce document est l'expression précise; elle avait remarqué avec un grand intérêt l'importante déposition de M. *Isidore Finance* devant la commission des Quarante-quatre ; elle est heureuse de féliciter ici, dans une circonstance capitale, ce dévoué défenseur des intérêts ouvriers, et de reconnaître que jamais talent meilleur n'a été mis au service d'une cause juste.

« M. Finance, dont la parole a fait autorité dans plusieurs congrès, est digne de la sympathie de tous les patriotes de France. »

Suit la déclaration signée Isidore Finance, rue du Roi de Sicile, 36, dans laquelle nous relevons les conclusions suivantes :
« Nous croyons remplir un devoir strict en signalant à nos élus

l'écueil à éviter; et aussi, en les avertissant de la responsabilité qu'ils encourraient en accordant leur appui au projet actuel d'une Exposition universelle, qui ne peut que faire commencer le second siècle de la liberté par une année de chômage, de misères et de larmes pour les travailleurs ».

Pour l'intelligence de l'article précédent, il importe de noter que M. Finance, autrefois l'un des champions autorisés du socialisme, a été répudié depuis par ses anciens amis, et qu'il se trouve classé par eux, à peu près comme l'est le fameux Léo Taxil, parmi les champions des cercles catholiques.

Le *Drapeau* revient souvent sur la défense des idées protectionnistes (v. les numéros des 2 août, 23 août, 20 septembre, 11 octobre, 8 novembre 1884; 3 janvier, 14 mars, 22 août et 24 octobre 1885).

Peut-être M. Déroulède serait-il embarrassé de concilier ses théories protectionnistes avec les chaleureuses protestations d'amitié qu'il prodigue habituellement à la nation anglaise.

X

TENTATIVE D'ENGLOBEMENT PAR LA LIGUE DES PATRIOTES DE TOUTES LES SOCIÉTÉS DE TIR, DE GYMNASTIQUE ET MÊME DES SOCIÉTÉS DE SECOURS MUTUELS.

Sommaire : L'exaltation du sentiment patriotique doit, suivant le programme de la Ligue, étouffer toutes dissensions parmi les sociétés affiliées ; les statuts de la Ligue interdisent les discussions politiques ou religieuses. — Le *tout pour la revanche* et le cri de « Vive la France ! » ralliaient ainsi des républicains mêmes. — Cependant la Ligue affecte de respecter l'autonomie des sociétés affiliées : art. 8 et 9 des statuts. — Les républicains éclairés démasquent l'hostilité de la Ligue à nos institutions républicaines ; tiédeur du gros de l'armée des ligueurs.

La Ligue s'en émeut et proteste contre l'intention d'accaparer le patriotisme; déclarations du maître à cet égard. — La Ligue retient ses fidèles par l'appât de récompenses et par la distribution de bibelots patriotiques : mais elle se refuse à subventionner des œuvres vraiment utiles. — Par quelles manœuvres la Ligue parvient à séduire les présidents des sociétés; ce sont surtout les sociétés de gymnastique qui en deviennent victimes; pourquoi les sociétés de tir ont-elles résisté davantage ? La Ligue enrôlait même des Sociétés musicales; elle a favorisé l'*Association des étudiants*, dont l'esprit était clérical. — Le patriotisme social de la Ligue : elle fonde la *Solidarité fraternelle de la boucherie* ;mais elle échoue dans la création d'une association des officiers de la réserve et de l'armée territoriale. — M. Paul Déroulède et l'*Union des fabricants de jouets*: le jouet français contre le jouet allemand; allocution du Maître à M. Chauvin. — La Ligue entend imposer son patronage, même aux Sociétés qui la combattent. —

L'administration subit elle-même l'influence de la Ligue. — Cause de la décadence de M. Déroulède.

La Ligue des patriotes aspirait à devenir une puissance dans l'Etat : A cet effet, elle enrégimentait sous sa bannière tous les individus que pouvaient séduire ses déclarations patriotiques, et, en outre, les associations de toute nature ; nous avons vu comment elle s'appuyait aussi sur l'élément clérical, dont elle empruntait souvent les moyens d'action.

La liberté de discussion eut été un dissolvant pour la Ligue ; car de profonds dissentiments se fussent aussitôt manifestés entre des hommes qui s'étaient associés sans programme bien défini, et auxquels on ne laissait pas soupçonner les intérêts occultes qu'ils devaient servir. Aussi la Ligue avait-elle proscrit par ses statuts la discussion des questions politiques et religieuses. Cette clause ne signifiait pas, dans la pensée des directeurs de la Ligue, qu'ils dussent rester eux-mêmes étrangers à ces questions. Mais elle mettait entre les mains des chefs une force aveugle, fanatisée sur un seul point : la guerre en vue de la revanche.

La Ligue espéra un instant qu'elle deviendrait assez puissante pour mettre en ligne une véritable armée. En effet, elle était parvenue à rallier, d'une part, certains républicains pour qui la suprême vertu consiste dans un patriotisme étroit, et, d'autre part, les réactionnaires, qui veulent colorer leur égoïsme d'un faux sentiment patriotique.

Ces forces hétérogènes marchaient à la revanche au cri de *Vive la France!*

Cependant, les fondateurs de la Ligue s'étaient bien gardés d'enlever toute autonomie aux sociétés affiliées. Ces sociétés conservaient leurs statuts particuliers, et l'obéissance passive n'était exigée d'elles que pour la grande lutte à laquelle elles étaient conviées, au nom du patriotisme.

Les art. 8 et 9 des statuts de la Ligue établissent cette distinction comme il suit :

« Les collectivités peuvent s'inscrire à la Ligue à titre collectif, aux mêmes conditions que les individus.

« L'affiliation des sociétés à la Ligue ne modifie en rien, ni l'administration, ni l'organisation de ces sociétés. Elles conservent leur entière indépendance, et ne sont rattachées à la Ligue que par le lien moral d'une communauté d'idées et d'espérances patriotiques. »

L'interprétation de cette clause prêtait à l'équivoque et renfermait beaucoup de sous-entendus, en raison même de l'objet de l'association. En effet, la Ligue des patriotes n'entendait pas faire alliance avec la fraction la plus avancée du parti républicain. De leur côté, radicaux, intransigeants, socialistes avaient vu clair dans le jeu de la Ligue. Le patriotisme des uns était dès lors fort différent de celui des autres.

Il y avait là deux partis ennemis, qui ne pouvaient se rencontrer dans aucune manifestation ni dans aucune réunion, sans qu'il y eut lutte violente. Les colères des républicains s'allumaient au spectacle des fanfaronnades déroulèdistes, et ils ne manquaient pas d'accuser les ligueurs d'exploiter des masses ignorantes dans un but qu'ils considéraient, non sans raison, comme vraiment antipatriotique.

M. Déroulède et ses amis avaient eu l'imprudence de prêter le flanc à cette accusation. Alors qu'ils croyaient définitivement tenir dans leurs mains les sociétés de tir et de gymnastique, ils avaient proclamé hautement et en toutes circonstances le principe d'autorité. Mais l'armée des ligueurs ne montra pas la docilité qu'ils lui demandaient pour marcher à l'assaut des institutions républicaines. Ainsi, dans les manifestations décisives où le général donnait de sa personne, quatre ou cinq cents fidèles tout au plus, recrutés surtout dans les cercles catholiques, répondaient à son appel.

Les chefs de la Ligue se sentaient démasqués et voyaient déjà les quelques sociétés affiliées, naguère brûlantes de patriotisme, se détacher d'eux, ou tout au moins exprimer de la méfiance. Aussi modifièrent-ils leur antique formule : — « Hors de nous et de notre patriotisme, pas de salut ! » — Leur nouveau programme est plus modeste : il se défendent de vouloir accaparer le patriotisme. C'est ainsi que nous lisons dans le *Drapeau* de 1885 (page 97) :

Les uns accusent la Ligue de vouloir monopoliser le patriotisme, accusation tout aussi fondée que de prétendre qu'une société d'architectes veut monopoliser l'architecture ; une société de médecins, la médecine ; une société de savants ou d'artistes, la science de l'art ; une société de bienfaisance, l'aumône et la charité. »

La distribution des prix du deuxième Concours national de tir, fournit à M. Déroulède l'occasion de combattre publiquement cette accusation (*Drapeau*, 7 novembre 1885) :

« Je tiens en effet à le redire bien haut, s'écria-t-il : la mission de la Ligue des patriotes n'est nullement d'accaparer d'englober, de monopoliser, comme disent ses détracteurs ; sa mission, moins ambitieuse et plus secourable, est de prendre les initiatives ou de les seconder, d'ouvrir les portes ou de les élargir, de construire les abris ou de les améliorer; puis, sa tâche une fois accomplie, elle prend par la main ceux des pionniers qui l'y ont le mieux secondée, dont elle a pu le mieux apprécier la valeur et le dévouement, et leur cédant la place : — « Semez et labourez, leur dit-elle; ce champ est à vous; entrez et reposez-vous, cette maison est la vôtre. »

Ces derniers mots renfermaient sans doute une allusion à la haute distinction décorative dont la Ligue venait de gratifier M. Pasteur, en lui envoyant, la veille, une médaille d'or grand module. La lettre d'envoi, signée de M. Henri Deloncle, au nom du Comité de la Ligue, exprimait que cette marque honorifique était donnée à l'illustre savant, *en signe de reconnaissance et de fierté nationale.* » Une telle pompe de style valait plus que la médaille elle-même.

Le placement des médailles et des bibelots honorifiques de la Ligue, était un moyen de propagande qui manquait rarement son effet, quand la distinction touchait un personnage à la fois candide et accessible à un mouvement de vanité. Par une distribution sagement ordonnée, on enflammait ainsi le zèle des néophytes et l'on ranimait les indifferents. Le ligueur, qui avait recueilli 20 francs de souscriptions, pouvait aspirer à une récompense de cette nature, et la valeur de cette récompense était mesurée à sa position sociale. Les plus humbles devaient se contenter d'une épingle de cravate ou d'un autre insigne de moindre importance.

Les libéralités ainsi distribuées ne ruinaient pas la Ligue. Du reste, on n'a jamais entendu dire que celle-ci ait subventionné sérieusement aucune fondation utile. Peu avare de sa camelotte patriotique, elle l'était davantage de ses deniers.

M. R., président d'une des sociétés de tir de Paris, en fit l'épreuve. Se trouvant en vacances dans son village natal, il voulut y organiser une Société de tir. Son état de fortune ne lui permettant pas de faire seul les premiers frais, il pensa qu'en sa qualité de membre de la Ligue, il lui serait facile d'obtenir du Comité directeur une légère subvention, prise dans la caisse des patriotes. Il libella donc une requête qu'il adressa 22, rue Saint-Augustin. Mais quelle ne fut pas sa surprise de recevoir, quelques jours après, pour toute réponse, une liste d'adhésions et de souscriptions à la Ligue, avec une invitation pressante de la faire remplir par les membres de la nouvelle Société..

Ainsi les sociétaires ne sont pas en état de faire face aux frais de leur propre société, ils attendent un secours de la société mère, et celle-ci leur répond par une demande de contribution patriotique !

Les procédés ordinairement employés par la Ligue des pa-

triotes pour placer sous sa direction et y retenir le plus longtemps possible les diverses sociétés, méritent notre attention.

Un émissaire habile s'abouche avec le président d'une société
de tir ou de gymnastique, et lui représente les avantages qui ré-
sulteront, pour lui personnellement, de l'affiliation de sa société
à la Ligue des patriotes. Il lui fait entrevoir la probabilité de
son admission dans le Comité directeur de la Ligue ; il énumère
surtout les puissantes recommandations dans les diverses bran-
ches de l'administration publique que lui vaudra cette situation,
tant pour lui que pour les siens. En effet, la Ligue a pu se flatter
pendant longtemps d'avoir la haute main dans la distribution
des faveurs ministérielles et des décorations.

Si le président, ainsi circonvenu, acceptait ce pacte, au
risque de trahir les intérêts de ses mandants, on le voyait aussitôt user de son influence sur les sociétés de sa région, pour les
grouper en une association générale ; il usait de cette même
influence pour faire introduire dans les statuts l'élection à plusieurs degrés, et prolonger les pouvoirs du président pendant
plusieurs années. De telles dispositions statutaires mettaient
cette société entre les mains de quelques personnages à peu près
inamovibles ; et bientôt, par suite de l'accord intervenu entre
ces personnages et le Comité directeur de la Ligue, les sociétés
passaient sous la direction effective de M. Paul Déroulède, et
venaient grossir son armée.

Ce sont surtout les sociétés de gymnastique qui ont été victimes de cette manœuvre. Mais, heureusement, nous les voyons
aujourd'hui se débattre énergiquement, pour se débarrasser des
dernières chaînes qui les rivent encore à la Ligue des patriotes,
et pour s'unir entre elles par de nouveaux statuts fédératifs.

La Ligue des patriotes a tenté d'employer les mêmes manœuvres à l'égard des Sociétés de tir ; mais le succès n'a pas été le
même. *L'Union nationale des Sociétés de tir de France*, qui
devait grouper tous les tireurs, sous le haut patronage de la
Ligue des patriotes, végète misérablement.

Ce qui explique la résistance qu'opposèrent généralement les
sociétés de tir, et, au contraire, les facilités que rencontra la
Ligue des patriotes auprès des sociétés de gymnastique, c'est la
composition différente de ces sortes de sociétés. Les tireurs sont
presque tous des hommes faits ou, tout au moins, de jeunes
hommes sortis de l'adolescence. Ce qui les préoccupe, avant tout,
c'est de faire œuvre utile et de constituer, s'il devient nécessaire, une élite pour la défense du territoire. Ces sociétés nous
montrent le vrai patriotisme en action, et elles n'éprouvent pas
le besoin d'afficher le principe. La Ligue des patriotes et son don
quichottisme déclamatoire leur inspirent même une répu-

gnance instinctive. Voilà pourquoi bien peu de sociétés de tir ont été amenées à s'incorporer à la Ligue. Les sociétés de gymnastes, au contraire, comprennent surtout des adolescents affranchis de l'école et fort peu d'adultes. Elles étaient donc mieux disposées à se laisser fasciner par les chaleureux appels de la Ligue. Aussi presque toutes vinrent-elles, au début, s'enrôler sous la bannière noire et verte.

Il ne faut pas croire que le Comité directeur de la Ligue bornât sa propagande aux sociétés de tir et de gymnastique. Son plan était plus vaste ; il voulait que la Ligue fût le nombre pour devenir une force irrésistible. Ainsi le Comité faisait des enrôlements de patriotes, même parmi les sociétés musicales. Le *Drapeau* de 1884 (pages 463, 534, 573 et 587) contient des invitations réitérées à l'adresse de ces sociétés. Nous lisons même dans le numéro du 5 juin 1886 :

« Le Comité directeur, en présence de l'extension prise au point de vue patriotique par les sociétés musicales de France, décide qu'un secrétaire spécial sera chargé de ce service auprès de la Ligue et nomme à ce poste M. Henri Vatin, directeur de la *Jeune France*, secrétaire général fondateur du *Syndical général des sociétés musicales de France*. »

La Ligue des patriotes ne nous paraît pas avoir été étrangère à la création de l'*Association des étudiants*. Le président de cette association, qui comprenait un grand nombre d'élèves des Facultés catholiques, M. Delcambre, fut nommé secrétaire de la Ligue des patriotes. On vit ces étudiants figurer, à la suite du général Déroulède, dans la contre-manifestation organisée par les Ligueurs, à l'occasion des obsèques civiles de Jules Vallès.

Toute association disposée à accepter le mot d'ordre de la Ligue, était considérée comme une recrue précieuse. Peu importait l'objet de cette société ; son affiliation à la Ligue lui valait un brevet de patriotisme. C'est ainsi que le *Drapeau* du 12 janvier 1884 enregistra avec satisfaction l'affiliation de la *Solidarité fraternelle de la boucherie*. Le *Drapeau* créa même, dans cette circonstance, un mot nouveau : il appelait cela faire du patriotisme social !

La Ligue des patriotes tenta aussi, le 7 février 1885, de constituer une association des officiers de la réserve et de l'armée territoriale. Mais il y a lieu de croire que cette tentative rencontra une certaine résistance de la part de l'autorité supérieure ; car c'est au ministère de la guerre seul qu'il appartient de mettre en mouvement toute force armée. Une association d'officiers, recevant le mot d'ordre du Comité de la Ligue eût pu, d'ailleurs, devenir pour le gouvernement une cause d'embarras, sinon un danger pour la paix publique. Quoiqu'il en soit, la Ligue se garda bien de donner suite à ce projet.

M. Paul Déroulède réussit mieux auprès de *l'Union des fabricants de jouets*. Où le patriotisme ne peut-il se nicher?

Seize fabricants de jouets s'étaient réunis pour fonder un musée d'échantillons. Le Maître vit dans cette conception toute mercantile une grande œuvre patriotique. C'était la lutte du jouet français contre le jouet allemand. Puis, on fabriquait des jouets militaires... pour la revanche! Aussi, dans un banquet qui lui était offert par la société, le Maître s'adressa-t-il en ces termes à un certain *M. Chauvin* que son nom seul recommandait à ses sympathies : « Fabricant de jouets militaires, il ne saurait être que patriote! » (*Le Drapeau*, 12 septembre 1885.)

Les sociétés, en général, se montraient rebelles aux avances de la Ligue; mais ce serait méconnaître le caractère du Comité qui la dirigeait que de supposer qu'il serait rendu plus modeste par tant d'échecs successifs. Les refus, les protestations mêmes n'étaient pour lui que blessures légères. Il s'était posé en protecteur de toutes les associations libres, et, avec ou sans mandat, il entendait exercer cette protection et tirer de là sa puissance et son autorité. Qu'elles le voulussent ou non, les sociétés devaient donc subir le patronage du Grand-Maître; et celui-ci usurpait ce rôle, tant dans ses communications à la presse que dans son intervention auprès de l'administration publique.

Les sociétés, qui se maintenaient le plus énergiquement en dehors de la Ligue, ont généralement ignoré combien les ministères, les commissions parlementaires et, pendant longtemps, le Conseil municipal de Paris subirent l'influence funeste des chefs de cette association. On en eut la preuve, lorsque M. Déroulède fit prévaloir auprès des ordonnateurs de l'apothéose de Victor Hugo, l'ordonnance du défilé des sociétés, dont il avait conçu le plan. Le général Déroulède paraissait à leur tête, dans une attitude que nous décrirons. Derrière lui, venaient les sociétés qui, toutes, bon gré mal gré, étaient censées placées sous son commandement supérieur.

Dans une autre circonstance, une circulaire de la Ligue des patriotes, en date du 10 juillet 1886, enjoignit aux sociétés de tir et de gymnastique qui voudraient assister à la revue de Longchamp, et occuper l'emplacement qui leur était réservé par le ministère de la guerre, de se placer sous la direction de M. Pierre Richard, désigné par la Ligue pour remplir les fonctions de commissaire.

Ce fut encore par des influences de cette nature que la Ligue put s'attribuer la direction des concours de tir de Vincennes, en

1884 et 1885. Le Conseil municipal de Paris se laissa lui-même entraîner à reconnaître les pouvoirs officiels du Comité de la Ligue, malgré les protestations indignées d'un grand nombre de sociétés de tir. Rappelons, toutefois, que le Conseil municipal, mieux éclairé sur les agissements réactionnaires de la Ligue, n'a pas hésité à revenir plus tard sur son premier jugement.

Nous venons de suivre pas à pas les diverses phases du développement de la Ligue des patriotes ; nous sommes fixés sur ses moyens d'action et sur son but. Evidemment, la Ligue servait les intérêts du parti qui s'est fait l'ennemi irréconciliable de la République. Dans le plan de ceux qui tenaient les fils de cette trame ténébreuse M. Paul Déroulède n'était, pour emprunter le style de ceux dont nous parlons, « qu'un homme marqué du sceau de la Providence pour accomplir ses desseins ».

Mais la Providence s'était quelque peu trompée dans le choix de son serviteur. Là où il eût fallu un personnage discret, dissimulant toute ambition, sacrifiant au besoin sa personnalité à l'intérêt de l'œuvre ténébreuse, elle avait jeté son dévolu sur un homme affolé d'orgueil qui compromettait tout par une jactance insupportable, et qui allait s'abîmer dans le ridicule.

Le parti qui se servait de M. Paul Déroulède l'avait jugé depuis longtemps ; aussi les jours de triomphe du Président de la Ligue étaient-ils comptés. Dans le Paragraphe suivant, nous donnerons le récit du voyage de M. Paul Déroulède en Europe. Cet évènement est important dans l'histoire de la Ligue, et il complète le sujet de ce chapitre ; car les circonstances qui déterminèrent ce voyage, ses péripéties devaient mettre le comble à l'antipathie générale soulevée contre le Maître, et déterminer sa chute.

<h2 style="text-align:center">XI</h2>

<h3 style="text-align:center">VOYAGE DE M. DÉROULÈDE EN EUROPE</h3>

Sommaire : Motifs invoqués par M. Déroulède pour expliquer son voyage en Europe : Tartarin Déroulède, diplomate. — Les journaux amis de la Ligue révèlent la haute mission du Maître. — Des amis indiscrets avouent que M. Déroulède aurait reçu du gouvernement l'avis d'avoir à ne plus pérorer, mais d'aller voyager en Europe ; M. Déroulède interprète cette injonction comme l'offre d'une mission diplomatique. — Il n'a pas été éclairé par son échec à Berne, lors du concours fédéral de 1885. — M. Paul Déroulède à Rome ; représentation de sa tragédie : la *Moabite* ; lourde chute. — Silence autour du Maître jusqu'à son retour par Bruxelles ; il se rencontre là avec M. de Mun et le Congrès catholique. — Retour de M.

M. Déroulède ne s'était révélé jusqu'alors que comme directeur des manifestations de la Ligue ; ses voyages s'étaient bornés
à quelques tournées de propagande en province, et il avait été de
tous les banquets patriotiques ; enfin, on l'avait vu suivre *jusqu'aux gares de Paris les plus lointaines*, comme le dit
l'*Evénement*, les troupes sacrifiées pour les expéditions coloniales. Mais, un jour, une conception plus large illumina son
front : il résolut de parcourir l'Europe et d'aller exercer son
apostolat dans les grandes capitales.

Il venait d'échouer piteusement comme candidat de Paris à
la Chambre ; il lui restait à éprouver s'il serait plus heureux sur
le terrain diplomatique. Qu'allait-il entreprendre ? Quel serait
son programme ? Le *Drapeau* du 12 septembre 1885 répond
tant bien que mal à ces questions :

« Nous voulons, y est-il dit, instruire la Nation de ses légitimes rancunes. Il est, en outre, nécessaire de nous procurer
des alliances : et là où le gouvernement ne saurait négocier ni
même s'avancer, une association privée, appuyée sur un programme solide et des moyens durables, peut préparer les approches ou essayer des compromis. Et la presse allemande n'a
pu dissimuler qu'elle voyait dans notre démarche à Berne, une
audace sérieuse, profitable à nos besognes diplomatiques. »

Si on l'avait pressé quelque peu, M. Déroulède eût proclamé
volontiers que les destinées de la France étaient attachées à sa
personne. Dans sa pensée, le gouvernement français ne compte
pour rien · il est incapable ou impuissant. Le président de la
Ligue des patriotes ceul, sans mandat exprès, se sent assez fort
et assez bien inspiré pour rallier à la France les sympathies des
peuples voisins et lui gagner des alliances. C'est une mission
providentielle qu'il va remplir. Nous allons donc voir à l'œuvre
Tartarin diplomate succédant à Tartarin candidat.

Les vœux de ses amis l'accompagnent pour cette haute mission. Le *Carabinier-Gymnaste*, qui appartient au notaire
Candelier, décoré par la haute protection de M. Déroulède, veut
bien révéler à la France entière le grand rôle que le maître
s'apprête à jouer. Nous lisons dans le numéro du 7 mars 1886 :

« Quels sont les motifs de ce brusque départ ? M. Déroulède les a
expliqués hier sans ambages à un de nos confrères du *Gaulois*. Il >

sont de deux sortes. Il y a d'abord l'écœurement produit — c'est M. Déroulède qui parle — par la politique intérieure et extérieure du gouvernement français, les perpétuelles concessions au drapeau rouge, et la constante peur de se compromettre vis-à-vis de l'Allemagne.

« L'autre motif donné par le président de la Ligue des patriotes, est le désir qu'il nous a maintes fois exprimé, de recueillir de nouveaux documents pour la campagne éminemment patriotique qu'il mène de si vaillante façon.

« Je prouverai, dit-il, à ceux de mes amis qui habitent les pays que je vais parcourir, combien le développement de l'Allemagne est pour eux une chose menaçante. Je leur dirai combien l'œuvre des protestations françaises est utile à la sécurité de l'Europe ; je leur indiquerai les inconvénients d'une alliance franco-allemande ; les Français, unis aux Allemands, devenant les maîtres, les despotes du monde entier. »

Le journal « *Le Tireur* », de Nancy, qui était aussi l'un des organes dont se servait M. Déroulède, pour faire connaître au monde des tireurs et gymnastes ce qu'il ne voulait pas, par prudence, insérer dans le *Drapeau*, avait publié la même information ; mais il y avait ajouté une allégation plus grave, démentie en ces termes dans le *Drapeau* du 20 mars 1886 :

« Notre confrère et ami *le Tireur* a publié, dans son numéro du 11 mars, un article que nous avons le regret de contester. *Le Tireur* attribue le départ de M. Paul Déroulède au résultat d'une conversation que le président de la Ligue aurait eue, durant un dîner intime, avec MM. Grévy et de Freycinet, et prête à ces hauts personnages, un langage des moins diplomatiques et des moins parlementaires sur les questions de revendication française, qui nous tiennent si profondément à cœur.

« Nous ne pouvons que désavouer nettement ce récit. Il est bon de mettre nos amis eux-mêmes en garde contre des versions analogues, qui tendraient à faire du voyage de M. Paul Déroulède une sorte d'exil proposé par le gouvernement français, et accepté par notre président.

« Nous croyons être en droit d'affirmer, avec tout le respect que nous impose la haute personnalité de M. Grévy, que jamais un homme de son rang et de sa valeur, habitué aux choses les plus secrètes de la politique, placé dans les circonstances les plus favorables à une appréciation impartiale des faits, n'aurait la témérité — qu'on nous passe ce mot un peu vif — de penser ou de dire : « Il n'y a plus, en France, que quatre ou cinq individus qui songent à la revanche. » Les événements répondraient seuls à une conjecture aussi osée. »

L'article qui précède laisse percer la vérité sur les motifs qui décidèrent M. Déroulède à entreprendre son grand voyage. Le gouvernement français que le turbulent patriotisme de M. Déroulède mettait souvent dans l'embarras, en l'obligeant à des désaveux toujours regrettables vis-à-vis de l'Allemagne, avait évidemment cherché à éloigner un tel personnage, en lui persuadant que le climat des Alpes ou celui des Balkans lui serait salutaire. On lui laissait le choix ; mais on le suppliait de ne pas résister à ce conseil.

Il en coûtait beaucoup au Grand-Maître de se persuader qu'il était devenu un embarras et une inutilité ; il aima mieux croire qu'il portait ombrage au gouvernement. Peut-être même essayat-il de se persuader que l'avis du gouvernement était une invitation indirecte, une sorte de mandat déguisé, d'avoir à remplir la haute mission diplomatique qu'il s'arrogeait.

Mais hélas ! la première expérience qu'il avait faite de ses talents diplomatiques n'avait guère tourné à sa gloire. C'était à Berne, à l'occasion du Tir fédéral de 1885. Il apparut là pour représenter les tireurs français qui, pas plus que le gouvernement de son pays, ne lui avaient donné aucun mandat. M. Déroulède avait à peine mis le pied dans la ville fédérale qu'il recevait l'ordre formel de se renfermer dans le mutisme le plus complet. Le membre de la confédération qui lui adressa cette injonction, la motiva en ces termes : « Nous n'avons pas toléré ici les prédications de l'Armée du salut ; nous ne pouvons davantage tolérer les vôtres. » Nous raconterons plus tard avec plus de détails les circonstances dans lesquelles Tartarin-Déroulède fut ainsi éconduit, et dut reprendre le train pour Paris, dans les vingt-quatre heures.

Cet échec ne causa au Grand-Maître qu'une émotion passagère. Sous la triple cuirasse de son amour-propre, les traits les plus acérés le trouvaient invulnérable. Il se reprit à croire que l'Europe avait les yeux sur lui.

Au commencement du printemps de 1886, il partit sans bruit et visita les pays suivants : l'Italie, l'Autriche, la Grèce, la Turquie, la Russie, la Norwège, le Danemark et la Belgique.

Rome et les séductions de la cour pontificale devaient le retenir plus de temps que les autres pays de l'Europe.

Il dut se rencontrer, au Vatican, avec M. de Mun, qui était venu conduire aux pieds du pape les délégués des cercles catholiques de France.

Désireux d'apporter, lui aussi, sa pierre à l'édifice catholique, il rêva les gloires littéraires qui ont entouré les noms de quelques écrivains religieux. Il avait conservé, dans ses archives, une de ces tragédies qui ont ordinairement pour excuse l'extrême jeunesse de l'auteur, mais que celui-ci n'ose même plus relire, lorsque les ans ont mûri son jugement. Cette pièce avait pour titre : *la Moabite*, et rappelait, par ses élans religieux, la ferveur de l'*Esther* et de l'*Athalie* de Racine. Le poëme, traduit en italien, fut interprété par les plus illustres comédiens de Rome. Mais faut-il en accuser le mauvais goût du public? Cette œuvre n'obtint que le succès d'estime qui, dans la cité pontificale, accompagne toujours, par ordre, les pieuses tentatives de ce genre.

Dans son voyage circulaire en Europe, M. Déroulède fit si peu de bruit qu'aucun journal n'entretint le public de ses faits et gestes, et que, pendant plusieurs semaines, son nom parut oublié. Il revint en France par la Belgique. Il s'y trouvait, vers la fin de septembre 1886, lorsque s'ouvrit, à Liége, le *Congrès des œuvres sociales*. Plus de deux mille catholiques prirent part à ce véritable synode, que présidait l'évèque de Liége, assisté des évèques de Tournai, de Luxembourg et de Trèves. L'orateur obligé de cette assemblée, M. de Mun, traça les devoirs des classes supérieures, et exposa les bases d'une législation chrétienne, qui rétablissait les corporations abolies depuis 1789.

La coïncidence du passage de M. Déroulède en Belgique et de la convocation du Congrès catholique était-elle toute fortuite, ou bien devons-nous admettre que le chef de la Ligue avait tenu à revoir, à la fin de son voyage, le missionnaire cuirassé avec qui il s'était déjà rencontré à Rome? Les coïncidences de cette nature se retrouvent si souvent dans l'histoire de la Ligue, que nous nous refusons à voir ici un pur effet du hasard : nous aimons mieux croire qu'une Providence avait ainsi arrangé les choses.

Autre coïncidence : le Congrès catholique venait siéger à Lille, le 12 octobre, pour arrêter le plan d'organisation politique et sociale de l'État belge, et M. Déroulède, qui passa par cette ville, ne rentra à Paris que quelques jours plus tard.

Le Comité directeur de la Ligue des Patriotes, désirait que le retour du Maitre prit le caractère d'une ovation populaire. Il lui parut habile de faire croire à une manifestation spontanée, tout en ne négligeant rien pour provoquer l'affluence des ligueurs. Ainsi le *Drapeau* du 25 octobre 1886 publiait la note suivante : — « Malgré le désir qu'avait le Comité directeur de la Ligue des patriotes de cacher la date exacte du retour de M. Déroulède à Paris, le secret avait transpiré... » Or, le Comité cachait si peu cette date qu'une circulaire signée de lui, en date du 11 octobre, lui donnait les proportions d'un événement important, en invitant tous les ligueurs à se trouver à la Gare du Nord, à 6 heures 25 du soir.

Les cent cinquante mille ligueurs ne présentèrent au rendez-vous qu'un effectif de deux cents fidèles. Nous lisons ce qui suit dans l'*Événement*, qui n'a jamais été suspect d'animosité contre la Ligue :

« M. Paul Déroulède est arrivé hier soir de Bruxelles, à sept heures. Longtemps avant, toutes les portes donnant sur le quai du débarcadère étaient gardées par des agents, et l'entrée était rigoureusement interdite.

Vingt-cinq personnes seulement, parmi lesquelles les membres du Comité de la Ligue des patriotes et quelques journalistes, ont pu pénétrer sur le quai, où se trouvaient également M. Gragnon, préfet de police, et un officier de paix.

« Dans la cour de l'arrivée de la gare du Nord, deux cents personnes environ, composées de membres de la Ligue des patriotes et de curieux, attendaient l'arrivée de M. Paul Déroulède, qu'on a fait sortir entre une haie d'agents par la salle des bagages.

« A ce moment, les cris : Vive Déroulède ! Vive la France ! Vive la République ! se sont fait entendre.

« Déroulède, suivi des assistants, s'est dirigé vers un coin de la cour, et là MM. Marmottan, vice-président de la Ligue, et le docteur Guède ont souhaité la bienvenue à M. Déroulède, qui a répondu par un petit discours. Il a fait part à son auditoire des sympathies qu'il a rencontrées dans les grands et petits États qu'il a visités, et il a ajouté que « partout on a félicité la France d'avoir à la tête de son armée un ministre de la guerre aussi énergique que le général Boulanger ».

« Une triple salve d'applaudissements a accueilli ces paroles.

« M. Déroulède est monté ensuite dans un landau, et a quitté la gare au milieu de nouvelles acclamations. »

Dans une autre réunion des ligueurs, M. Déroulède rendit compte de son voyage en Europe. Les assistants s'étonnèrent quelque peu de la brièveté des détails. Ainsi le Maître glissa sur les incidents de son voyage à Rome : il affirma seulement qu'il y avait là beaucoup de sociétés de tir, et proclama une fois de plus qu'il y était venu pour y faire de la propagande française, et non de la propagande républicaine.

Un accueil plus que froid lui avait sans doute été ménagé en Grèce. Le Maître s'excusa presque d'y être allé.

Son voyage en Russie lui avait permis de constater un fait qui était connu du moindre lecteur du *Petit journal*, à savoir que le général Boulanger, notre ministre de la guerre, y était l'objet de sympathies unanimes.

C'est à cela que se bornaient les impressions que M. Paul Déroulède avait recueillies dans son grand voyage qui, au début, devait fixer les regards de l'Europe anxieuse.

XIII

RÉSUMÉ

Sommaire : La Ligue n'a fondé aucune société; mais elle prétend les englober toutes pour les diriger; faiblesse du gouvernement en face d'elle ; plus d'une fois, il s'humilie devant l'Allemagne pour se faire pardonner les manifestations belliqueuses de la Ligue; crainte simulée par M. de Bismark. — L'alliance de la Ligue avec la faction royaliste et cléricale offre un danger plus réel. — Pourquoi le gouvernement a-t-il longtemps ménagé la Ligue? — Comment le ridicule aura raison de la Ligue: citation du *Tintamarre*.

Nous avons raconté avec une rigoureuse exactitude les circonstances dans lesquelles la Ligue des patriotes a été fondée, et comment, en servant le parti de la guerre, elle est parvenue à grouper autour d'elle un grand nombre de sociétés. Nous avons décrit ensuite son organisation, et exposé ses principes de politique intérieure et extérieure. Nous avons enfin démontré que chacun de ses actes, chacune de ses manifestations révélait sa complicité dans la conspiration cléricale. Toutes nos assertions ont été appuyées sur des preuves irrécusables, et la plupart sont empruntées aux écrits, aux discours ou aux circulaires des chefs de la Ligue.

La Ligue des patriotes n'a fondé ni contribué à fonder ou à développer aucune institution sérieuse et durable ; mais elle s'est efforcée, par tous les moyens, de s'emparer de la direction des sociétés déjà existantes. Si elle n'a pu parvenir, à cause des résistances qu'elle rencontrait, à opérer une concentration réelle, elle a pu, du moins, faire longtemps illusion sur sa puissance, et proclamer *urbi et orbi* qu'elle était la patronne, la protectrice et en même temps la directrice de toutes les sociétés. Paris sait, depuis longtemps, à quoi s'en tenir sur ces prétentions de la Ligue ; mais la province n'a pas encore cessé d'en être dupe, et l'étranger surtout s'abuse sur l'importance du rôle de cette association.

Nos gouvernants, de leur côté, montrent, vis-à-vis de la Ligue des patriotes, une réserve et une circonspection qui attestent leur faiblesse ; et la témérité des chefs de la Ligue a augmenté en raison de cette indécision d'esprit. Sans aucun doute, la Ligue, considérée comme parti de la guerre, a contrarié souvent l'action diplomatique du gouvernement ; plus d'une fois même ses manifestations inopportunes ont failli troubler la paix boîteuse qui se maintient entre la France et l'Allemagne. La diplomatie française s'efforçait alors de persuader au grand chancelier allemand qui, en son âme et conscience, n'en a jamais douté, que notre gouvernement n'était pour rien dans les incartades et les défis burlesques du lieutenant Déroulède. Ainsi les explications demandées par Berlin n'ayant jamais été pour notre gouvernement qu'une occasion de s'humilier davantage, l'unique résultat des manœuvres de la Ligue a été d'amoindrir le prestige national.

L'avantage qui en résulte pour M. de Bismark est si évident que les meilleurs esprits en ont été frappés. Quelques-uns ont même insinué que le rusé chancelier allemand n'était peut-être pas étranger à la formation de ce courant de chauvinisme aveugle, dans lequel sont entrés tant de Français naïfs. Ce qui fortifie ce soupçon, c'est que les journaux allemands les plus hostiles à la France, n'ont pas cessé de signaler les appels belliqueux de M. Déroulède comme une menace grave contre l'Allemagne. Si l'on devait prendre ces plaintes à la lettre, il y aurait là un *casus belli* que M. de Bismark garderait en réserve, pour s'en servir au moment psychologique. Déjà, les feuilles allemandes ont formellement attribué à la propagande déroulédiste la résistance que les mesures de germanisation rencontrent en Alsace-Lorraine. Le loup accuse l'agneau de troubler l'eau du Rhin.

La crainte de messieurs les Allemands nous paraît simulée. Toutefois, la Ligue doit inspirer aux vrais patriotes français, c'est-à-dire aux républicains, une appréhension bien plus fondée. Nous savons, en effet, que la Ligue, en tant que parti de la guerre, marche, la main dans la main, avec la faction royaliste et cléricale Il n'est pas possible de douter que les défenseurs avoués du trône et de l'autel ne désirent secrètement une guerre qui serve leurs projets de restauration, puisque nous les voyons entretenir l'espérance, surtout s'ils parviennent à remplacer le général Boulanger par un des leurs, que les résultats de cette guerre seront funestes à la République. Le prétendant qu'ils tiennent en réserve apparaîtrait alors comme le sauveur de ce qui resterait de la France ; il serait le grand pacificateur, soutenu par la confiance des cabinets monarchiques de l'Europe, le véritable libérateur du territoire. Ces coupables espérances ne sont-elles pas encouragées par le pape, qui compte désormais parmi les plus fervents alliés de l'Empereur d'Allemagne ?

Les considérations que nous venons de développer ont dû être méditées dans les conseils du gouvernement. Aussi la Ligue des patriotes commence-t-elle à ne plus rencontrer, de la part de l'administration supérieure, les complaisances qui lui étaient prodiguées autrefois. Cependant, le gouvernement hésite encore à prendre, à l'égard de la Ligue, des mesures sévères, propres à lui imposer un silence prudent. Ce n'est pas qu'il tremble devant elle ni qu'il exagère l'importance politique du parti de la Ligue ; mais comme il croit devoir chercher son point d'appui dans les éléments conservateurs et même réactionnaires plutôt que dans la gauche radicale, il lui répugne d'employer contre la Ligue les moyens de répression qui ne sont justifiés à ses yeux que contre des socialistes révolutionnaires. Ainsi s'expliquent les ménagements dont les chefs de la Ligue sont encore l'objet.

Est-ce à dire que la Ligue des patriotes ait des racines si profondes qu'on ne puisse faire disparaître du sol républicain cette usine du patriotisme factice ? Non ; nous croyons fermement, au contraire, que l'opinion publique, enfin éclairée, suffira à cette besogne, et qu'elle se prononcera assez haut pour étouffer le parti de la guerre quand même, que ce parti s'abrite derrière la bannière de la Ligue ou derrière le paravent de M. Peyramont.

Il y a, en France, quelque chose qui tue plus sûrement que les armes les plus meurtrières; c'est le ridicule. Or, pour son malheur, la Ligue des patriotes n'a pas su y échapper. Son zèle, qui portait à faux, est devenu de l'extravagance ; chacun de ses actes est un comble. En tombant de contradictions en contradictions, elle a fini par perdre tout crédit auprès des âmes les plus candides.

Or, le ridicule éclate dans les moindres œuvres de la Ligue.

Une chose peut être excellente en elle-même, à la condition qu'on ne la pratique pas outre mesure. Il en est ainsi du patriotisme. M. Déroulède et ses amis l'avaient si bien mis partout que la réclame industrielle a cru pouvoir, elle aussi, en faire son profit. Un fabricant veut-il lancer une chaussure d'un nouveau modèle, un fil ou une pommade? Cet objet est aussitôt qualifié de *patriotique* ou *national.* Le propriétaire du bazar de l'Hôtel-de-Ville, le client des maisons allemandes, débite des casquettes patriotiques à 1 fr. 95.

Un financier, plus audacieux que les autres, et plus heureux, deviendra *une gloire nationale.* Un gros industriel, pour peu qu'il occupe une centaine d'ouvriers, sera aussi, de ce ce chef, *une gloire nationale.* Et s'il a versé à la caisse de la Ligue la plus forte cotisation, il peut aspirer à tout. Le maître le saluera *grand patriote* ; car, en fait de patriotisme, il est expert-juré pour en connaître. Mais, en dehors de son Église, le patriotisme devient douteux, suspect.

Quand une institution se ravale jusque-là, c'est le *Tintamarre* qui devient compétent pour formuler l'arrêt de l'opi-

nion publique. Voici dans quels termes, fort judicieux au fond
le colonel Ramollot s'emporte contre la Ligue des patriotes :

« C'que c'est que c't'histoire de *Ligue des Patriotes?*

« N'en fais pas partie, moi, scrongnieugnieu, et j'voudrais bien
savoir quel est l'jean-f... qui viendrait m'déposer dans l'tuyau d'l'o-
reille que n'suis pas aussi patriote que l'premier quiconque de c'ma-
chin.

« *Ligue des Patriotes!* Mais scrongnieugnieu, n'y a donc qu'-
vous qui vous êtes fait massacrer d'blessures et autres dans la grande
campagne! C'était donc pas des patriotes Regnault, Seveste, Franchetti, cetera, aussi bien qu'les pauv'es b... d'pékins qui s'f... des
coups de torchon à Châteaudun, à Buzenval ou ailleurs!

« Pour lors, les off'ciers c'est mon sac, la troupe c'est d'la pistache,
les c'lonels, généraux et autres d'la fontaise!...

« Du moment qu'on n'fait pas partie de c'te n... de D... d'*Ligue*
on n'est qu'une tourte. Quand viendra l'moment d'se ref... un coup
de torchon, j' n'irai pas pour lors, les camarades non plus, n'y aura
qu'la *Ligue des Patriotes* qui s'f'ra casser la gueule.

« Si m'présente dans une n... de D... d'maison, malgré mes campagnes, blessures, captivité et autres, j's'rai Ramollot tout court :
et un autre chien qui vend du pain d'épice, qui n'a jamais f... l'pied
sur un champ d'bataille passera d'suite pour un rude lapin, parc'qui
f'ra partie du ci-d'sus!...

« Eh bien! n... de D..., j'suis Français moi, m'f... d'vot'e
Ligue ; les portiers, merciers, tailleurs, ferblantiers, notaires ou
épiciers, la province et la ville s'en f..., égal'ment ; les p'tits qui
ont grandi d'puis qu'leurs n... de D... d'pères ont été f... à
l'ombre par les autres chiens, n'auront pas b'soin d'vous pour faire
leur devoir, j'vous en f... mon billet, qui soient d'Paris ou d'la
campagne. N'doute même pas des Marseillais, v's'entendez, car
sont des Français et n'm'en f... pas, moi.

« J'crois au pays, s'crongnieugnieu! n'pense pas nécessaire de
l'chatouiller pour l'faire rire, quand l'gouvn'ment lui f... la nouvelle du... comprenez.

« *Ligue des Patriotes* composée d'Français, n'dis pas non : pas
l'intention d'douter d'aucun quiconque, s'ment n'leur moisis pas
d'qui-ci : qu'c'est toujours les gueulards qui n'f... rien, et qui s'ti-
ront des flûtes après avoir fait casser la gueule aux autres.

« M'méfie des braillards, ça f... tout sens dessus dessous, et c'sont
les autres qui trinquent.

C't'y pas un joli coup d'chien de's'f... à sauter sur une n... de
D... d'brasserie, et d'compromettre l'gouvn'ment qui n'est p't'ête pas
prêt à dire aux autres : Si vous n'êtes pas contents, j'm'en f...

« C't'y malin d'engueuler le roi d'Espagne, parc'que c'petit jeune
homme avait des frusques d'Prussien dans sa malle! C'comme
lorsque Gambetta tourna d'l'œil, c'tait au président l'cadavre, l'aurait f... dans sa poche si on l'avait laissé faire :

« Patriote, Gambetta! or, comme j'suis président d'la *Ligue*,

« c't'à moi, j'vais organiser l'convoi, j'suis l'moutardier du pape
« moi, j'suis l'emp'reur ; l'gourn'ment, j'm'en f...! J'f'rai un dis-
« cours, j'engueul'rai l'Allemagne, et l'pékin s'ra épaté, m'prendra
« pour quèque chose, s'dira : C'pas une tourte c't'animal-là. M'f...
« su'l' trône.

« Les vieux d'la vieille, les anciens, j'm'asseois d'sus, j'les ai
« quèque part, parc'que j'suis malin comme un n... de D... d'singe.

« R'gardez-moi bien, n'suis pas un homme ordinaire ; l'gourn'-
« ment n'os'ra rien m'dire parc'qu'il aurait l'air de m'f... dedans
« pour cause de patriotisme, j'en profiterai pour le f... dans l'em-
« barras à chaque estant.

« L'patriotisme, c'est moi tout seul, tous les autres sont des taf-
« feurs, ceux qui n'gueulent pas sont des vendus... »

CHAPITRE III

L'armée de la Ligue

I

COMMENT LA LIGUE EST UNE ARMÉE

SOMMAIRE: Pourquoi le parti clérical a-t-il choisi M. Déroulède pour l'accomplissement de ses desseins; moyens à l'aide desquels ce parti élève un homme. — Des termes dans lesquels les lieutenants de M. Déroulède exaltent la personne du Maître; citations. — Biographie élogieuse de M. Déroulède, par Jules Claretie. — C'est aussi par des gravures représentant le Maître qu'on attire l'attention sur lui; quelques-unes sont des apothéoses. — Contradictions qu'on relève entre les écrits et les déclarations du chef de la Ligue; ce qui les rendait inévitables. — La Ligue, pas plus que l'Eglise, ne pardonne à ses ennemis: vengeance contre le maire de Saint-Denis; comment la calomnie est démasquée. — On ne discute pas la parole du Maître! La Ligue n'accepte que des blancs-seings, des mandats non définis; elle s'accorde en cela avec les opportunistes. — L'autoritarisme des chefs de la Ligue vis-à-vis des sociétés de tir; comment on étouffe leurs protestations. — La direction du Concours de tir usurpée par la Ligue. — C'est le Maître seul qui distribue les récompenses; Mme Adam, *quêteuse de la Patrie et aumônière de France.* — Les procédés de la Ligue pour tirer les marrons du feu; c'est ce qu'elle appelle des *victoires.*

Nous avons démontré, dans les *Chapitres précédents,* les importants avantages que pouvait retirer la réaction cléricale de la formation et de l'action d'un parti de la guerre et d'une armée de la revanche. Nous avons prouvé que, pour la réussite de ses projets à l'intérieur, le cléricalisme songeait à recourir à la force.

Nous allons montrer comment, par suite de son organisation autocratique, la Ligue dite des patriotes était destinée à marcher en bataille avec les zouaves de M. de Charrette et les ouvriers catholiques de M. de Mun.

Les procédés dont le parti clérical et monarchique use habituellement, se dévoilent ici dans toute leur tortuosité. L'homme choisi pour devenir l'instrument de Rome, est poussé au summum de la popularité par tous les moyens, tantôt avoués, tantôt secrets, dont dispose l'Ordre. On crée autour de son nom une légende héroïque. On le présente aux populations comme un brave sans rival, comme un missionnaire, comme un dieu. On rend l'apôtre « indiscutable », en faisant en sorte que son nom seul devienne le synonyme du mot qui exprime l'idée qu'on le charge de défendre. On met même à sa disposition des ressources plus palpables; tous les obstacles sont aplanis devant lui; toutes les portes lui sont ouvertes; on lui donne la faculté de se faire le dispensateur de ces hochets de vanité multicolores qu'on nomme décorations. On attache à la personne de l'élu certains hommes dont l'ambition ardente est un gage de fidélité. On crée un vocabulaire nouveau, hérissé de paroles de flamme, dont il ne faut pas trop approfondir le sens, mais qui fasse illusion aux naïfs, de telle sorte que la foule aveugle, au moment où le dictateur accomplira la véritable mission pour laquelle on l'aura élevé, suive le chef sans murmurer, partout où il devra la conduire.

Lorsque Gambetta eut trompé les espérances de ceux qui le croyaient destiné à fonder enfin les institutions républicaines, il ne lui restait plus, pour conserver un regain de popularité et justifier sa dictature, qu'à se faire reconnaître comme le seul politicien capable de tenir la Prusse en échec, et de préparer les éléments de la revanche. Il faut convenir que l'attitude de Gambetta ne contribua pas peu à fortifier, en France, le parti de la guerre. Toutefois, les cléricaux qui y poussaient également, ne pouvaient favoriser les desseins de celui qui avait proclamé : « Le cléricalisme, c'est l'ennemi! ». Il leur fallait un homme capable de provoquer la revanche, mais qui, en même temps, les rassurât, à l'intérieur, contre les progrès de l'idée républicaine. Déroulède parut! Son éloquence, moins pure et moins châtiée que celle de Gambetta, faisait cependant illusion aux masses par l'heureuse association de ces mots sonores qu'on applaudit presque toujours, même alors qu'on saisit peu la pensée de l'orateur. D'un autre côté, il offrait des gages à la cause cléricale. Il n'en fallut pas davantage pour que l'Eglise l'adoptât. On n'exigea pas de lui qu'il prît l'épée d'une main et le crucifix de l'autre. Cette attitude l'eût immédiatement perdu, car les masses, même lorsqu'elles gardent encore certains préjugés religieux, ne permettent pas qu'on les affiche. D'ailleurs, M. de Mun suffisait à ce rôle de Pierre l'Ermite. Il fut convenu que M. Paul Déroulède serait quelque chose comme le grand connétable du parti de la guerre : le clergé serait derrière lui, mais sans qu'il y parût trop.

Quelque peu d'importance que nous attachions nous-même aux hommes, en raison de la préoccupation exclusive que nous avons pour les principes et les faits, quelque grand que soit notre désir de ne pas faire de personnalités, nous ne pourrons éviter, en décrivant l'organisation de la Ligue, de tout rapporter à son chef, le lieutenant Paul Déroulède. Un instinct secret, à défaut d'habileté, le portait, en toutes circonstances, à mettre sa personnalité en avant, de telle sorte que l'audacieux qui eût voulu critiquer la direction et les actes de la Ligue, semblât s'attaquer à lui et à lui seul. Ce procédé n'est pas nouveau, mais il continuera d'être en faveur, tant que la foule, trop ignorante ou trop inconsciente de ses droits pour les exercer elle-même, s'en remettra à un homme pour faire triompher une idée ou un principe. Trop de démocraties dégénèrent ainsi en fétichisme et en idolâtrie.

Nous n'irons certes pas jusqu'à entrer dans la vie privée de M. Paul Déroulède; mais l'homme politique, l'homme public nous appartient. C'est au nom du bon sens français, qui a toujours le dernier mot, c'est au nom des intérêts supérieurs de la Nation, que nous revendiquons, à cet égard, notre droit de critique.

Eh quoi! le lieutenant Déroulède est proclamé le *général* d'une armée que l'on ne craint pas de comparer à celle de Marceau; le lieutenant Déroulède provoque le désordre dans la rue; le lieutenant Déroulède est, sous diverses couleurs, candidat aux élections législatives; et nous n'aurions pas le droit de signaler le grave danger, caché sous ses rodomontades souvent ridicules, qu'il fait courir à la République; il nous serait interdit de montrer, dans toute sa nudité, l'élu du cléricalisme, le *missionnaire*, comme il se qualifie lui-même! Non; nous ne pouvons oublier que c'est par des moyens tout aussi grossiers que Louis-Napoléon, en 1851, est parvenu à renverser la seconde République. Sauvons celle qu'on attaque aujourd'hui de la même manière.

En République, ne pas dire la vérité quand on la connaît, constitue la pire des lâchetés. Nous ne sommes pas de ceux qui mériteront ce reproche.

Ici encore, afin de corroborer la sincérité de nos affirmations, il nous faut recommencer des citations peut-être fastidieuses, mais nécessaires pour prévenir toute dénégation intéressée :

« *La Ligue, c'est moi!* » a souvent répété avec emphase M. Déroulède. Et ses lieutenants n'osent prendre la parole qu'en s'inspirant de son *verbe* :

« Nous tenons, s'écrie l'un d'eux, à ne point déflorer, à ne point affaiblir par nos commentaires la gravité de certaines assurances données au nom de la Ligue par celui *qui en est, de droit comme de fait, le seul porte-parole.* » (*Le Drapeau,* 22 août 1885).

« ... Coordonner les mouvements de la machine colossale qu'il a conçue et créée, *et dont lui seul connaît et manie tous les rouages...* S'il y a, parmi nous, de vaillants compagnons d'armes, *il y a un chef et il n'y a qu'un chef* », lisons-nous dans *le Drapeau* du 31 octobre 1885.

« La Ligue des patriotes compte aujourd'hui plus de 100.000 adhérents, UN VRAI CORPS D'ARMÉE », nous dit M. Hémel, dans *le Drapeau* du 3 octobre 1885.

Dans une brochure publiée à Vienne (Isère), sous l'inspiration de la Ligue, et qui a pour titre : *Le Champion de France en* 1884, nous lisons : — « Nous félicitons celui qui pouvait se contenter d'être un grand poète, de délaisser son luth puissant pour devenir un grand citoyen. Eh bien ! soit, LES RÉGIMENTS DE DÉROULÈDE deviendront les strophes vivantes des épopées futures, et les contempteurs du soldat poète n'auront qu'à se résigner, le jour où un million d'hommes, qui vaudront bien un million de rimes riches, seront prêts à demander à l'ennemi commun un peu plus qu'un amendement à l'article 2 du traité de Francfort. »

Le Drapeau du 29 novembre 1884 prête encore à M. Letalle, dont nous aurons quelquefois occasion de parler, — le discours suivant :

« Nous rendons hommage à Déroulède, NOTRE CHEF, chef désintéressé, *qui fait récompenser ses soldats* sans penser à lui-même. J'ai dit notre chef, messieurs, avec intention ; c'est que quelque part on nous a appelés, en riant, les soldats de Déroulède. Eh bien, oui, nous sommes les soldats de Déroulède, comme il y a eu les *soldats de Marceau* et comme il y a les soldats de Courbet... »

On peut lire, au milieu d'absurdités révoltantes en matière de tir, les lignes suivantes dans *la Nouvelle Revue* (directrice : Madame Adam) du 1er octobre 1884 :

« *J'écris au nom de la Ligue des patriotes...* Nous n'avons point un seul jour manqué à cette tâche, *depuis que nous sommes entrés dans le rang,* prenant pour chef un poète qui est un créateur ; SOLDATS DE DÉROULÈDE, COMME ON DISAIT EN 1813 : CHASSEURS DE LUTZOW. » Signé : Henri Deloncle, délégué de la Ligue des patriotes.

Nous détachons ce qui suit du *Drapeau* de 1884, page 396 :

« *Je bois à l'apôtre, au missionnaire* de la Patrie..., si l'on a raillé quelquefois ceux qui prêchent leurs idées en tout lieu et à tous, c'est qu'on a oublié la puissance de la parole, la force irrésistible du *verbe* : on a oublié *Pierre l'Ermite* jetant la France sur l'Orient! mais nous, nous y pensons, nous ne l'oublions pas... Je bois à Déroulède, je bois à la prochaine croisade ! » Discours de M. *Fettes,* sous-lieutenant du génie.

Et le *Drapeau* de 1884, page 536 :

« ..... Mais il faut, pour que la revanche se complète, persévérer envers lui dans une attitude de déférence et d'amitié; il faut donner aux idées que ce *patriote exclusif* incarne et transfigure, une adhésion groupant les votes, et constituer, en propageant son nom et son *verbe,* le parti de la Patrie. »

Jules Claretie a figuré, lui aussi, parmi ceux qui comblèrent le maître de flatteries. Il publia la biographie de son héros avec portrait et fac-simile, chez Quantin, éditeur ; cette biographie se retrouve encore dans l'Almanach patriotique des Sociétés de tir et de gymnastique, de 1884.

Comme on le voit, les éloges dithyrambiques que M. Paul Déroulède se fait décerner par ses caudataires, dépassent tout ce que l'imagination de ses pires ennemis pourrait enfanter. Il ne nous est pas permis, à nous les adversaires loyaux de l'*Œuvre du relèvement national* telle qu'on la comprend, 22, rue Saint-Augustin, d'affaiblir par des commentaires, la gravité du sujet que nous traitons. Ce n'est pas par le rire, mais c'est surtout par une sérieuse réflexion, que nous supplions le lecteur d'accueillir les citations qu'on vient de lire et les renseignements qui suivent.

Il n'est pas moins curieux de constater le nombre considérable de numéros du D*rapeau,* dans lesquels le portrait du maître a été reproduit dans toutes les attitudes possibles.

Le portrait du lieutenant Déroulède a été publié en gravures aux pages suivantes du *Drapeau* :

Année 1884 : pages 350, 398, 421, 431, 433, 445, 459, 474 et 535.

Année 1885 : pages 25, 139, 198, 271, 439, 466, 486 (vu de dos) et 490.

On remarquera que, dans les numéros des 6 septembre 1884 et 10 octobre 1885, le portrait y est deux fois.

Plusieurs gravures sont de véritables apothéoses. La plus curieuse dans ce genre est celle du 6 juin 1885, représentant le cortège des gymnastes et de la Ligue des patriotes, à l'enterrement de Victor Hugo. Le corbillard du défunt n'est pas représenté sur cette gravure qui nous montre seulement M. Déroulède, saluant la foule avec majesté.

A l'époque des élections, le portrait de M. Déroulède a été publié par le *Journal Illustré*, *la Vie Moderne* et la *Chronique Parisienne*.

Enfin, les dames sentimentales qui se prennent à aimer les héros de mélodrame, peuvent se procurer, à peu de frais, la photographie de M. Déroulède, sous les arcades de la rue de Rivoli : passage Jouffroy, chez M. Pierre Petit, 27, place Cadet; et 155, rue Montmartre.

A la vue de tant de puffisme, et malgré les troubles sur la voie publique, provoqués par le lieutenant Déroulède, les hommes d'esprit se sont contentés de hausser les épaules et de le traiter de fou et d'halluciné. Nous ne le jugeons pas de cette façon ; et, dans l'étude consciencieuse que nous ferons de ses actes, nous expliquerons avec quelle suite dans les idées M. Déroulède a procédé, et quel péril se cache sous la popularité qu'une puissance occulte lui a créée.

Nous avons souvent relevé les contradictions dans lesquelles le chef de la Ligue tombait fatalement à chaque instant, par cela seul qu'il devait défendre la cause réactionnaire, sans afficher une hostilité déclarée contre les idées républicaines. Cette hostilité éclatait néanmoins à tout propos, parce qu'il était impossible au Maître de concilier ses actes constamment réactionnaires avec ses déclarations ou ses proclamations de la veille. Il s'en suivait une série confuse de notes, de communiqués ou de décisions du Comité directeur de la Ligue ; et les termes en étaient mesurés de manière à égarer les fidèles, sans risquer de perdre leur confiance. La ruse se montre dans les moindres détails ; mais, malgré l'habileté de ceux qui y ont recours, le rapprochement des faits ou celui des discours rétablit toujours la vérité.

Les projets nouveaux que le Comité de la Ligue essaie de mettre en avant, ses déclarations hasardées ou mensongères ne sont pas d'abord insérés dans le *Drapeau*. La Ligue les fait publier dans un journal spécial de tir ou de sport à sa dévotion. Le journal *Le tireur de Nancy* et le *Carabinier-gymnaste* se font ordinairement les dépositaires de ces fausses confidences.

Les orateurs de la Ligue parlent souvent des malheurs mérités de la France, pendant la guerre de 1870 ; mais jamais il ne leur échappe de flétrir les traîtres qui ont voulu cette guerre néfaste, ni ceux qui l'ont conduite comme chacun sait.

Signalons un autre caractère des chefs de cette ligue. La puissance occulte qu'ils exercent par leur influence dans les bureaux de l'administration publique, se manifeste habilement à l'égard de ceux qui les ont attaqués. La Ligue, pas plus que l'Eglise, ne pardonne à ses ennemis.

M. Moreaux, maire de la ville de Saint-Denis, en fit l'épreuve. Nous raconterons, dans l'un des Chapitres qui suivent, la réception qui fut faite à M. Paul Déroulède, à Saint-Denis, dans une réunion électorale de deux mille citoyens, venus là pour entendre la profession de foi du candidat à la députation. On avait démasqué l'homme politique, en lui jetant à la face son passé clérical. Le Comité de la Ligue, ne pouvant tirer vengeance de cette multitude, si peu respectueuse pour le Maître, s'en prit à son maire qu'on savait fermement dévoué à la cause républicaine, et qui menait rondement la laïcisation de l'hôpital et des écoles.

L'un des rédacteurs du *Petit National*, journal orléano-opportuniste, M. Siebecker, qui est en même temps l'un des plus fougueux ligueurs, déterra dans une brochure prussienne publiée en Prusse, par un vrai Prussien, un de ces ignobles racontars dont la source impure exhalait une odeur qui eût été suspecte à tout autre. Cette brochure a pour titre : — « *A Saint-Denis pendant l'occupation de* 1871 », et elle est signée d'un baron de Mirbach, premier lieutenant au régiment des fusiliers de la garde. On y lit que le maire de Saint-Denis avait félicité le général prussien de Medem « des soins et du souci qu'il avait eus de préserver l'Eglise » On y lit encore que ce maire avait exprimé sa surprise « de ce que le commandant du corps d'occupation ne se faisait pas servir, chaque jour, un repas de vingt couverts, aux frais de la ville. » Là-dessus, M. Siebecker s'emporte contre un maire si lâche devant l'ennemi ; et, se souvenant qu'il avait été décoré pour sa belle conduite pendant la guerre, il le somme de rendre sa croix. Il ne fallut rien moins que des démonstrations publiques et presque unanimes de la population républicaine de Saint-Denis en faveur de son maire, pour étouffer les effets d'une noire calomnie. (Voir *l'Eclaireur républicain, Paris-Banlieue* 3 juillet 1886.)

Le souverain principe, proclamé par les chefs de la Ligue, c'est qu'il ne faut discuter ni les décisions du Comité, ni la parole du Maître. Quiconque ose le faire n'est pas un patriote, et il est bien près de devenir un ennemi de la Patrie. C'est la théorie du blanc-seing, c'est-à-dire du pouvoir déféré sans mandat défini. On sait où nous a conduit le blanc-seing que, pendant dix-huit ans, la nation donna à Napoléon III. Après 1870, les flatteurs et les adorateurs du pouvoir, qui avaient fait le troisième Empire, tentèrent, mais heureusement sans succès, de conférer, avec la dictature, le pouvoir absolu à Gambetta.

Cette idée, qui s'inspire assurément des traditions monarchiques et impériales, hante encore aujourd'hui le cervelet de nos opportunistes ; et c'est ce qui explique leur alliance avec la droite dans le vote de tous les projets de lois liberticides. Ils ne sont séparés des royalistes purs que par des questions de noms : peu de chose, au fond ; car, sur ce point, les uns et les autres transigent toujours en faveur du plus audacieux qui ravit le pouvoir suprême.

Les chefs de la Ligue jugèrent que la théorie du blanc-seing avait du bon, puisqu'elle leur permettait, tout en ménageant les pseudo-républicains, de consacrer le principe d'autorité, tant de fois invoqué par le Maître.

Jamais l'autoritarisme du Comité de la Ligue ne s'afficha avec plus de morgue ni d'impudeur que pendant les *grands Concours nationaux de tir*, à Vincennes. Le Comité de la Ligue se croyait vraiment à la tête d'une armée, et prétendait lui imposer l'obéissance passive. Jamais les sociétés de tir ou leurs délégués, premiers intéressés dans la question, et surtout les plus compétents, ne furent consultés pour l'organisation des tirs nationaux. Ce qui était voulu et ordonné par le Comité faisait loi. De même que M. Paul Déroulède détourna plus tard à son profit l'apothéose de Victor Hugo, il semblait dire, lorsqu'il paradait à Vincennes, entouré de son état-major de ligueurs : « Le tir national, c'est moi ! »

Des protestations s'élevèrent, il est vrai, parmi les sociétés de tir ; mais c'était prévu par les chefs de la Ligue. Pour les prévenir ou les étouffer, si elles se manifestaient, ils s'étaient assuré le concours du gouvernement ; et celui-ci avait accueilli le Comité de la Ligue comme le souverain ordonnateur du tir national.

Le jour de l'ouverture du tir national de 1885, c'était le lieutenant Déroulède qui recevait le chef du cabinet du ministre de la guerre et les autres personnages officiels, non pas seulement en sa qualité de commissaire général du concours, mais encore et surtout comme Président de la Ligue des patriotes. Il veut, en effet, que les sociétés de tir soient considérées comme de simples bataillons dans l'armée de la Ligue.

Au banquet qui suivit l'inauguration du Concours, M. Paul Déroulède décerna des récompenses au nom de la Ligue des patriotes.

Madame Edmond Adam, que le Maître a associée à son Comité d'organisation du concours, prend place au banquet, comme « *quêteuse de la Patrie et aumônière de France* » Telles sont les qualifications figurées, empruntées au langage de sacristie, dont M. Paul Déroulède la gratifie.

Enfin, le trésorier général du Comité de souscription porte un toast au Parlement et au Conseil municipal de Paris. « qui ont accordé, dit-il, *des subventions à la Ligue des patriotes,* pour organiser des concours de tir dans toute la France. »

Nous voyons donc, en cette circonstance, la Ligue des patriotes englober et absorber au profit de l'ambition de ses chefs les sociétés de tir, comme elle l'a fait pour tant d'autres sociétés. Que signifient, après ces citations, les dénégations qu'elle opposa plus tard au reproche d'absorption? (Voir *le Rappel,* 22 août 1885.)

Cependant, le plan d'organisation du concours national, tel qu'il avait été conçu, dès 1884, par le Comité de la Ligue des patriotes, accusait une ignorance complète des choses du tir. Quelques journaux spéciaux en avaient fait la remarque. *L'écho de Tourcoing* avait enregistré les plaintes portées à cet égard par les sociétés de tir les plus compétentes; et le *Carabinier-gymnaste* du 30 novembre 1884 avait fait suivre l'article de ce journal de l'observation suivante : « Si les Français, les premiers intéressés au relèvement de la défense nationale, critiquent les organisateurs du Concours et le Concours lui-même, qu'en diront les Allemands? »

Ce que dirent les Allemands? Ils simulèrent une grande colère; mais, au fond, ils durent sourire en voyant cette parodie des Concours fédéraux de la Suisse.

Quant à M. Déroulède, il persista plus que jamais dans l'observation de son plan de concours nationaux.

Tels ont été, pour les sociétés de tir particulièrement, les résultats de l'application de la théorie du blanc-seing.

Lorsque les délégués des sociétés de tir arrachaient, de temps à autre, de l'administration ministérielle quelque concession favorable, la Ligue des patriotes s'en attribuait autant de gloire que si elle-même eût défait les Prussiens en bataille rangée : le Maître appelait cela *une victoire* !

C'est ainsi que le général Déroulède revendiqua pour lui seul le mérite d'avoir obtenu une réduction de prix des cartouches délivrées aux sociétés de tir, alors que le congrès général de ces sociétés avait formulé ce vœu, en 1884 (Voir *le Drapeau,* 1885, p. 36 et 232.)

II

BIOGRAPHIE DU MAÎTRE

Sommaire: Citation de la biographie de M. Paul Déroulède, par Jules Claretie. — Extrait de la préface de *la Moabite* ; profession de foi cléricale du Maître. — M. Déroulède jugé comme poète : l'*Événement*, le *Republicain* de Nogent-le-Rotrou, la *France libre*. — Diversité des légendes sur les hauts faits de M. Déroulède : à quelle affaire a-t il été décoré ! Il proteste contre l'allégation de l'*Intransigeant* qu'il l'aurait été pour sa participation à la guerre civile. — Portrait de M. Déroulède : l'*Evénement*, l'*Avenir de Saint-Germain*. — Preuves des attaches cléricales de M. Déroulède : sa vanité déborde : il parle de lui-même sept fois en six lignes ! Ses enrôlements pour combattre le choléra à Paris. — Son piteux désarroi quand le gouvernement lui enjoint de se taire. — Dans un Concours de tir, M. Déroulède vise la butte, dédaignant de viser la cible. — Les félicitations du Maître à l'empereur et à l'impératrice de Russie.

Avant de discuter la personnalité politique du chef de la Ligue des patriotes, nous allons donner sa biographie ; et afin d'éloigner tout soupçon de partialité, nous l'empruntons à l'un des plus chauds apologistes du Maître, M. Jules Claretie ; elle est tirée d'une brochure qui a pour titre : « *Paul Déroulède, célébrité contemporaine.* » (Paris, 1883 : Quantin, éditeur.) Cette biographie s'arrêtant à l'année 1883, nous aurons à la compléter.

« Paul Déroulède est Parisien.

« Il est né le 2 septembre 1846, place Saint-Germain-l'Auxerrois, en face de la vieille église dont il écoutait, tout enfant, sonner les cloches, en admirant le porche doré, tout enluminé de saints ; et les sombres chapelles mystérieuses, aux vitraux éclatants. Son père était M. Joseph Déroulède, avoué à la Cour d'appel de Paris ; sa mère, Amélie Augier... « J'ai beaucoup lu, dès que j'ai su lire, me disait une fois, Paul Déroulède, et j'ai beaucoup écouté, dès que j'ai entendu... » En 1869, Paul Déroulède voyageait, lisait, étudiait et écrivait, tout en terminant son droit avec la *grande crainte d'être obligé de se servir, un jour, de son titre d'avocat...* La guerre éclate... On marcha sur Sedan. Le régiment de zouaves — le 3e zouave, celui de Palestro. — essaya de percer les lignes allemandes. Paul Déroulède vit tomber son frère : il le prit dans ses bras, le porta près de là, au pied d'un arbre, à l'abri ; et, le laissant étendu, il retourna au combat. On le fit prisonnier. A Breslau, où on l'interna, il croyait son frère mort. Il réussit à s'évader, gagna la Bohême, rentra en France, demanda une arme encore à la Patrie, fit les campagnes de la Loire et de l'Est. Le lendemain du jour de l'attaque du château de Montbéliard, son nom fut mis à l'ordre du jour de l'armée. Et, tandis qu'il combattait ainsi sur la frontière de Suisse, son frère, guéri, sauvé, était de ceux qui allaient arracher aux Arabes révoltés notre colonie africaine.

« Avec ses souvenirs intimes de guerre et de captivité, Déroulède écrivait le plus alerte et le plus poignant des volumes. Français sur les champs de bataille, il demeura Français dans la forteresse où on l'avait emprisonné. Il adressait à sa sœur, alors en Belgique, des lettres qui devaient passer sous les yeux du commandant prussien, le général Von den Linden, et il ne renonçait pas à mettre dans ses moindres billets ses patriotiques espérances. Le général le faisait appeler, lui disait : « J'ai biffé telle phrase... » et discutait les lettres du prisonnier. Tel terme était exagéré, impropre, par exemple : *résistance à outrance.*

« Un jour, Déroulède avait parlé dans sa lettre des « troupes que le gouvernement de la Défense nationale pouvait mettre encore en ligne. »

« Il y a là un mot inexact, dit insolemment le général. Quand on est battu, on n'est pas une troupe, on est un troupeau.

« Monsieur, fit Paul Déroulède, vous êtes ici pour me condamner à subir votre prison, mais non pas vos leçons de français. »

« Déroulède s'était bien battu à Sedan, il se battit bien à l'armée de l'Est. On a conté comment, près de Tours, harrassé de fatigue, endormi au fond d'un fossé, il fut conduit à Gambetta, qui lui mit en main une épée. Gambetta voulait le faire capitaine : — « Donnez-moi le galon de sous-lieutenant, dit Déroulède, c'est bien assez ! » Il avait connu jadis Gambetta à l'orchestre du Théâtre-Français.

« D'autres épisodes de l'Année terrible sont restés gravés dans la mémoire du poète-soldat. Il revoit encore, avec des frissons, la bataille dans les rues de Paris, les journées de Mai et de la Commune. Déroulède, la paix signée avec l'étranger, sut où était le devoir pour lui : sous les plis du drapeau pour lequel il venait de combattre. Il demeura au régiment, le régiment marchant contre la Commune. Il y demeura « simplement, pour que la Prusse ne fit pas la police chez nous »... une balle tirée à bout portant par un petit ouvrier qu'il voit encore sur la barricade de Belleville, lui fracassa le bras...

« Déroulède ne s'était engagé que pour la durée de la guerre, et il comptait déposer l'épaulette que la commission des grades lui avait conservée. C'est la publication des *Chants du soldat* qui mit le commandant Lannes en droit de tenir ce langage : « Vous venez de signer une bonne œuvre qui nous fera du bien à tous. Voulez-vous faire mieux encore ? Restez avec nous dans cette armée que vous aimez et qui vous aime déjà... » Et Déroulède le fit ! Et les six ans qu'il passa alors sous les drapeaux peuvent bien compter parmi les meilleurs et les mieux employés de sa vie...

« Paul Déroulède venait de passer lieutenant avec le n° 1 sur les huit cents candidats de l'armée, quand un accident de cheval emporté lui brisa la jambe gauche et le rejeta tout à coup dans les lettres. Le pied était déboîté...

« Après l'Hetman, ce drame plein d'une ardeur vaillante, où il avait voulu retracer les devoirs de l'homme pour la défense et la libération de la Patrie, *l'idée était venue à Déroulède d'entreprendre une œuvre qui fût la démonstration de la nécessité d'une foi dans une patrie, en même temps qu'un* ESSAI DE RAPPROCHEMENT ENTRE LA LIBERTÉ ET LA RELIGION. C'était la *Moabite*. Cette pièce n'eut pour toute représentation qu'une lecture chez Mme Adam. Il se remit au travail, et la pièce qu'il commençait alors, un *Pierre le Grand*, était destinée à compléter, avec l'*Hetman* et la *Moabite* une sorte de trilogie patriotique dont voici les trois titres : la *Patrie et la guerre*, la PATRIE ET LA RELIGION ; la *Patrie et l'Etat*.

« Comme il en était là, la guerre de Tunisie éclate, le capitaine André Déroulède part pour l'armée ; et ce fut sur les seules instances de Gambetta que l'auteur des *Chants du soldat* n'accompagna point son frère. Paul Déroulède allait entreprendre, d'ailleurs, une autre campagne, celle qui pourrait s'appeler : *Histoire de la Ligue des Patriotes*.

« Au mois de janvier 1882, Déroulède, tout entier à son drame russe, lut, un matin, ceci dans l'*Officiel* : « Une commission d'éducation militaire est instituée au Ministère de l'Instruction publique » ; et, parmi les membres de cette commission, figuraient son nom et celui d'Edouard Detaille, son ami. Le premier mouvement d'égoïsme littéraire du poëte fut de refuser ; mais il se dit bien vite qu'il n'en avait point le droit ; et, toujours identique avec lui-même, il mesura moins le degré d'honneur qu'on lui faisait que la somme de devoir qu'on lui imposait. Il accepta, travailla trois mois assidûment, ne faisant plus que rapports sur rapports, et laissant dévorer son temps et sa vie par cette tâche qu'il croyait devoir aboutir à l'organisation, par l'Etat, d'une véritable éducation patritotique et militaire.

« La brochure que M. Déroulède écrivit, en sortant de cette commission, dit nettement pourquoi et comment l'auteur des *Chants du soldat* donna sa démission, à la suite d'une discussion avec M. Jules Ferry ; discussion qui semble avoir, par réflexion, convaincu le ministre.

« Voilà donc Déroulède libre de son temps après cette démission ; et il s'était déjà remis à son *Pierre le Grand*, quand il vit arriver, un beau jour, d'anciens collègues de la commission d'éducation militaire au Ministère de l'instruction publique : « Si vous avez, lui dirent-ils, donné votre démission, comme nous le croyons, parce que vos idées ne sont pas acceptées et ne seraient pas appliquées, fondez avec nous une société d'éducateurs patriotiques, et nous acceptons et appliquons vos idées. Il vous appartient plus qu'à aucun d'être le promoteur et le propagateur de cette campagne. Marchez et nous marcherons ! » C'était une fois encore, le raisonnement du commandant Lannes à son soldat. Déroulède remit son drame dans ses cartons et un mois après, avec son mot d'ordre : *Qui vive ? France !* la Ligue des Patriotes était fondée, à la suite d'un entraînant discours dans une fête au gymnase Heiner (18 mai 1882).

« — On n'attaque que les faibles, s'écriait Déroulède, on ne surprend que les oublieux, on n'opprime que les lâches.

« Depuis, il l'a répété à Paris, à Rouen, au pied même de la statue de Strasbourg ; et, quand du fond de la foule, qui ne croit guère qu'à des ambitions personnelles, des auditeurs se détachent qui, après avoir applaudi l'orateur, lui conseillent et lui proposent un mandat de député, — comme si le poëte n'était pas au-dessus du politicien ! — Déroulède répond fièrement et sincèrement, ce qui vaut mieux :

— Je n'ai pas d'ambition, ou, si vous la voulez connaître, mon ambition, la voici : être député de Strasbourg, et décoré de la croix d'officier sur le champ de bataille!

Nous ne pouvons passer aux réflexions que nous suggère la biographie qu'on vient de lire, sans reproduire quelques lignes qui la complètent.

On lit dans la préface de la *Moabite* (Paris, 1882, Calmann-Lévy, éditeur) :

« La *Moabite*, qui est cette pièce qui déplaît, a été terminée au mois de septembre 1879.

« *Républicain et religieux, j'avais essayé d'y démontrer que la Liberté n'a rien de contraire aux croyances, et que la morale humaine est chancelante qui ne s'appuie pas sur la loi divine.* »

Dans cette profession de foi, M. Paul Déroulède nous révèle quelle eût dû être sa mission. Nous lui eussions pardonné, tout en plaignant l'inutilité de ses efforts, d'ajouter, par ses écrits, un nom nouveau à ceux des Pères de l'Église, ou de marcher, avec plus ou moins de succès, sur les traces de Chateaubriand, un peu loin derrière lui. Mais quelle fatalité l'avait fait dévoyer pour le jeter dans les luttes provoquées par la Ligue des patriotes !... *La Moabite* n'eût fait de mal à personne, et M. Paul Déroulède eût pu en composer une douzaine d'autres de la même force sans qu'il en résultât un déplacement des pôles terrestres. Un oubli discret et presque respectueux eût enveloppé le poète, et peut-être eût-on vanté ses vertus domestiques!

Puis, nous nous serions ainsi épargné de juger M. Paul Déroulède comme poète, afin de le faire mieux connaître à fond comme politicien et comme homme ; car, par la façon dont il remplit son rôle politique, il nous présente un cas psychologique des plus curieux et qui appartient à la science.

Dans un article de *l'Événement* (24 août 1885), dont le fond est tout à la louange de M. Paul Déroulède, en tant que chef de la Ligue des patriotes, nous découpons les traits suivants :

« D'abord poète, M. Déroulède voulut enlever ses compatriotes sur l'aile de sa poésie. Sa muse tapait sur la peau d'âne et soufflait dans le cuivre à s'en époumoner. L'Odéon a donné de lui des vers dont les rimes semblaient avoir payé l'indemnité de guerre à M. de Bismark, tant elles étaient pauvres ! mais qui avaient tant de choses à dire au public qu'ils mettaient parfois quatorze pieds à les exprimer! N'importe! Il y avait là-dedans une allure virile, un frisson, un essor... L'âme arrivait parfois à remplacer l'art! Thérésa a fait un gros succès avec le *Bon Gîte*, à l'auteur des *Chants du soldat*. »

Ici, c'est un ami de M. Paul Déroulède qui parle ; ceux qui le combattent n'ont rien ajouté de plus.

Donnons encore la parole à un autre journal, qui exalta M. Déroulède en tant que chef de la Ligue, mais qui le jugea tout aussi librement comme poète, *le Républicain*, de Nogent-le-Rotrou, du 24 octobre 1886 :

« Dans les recueils de vers intitulés : *Chants du soldat, Marches et Sonneries*; dans l'*Hetman* et dans la *Moabite*, la pensée, très simple, le sentiment très généreux, sont au-dessus de la critique. Mais la forme, sans quoi rien n'existe, la forme est inégale. Elle va de la grandeur à la boursouflure, de la naïveté à la niaiserie.

« Que penser en effet de cent vers pareils à ceux-ci :

> C'est bien l'homme le plus vaillant que je connaisse.
> Depuis quand l'étonnant changement que vous dites ?

« D'habitude le poète abuse des antithèses faciles qui opposent les mots aux mots, mais qui laissent tranquilles les idées, et qui font le vers vide et sonore à souhait. Des vers de cette facture, nous pourrions en citer pendant de longues heures : écoutez, s'il vous plaît :

> C'est si beau le bonheur et l'amour c'est si doux.
> Et cette épouse avait mérité cet époux.
> Jeunes bien longtemps, bien heureux toujours.
> Je suis pour les mots courts et pour les phrases brèves.
> Donner aux hommes morts des vengeurs surhumains.
> Le triomphe est-il sûr ! La chance bien prouvée ?
> Mon cœur de fille, a moi, connait la voix du sang ?
> Que son rang fût obscur, ou qu'il fût éclatant !

Le premier venu, aidé de quelques conseils, écrirait de ces vers deux mille à la journée. Il écrirait également, si la patience ne lui faisait pas défaut, des sentences philosophiques aussi imposantes et aussi ridicules que la suivante :

> Le reste est au destin qui lui-même est à Dieu.

« Qu'est-ce donc, juste ciel ! que ce destin qui possède tout et qui lui-même est aux mains du Très-Haut ? Nous supplions M. Déroulède, qui proclame en tous lieux son christianisme, de nous expliquer cette inextricable mythologie.

« Que si l'on nous a suivi dans cette étude on remarquera, dans les beaux vers de notre poète, un certain dérèglement, un je ne sais quoi de trop ou de trop peu, qui désarment les juges les plus sévères. Pour être entièrement responsable de ses discours et de ses rimes, il faut montrer une tête froide et un sens rassis que notre Tyrtée n'a pas. »

De son côté, la *France Libre*, du 4 mars 1885, a publié les commentaires suivants :

« MIRLITONNADES

« Nous n'en voulons certes pas à M. Déroulède d'avoir fait de mauvais vers, il est si difficile d'en écrire quelques douzaines de passables.

« M. Déroulède a mis une très grande bonne volonté à chanter les pioupious et la revanche, cela vaut mieux que d'écrire des couplets pour M. Paulus, et nous aurions mauvaise grâce à ne pas féliciter l'auteur des « Chants du soldat » d'avoir adopté un genre qui, s'il n'est pas original et ne fait pas grand bien à la littérature, ne fait aucun mal à la patrie.

« M. Déroulède avait parfaitement le droit de soupirer et de moduler ses accents aigus de chauvinisme comme il lui convenait, de débiter, dans les salons, des strophes remplies d'adjectifs et de bons sentiments, et de cheviller tout comme un autre.

« On supporte bien les pianos et le quadrille des familles !

« Tout cela est parfait, et si l'on pouvait plaindre M. Déroulède, on n'avait pas en tout cas le droit de le blâmer ; c'était un spécialiste ennuyeux peut-être, mais il avait le droit d'être spécialiste et ennuyeux, et ce double titre n'avait à lui être contesté par personne.

« Mais où M. Déroulède s'est trompé, c'est lorsqu'il a voulu essayer de passer de la théorie à la pratique et de monopoliser son patriotisme.

« Ah ! nous savons bien qu'il y a une certaine crânerie à prendre une brasserie d'assaut, car on risque de compromettre ses culottes et d'endommager son chapeau : nous n'ignorons pas que le rôle d'un Jérémie en costume moderne — souliers pointus et redingote hongroise — ne manque pas de charme, et qu'il vaut mieux encore faire des discours aux morts que d'écrire pour les vivants, mais *nous ne pourrons nous empêcher de regretter que le patriotisme de M. Déroulède* soit un patriotisme par trop fermé, un *patriotisme d'État, à l'usage des gens* du meilleur monde, et qu'il taille pour entrer dans sa *petite église* être au moins *bedeau, sacristain ou badaud !* »

M. Déroulède transporte trop souvent dans sa prose la boursouflure et l'exagération poussée jusqu'au grotesque, qu'on rencontre dans ses vers. Ne disait-il pas de Victor Hugo, le jour de son apothéose : « Je n'ai regretté qu'une chose, c'est qu'il ne fût pas à cheval !... »

Le lointain obscur, le vernis de vétusté, si favorables à l'enfantement des légendes, devait nous mettre en présence de plusieurs versions sur les hauts faits du lieutenant Déroulède. En dehors de celles que nous venons de rapporter nous en possédons d'autres, qui ont besoin d'être passées au crible de la critique.

Avant la publication de la brochure de M. Jules Claretie, la Ligue des patriotes publiait, le 25 mai 1882, un placard de propagande, rendant compte d'une réunion provoquée dans le but de recruter des adhésions à la Ligue. Nous y lisons :

« Notre cher maître Déroulède, croyant remarquer une certaine indécision dans la partie féminine de l'assistance, s'adresse spécialement à elle : « Oui, dit-il, nous supplions tout le monde de signer la Ligue. C'est aussi, c'est surtout aux femmes de France que nous faisons appel. Car ce sont les mères qui font les fils ; et ne redoutez pas, mesdames, de les faire trop braves : une fois au feu, le courage n'est pas plus périlleux que la crainte. Enfiévré de peur, le lâche meurt souvent de ses blessures ; le brave les supporte, en guérit et vous revient... »

« Il est impossible de rendre la poignante émotion que causent ces paroles. Tous les auditeurs savent de quels souvenirs personnels est fait cet encouragement. Ils savent que *Paul Déroulède et son frère, tous deux grièvement blessés pendant la guerre*, sont tous deux revenus à leur mère.

« A ces mots, les bravos éclatent une dernière fois, et, gymnastes en têtes, la foule se précipite sur les listes d'adhésion. »

Suivant cette dernière version, M. Paul Déroulède aurait été grièvement blessé, ainsi que son frère, pendant la guerre de 1870. Cependant, la brochure de M. Jules Claretie, citée plus haut, nous dit tout autre chose : Après avoir ramassé et mis à l'abri son frère blessé, M. Paul Deroulède serait retourné au combat et aurait été fait ensuite prisonnier.

Nous ne voulons rien nier, mais il nous semble difficile de concilier la version de M. Claretie, avec la déclaration suivante de M. Henri Deloncle, le factotum de M. Déroulède, délégué de la Ligue des patriotes, dans la réunion du 23 mars 1886 :

« Paul Déroulède fut fait prisonnier en même temps que son frère André, blessé sur le champ de bataille, et il obtint des Allemands l'autorisation de le conduire à la frontière belge pour le faire soigner. »

Nous croyons d'autant plus facilement à la version de M. Deloncle, que nous considérons déjà comme une faveur insigne, de la part du général Von den Linden, d'avoir bien voulu appeler M. Déroulède à différentes reprises auprès de lui pour discuter les termes de ses lettres. Un général, en France, auquel un volontaire d'un an serait chaudement recommandé, ne lui témoignerait pas une faveur plus marquée.

Une autre observation découle de la lecture de la brochure de M. Claretie. Celui-ci nous dit bien que son héros fut cité à l'ordre du jour de l'armée, le lendemain de la prise de Montbéliard ; mais, il ne nous parle pas de la croix de la légion d'honneur, qui lui aurait été décernée immédiatement après ce fait d'armes.

Or, c'était là un fait trop important pour qu'il fût omis dans une biographie. On peut objecter que l'affaire de Montbéliard

ne pouvait être l'objet d'aucune action d'éclat, puisqu'elle se
borna à un engagement d'artillerie. Mais on dit plus tard que
c'était bien à Montbéliard que le lieutenant Déroulède avait
mérité et obtenu la croix. Nous ne voulons rien critiquer ni
rien expliquer. Nous constatons les seuls faits qui appartiennent à l'histoire.

On a beaucoup discuté, au moment des élections, pour savoir
si M. Déroulède avait été décoré pour faits de guerre contre
l'étranger, ou bien pour sa participation volontaire à la guerre
civile. A la date du 6 mars 1885, le *journal* l'*Evènement* publia, à ce sujet, les lignes qu'on va lire :

« M. Déroulède, à qui l'*Intransigeant* avait reproché d'avoir été
décoré pendant la reprise de Paris par l'armée de Versailles, en
1871, a écrit la lettre suivante à M. Henri Rochefort qui la publie ce
matin :

« Paris, le 3 mars 1885.

« Monsieur,
« Dans l'excellent article que vous consacrez ce matin au « Dé-
roulédisme », il s'est glissé deux petites erreurs que l'insertion de
cette lettre vous permettra de rectifier.

« J'ai été décoré pour faits de guerre contre la Prusse, après la
prise de Montbéliard, le 15 janvier 1871.

« Je n'ai fait fusiller personne pendant la Commune, n'ayant jamais
trouvé derrière les barricades que de pauvres ouvriers français que
vous y envoyiez sans les suivre.

« Paul Déroulède. »

« M. Henri Rochefort donne acte à M. Déroulède de sa rectification et lui répond que, pendant les deux mois qu'a duré l'insurrection,
il s'est efforcé de faire relâcher nombre de ses amis, arrêtés comme
otages, et notamment l'abbé Crozes. Il rappelle aussi qu'il a protesté,
dans un article du *Mot d'ordre*, contre l'exécution des otages et que,
s'il a pu éviter d'être arrêté pour ce fait par la Commune, c'est grâce
à un avertissement que lui a donné un employé de la Commune, attaché aux bureaux de la préfecture. »

Pour notre part, nous pouvons affirmer le fait suivant : à
l'aide d'une indiscrétion, — car, en vertu d'un usage aussi peu
digne qu'injustifiable, il est interdit de donner communication
des dossiers de la légion d'honneur, — nous avons pu constater
de visu que M. Déroulède (Paul-Marie-Joseph) avait été fait
chevalier par *un décret du 2 mars* 1872, *pour prendre rang
au 8 février* 1871.

Nous n'entendons pas discuter la validité de la décoration
de M. Déroulède, ni le courage qu'il a pu déployer pour la mé-

riter ; mais nous devions à la vérité de relater l'omission faite par M. Jules Claretie.

Quant à l'affaire de Montbéliard, qui se borna, suivant les historiens militaires, à une canonnade, nous renvoyons le lecteur au récit qu'en a fait lui-même M. Déroulède, dans le *Drapeau* de 1885, à la page 28.

Nous regretterions d'avoir à tracer, les premiers, le portrait de l'homme dont nous combattons les idées et les entreprises. Nous préférons l'emprunter en partie à un journal qui a toujours fait montre, envers lui, d'une sympathie marquée, à raison des principes qu'il défendait comme chef de la Ligue des patriotes : nous avons nommé l'*Evènement*. On lit dans le numéro du 24 août 1885, sous la signature d'Edmond Deschaumes :

« Tout Paris connaît M. Déroulède, son grand nez qui semble fait pour couper les feuillets de la *Revue des Deux-Mondes*, sa longue redingote de pasteur et son chapeau à bords plats. Il est acclamé par les foules, fait le moulin à vent pour saluer et, bien que navré de porter en terre un citoyen utile à la patrie, il transpire sous son auréole, radieux des ovations dont il est l'objet. »

Nous empruntons encore l'appréciation suivante au journal l'*Avenir de Saint-Germain* (28 juin 1885), bien placé pour connaître notre héros, puisque celui-ci habite, la plus grande partie de l'année, dans le département de Seine-et-Oise :

« Le comité directeur de la Ligue vient de remplacer l'honorable citoyen Anatole de La Forge par P. Déroulède. On se rappelle que le patriotique défenseur de Saint-Quentin se démit de la présidence à la suite d'actes d'excentrique intolérance, de la part de M. Déroulède, à l'égard de sociétés anti-cléricales. *M. Déroulède est clérical. Aux dernières élections municipales, il a prêté, dans sa commune, son nom et son appui à la réaction* qui, on le sait, combat les sociétés démocratiques placées sous la protection de la Ligue. Ses discours sont invariablement empreints d'hostilité à la République dont il affecte, malgré les fréquentes protestations des auditeurs, de supprimer le nom de ses harangues. Par contre, ses coreligionnaires politiques, disséminés dans la foule, et qui crieraient volontiers : Vive le roi ! s'opposent au cri de Vive la République ! dans la force de leurs moyens. On a vu de jeunes gymnastes avoir cette prétention à l'égard de vieillards.

« Nous ne voulons rien ôter aux qualités du nouveau président, mais nous croyons devoir faire remarquer que les institutions patronnées par la Ligue des patriotes sont absolument inconnues dans la localité habitée par M. Déroulède. Nous croyons donc que le Comité directeur de la Ligue a manqué de tact, en faisant succéder à l'honorable et sympathique républicain Anatole de La Forge, un homme qui s'est révélé violent et intolérant envers ses adversaires, dans des manifestions patriotiques. *La nouvelle présidence de la Ligue des patriotes n'est pas de nature à rallier les amis de la République, qui ne sauraient sérieusement marcher à la suite d'un homme que ses discours et ses actes révèlent comme un allié de la réaction monarchique et comme un adversaire, un antagoniste de la République.* »

Comme on le voit, nous ne sommes pas les seuls qui accusons M. Déroulède de cléricalisme ; mais, voulant convaincre les plus incrédules, nous accumulerons encore d'autres preuves :

N'est-ce pas Paul Déroulède qui, à la fin de son discours sur la tombe du commandant Rivière, s'écria avec force : « Dieu protège la France ! » (*Drapeau* de 1885, page 65).

Nous lisons dans la déposition de M. Bourdon, devant la commission du budget du conseil municipal de la Ville de Paris, ce qui suit :

« Inutile de rappeler les scandales de la rue Saint-Marc, de l'Hôtel Continental, de la place de la Concorde, du cimetière de Levallois, de l'enterrement de Jules Vallès, d'Arnaud ; la jeunesse inexpérimentée, seule, a pu prendre ces mascarades pour du patriotisme ! Quel est donc l'homme sensé qui ne s'est pas dit, en présence de ces actes coupables : Si j'en faisais autant, qu'arriverait-il ?

« Qu'y a-t-il donc là-dessous ?

« Ce qu'il y a. M. Bourdon va le dire. Un jour, un brave homme lui demanda s'il pourrait lui faire obtenir un appui auprès de la Ligue des patriotes. Il crut qu'il s'agissait d'une place dans cette singulière association.

« Cependant, il ne fut qu'à moitié surpris lorsque son interlocuteur lui ayant dit que c'était pour invoquer sa protection afin de passer de telle église, ou il est employé, à telle autre, il ajouta que le président de la Ligue était tout puissant dans le monde clérical, que sa protection valait mieux que celle de l'archevêque de Paris. »

(*Bulletin municipal officiel*, du 19 Novembre 1886).

Pour trouver les manifestations cléricales, mêlées au patriotisme des chefs de la Ligue, il suffit d'ouvrir à peu près au hasard *Le Drapeau*, Moniteur officiel de la Ligue des patriotes. Nous faisons à l'instant même cette épreuve, et, aux pages 67 et 68 de l'année 1884, nous tombons sur deux gravures, représentant ce que M. Déroulède et ses amis appellent le *petit Jésus*, et un autre représentant ce que les vieilles femmes appellent le *bon Dieu*. Dans ces deux pages nous relevons ces mêmes appellations quatre fois répétées par M. Déroulède.

Le manque absolu de modestie de M. Déroulède ne fait doute pour personne ; mais c'est surtout quand il parle de la France

que sa vanité déborde. Sa biographie par M. Claretie est précédée d'un précieux autographe du lieutenant Déroulède, dans
lequel l'auteur accomplit le tour de force de parler de lui-même
sept fois en six lignes!

Sans empiéter sur le Chapitre spécial que nous consacrerons
aux manifestations de la Ligue des patriotes et de son général,
c'est ici, croyons-nous, que doit prendre place le récit de faits
peu importants en eux-mêmes, mais qui grossissent et méritent
de passer légendaires, par la large place qu'y tient le ridicule.

Au moment où le choléra était en pleine décroissance, le *Drapeau* du 15 novembre 1884 publiait l'appel suivant :

« La *Ligue des Patriotes* est, avant tout, une œuvre de défense
nationale et de solidarité française.

« Quel que soit l'ennemi, quel que soit le danger, il est de son
devoir d'y faire face.

« Le choléra est à Paris.

« Si bénigne que soit encore et que puisse rester l'épidémie qui
commence, chacun doit parer à ses premières menaces et s'efforcer
d'en arrêter sur le champ les progrès.

« Le Comité directeur fait donc un appel à la bonne volonté et au
dévouement de tous les Parisiens de la Ligue pour l'organisation
immédiate d'un service de secours et de soins à domicile.

« Les demandes d'enrôlements contenant toutes les indications
signalétiques nécessaires, doivent être adressées d'urgence au délégué de la *Ligue des Patriotes*, 22, rue Saint-Augustin.

« J. SANSBŒUF. »

Comme les carabiniers, malheureusement, les seringues patriotiques arrivaient trop tard !

Nous raconterons, dans l'un des Chapitres suivants, le piteux
désarroi de la Ligue et de son président, lorsqu'une injonction,
venue du gouvernement, fit défense à M. Paul Déroulède de prendre la parole aux obsèques de l'amiral Courbet, puis à celles du général Chanzy. Ces seaux d'eau froide jetés sur la vanité du Maître
durent lui causer une impression d'autant plus douloureuse,
qu'il avait fait annoncer, avec une sorte de solennité, qu'il prendrait la parole dans ces deux cérémonies ; et comme le jour de
l'enterrement du général Chanzy pouvait coïncider avec celui de
l'ouverture du Concours national de tir, on avait parlé de retarder le Concours en prévision de l'absence du Maître.

N'omettons pas un trait comique, qui signala l'ouverture du
Concours de tir de 1884.

Personne n'ignore que M. Déroulède est lieutenant de réserve
dans l'armée française, qu'en cette qualité, il a mission d'ensei-
gner la science si difficile du tir. Or, nous lisons dans le *Cara-*

binier-Gymnaste, du 7 septembre 1884, le passage suivant du compte-rendu de l'ouverture du tir dit national :

« C'était à M. Déroulède que revenait l'honneur de tirer le premier coup de fusil.

« M. Déroulède répondit qu'il espérait, un jour, faire un plus beau coup de feu encore ; et s'adressant à tous ceux qui l'entouraient : « J'espère, mes amis, que nous le tirerons ensemble ; *je ne tire pas aux cibles, je tire dans la butte*. Vive la France ! »

« Rendant aussitôt l'arme, brûlante encore, à M. de Jarry : « A vous le second, mon cher président, lui dit-il. »

« Après le président, ce fut à M. Candelier, directeur du tir, et le Concours fut déclaré ouvert. »

Combien nous sommes heureux aujourd'hui que M. Déroulède ait songé à interdire l'accès du Concours aux étrangers ! Aucun d'eux n'a pu être témoin d'un si pénible aveu.

La légende nous rapporte que Jeanne d'Arc put dire en mourant, qu'elle n'avait été qu'un porte-oriflamme, mais que jamais elle n'avait versé le sang d'aucun homme. Peut-être le lieutenant Déroulède, en visant autour de la cible, a-t-il voulu que son arme, comme l'épée de Jeanne d'Arc, conservât sa virginité !

Le Maître se prend si bien au sérieux dans son rôle de président de la Ligue, qu'il ne craint pas parfois de se substituer au gouvernement, pour parler aux souverains étrangers, au nom du pays. C'est ce qu'il fit notamment, à l'occasion d'un complot nihiliste auquel le despote russe venait d'échapper, au commencement de 1887. Nous reproduisons textuellement ce monument de sotte vanité (*Drapeau*, 19 mars 1887) :

« *A LL. MM. l'Empereur et l'Impératrice de Russie*

« Un complot vient d'échouer à Pétersbourg, qui devait aboutir au triple meurtre du Tzar, de la Tzarina et de leur fils aîné.

« Au nom du Comité directeur de la Ligue des Patriotes, au nom de la rédaction du *Drapeau*, nous adressons nos plus respectueuses et nos plus cordiales félicitations à S. M. Alexandre III, à S. M. Marie Feodorowna et à S. A. I. le Tzarewitch pour leur miraculeux salut.

« Qu'ils vivent ! qu'ils vivent heureusement, glorieusement, longuement pour le bonheur du peuple slave, pour la grandeur de la Patrie russe, pour l'Indépendance de l'Europe.

« Le Président de la Ligue des Patriotes.
« PAUL DÉROULÈDE.

« Paris, 15 mars 1887. »

III

LES LIEUTENANTS DU MAITRE

Sommaire : Analogie entre la Ligue des patriotes et l'association des jésuites. — Les chefs de la Ligue se réunissent chez Mme Adam ; personnages qu'on rencontre dans les salons de cette dame. — Concert de la
presse bien pensante pour encenser M. Déroulède. — Les lieutenants du
Maître ne discutent pas ses ordres. — Portraits de quelques-uns de ses
lieutenants: M. Henri Deloncle, M. le sénateur Arbel ; comment ce dernier favorise les travailleurs français. — Pouvoir décorateur du Maître:
c'est lui qui distribue les croix d'honneur ou les palmes académiques ;
distinctions qu'il établit entre ceux qui ont mérité des récompenses ; le
Panthéon du journal *le Drapeau*. — Titres que les ligueurs décernent à
leur Président. — Les récompenses sont quelquefois refusées.

L'association des ligueurs offre avec celle des jésuites un
point de ressemblance qui nous frappe tout d'abord : on sent sa
présence partout, et son véritable siège n'apparaît nulle part.

Les chefs de la Ligue se sont groupés autour de Mme Adam,
en plein cercle opportuniste, et les gens venus là des camps les
plus opposés, se sont mutuellement reconnus, jugés, démasqués,
et jaugés. Les uns et les autres savaient pourquoi ils venaient.
Mme Adam passait pour une providence, dispensatrice des sous-
préfectures et des décorations, des emplois diplomatiques et mi-
nistériels et des bureaux de tabac. Dans ce capharnaüm, ni
hommes ni femmes, tous opportunistes ! Mais, sous cette cocarde,
il eut été aisé d'en découvrir une autre : les uns avaient appartenu corps et âme à l'Empire : opportunistes ! D'autres voyaient
leurs aïeux remonter jusqu'à Louis-Philippe: opportunistes ! Bon
nombre de radicaux, autrefois intransigeants, robespierristes et
coupeurs de têtes... en chambre, d'anciens amis de Barbès et
l'effroi de la Bourse et de la Banque, aujourd'hui séduits par les
allures athéniennes et gaillardes de Gambetta, leur chef de file,
autant que par les fins déjeuners que préparait Trompette, ra-
mollis à point au contact des jouisseurs du pouvoir, s'étaient dit
comme le chien qui porte au cou le dîner de son maître: « Eh ?
pourquoi n'aurais-je pas aussi ma part de la curée ? ». Pour
tous, la fidélité au pouvoir était synonime de fidélité à la caisse.

Quelques âmes tenaces, d'une pâte plus consistante, se sont
parfois égarées dans ce cercle, poussées assurément par une curiosité malsaine ; mais elles se sont gardées de se lier par aucun
pacte, ni surtout d'y retourner ; nous les en félicitons.

Les chefs de la Ligue avaient évidemment trouvé dans le cercle de Mme Adam le milieu qui leur convenait. Il leur était

d'autant plus facile de réunir les éléments divers qui s'y rencontraient, et de s'en constituer le centre d'action, que les flatteurs de Mme Adam cherchaient eux-mêmes une formule qui, à défaut de programme, parût expliquer le but et l'objet de leur association. *Le patriotisme, la revanche..* platonique, c'étaient là des termes qui leur convenaient fort bien.

Voilà comment la Ligue des patriotes et le cercle de Mme Adam étaient devenus une seule et même chose.

Les principaux chefs de l'administration publique, les futurs ministres et sous-secrétaires d'État, ne pouvaient manquer aux réunions de présidées par cette dame. M. Paul Déroulède et ses fidèles de la Ligue entrèrent aussitôt en parfaite communion d'idées avec eux. Un clignement d'yeux ralliait ces épaves des anciens régimes, conservées par notre pseudo-République. On sentait, dans les salons de l'opportunisme, une douce et chaude atmosphère de cléricalisme, un parfum d'autoritarisme et de dictature qui rappelaient fort bien aux chefs de service des ministères les meilleurs jours de l'Empire.

Nous comprenons maintenant comment M. Déroulède était parvenu à fondre dans la Ligue des patriotes tant de noms resplendissants parmi les personnages officiels de la troisième République : Turquet, directeur des beaux-arts ; Félix Faure, ancien sous-secrétaire d'État ; Fribourg, directeur du personnel du ministère des postes et télégraphes, etc.

Tout ce que l'armée peut compter encore d'officiers sacristains, enrôlés sous la bannière de M. de Mun, ne jure que par le lieutenant Déroulède.

L'Eglise ne pouvait décemment s'afficher dans les salons de Mme Adam. Mais le Maître, en affiliant à la Ligue les sociétés alsaciennes-lorraines, fondées sous le patronage de l'Eglise et de la haute prélature, s'était assuré une si précieuse alliance.

La magistrature n'avait pour lui que des sourires. La haute industrie et le grand commerce se rangeaient volontiers sous ses drapeaux ; car cette alliance assurait aux uns et aux autres le moyen de contrarier les entraînements du mouvement socialiste.

La presse bien pensante : le *Petit Journal* et l'*Evénement* ; la *France,* journal du soir et la *France Illustrée,* de l'abbé Roussel ; le *National* et l'*Univers illustré,* journal catholique ; la *Petite République* et le *Figaro,* le *Mot d'Ordre* et la *Paix,* journal de l'Elysée ; le *Pays* de M. Granier de Cassagnac et l'*Illustration,* organe réactionnaire, s'unissaient dans un pieux concert autour du général Déroulède et de la Ligue. Tout au plus, ces amis hasardaient-ils quelques admonestations timides, quand les écarts du Maître étaient trop compromettants.

En dehors de ces puissants appuis, M. Déroulède avait su grouper autour de lui un état-major parfaitement discipliné, et dont il exigeait une obéissance sans réserve. On ne discute point les ordres du Maître ; et l'une des plus graves punitions, c'est d'être hautainement chassé de sa présence. Ainsi en usait-on, au vieux temps, à l'égard des valets.

Parmi les lieutenants de M. Paul Déroulède, nous distinguons au premier rang, Henri Deloncle, que nous avons eu souvent l'occasion de citer. Son style n'a pas moins de majesté que celui du Maître, et plusieurs de ses rodomontades méritent d'être classées parmi les modèles du genre. C'est lui qui, appréciant les avantages que nous vaudrait l'expédition du Tonkin, disait dans une conférence à la Société de Géographie : « L'écho de notre canon tonnant aux bords du fleuve Rouge, a résonné jusqu'aux bords du Rhin. A l'heure des prochaines luttes, 10.000 Annamites viendront combattre avec nous. » (*Evènement* du 8 nov. 1885).

Bon nombre de sénateurs et de députés, présidents honoraires des sociétés de tir et de gymnastique de leur département, comptaient parmi les plus fervents propagandistes de la Ligue des patriotes. Nous citerons, entre autres, le sénateur Arbel, gros manufacturier de Rive de Gier. L'*Intransigeant* du 25 août 1886 nous raconte ce qu'est ce père conscrit : « Or, dit-il, notez bien que ce bénéficiaire de l'*Internationale jaune* est un fanatique de M. Déroulède ; qu'avant celui-ci, il se donna le luxe de manifestions chauvines pour le moins singulières. A-t-on oublié l'insulte grossière qu'il se permit, il y a sept ou huit ans, vis-à-vis d'Offenbach, naturalisé français, mais coupable, aux yeux de ce farouche patriote, d'être né en Prusse ? »

C'est ce même industriel qui, en 1883, ferma brusquement ses ateliers de mécanique, où il occupait plus de douze cents ouvriers, pour les rouvrir dans les environs de Liège sous le prétexte cyniquement avoué qu'ayant à payer en Belgique des salaires moindres, il multiplierait plus vite le nombre de ses millions. Les propriétaires d'esclaves, dans les colonies, ne s'enrichissaient que par des spéculations de cette nature.

Quelles étincelles de patriotisme pouvait-on tirer de telles âmes ? Et pourtant, c'est dans ce monde-là que M. Déroulède recrutait l'élite des partisans de la Ligue.

Un grand nombre d'affiliés n'étaient attirés dans la Ligue des patriotes que par l'espoir de voir solidement récompenser leur zèle. Plus d'un Chauvin trouvait là le secours qui l'aidait à conquérir une position.

Le lieutenant Déroulède ne se vantait donc pas outre mesure, quand il affirmait avoir décoré telle ou telle personne pour prix de ses services.

Les organes attitrés de la Ligue parlent eux-mêmes assez couramment du pouvoir décorateur dont dispose le Maître. Nous lisons, en effet, dans le *Drapeau de* 1884, à la page 549 :

« Ici, s'est placé un incident émouvant. Déjà M. Anatole de La Forge avait, en sa qualité d'officier de la Légion d'honneur, remis à M. de Jarry les insignes de son rang de chevalier. M. Paul Déroulède, d'une voix qui retentissait comme un appel de clairon conquérant, a proclamé les nouveaux légionnaires de la matinée, ceux dont l'*Officiel* enregistrait en ce jour même les noms, escortés de mentions à jamais élogieuses.

« Sont nommés chevaliers, MM. Sansbœuf, (Joseph); Candelier, (Héliodore)...

« MM. Letalle, Fernand Bar, le commandant Ferrand, ont reçu les palmes académiques, en attendant que les prochains concours les portent à la légion d'honneur. »

On peut lire aussi à la page 521 du *Drapeau* de l'année 1885 :

« M. Déroulède, là comme toujours, était le héros de la cérémonie, celui qu'on aime, parce qu'il sait noblement aimer et être aimé. Il a, plus que d'autres, l'art délicat de récompenser ceux qui l'entourent... »

La note suivante du journal *le Tireur*, à la date du 22 octobre 1885, n'est pas moins curieuse :

« Nous croyons savoir de bonne source que, cette année, le gouvernement ne sera pas prodigue de récompenses honorifiques envers les organisateurs du deuxième Concours national.

« Il s'agirait même d'une parcimonie telle qu'elle produirait beaucoup d'étonnement. »

Le *Moniteur de la Ligue des patriotes* n'oublie jamais de mentionner les décorations que le maître se vante de distribuer. On lit dans numéro du 31 juillet 1886 :

« Parmi les nouveaux promus du 14 juillet, la Ligue et le *Drapeau* comptent de nombreux collaborateurs qui, directement ou indirectement, ont servi notre œuvre et auxquels nous adressons, d'une façon toute spéciale, nos plus vives félicitations. »

Entre autres mentions qui suivent cette note, nous trouvons celle relative à l'élévation du général Boulanger à la dignité de grand officier de la légion d'honneur.

Un trait nous montre jusqu'où peut aller l'influence cléricale, d'accord avec celle de la Ligue. Le *Drapeau* de 1884, page 507, relève d'une manière éclatante le fait de l'admission dans l'ordre de la légion d'honneur d'un « *héroïque religieux* », le père Marie de Brest, qui avait obtenu de l'impératrice Augusta, à Berlin, la mise en liberté de quelques-uns des prisonniers français que les Allemands gardaient dans leurs forteresses, après le traité de Francfort.

Nous cherchons vainement dans ce simple fait la moindre trace de l'*héroïsme* que célèbre si hautement la Ligue des patriotes.

C'est encore M. Déroulède qui distribue les médailles d'or ou d'argent décernées au nom de la Ligue. Il sait établir, à ce sujet, des distinctions assez curieuses : le grand Pasteur, la première de nos gloires nationales, selon lui, a été jugé digne d'une médaille d'or ; l'élève Chevreul, qui n'est pour le Maître qu'une étoile de seconde grandeur, a été jugé digne d'une simple médaille d'argent.

Les illustrations du barreau disputent ces hochets patriotiques à des magistrats, à des officiers, à des journalistes. Parmi ces derniers, il convient de citer plus particulièrement MM. Siébecker et Barthélemy.

Un de nos anciens ministres de la guerre reçut lui-même un vase d'honneur, accompagné de la précieuse relique.

Les obscurs serviteurs de la Ligue sont simplement gratifiés d'un volume composé des numéros invendus du *Drapeau*. A certains jours, les officiers subalternes reçoivent encore des boutons de manchettes, des cannes et jusqu'à des casquettes, le tout aux armes de la Ligue.

L'une des récompenses les plus recherchées, c'est l'entrée d'un personnage au Panthéon ouvert dans les colonnes du journal *le Drapeau*. Les élus, suivant leurs mérites, sont représentés, tantôt au milieu d'une éblouissante apothéose, tantôt dans un cadre plus modeste.

C'est ainsi que M. Paul Déroulède se fait suivre par une foule de caudataires, comme un baptême au sortir de l'église, et qu'il jette à la cohue de ses fidèles ses dragées patriotiques.

Pour quelques-uns, M. Déroulède est « *mon Général* » ; pour d'autres, « *mon lieutenant* » ; pour tous les ligueurs, « *Maître* ». Aux Concours nationaux de 1884 et 1885, les adeptes de la Ligue n'abordaient point le Maître sans faire le salut militaire ou lui présenter les armes.

En province, c'est mieux. Les instructeurs des bataillons scolaires ou de pupilles manquent rarement de faire battre aux champs et présenter les armes, à l'arrivée du général de la Ligue.

Bien que le Comité directeur de la Ligue n'accorde ses faveurs qu'à ceux qui les ont sollicitées et méritées par leur dévouement à la cause soi-disant patriotique, il lui est quelquefois arrivé de les décerner spontanément. Cette flatterie à l'adresse de ceux que les chefs de la Ligue croyaient avoir intérêt à gagner, ne leur réussit pas toujours. N'avons-nous pas vu, sous le dernier empire, des cœurs généreux et par conséquent rebelles, repousser comme une injure l'offre d'une décoration ? Ils témoignaient ainsi que l'oubli de leur nom, de la part du despote, était la plus haute marque d'honneur. Nous enregistrerons ici une erreur du même genre commise par le Comité de la Ligue.

M. Rothan, connu comme diplomate historien, avait été nommé vice-président de la Ligue sans avoir été consulté sur son acceptation. Le *Drapeau* enregistra cette nomination, en mai 1885 ; mais sur le refus exprimé par M. Rothan, il dut être pourvu à son remplacement.

Maintenant que nous avons fait connaître l'origine de la Ligue des patriotes, ses statuts, sa politique et ses moyens d'action, il nous reste à parler des actes par lesquels le chef de cette association manifestait son autoritarisme. Ce sera l'objet du Chapitre suivant.

CHAPITRE IV

Manifestations de la Ligue des patriotes.

I

ATTAQUE D'UNE BRASSERIE DE LA RUE SAINT-MARC ; ENLÈVEMENT D'UN
DRAPEAU ALLEMAND A L'HOTEL CONTINENTAL, LE 14 JUILLET 1884.

SOMMAIRE: La Ligue ne recule devant aucune manifestation, au risque de
provoquer la guerre. — M. Déroulède donne le signal de la campagne
anti-prussienne à l'intérieur. — Le sac de la brasserie de la rue Saint-
Marc ; les ligueurs y installent un *Cercle de la Ligue des patriotes* ; le
cours de gymnastique y alternent avec le jeu ; descente de police au café
des patriotes ; sa fermeture. — M. Déroulède continue de se glorifier de
l'affaire de la rue Saint-Marc. — L'enlèvement du drapeau allemand à l'hôtel continental, le 14 juillet 1884. — Le Comité de la Ligue applaudit à
cet acte, sans en assumer la responsabilité.

Dès le lendemain de la fondation de la Ligue des patriotes,
M. Déroulède et ses fidèles preux éprouvèrent le besoin de signaler par quelque action d'éclat l'existence de leur association.
Les premières manifestations seraient dirigées contre les Prussiens établis à Paris. Peut-être créeraient-elles des difficultés
sérieuses avec le gouvernement impérial allemand. Mais dussent
ces provocations aboutir à la guerre, la légion des patriotes ne
voulait pas rester plus longtemps dans l'inaction. A ceux qui
opposaient la nécessité d'attendre au moins que notre armement
national fût achevé, les ligueurs répondaient que leur patriotisme suffirait à tout.

Le général Déroulède donna lui-même le signal de la campagne
anti-prussienne à l'intérieur. Le 15 avril 1884, à l'inauguration
du monument élevé à Cahors, en l'honneur des mobiles du Lot, ne
l'a-t-il pas prouvé par cette exclamation : — « La Prusse est le
Minotaure des peuples ; il faut que la France en soit le Thésée. »

Le sort en était jeté ; les hostilités allaient s'ouvrir ; mais, à
défaut de régiments prussiens à dévorer, les Déroulédistes durent
se borner à l'attaque d'une brasserie.

Quelques Allemands se réunissaient habituellement dans
une brasserie de la rue Saint-Marc ; des passants affirmèrent
que des refrains tudesques avaient été entendus dans cet

établissement. Il n'en fallut pas davantage pour allumer la colère de quelques jeunes ligueurs.

D'ailleurs, l'exemple du maître venait de réveiller le goût des aventures tapageuses. Les journaux faisaient grand bruit d'une altercation violente qui s'était élevée, au théâtre de l'Odéon, entre M. Déroulède et le rédacteur en chef de la *Lanterne*. Cette scène n'ayant pas eu de suites, il avait fallu imaginer autre chose pour satisfaire l'ardeur belliqueuse des ligueurs. C'est alors que fut décidé le siège de la brasserie de la rue Saint-Marc.

Quatre ou cinq cents Déroulédistes, grossis d'un certain nombre de membres des cercles catholiques, envahirent l'établissement, expulsèrent une dizaine d'Allemands et brisèrent tout ce qui se trouvait à leur portée.

Le lendemain, le Comité directeur de la Ligue, qui ne pouvait nier qu'il eût commandé et dirigé cette expédition, indemnisait le cafetier; et quelques jours après, M. Sansbœuf, secrétaire général de la Ligue, installait dans la brasserie *le Cercle de la Ligue des patriotes*. On s'y réunissait, disait-on, pour y faire, sous la direction de M. Georges Dewisy, des cours théoriques de gymnastique. Des circulaires furent même lancées à cette fin, et les cours ouvrirent le 11 octobre. Il faut croire qu'on ne se contentait pas, dans ce cercle, de faire de la gymnastique ni de réciter les cantiques patriotiques de M. Déroulède; car, le 30 avril 1884, on lisait dans les journaux de Paris :

« DESCENTE DE POLICE AU CAFÉ DES PATRIOTES

« On se souvient des scènes de violence qui ont eu lieu, à l'ancien café des Patriotes, entre les Allemands et des membres de la Ligue des patriotes.

« Depuis quelque temps, de nombreuses plaintes étaient portées contre cet établissement qui, paraît-il, s'était transformé en un véritable tripot.

« Dimanche soir, M. Durantin, officier de paix, chargé spécialement du service des jeux, et M. Rolny de Balnègre, commissaire de police, ont fait une descente judiciaire dans ce café et saisi les enjeux et le matériel, et ont mis le patron à la disposition de la justice. »

M. Déroulède a, tour à tour et suivant l'intérêt du moment, avoué ou contesté sa complicité dans le sac de la brasserie Saint-Marc. Il l'avoue dans *le Drapeau* du 3 octobre 1885 : — « L'affaire de la rue Saint-Marc, dit-il, est, du reste, le premier signal de cette campagne de défense et de libération économiques, que nous poursuivons depuis un an et demi, et à laquelle Henri Martin attachait une importance capitale. »

Dans l'assemblée générale de la Ligue des patriotes, qui eut lieu au Cirque d'hiver, le 12 juillet 1884, sous la présidence d'Anatole de La Forge. M. Déroulède essaye une autre justification : — « J'arrive, messieurs, à une affaire qui, si elle n'était pas critiquable, a été critiquée : l'affaire de la rue Saint-Marc. En tout cas, nous avons tout lieu de nous en féliciter, vu que c'est dans le mois de cette affaire que nous avons reçu le plus d'adhérents. »

Le pitoyable dénouement de l'affaire de la rue Saint-Marc n'était pas propre à rehausser le prestige de la Ligue des patriotes. Il importait aux ligueurs de faire naître l'occasion d'une nouvelle manifestation plus franchement patriotique. La fête du 14 juillet 1884 devait la leur fournir.

L'Hôtel continental avait été pavoisé de drapeaux de toutes les nations, au milieu desquels on distinguait un drapeau allemand. Les Déroulédistes, qui venaient de déposer des couronnes au pied de la statue de Strasbourg, aperçurent le malencontreux emblème. Échauffés par les discours de M. Déroulède, ils pénétrèrent de vive force dans l'Hôtel, arrachèrent le drapeau, et le jetèrent à la foule qui le mit en pièces.

On a su, dans ces derniers temps, que l'homme qui avait, le premier, détaché le drapeau, était un agent de la police de sûreté. La Ligue comptait un nombre respectable de ces agents, à la fois payés par la République et soudoyés par le parti clérical.

Le lendemain, le gouvernement allemand exigea des excuses. M. Jules Ferry, alors ministre des affaires étrangères, dut s'humilier devant M. de Bismark plus bas qu'il ne l'avait encore fait. Voilà le service que M. Déroulède avait rendu à M. Jules Ferry.

M. Déroulède aurait bien voulu accaparer pour la Ligue tout le bénéfice du retentissement qui s'était fait autour de cette manifestation. Mais c'eût été rompre en visière au ministère qui en faisait pénitence. D'un autre côté, l'enlèvement du drapeau allemand était si bien dans l'esprit des ligueurs que M. Déroulède ne pouvait les en blâmer. Le Comité directeur de la Ligue s'en tira comme il put, en publiant la communication suivante dans le *Drapeau* du 19 juillet :

— « Le défilé était achevé, la manifestation finie. Une demie heure après, des scènes tumultueuses se produisaient devant l'Hôtel Continental qui, le jour de notre fête nationale, avait trouvé bon de mêler des drapeaux allemands aux drapeaux français.

« La Ligue des patriotes, pas plus que les sociétés alsaciennes-lorraines, n'était présente à l'incident, et n'y ont pris part. Nous le déclarons parce que cela est; mais nous déclarons aussi que nous ne nous associons en rien aux blâmes injustes et grossiers qu'une certaine partie de la presse a jetés sur de jeunes Français dont l'indignation était pardonnable, quel qu'en ait été l'excès.

« Quant à la Ligue elle-même, qu'on cherche à mettre directement en cause, nous répondrons ceci : — Ce n'est pas à l'heure où sa force s'affirme de toutes parts, à l'heure où nous la savons appuyée par plus de soixante mille adhérents, soutenue par plus de quarante comités régionaux, presque tous formés autour des chefs des municipalités, à l'heure enfin où nos paroles de concorde et d'indépendance trouvent dans la nation un écho puissant, que nous irions risquer de compromettre notre cause, et de diminuer notre œuvre par des actes d'impatience juvénile.

« Ceux qui veulent nous rendre suspects à la France ont tort et se font tort. L'avenir le leur apprendra.

« Signé : Le Comité. »

II

MANIFESTATION DE LA LIGUE, LORS DES OBSÈQUES CIVILES DE JULES VALLÈS

Sommaire: M. Déroulède s'associe à la haine de **M.** de Bismark contre les socialistes allemands. — Manifestation préparée par la Ligue contre les drapeaux rouges déployés à l'enterrement de Jules Vallès. — Comment les travailleurs accueillent les élèves des Facultés catholiques; collision sans gravité; protestation des étudiants catholiques; la Ligue y applaudit. — Jugement du *Tintamarre* sur cette affaire; on insulte l'armée! — Comment la Ligue seconde la politique anti-socialiste de **M.** de Bismark.

La Ligue des patriotes venait de s'affirmer de nouveau comme parti de la guerre; elle rêvait, toutefois, des succès plus décisifs, non plus contre les Allemands seuls, mais, dans le domaine de la politique intérieure, contre les socialistes. La lutte entre ces deux partis était devenue fatale.

Tandis que les haines de races sont entretenues par la Ligue des patriotes, le parti socialiste met les droits de l'humanité au-dessus des droits de la nation, et convie tous les peuples à s'unir contre leurs tyrans. Ce que le ligueur exècre, c'est l'Allemand, le Prussien; et quant au socialiste de Berlin ou de Francfort, qui repousse l'oppression impériale pour les Alsaciens-Lorrains, les Danois et les Polonais, aussi bien que pour lui-même, le patriote l'enveloppe dans la même haine que le bourgeois allemand, attaché à l'Empire. Le socialiste est même pour les conservateurs, à quelque nationalité qu'il appartienne, un ennemi commun, qui doit être mis au ban de tous les pays. M. Déroulède pense à cet égard comme M. de Bismark ; nous le prouverons tout à l'heure.

Les obsèques civiles de Jules Vallès, qui eurent lieu le 19 février 1885, fournirent aux ligueurs le prétexte qu'ils cherchaient.

Des députations de républicains socialistes de tous les pays suivaient le convoi. La délégation allemande entourait une couronne enrubannée de rouge, et ornée d'un écusson sur lequel on lisait :

« Cercle socialiste allemand de Paris. »

C'était l'hommage de ces proscrits que le gouvernement de M. de Bismark entoure de sa haine, et qui ne trouvent de sûreté que sur la terre étrangère. Leur cause n'est pas celle des farouches conquérants germains; c'est celle de l'humanité. Aussi se seraient-ils bien gardés d'arborer les couleurs de l'empire germanique ; comme ils se proclament, avant tout, socialistes, le rouge dominait dans leur emblème. Mais les ligueurs patriotes ne s'arrêtent pas à ces distinctions. Les pires ennemis de M. de Bismark, les socialistes allemands sont praticulièrement visés par eux. Il ne faut donc pas s'étonner que la rage des ligueurs ne s'attaquât à l'élément socialiste avec plus de fureur encore qu'à l'élément germanique. Ce qui suffit pour l'établir, c'est que les étudiants des facultés catholiques, affiliés en grand nombre à la Ligue des patriotes, avaient fait circuler, dès la veille de l'enterrement de Jules Vallès, un mot d'ordre qui les convoquait en masse pour appuyer une protestation violente. Ils ne manquèrent pas au rendez-vous. A la hauteur du carrefour Soufflot, le cortège socialiste fut assailli par les cris: « A bas l'Allemagne ! cachez ça ! à l'eau les Allemands ! vive la France ! vive l'Alsace-Lorraine. » Quelques parapluies furent déchirés, quelques cannes brisées, mais le cortège socialiste ne fut pas arrêté un seul instant dans sa marche. La rude poigne des travailleurs suffit pour contenir la fureur des assaillants,

Le lendemain, les journaux hostiles à la cause socialiste publiaient qu'un des citoyens qui suivaient le convoi avait reçu une volée de coups de canne. Une protestation parut dans les journaux socialistes ; elle était signée du citoyen que les étudiants catholiques prétendaient avoir terrassé. Tout s'était borné à des défis homériques, accentués avec plus de verdeur qu'on n'en trouve chez les héros de l'Iliade: « Mesdemoiselles, s'était écrié le citoyen provoqué, si une seule d'entre vous me touche, je la crève ».

Le *Drapeau* du 21 février publia, de son côté, une protestation des étudiants ; elle était ainsi conçue :

« Au nom de tous les étudiants français, nous protestons énergiquemeut contre la manifestation des socialistes allemands au convoi de Jules Vallès.

« Devant ce défi porté au pays, il était de notre devoir, à nous, jeunes Français, de ne pas laisser libre passage aux porteurs d'un emblème germanique.

« Le sang a coulé hier, comme s'il eût coulé sur un champ de bataille.

« Des clameurs antipatriotiques se sont fait entendre. Nous y avons répondu par les cris de *Vive la France* ! qui auront leur retentissement.

« Nous tenons à montrer que des étrangers, qui étaient hier les maîtres de la voie publique, ne sont pas venus inpunément, en plein Paris, au sein même de la jeunesse des écoles, où fermente la sève du patriotisme, promener leurs étendards sans raviver une plaie qui saigne toujours. »

Le style de ce factum, qui rappelle celui du *Drapeau*, témoigne qu'il sort de la même officine. Du reste, l'*Association des étudiants* avait été fondée, comme nous l'avons déjà vu, sous le patronage de la Ligue des patriotes, et les élèves des Facultés catholiques en formaient l'état-major.

Dans un ordre du jour du 5 janvier, *le Drapeau* exaltait en ces termes la conduite des étudiants affiliés à la Ligue :

« L'attitude des étudiants de Paris prouve péremptoirement que les idées de fierté et d'honneur sont encore vivaces au quartier Latin. »

Le *Tintamarre* apprécia, ainsi que tous les autres journaux, l'équipée de la Ligue des patriotes, et fit encore parler le *colonel Ramollot*. Là-dessus, grande colère du *Drapeau*. Dans son numéro du 16 février, il s'éleva contre cette publication : — « On insulte l'armée ! s'écria-t-il. » — La vérité, c'est que le lieutenant Déroulède et ses ligueurs étaient mis seuls sur la sellette, et que leur cause ne pouvait être confondue avec celle de l'armée nationale. Mais M. Déroulède espérait, en se solidarisant avec l'armée, contre une publication pleine de bon sens au fond, plaisante et vraiment gauloise en la forme, ameuter tous ceux qui se montrent soucieux de la dignité de l'armée. Cette manœuvre ne put tromper le public ; et *le colonel Ramollot*, imperturbable comme le soleil, et poursuivant sa carrière, continua de verser des torrents de ridicule sur ses impuissants blasphémateurs.

Les chefs de la Ligue des patriotes commençaient à jeter le masque : après avoir proclamé la croisade de la revanche, pour rallier à eux une jeunesse que sa générosité même rend quelquefois facile à abuser, ils montraient déjà qu'à leurs yeux, l'ennemi c'était beaucoup moins l'Allemand que le républicain socialiste, bien autrement dangereux pour le parti clérical et réactionnaire. Les manifestations qui suivront, apporteront à cet égard des témoignages irrécusables.

Si M. Déroulède et ses ligueurs, qui ont juré une haine éternelle à la race germanique, étaient parfaitement sincères ou éclairés, tourneraient-ils leurs forces contre l'élément socialiste ? Il est bien certain, en effet, que cet élément est menaçant pour l'empire allemand. Sa victoire, en France, deviendrait le signal d'une commotion générale qui ébranlerait l'Europe entière. Il est même probable que cette victoire nous vaudrait la restitution de l'Alsace-Lorraine sans combattre. En conséquence, si la haine du socialisme ne l'emportait, dans le cœur de M. Déroulède, sur la haine de l'Allemand, n'accepterait-il pas l'appui du parti socialiste contre l'autocratie impériale allemande ?

Cette observation, qui a son importance, ne nous appartient pas ; nous l'empruntons à M. de Bismark qui, avec une franchise qu'on se refuse trop à lui reconnaître, a nettement posé la question pendante entre le drapeau rouge socialiste et le drapeau impérial allemand. Dans la séance du 26 mars 1886, le grand chancelier disait au Reichstag :

« L'Empire allemand peut aussi être exposé à des dangers qui ne résulteraient pas de sa situation intérieure. Il existe aujourd'hui un mouvement socialiste très développé dans plusieurs pays. Je vous rappellerai les temps de la première Révolution où les armées françaises se firent le champion d'une idée politique dont on a dit à tort qu'elle a fait le tour du monde. Il est certain, cependant, que les idées apportées dans les pays étrangers, à l'ombre du drapeau français de 1792, furent le levier intellectuel et puissant des victoires des Français.

Qui vous dit que, si nous devions avoir de nouveau la guerre avec ce pays, les drapeaux de l'armée ennemie ne seraient pas des drapeaux rouges portant haut l'idée socialiste? Aujourd'hui, l'armée française est en face du mouvement ouvrier à Decazeville; mais nous ne savons pas si nous devons plutôt tenir compte de ce fait qu'elle tient ce mouvement en échec ou des indications parties du banc ministriel, où l'on nous a dit que le soldat d'aujourd'hui est l'ouvrier d'hier et l'ouvrier d'aujourd'hui le soldat d'hier. Nous ne savons pas qui, dans ce mouvement, remportera finalement la victoire en France. »

III

MANIFESTATION DE LA LIGUE DES PATRIOTES A LEVALLOIS-PERRET : ÉCHAUFFOURÉE DU PÈRE-LACHAISE.

Sommaire: M. Déroulède va paraître lui-même à la tête des manifestations anti-socialistes ; il monte la faction pour le roi de Prusse. — Le scandale de Levallois-Perret; les ligueurs veulent arracher les bannières rouges ; M. Déroulède est molesté dans la bagarre. — Conduite d'un commandant de bataillon scolaire. — Interpellation de Rochefort à M. Déroulède, sur sa conduite en cette affaire. — Lettre de protestation du commandant de bataillon scolaire. — Grief jésuitique relevé par M. Déroulède contre le maire de Levallois-Perret; réponse énergique de ce dernier. — Journaux parisiens qui se prononcent pour la Ligue. — Le Maître continue de déclamer contre les bannières rouges. — M. Anatole de la Forge, président de la Ligue, blâme les manifestations de M. Déroulède et lui adresse sa démission. — Lettres échangées entre eux en cette circonstance. — M. Déroulède devient président de la Ligue. — Il applaudit à la répression sanguinaire de la manifestation socialiste au Père-Lachaise, et décerne une médaille à l'officier de paix blessé dans la lutte.

Le général de la Ligue s'était rarement montré jusqu'alors à la tête des manifestations ; il faisait donner ses sous-ordres. De cette manière, il lui était facile de décliner la responsabilité des évènements, si la manifestation tournait contre les siens ou avortait. Mais s'il en était résulté bruit et tumulte, l'organe de la Ligue, le *Drapeau*, embouchait son clairon en l'honneur de l'armée des patriotes. Cependant, quand le Maître crut que son personnel était suffisamment discipliné et aguerri, il n'hésita plus à sortir de sa tente. On ne le verra jamais, néanmoins, s'aventurer dans aucune manifestation anti-républicaine ou anti-socialiste, sans qu'il se soit assuré d'abord un solide appui du côté de la police.

C'était encore le drapeau rouge qui allait devenir l'objet des attaques de la Ligue. Aux obsèques de Jules Vallès, il était resté victorieusement aux mains des socialistes ; la Ligue avait besoin d'une revanche. Il avait figuré jusqu'alors, sans donner lieu à aucun désordre, dans les meetings socialistes. Le lieutenant Déroulède jugea que cette tolérance du gouvernement pouvait passer pour de la faiblesse. Il résolut donc d'attaquer vigoureusement l'emblème qui trouble le sommeil de M. de Bismark, au risque de provoquer des troubles graves, qui n'auraient profité qu'à l'empire allemand. Le général de la Ligue des patriotes allait ainsi monter la faction... pour le roi de Prusse.

C'est ici que se place le scandale de Levallois-Perret. On

inaugurait un monument funèbre à la mémoire de deux soldats nés dans cette commune, et tous deux morts dans l'Extrême-Orient. Au milieu du défilé, apparaissaient des bannières rouges à côté du drapeau tricolore.

Les assistants durent s'expliquer mal l'horreur subite de M. Déroulède pour le drapeau rouge. On se souvenait, en effet, que, depuis l'institution de la Ligue, l'emblème séditieux avait figuré dans toutes les solennités publiques, porté par diverses sociétés, et que le champion des trois couleurs l'avait reçu dans ses bataillons.

Mais les temps sont changés. L'heure est venue pour la réaction cléricale de rejeter une telle compromission et de rompre tout pacte avec l'impiété.

M. Déroulède, entouré des siens, fit entendre les premières protestations : « A bas le drapeau rouge ! Vive le drapeau tricolore ! Vive la France ! » Les porteurs des drapeaux rouges, sans s'émouvoir de ces clameurs, viennent se ranger autour du monument funèbre. Les ligueurs tentent de faire irruption sur eux ; mais leurs efforts sont repoussés et M. Déroulède, qui ne parvient à se dégager qu'après avoir reçu force horions, donne lui-même le signal de la retraite.

Un officier commandant un bataillon scolaire imite son exemple, en entraînant loin de la manifestation les enfants placés sous ses ordres.

M. Rochefort, racontant cette équipée, fut admirable d'ironie :

« On s'est demandé pourquoi, au lieu de fatiguer le public de ses manifestations encombrantes, *M. Déroulède ne croyait pas devoir affirmer son patriotisme en partant pour le Tonkin.* On sait maintenant à quoi s'en tenir sur cette abstention bizarre de la part de ce paladin : le Tonkin est traversé par le fleuve Rouge et, pour comble de déveine, il lui faudrait passer la mer Rouge pour s'y rendre ! »

Après s'être frotté de baume et de vulnéraire, M. Déroulède, reprenant ses esprits, voulut persuader au public qu'il avait gagné la bataille. Aussi l'affaire de Levallois-Perret eut-elle des suites.

Le commandant du bataillon scolaire, qui s'était signalé par un mouvement de retraite, adressa la lettre suivante au maire de Levallois-Perret :

« Monsieur le maire,

« Pour ne plus m'exposer, à l'avenir, à être compromis dans des cérémonies où se trimbalent les *loques rouges* communardes, j'ai l'honneur de vous adresser ma démission.

« M. Tharaud-Mainvielle
Capitaine au 66ᵉ territorial. »

M. Déroulède et ses amis accueillirent cette démission par la proposition suivante :

« Le commandant du bataillon scolaire a remis l'épée au fourreau, en apercevant la loque sanglante, il faut que cet officier soit publiquement félicité. »

Comme corollaire à cette proposition, les journaux bien pensants ajoutèrent : « Il faut que le maire de Levallois-Perret soit suspendu de ses fonctions. »

L'honorable maire dut protester par la lettre que nous reproduisons :

« Levallois-Perret, 20 mars 1885.

« Monsieur,

« Le numéro de votre journal, portant la date du 20 du présent mois, contient un entrefilet plein d'insinuations odieuses, contre lesquelles je proteste avec la dernière énergie.

« L'autre jour, à Levallois-Perret, j'aurais déclaré que le drapeau rouge était le mien et, deux ou trois jours après, j'aurais renié ce drapeau pour en imposer au ministre de l'intérieur et n'être pas révoqué par lui.

« J'oppose à votre double allégation le plus formel démenti.

« Je n'ai pas eu à renier le drapeau rouge dans le sens que vous l'entendez, par la raison très simple que je n'ai jamais déclaré qu'il fût le mien.

« Vous insinuez, en second lieu, que j'ai été élevé gratuitement par les prêtres; c'est faux. A la mort de ma mère, j'ai reconnu à mon frère les dépenses faites pour mon instruction, en lui faisant, sur la part de mes biens, l'abandon d'une somme correspondante.

« Et le dégoût que m'inspira le milieu dans lequel s'écoula le meilleur de ma jeunesse, bien indépendamment de ma volonté, est demeuré en moi si profond que, depuis l'instant où j'ai pu secouer le joug, je n'ai cessé de combattre de mon mieux les doctrines néfastes de l'Eglise.

« Voilà pourquoi, depuis plus de vingt ans, je suis l'ennemi résolu de toutes les religions.

« Vous avez été fort surpris, ajoutez-vous, qu'au ministère de l'intérieur on ignorât que j'avais dirigé le journal « rouge » *La Tribune*, et qu'à ce titre j'avais, en quelque sorte, présidé à l'organisation des premiers groupes révolutionnaires.

« Je ne sais si, au ministère de l'intérieur, on était aussi ignorant que vous semblez le supposer, de mon modeste passé politique ; mais ce que je ne crains pas d'affirmer, c'est que, loin de regretter

ce que j'ai fait dans l'intérêt des travailleurs et de la République
franchement radicale, je compte le faire encore à l'avenir dans la
plus large mesure possible.

« Vous avez apporté dans cette afaire moins de loyauté que
de passion : après m'avoir violemment attaqué, vous vous êtes
refusé à publier ma première rectification. J'espère être plus heureux pour celle-ci, que vos calomnies rendent absolument
nécessaire.

« Je vous prie d'agréer, monsieur, mes salutations.

« TRÉBOIS,
Maire de Levallois-Perret. »

M. Trébois fait allusion, dans cette lettre, à un grief amère-
ment relevé par le *Drapeau*, et qui est de ceux que les
cléricaux évoquent assez souvent : M. Trébois aurait reçu
l'instruction dans un collège de jésuites, et il aurait eu l'in-
gratitude de l'oublier ! Mais la réponse de l'honorable maire
de Levallois-Perret fut sans réplique :

Tes plus grands ennemis, Rome, sont à tes portes.

C'est là que, soulevant les haines les plus fortes...

Quoiqu'il en soit, M. Déroulède, en se faisant l'avocat des
jésuites pour soutenir leur thèse dans son *Drapeau*, se classait
spontanément dans la faction cléricale, et assignait à ses manœuvres politiques leur véritable caractère.

Le *Drapeau* du 7 mars 1885 passe en revue les journaux
parisiens qui se sont prononcés contre le déploiement des bannières républicaines socialistes. Nous voyons là les journaux de
nuance orléano-opportuniste coudoyer les journaux bonapartistes
ou du plus pur cléricalisme ; nous y trouvons ainsi le *Soleil*,
le *Pays*, la *Patrie*, le *Gaulois*, la *Gazette de France*, le
Figaro, le *Matin*, le *Gagne-Petit*, le *Journal des Débats*,
à côté du *Temps*, du *National*, du *Paris*, de la *République
française*, du xixe *Siècle*, de la *Paix*, et du *Petit Journal*.

Et le langage de cette presse réactionnaire est à l'unisson de
celui de M. de Bismark : le socialisme avec le drapeau rouge
est dénoncé comme l'ennemi commun. Sur ce terrain, on est
bien près de s'entendre avec le grand chancelier.

Suivant les journaux républicains socialistes, au contraire,
la fédération des peuples s'affirme sous le drapeau rouge.

Dans ce conflit menaçant pour l'avenir, la Ligue des patriotes
aura eu, du moins, le mérite de poser carrément la question. Son
chef ne perdait pas une occasion d'expliquer sa conduite, sinon
de la justifier. Ainsi, lors de la fête donnée par les sociétés de
tir et de gymnastique de Bordeaux, les 7 et 8 mars 1885, M.
Déroulède, rappelant ses précédentes équipées, répudiait « la
périlleuse réhabilitation des couleurs d'infamie, l'amnistie des

étendards, beaucoup plus grave que l'amnistie des hommes. »

Quelques voix s'étant élevées parmi les ligueurs, pour reprocher au Maitre de faire de la politique intérieure, alors que les statuts de la Ligue le lui interdisaient, celui-ci répondit en s'embarrassant dans une distinction si subtile qu'on parviendrait difficilement à lui donner un sens avouable: « En agissant comme elle l'a fait, dit-il, la Ligue prétend n'avoir pas fait acte de politique intérieure. La question des drapeaux est une question d'ordre européen (?) ». (*Drapeau* du 9 mai 1885).

Ou ces paroles n'ont aucune portée sérieuse ou elles signifient, au fond, que les manifestations à l'ombre du drapeau rouge causent trop de chagrin à M. de Bismarck, et qu'il est juste de le lui épargner.

Le motif mis en avant par M. Déroulède pour justifier son rôle politique, ne put convaincre tous les adhérents à la Ligue. M. Anatole de la Forge, qui en était le président de nom, alors que M. Déroulède avait pris la présidence effective, avait refusé son approbation à des forfaitteries dont l'odieux le disputait au ridicule. Il lui semblait que la Ligue avait mieux à faire que de provoquer des dissensions suivies de luttes violentes, et qu'elle trahissait sa mission qui aurait dû être toute de conciliation. Peut-être aussi avait-il ouvert les yeux sur les attaches cléricales de la Ligue.

Quoiqu'il en soit, il refusa d'apposer sa signature à l'ordre du jour suivant, dans *le Drapeau* du 7 mars 1885 :

« LIGUE DES PATRIOTES

« Républicain, Bonapartiste. Légitimiste, Orléaniste, ce ne sont là chez nous que des prénoms. C'est Patriote qui est le nom de famille. »

« Le Comité directeur, réuni sous la présidence de MM. Féry, d'Esclands, Alfred Mézières, Edmond Turquet, vice-présidents, félicite le délégué et les membres de la Ligue, de leur énergique protestation contre le déploiement des drapeaux rouges aux cérémonies patriotiques, et affirme une fois de plus son inébranlable attachement aux couleurs nationales, sous lesquelles les soldats de la France combattent et meurent pour la Patrie.

« *Le Comité Directeur.* »

Le refus si honorable de M. Anatole de la Forge impliquait une démission Le *Drapeau* dut l'enregistrer dans son numéro du 14 mars 1885 ; mais il le fit avec une sécheresse d'expression, qui dissimule peu le dépit des chefs de la Ligue :

« Le Comité directeur accepte la démission de M. Anatole de la Forge. »

Le retentissement que devait avoir une démission donnée et reçue dans cet esprit, pouvait avoir des conséquences funestes pour la Ligue, et même menacer son existence.

Le Comité directeur comprit le danger, et sollicita de M. Anatole de La Forge une déclaration qui ne laissât pas soupçonner aux adhérents à La Ligue l'existence d'un dissentiment profond. En conséquence, l'honorable député et M. Déroulède échangèrent les lettres suivantes (*Drapeau*, 7 mars 1885) :

« Monsieur Paul Déroulède, délégué de la *Ligue des Patriotes*.

« Paris, le 5 mars 1885.

« Mon cher Déroulède,

« Je remplis un devoir de conscience en vous envoyant ma démission de président de la *Ligue des Patriotes*.

« Nous étions absolument d'accord sur toutes les questions de politique extérieure ; nous ne le sommes pas sur les questions de politique intérieure.

« Vous êtes un patriote autoritaire, je suis un patriote libéral.

« Avec une sincérité à laquelle je rends hommage, vous entendez affirmer vos principes, qui ne sont pas les miens. Il faut donc nous séparer, dans l'intérêt même de cette vaillante Association dont vous avez été le fondateur.

« Grâce à vous et au vote unanime du comité, j'avais succédé à notre illustre historien national Henri Martin, sans avoir jamais eu, vous le savez, la prétention de le remplacer. J'ai seulement celle de vous aimer autant qu'il vous aimait, lui qui vous appelait son enfant d'adoption.

« J'admire, mon cher Déroulède, votre désintéressement, votre énergie et votre dévouement inébranlable à la Patrie vaincue, mais non découragée.

« C'est vous dire que notre séparation politique, loin d'être une rupture, ne fera que fortifier notre mutuelle estime et notre mutuelle affection.

« Tout à vous de cœur, au revoir et pas adieu.

« ANATOLE DE LA FORGE. »

« Monsieur Anatole de la Forge, député de Paris.

« Paris, le 6 mars 1885. »

« Cher député et ami,

« Aussi grande avait été ma joie de vous voir venir à notre tête, aussi grand est mon chagrin de vous voir partir.

« Votre nom, devenu légendaire par l'héroïque défense de Saint-

Quentin, était si clairement et si fièrement le synonyme de patrio -
tisme et de bravoure, vous étiez si bien le vrai chef de notre Association de Défense nationale !

« Et ce n'est pas seulement parce que je vous place très haut
dans mon respect et dans mon affection que je vous regrette, ce
n'est même pas vous seul que je regrette dans ce départ, c'est notre
entente et notre union interrompues.

« J'avais tout fait depuis trois ans pour maintenir la Ligue dans
une absolue impartialité politique, mais voici que les faits me prennent à la gorge et me forcent à crier mon opinion.

« Là où vous ne voyez et où vous avez peut-être raison de ne
voir que le fonctionnement de plus en plus grand de toutes les
libertés, je redoute, moi, une désagrégation nationale et un affaiblissement patriotique.

« Il vous est impossible, et je le comprends, de me suivre, et il
m'est impossible, je le reconnais, de ne plus continuer.

« Je n'en suis pas moins profondément triste de ce qui arrive. Si,
dès sa première apparition entre nous, cette haïssable politique intérieure divise deux Français, ardemment Français comme vous et
moi, que fera-t-elle des autres?

« Je sais bien et vous savez bien aussi, n'est-ce pas? très cher et
très regretté président, que tout cela ne fait pas et ne fera jamais
que je ne vous aime et que je ne vous respecte de tout mon cœur.

« PAUL DÉROULÈDE »

Par suite de cette démission, le lieutenant Déroulède fut appelé à la présidence effective de la Ligue.

Les manifestations déroulédistes contre le drapeau rouge
avaient été une demi-victoire pour le parti de la Ligue. En
effet, si l'opinion républicaine les jugea sévèrement, la police
fut heureuse d'y trouver un prétexte pour interdire, d'une façon
absolue, le déploiement de tout drapeau et de toute bannière
rouge dans les cérémonies publiques.

Les sauvages représailles exercées par la garde républicaine
et la police au cimetière du Père-Lachaise, quelques jours
après l'affaire de Levallois-Perret, nous montrent combien
M. Déroulède avait eu raison d'espérer que sa campagne contre
le drapeau rouge porterait ses fruits.

L'intervention active de la Ligue dans cette échauffourée po-
licière nous est suffisamment révélée par les encouragements
que le journal *le Drapeau, Moniteur officiel de la Ligue des
patriotes*, donna à une répression sanguinaire. Le Comité directeur alla jusqu'à décerner une médaille d'argent à l'officier
de paix qui avait été blessé dans la lutte. (*Drapeau*, 1885, p.
268).

IV

Le journal le *Drapeau* applaudit aux manifestations du peuple espagnol contre l'Allemagne. — La Ligue des patriotes a l'anniversaire des combats de Buzenval. — Réaction de l'opinion publique contre la Ligue.

Sommaire: Les journaux allemands accusent les Français d'avoir insulté le drapeau allemand à Madrid. — La Ligue applaudit à cet acte et donne prise aux attaques des Allemands. — Manifestation de M. Déroulède en faveur du peuple espagnol, à l'occasion du Concours national de tir à Vincennes; réception qui est faite à l'ambassadeur espagnol. — Appel du Comité de la Ligue aux Espagnols résidant à Paris. — M. Déroulède compromettait ainsi la paix générale. — Manifestation de la Ligue, à Buzenval, contre les bannières rouges. — La Ligue bat en retraite; une des sociétés venues derrière la bannière de la Ligue fait défection. — Cette manifestation est désavouée par la presse. — Conférence organisée par la Ligue à l'Elysée-Ménilmontant : une centaine de socialistes mettent les ligueurs en déroute.— Une nouvelle manifestation, préparée par la Ligue, à l'occasion du 14 juillet 1885, est dénoncée par la presse et échoue.

Le conflit hispano-allemand, qui se produisit en août 1885, faillit mettre la France aux prises avec l'Allemagne. La presse allemande avait prétendu que l'assaut donné, le 16 août, à la légation allemande de Madrid, avait été provoqué par les excitations de quelques Français, réunis dans un café voisin. La *Gazette de Cologne* était surtout affirmative ; on y lisait :

« De même qu'il est hors de doute qu'au commencement du conflit hispano-allemand, c'est la presse française qui a excité les Espagnols contre l'Allemagne, en faisant appel à leur amour-propre, il semble se confirmer que des Français ont pris une part importante aux troubles de Madrid. »

Le patriotisme le plus élémentaire eût dû nous inspirer à tous le mépris d'une telle accusation. Du moment que nous n'étions ni résolus ni prêt à entrer immédiatement en guerre avec l'Allemagne, la prudence nous conseillait de ne tenir aucun compte de ces imputations malveillantes. M. Déroulède et la Ligue des patriotes, qui s'étaient arrogé depuis longtemps le droit de se substituer à la Nation et de régler ses destinées, pensèrent autrement. Ils renchérirent même sur les accusations portées contre nous par les Allemands.

Pendant le Concours de tir de Vincennes, en 1885, le président de la Ligue ne manqua pas de revendiquer pour les Français le prétendu mérite d'avoir insulté le drapeau prussien à Madrid. M. Déroulé le prépara même une manifestation qui devait accentuer le défi. Sur son invitation, l'ambassadeur d'Espagne, accompagné de sa femme, était venu visiter les installations du polygone. M. Déroulède fit hisser les drapeaux espagnols au pavillon de la Permanence et de la Ligue des patriotes ; en même temps, il alla offrir un magnifique bouquet aux couleurs espagnoles à l'ambassadrice. Pour que cette démonstration fût rendue plus significative encore, le chef de la Ligue avait rédigé l'invitation suivante, adressée aux Espagnols résidant à Paris (*Drapeau* du 29 août 1885) :

« *A MM. Joaquin, G. Estefani, Ramon, Campoamor, Juan Maisonnave, Mariono, Bayllero, marquis de Villaviciosa.*

« Messieurs,

« Les patriotes de tous les pays ne peuvent pas ne pas être émus d'admiration devant l'énergie d'un peuple qui proteste si fièrement pour le Droit contre la Force.

« C'est pourquoi, sans nous demander quels sont, quels ont été, ni quels seront les sentiments de l'Espagne pour la France, nous tenons à affirmer les cordiales sympathies des protestataires français pour les protestataires espagnols.

« Le Comité-Directeur de la *Ligue des patriotes* et le Comité d'organisation du deuxième Concours national ont donc résolu de vous ouvrir leur champ de tir.

« Les couleurs espagnoles y sont déjà arborées; vous y pourrez tirer avec vos armes, vous serez les bienvenus parmi nous.

« Nous avions convié hier les Belges et les Suisses, pour services rendus à la France ; nous vous convions aujourd'hui pour service rendu à l'Europe.

« Vous venez de donner aux nations un noble exemple d'indépendance.

« Soyez remerciés, soyez félicités par tous les patriotes qui supportent impatiemment toute domination étrangère.

« Nous comptons que vous nous ferez l'honneur d'accepter notre invitation, que vous voudrez bien vous charger de la transmettre à tous vos nationaux présents en France, et nous vous saluons respectueusement.

« *Pour le Comité-Directeur de la* Ligue des Patriotes,

« *Pour le Comité d'organisation du deuxième Concours national de tir,*

« Le président de la *Ligue des patriotes.*
Commissaire général du Concours,
« PAUL DÉROULÈDE.

Le président du Concours,
« DELAMAIN.

« CLÉRIN,
vice-président du Concours,

Le directeur du tir,
« LERMUSIAUX.

« Le secrétaire général de la *Ligue des patriotes,*
J. SANSPEUR.

Le secrétaire général du Concours,
SAUDEMONT.

« L'administrateur général,
DECOURCELLE. »

Évidemment, cet appel était de nature à compromettre le gouvernement français. En effet, M. Déroulède, bien qu'il n'eût reçu aucun mandat des sociétés de tir de France, même pour l'organisation du Concours, agissait en leur nom ; de plus, il engageait dans un courant politique imprudent le ministre de la guerre, président d'honneur du concours. On voit déjà les conséquences que cet incident eût pu avoir pour la paix générale, si M. Déroulède avait été pris au sérieux.

Le seizième anniversaire des combats de Buzenval, qui fut célébré le 24 janvier 1886, permit, une fois de plus, à M. Déroulède de manifester son horreur pour les bannières rouges. Mais, désormais, ses exploits seront moins bruyants ; nous le verrons même changer de tactique ; ainsi il renoncera aux attaques violentes, aux bulletins de victoire du journal le *Drapeau* ; le grand Maître, le général ne brillera plus que par la sagesse de ses prudentes retraites. Son prestige en diminuera si bien que nous le verrons parfois s'abîmer dans le ridicule. C'est ce qui advint à Buzenval.

Le cortège s'organisait sur la place de Rueil, et près de quarante sociétés étaient déjà réunies, quand M. Déroulède parut, à la tête de trois ou quatre sociétés de gymnastique, affiliées à la Ligue des patriotes.

On s'était déjà ému de ce que M. Déroulède avait voulu accaparer la présidence et la direction de cette cérémonie, en adressant la communication suivante à toutes les sociétés de tir et de gymnastique :

« La municipalité de Rueil et la Ligue des patriotes vous prient de vouloir bien assister à la cérémonie commémorative qui aura lieu... »

Cette lettre était signée du maire et de M. Déroulède.

La forme de la convocation eut pour résultat d'éloigner de la cérémonie une foule de sociétés auxquelles il répugnait de marcher à la suite de M. Déroulède. L'*Éclaireur Républicain*, journal de *Paris-Banlieue*, reprocha vivement au maire de Rueil d'avoir mêlé à une solennité vraiment patriotique un patronage que son caractère politique rendait suspect. Ce journal ajoutait :

« De quel droit la Ligue des patriotes se permet-elle d'inviter les sociétés de tir à une manifestation quelconque? Est-ce que décidément son président, à force de se l'entendre dire, se figurerait réellement qu'il a le monopole du patriotisme ? En vérité, ce serait triste, si ce n'était grotesque. »

M. Déroulède, fidèle à son programme, attendit le défilé des sociétés pour renouveler le scandale de Levallois-Perret. Le rouge des bannières déteignant sur son visage, il s'élança pour protester contre leur déploiement, mais il trouva à qui répondre : on lui remontra que chaque bannière était irréprochablement munie d'un ruban tricolore. Ce correctif ne parvint pas à le calmer, et il battit en retraite en bon ordre, suivi des membres de la Ligue des patriotes. Toutefois, l'une des sociétés qu'il avait amenées avec lui, fit défection et se rangea du côté du cortège officiel et des députés du département.

Le lendemain, M. Déroulède eut la douleur de se voir désavoué par l'*Évènement*, le *Petit Journal*, et d'autres feuilles d'un républicanisme incolore, qui l'avaient encensé et glorifié à l'occasion des manifestations précédentes.

Le 25 mars suivant, les ligueurs essayèrent de reconquérir le terrain perdu, en organisant une conférence publique au milieu de Paris. Le président de la Ligue dont la présence eut suffi pour compromettre le plan de son Comité, était alors en voyage.

La conférence eut lieu à l'Elysée-Ménilmontant, sous la présidence de M. Marmottan, maire du XVIᵉ arrondissement, vice-président de la ligue ; il avait pour assesseurs M. Gérard, maire du **xxᵉ**, et M. Henri Deloncle, délégué de la Ligue. La crise industrielle devait en faire le sujet. Une centaine de socialistes

suffirent pour troubler cette fête de famille. La conférence dégé-
néra en apostrophes à l'adresse de M. Déroulède et de ses amis.
La police intervint et, naturellement, ce fut contre les socialistes ;
il y eut une dizaine d'arrestations.

Les ligueurs furent encore tentés, à l'occasion du 14 juillet
1886, de renouveler les scènes anti-allemandes de l'année précédente ; mais la presse démasqua ce projet, et le fit ainsi avorter. On lisait dans l'*Intransigeant* du 14 juillet :

« Un placard manuscrit a été affiché, hier soir, au quartier Latin.
En voici le texte :

« Nous, étudiants français, indignés de l'intrusion des Allemands
à l'inauguration de la statue de Diderot, invitons nos camarades
à protester contre le discours du MOUCHARD ALLEMAND BUCHNER,
demain mardi 13 juillet, place Saint-Germain-des-Prés, à quatre
heures et demie.

« Un groupe d'étudiants »

« Nous ne savons de quoi se compose ce prétendu groupe d'é-
tudiants ; mais il est extrêmement probable que son affiche a été
rédigée par des séminaristes en délire, qui ne pardonnent pas
à l'illustre philosophe révolutionnaire Büchner d'avoir donné,
dans son beau livre : *Force et matière*, la formule du matéria-
lisme moderne.

« Traiter Büchner de mouchard allemand, c'est comme si on
traitait Claude Bernard ou Renan de mouchard français. »

V

CONTINUATION DES MANIFESTATIONS DE LA LIGUE DES PATRIOTES EN
FAVEUR DE LA GUERRE

SOMMAIRE : En quels termes le *Drapeau* sanctifie la guerre : de temps en
temps, M. Déroulède affecte une modération apparente. — A l'inauguration du stand de Nevers, M. Déroulède proteste contre l'accusation de
provocation à la guerre ; mais en même temps il renouvelle ces provocations
dans d'autres circonstances ; contradiction ; elle est due à certains avertis-
sements du gouvernement. — Absence du Maitre aux fêtes du Mans et aux
obsèques du général Chanzy. — Le *Drapeau* publie le discours que le Maitre
devait prononcer ; sa colère sourde. — Une bourde du grand patriote ; sa
lettre à la veuve de l'amiral Courbet. — Belle occasion manquée : pompe
religieuse des obsèques de l'amiral Courbet. — M. Déroulède prend sa revanche au banquet des sociétés de tir de l'Est, à Nancy. — On lui refuse la
salle de l'Université pour le banquet. — Discours prudhommesques des
orateurs de Nancy ; discours de M. Déroulède ; il est empreint de découragement. — Les bannières rouges à l'anniversaire du combat de Buzenval ;
nouvelles fureurs du Maitre ; le *Drapeau* publie le discours qu'il n'a pu

prononcer. — Pour M. Déroulède comme pour M. de Bismark, le drapeau rouge c'est l'ennemi. — La bannière de la Ligue ne paraîtra plus dans les manifestations.

Nous avons parcouru le journal le *Drapeau* pour chercher la pensée, l'idée sur laquelle les apôtres de la Ligue des patriotes appuyent leur apologie de l'état de guerre. M. Henri Fouquier, l'un des rédacteurs, sanctifie la guerre au point de la confondre absolument avec l'idée de patrie. Chaque société, avec ses dieux protecteurs et ses croyances, n'est plus qu'une sorte de Moloch dévorant ; les autres peuples ne sont que des troupeaux d'esclaves ; l'humanité disparait ; voilà l'idéal.

Au concours régional de Béthune, en juin 1884, M. Déroulède résume cette théorie en quelques mots : « Vous tous, « tireurs, qui avez le fusil en main, apprêtez-vous à viser sur des cibles vivantes. »

Cependant, le chef des ligueurs juge parfois prudent de substituer à cette fougue une modération apparente, sans doute pour donner le change au gouvernement : « Nous ne sommes ni des provocateurs, ni des impatients, ni des imprudents, disait-il au Concours national de tir de 1885 ; je dirais volontiers que nous sommes des prévoyants, que nous ne sommes que cela, et que nous n'avons jamais été autre chose. Nous ne sommes pas des impatients, car voilà quinze ans que nous attendons, et nous saurons attendre aussi longtemps qu'il le faudra. Nous ne sommes pas des imprudents, car nous travaillons sans cesse à proportionner les moyens au but, et nous ne sommes pas plus des provocateurs qu'une sentinelle qui crie : Passez au large ! »

Et au comité régional lyonnais (*Drapeau* du 17 janvier 1885) : « La Ligue des patriotes, nous ne cesserons de le répéter, « ne prône point la haine particulière pour tel ou tel peuple, « mais l'amour exclusif, ardent, passionné même de la Pa- « trie... »

Dans la *Bible* de la Ligue dont M. Déroulède annonçait la publication au moment de poser sa candidature électorale, nous lisons (*Drapeau* du 3 octobre 1885) :

« Qu'on nous reproche d'avoir parfois procédé avec trop de brus- « querie dans les moyens et trop de fracas dans l'action, cela est pos- « sible. Mais quand on suit une route toujours droite et toujours la « même, on n'est pas plus maître des mauvaises rencontres qu'on « peut y faire, que des obstacles volontaires ou naturels qu'il y faut « franchir ou renverser. La vérité est que nous ne cherchons rien, « mais que nous ne fuyons rien non plus. »

A la fête d'inauguration du stand de Nevers, le 28 septem-

bre 1885, M. Déroulède parle des aspirations de la Ligue :
« La Ligue n'est pas une société de provocation à la guerre, mais
bien une société de prévoyance contre l'invasion, contre l'enva-
hissement de l'étranger. »
Dans un mémoire adressé à Mᵉ Oscar Falateuff, son avocat,
M. Déroulède renouvelle les mêmes protestations :

« Quand surgira ce devoir? Nous l'ignorons et nous ne faisons
rien qui précipite les événements. Toute notre œuvre consiste à y
préparer la Nation. Préparation très diverse et où la haine de l'ennemi joue un moindre rôle que l'amour passionné de la France. »

Le lecteur saisira facilement la contradiction flagrante
entre les actes de M. Déroulède et ses protestations tardi-
ves. Du reste, les élections approchaient; et il devenait
nécessaire de ne pas offenser par un *derouledirium tre-
mens* trop accentué la classe d'électeurs dont notre héros
allait solliciter les suffrages.

Il y avait encore une autre raison qui rendait M. Déroulède plus réservé et surtout plus modeste dans ses élans
patriotiques : le gouvernement l'avait fait avertir que sa
fougue revancharde créait des embarras diplomatiques jour-
naliers, et qu'il serait plus patriotique, de sa part, de ne pas
précipiter le pays dans des aventures auxquelles il ne serait
pas préparé.

Jusqu'alors M. Déroulède avait été de toutes les manifestations et solennités officielles, qui pouvaient permettre à son
patriotisme de se produire avec toutes les audaces d'une
éloquence dont lui seul avait le secret. Nous le trouvons
ainsi en tête des délégations de la Ligue des patriotes, qui
devaient assister à l'inauguration du monument élevé au
Mans, en l'honneur du général Chanzy, puis aux obsèques
de l'amiral Courbet. Mais, pour obéir à des injonctions for-
melles qui lui furent adressées, il dut s'abstenir d'assister à
l'une et l'autre cérémonie.

L'absence de M. Déroulède aux fêtes du Mans fut d'autant
plus remarquée qu'il avait annoncé un grand discours dont
il attendait les plus merveilleux effets sur l'esprit des populations du nord et de l'ouest Cependant, le Maître ne voulut pas que la postérité demeurât privée de son verbe majestueux ; et le discours qu'il devait prononcer fut recueilli
en entier dans *le Drapeau* du 15 août 1885. La reproduction était précédée de la note suivante, qui servait à dissimuler la disgrâce du président de la Ligue :

« La santé de M. Paul Déroulède a seule empêché que ce discours fût prononcé comme il devait l'être, en présence d'un
héros, d'une armée, d'un peuple ! »

Quoique le général Déroulède ait toujours montré devant les
représentants de l'autorité une rare souplesse, il glissa dans son
discours une phrase dans laquelle éclate une colère sourde : —
« Et puisqu'on a beaucoup glosé autour de notre silence, dit-il,
nous repéterons ici que le rôle et la tradition de la Ligue sont
de s'abstenir de toute provocation, de toute polémique, de ne
redouter aucune menace ni aucun interdit. »

Affirmer qu'il marche en avant, alors même qu'il bat en
retraite : telle est la tactique familière au général de la Ligue.

La manie de placer partout, et presque toujours mal à propos, ses palmes patriotiques, lui fit commettre, après la mort
de l'amiral Courbet, une de ces bévues qui sont d'autant plus
lourdes qu'on les entoure d'un éclat majestueux.

Le ministre Galiber avait cru devoir se rendre lui-même
auprès de la sœur de l'amiral, pour lui porter la fatale nouvelle,
qui venait de lui parvenir.

« Il s'adresse à sa sœur, pensa le grand patriote ; je vais faire
mieux, j'écrirai à sa veuve. »

Et il libella aussitôt la lettre suivante :

« *Madame l'amirale Courbet*, Paris.

« Madame, à la navrante nouvelle de la mort de l'héroïque et
glorieux amiral Courbet, les Sociétés de gymnastique de la région
du Rhône, de la Saône et de l'Ain, réunies au concours national de
Bourg, tous les patriotes présents à ce concours me font l'honneur de
me charger de vous transmettre l'expression de leurs profonds
regrets pour la grande perte que la France vient de faire et que
tous les Français ressentent cruellement.

« Le Président de la Ligue des Patriotes,
« Président du concours régional de gymnastique de Bourg.
« PAUL DÉROULÈDE. »

Malheureusement pour M. Déroulède, la lettre ne pouvait
parvenir à son adresse, l'amiral Courbet n'étant pas marié. Ce
ne fut pas tout : le Maître, estimant que ses moindres pensées
méritaient la plus large publicité, adressa sa prose à l'agence
Havas. Cette officine de nouvelles n'avait rien à lui refuser :
elle inséra la lettre comme une réclame de la Ligue des patriotes.

Le Maître s'était multiplié, ainsi que la mouche du coche,
autour du cercueil du brave marin, et le *Drapeau* avait dé-
ployé toute la pompe de son style pour annoncer minutieuse-

ment les préparatifs de la cérémonie funèbre. Eh ! pourtant, tant de zèle ne lui valut pas la faveur d'être admis dans le cortège officiel, et d'y figurer dans le même apparat que le jour de l'apothéose de Victor Hugo, qui fut également le sien ; il ne lui fut pas permis de faire jaillir son éloquence, à la suite de l'oraison funèbre de Monsieur Freppel. Son patriotisme était mis à l'index.

Le coup dut lui paraître d'autant plus rude que, sous le rapport du faste religieux la cérémonie ne laissait rien à désirer : le Maître eût rencontré là tout ce qui pouvait le mieux flatter son cœur : huit cents curés et chanoines avaient été réunis pour la circonstance. Et son nom ne serait pas même cité parmi ceux qui illustraient le cortège !...

La fédération des sociétés de tir de l'Est, qui se réunit à Nancy, en janvier 1886, allait-elle procurer une revanche à M. Paul Déroulède ? Les nombreux adhérents à la Ligue, qu'il avait recrutés dans cette partie du territoire, le lui faisaient espérer. Toutefois, les choses ne marchèrent pas d'abord avec l'entrain qu'il souhaitait.

Les sociétés de tir de l'Est avaient demandé au Conseil municipal de Nancy la salle de l'Université pour un banquet à offrir à M. Déroulède. Le maire s'y était refusé, afin de conserver à ce monument son caractère municipal. Tel fut le motif qu'il allégua devant le Conseil municipal ; mais il s'expliqua plus franchement devant les commissaires organisateurs du banquet : —

— « Tant que je serai maire de Nancy, avait-il dit, je croirai de mon devoir de refuser une salle municipale pour M. Paul Déroulède. » (*Le Tireur*, 26 novembre 1885).

A part cet incident, le banquet des tireurs de l'Est, qui eut lieu le 31 janvier, fournit à M. Déroulède un triomphe incontesté. Peut-être ce succès s'explique-t-il par ce fait que les royalistes purs y étaient entremêlés avec les amis de M. Ferry, et que la devise qui se détachait sur les banderolles au fond de la salle du banquet, reproduisait une inscription empruntée aux traditions de la monarchie de juillet : *Honneur et Patrie*!

Dans les discours prudhommesques qui précédèrent celui de M. Paul Déroulède, nous avons cueilli cette phrase de M. Rogier empruntée à un vieux vaudeville, qui lui dut sa célébrité : « La France sera toujours la France ! » (*Drapeau* du 5 fév. 1885, page 68).

Le discours de M. Déroulède est une véritable confession. Nous y attachons d'autant plus d'importance qu'il corrobore nos appréciations sur l'esprit qui animait les chefs de la Ligue. Nous l'empruntons au *Drapeau* (numéro précité) :

« M. Paul Déroulède commence par déclarer qu'il était venu

à Nancy plaider pour sa cause personnelle, mais que désormais il n'ose, tant les précédents orateurs ont pris soin de lui témoigner leur sympathie chaleureuse ; il venait se plaindre de certaines allégations, et voici qu'il lui faut se plaindre de certaines louanges. D'ailleurs, l'orateur observe qu'il s'est formé à son égard une légende, qu'elle l'a poursuivi dans beaucoup d'actes de sa vie publique, et que c'est là le triste partage des meilleurs comme des plus humbles, de se trouver en butte aux insinuations et aux murmures de certains propos et de certaine presse qui, toujours grandissant et se poussant, parviennent à peser sur l'opinion des gens honnêtes et sincères. Et citant l'exemple de Gambetta, outragé durant toute son existence, M. Paul Déroulède a également mis en avant le nom de M. Jules Ferry, protestant que, malgré ses divergences de vues, il n'avait cessé de réprouver les calomnies dont l'ancien président du conseil est encore l'objet.

« Oui, j'ai pu être jeune, mais la mort de Gambetta est venue briser toutes les espérances et les orgueils de ma vie, et j'ai réfléchi, et je me suis dit que, le chef tombé, la tâche des soldats se revêtait de plus de grandeur et d'auguste responsabilité ; et puis Henri Martin aussi est mort, lui, ce guide, lui, ce père, et j'ai senti s'appesantir sur mes épaules le poids de mon devoir; puis, plus triste qu'un deuil, une rupture m'a divisé d'avec un homme de grand cœur, qui s'est couvert de gloire à Saint-Quentin, mais qui, placé dans l'alternative de choisir entre la Ligue et le drapeau rouge, a, je ne sais par quel libéralisme sans limite, blâmé notre intolérance tricolore, et causé dans Paris un tel émoi que j'ai pu retrouver dès lors partout des adversaires abusant de son témoignage pour aller jusqu'à dire que j'avais insulté le drapeau rouge, comme s'il pouvait y avoir un insulte à un emblème qui est lui-même un affront à la loi, une offense à la Patrie !...

« Revenant aux plus humbles, M. Déroulède a parlé de lui, des bruits qui courent sur la récente affaire des drapeaux rouges, de ce conte fameux qui s'appelle le pillage de la brasserie de la rue Saint-Marc. Il a cité l'exemple d'un de ses amis les plus dévoués, qui, le matin même, inquiet des affirmations répétées de la presse populaire de Paris, était venu lui demander si les drapeaux rouges de Buzenval n'étaient pas des bannières ; et, prenant prétexte du retentissement qu'a eue en province cette interprétation erronée, M. Paul Déroulède s'est livré à une admirable et spirituelle critique, distinguant les bannières, ces morceaux d'étoffe pendus à une barre transversale, et rattachés à un bâton par une cordelière, emblèmes essentiellement corporatifs et pacifiques, et les drapeaux, ces morceaux d'étoffe solidement cloués à la hampe, symbole sous lequel on combat et l'on meurt, essentiellement militaire et patriotique...

« Ah ! Messieurs, poursuivit l'orateur, je comprends que, devant ces légendes, nous assistions à un spectacle attristant, à celui d'une ville qui prend peur et nous redoute, d'une municipalité qui nous refuse une salle, à nous les patriotes patients et calmes, les patriotes de quinze années d'attente, qui avons vu sous toutes les faces les conséquences de nos paroles et de nos actes, et qui, décidés à démontrer partout que l'opinion n'a pas à se tromper et que nous sommes vraiment des hommes d'ordre et de sagesse, ne sommes venus à Nancy que pour prononcer des paroles dignes de Nancy... Et je suis sûr, Messieurs, que lorsque vous sortirez d'ici, que vous nous aurez entendus, que vous pourrez redire partout quelle fût, quelle sera toujours notre prudence, notre clairvoyance ; vous ferez comprendre à ceux qui se sont défiés et abstenus la simple erreur où ils sont tombés, et vous direz à ces patriotes effrayés que nous ne sommes pas des patriotes effrayants... »

M. Déroulède a ensuite étudié dans leurs détails les origines et le développement des Sociétés de tir, et montré comment leurs efforts avaient abouti à faire adopter par la Ligue des patriotes l'idée des concours nationaux. Il a expliqué le principe d'organisation de ces concours, et quel avait été le rôle exact de la Ligue, qui n'a pas *créé les Sociétés, mais condensé leurs résultats et délimité leur but*. Il a fait ressortir la grande publicité donnée au tir par l'intervention de la Ligue, et posant la question dans ses termes actuels, il a fait appel au dévouement de tous pour parvenir dans le plus bref délai à l'élaboration d'une œuvre commune. L'union des Sociétés de tir doit exister et être nationale comme celle des Sociétés de gymnastique. M. Paul Déroulède a examiné le projet d'Union nationale, admis par le Comité d'initiative que le Comité du second Concours a cru devoir choisir parmi ses membres, à l'effet d'arrêter un type de statuts et de recueillir des adhésions. Comme ce projet sera prochainement soumis aux délibérations des sociétés françaises, nous n'insisterons pas, pour le moment, sur ses clauses et ses tendances. »

Ce que nous remarquons surtout dans ce discours, c'est le découragement du Maître. Le déclin de la Ligue des patriotes va désormais se précipiter ; mais si cette association succombe, ce ne serait que pour se transformer, comme nous le verrons à la fin de cet ouvrage ; car la Ligue des patriotes n'est qu'un instrument entre les mains d'un parti qui ne désarmera qu'après une lutte suprême.

Nous n'enregistrerons, dans la suite, que des revers à l'actif de la Ligue ; et il ne restera bientôt plus au Grand-Maître qui aspirait à devenir l'arbitre de nos destinées, qu'à décrocher la lyre pour chanter ses douleurs.

L'anniversaire du combat de Buzenval, dont nous avons donné le récit plus haut, avait été signalé par la réapparition du fameux drapeau rouge et la défection d'une partie de la Ligue. Ce coup était le plus rude qui eût été porté jusqu'alors au général Déroulède. Celui-ci crut devoir encore une fois justifier sa conduite, et essayer de faire partager à tous son horreur du rouge ; ses épanchements sont consignés dans *le Drapeau* du 23 janvier.

Mais dans quelle aberration d'esprit est donc tombé le maître ? Nous l'avons vu tout à l'heure, au banquet de Nancy, essayer de prouver que les emblèmes révolutionnaires qui figuraient à Buzenval, étaient de vrais drapeaux rouges, et non pas seulement des bannières. A ce qu'on n'en ignorât, il décrivait minutieusement tout ce qui peut distinguer une bannière d'un drapeau. Mais dans le numéro précité de son journal, un article signé du même Paul Déroulède, veut bien reconnaître que les emblèmes qu'il veut proscrire étaient de simples bannières. Devons-nous croire qu'à Nancy, il aurait sciemment altéré la vérité ? Ou faut-il croire que le maître était en proie à cette démence dont son dieu aveugle quelquefois les siens, quand il a résolu de les perdre ?

« La manifestation de Buzenval, écrivait-il, a, cette année-ci encore, été déshonorée par la présence des drapeaux rouges.

« Que ces drapeaux aient ou non porté l'inscription : *Libre pensée*, là n'est plus la question.

« Du jour où ces prétendues bannières qui sont bel et bien des drapeaux, ont marché côte à côte avec les drapeaux anarchistes et révolutionnaires, et cela, aussi bien à Buzenval l'an dernier, qu'à l'enterrement de Blanqui, qu'à l'enterrement de Vallès, et qu'au cimetière de Levallois-Perret, ils ont précisé leurs tendances et nettement révélé leur affiliation. Personne n'a plus le droit de le nier ni de faire semblant de l'ignorer.

« Je n'en veux pour preuve que le cri : *Vive la Commune* ! qui a encore répondu l'autre jour à notre protestation.

« Quant aux fameuses cravates tricolores que tous ces drapeaux auraient portées, et qui les purifient si complètement aux yeux de quelques-uns, je commence par déclarer qu'un bout de ruban au bout de la hampe ne fait pas plus un drapeau tricolore d'un drapeau rouge que d'un drapeau blanc. Il n'est pas un patriote réfléchi qui ne le comprenne. Mais à ceux-là mêmes qui s'y sont laissé tromper, je répondrai que, pour que cette petite concession à la loi eût eu la moindre signification, il eût fallu qu'elle fût tout au moins **volontaire et spontanée**.

« Or, ce que les journaux n'ont pas dit, ce qu'aucun d'eux n'a voulu dire, c'est que ces cravates tutélaires et magiques n'ont nullement été attachées aux hampes par le fait ou par la volonté des porteurs d'écarlate. Elles sont de l'invention de M. le commissaire central de Versailles, approuvé et aidé en cela par un jeune député néo-intransigeant de Seine-et-Oise.

« Ce sont ces messieurs qui ont pratiqué et préconisé la distribution de cravates tricolores pour légalisation d'emblèmes séditieux. Car, ils auront beau dire : ou ces emblèmes n'étaient pas séditieux, et alors ni eux ni personne n'avait le droit de les enguirlander par ordre ; ou ils étaient séditieux, et moins que personne ils n'avaient le droit de se prêter à cette mascarade de la loi et de délivrer bénévolement ce laissez-passer au désordre. »

M. Paul Déroulède avait préparé un discours patriotique à l'occasion de la cérémonie de Buzenval. La déroute de ses amis l'avait empêché de le prononcer ; néanmoins, il ne voulut pas en priver les lecteurs du *Drapeau*. Comme toujours, les bannières rouges lui suggéraient ses plus beaux effets d'éloquence.

« C'est tout ému encore d'indignation et de tristesse, écrivait-il, que je prends aujourd'hui la parole.

« Est-il, en effet, rien de plus cruel pour moi, pour nous tous, mes amis, que de rencontrer ainsi continuellement, à *ces fêtes sacrées du Devoir national, ces évocations de l'émeute et de la guerre civile.*

« Nous venions ici, guidés par le drapeau tricolore, chercher la Concorde et le Ralliement, et, par deux fois déjà, c'est le drapeau rouge que nous y trouvons.

« *Je proteste, au nom de la* Ligue des Patriotes, au nom de toute cette jeunesse qui consacre ses forces et son temps, qui sacrifie ses plaisirs et son argent même à la France, je proteste contre le déploiement de pareils emblèmes en tel lieu, à une telle heure, pour une telle solennité.....

« Quelle folie et quelle imprudence est la leur pourtant de venir étaler aujourd'hui même, sur les tombes de nos morts, le souvenir de nos dissensions ! Comment ne comprennent-ils pas que c'est ici moins que nulle part le lieu de faire outrage au drapeau tricolore ? Rien ne les éclairera donc ? Rien ne les retiendra donc ? Ils trouveront donc partout des complaisants pour leurs désordres et des complices pour *leurs rébellions à la Loi* !

« Hélas ! Messieurs ! Notre France n'a cependant pas trop de toutes ses forces ! Nous ne sommes déjà pas si sûrs de notre lendemain national pour nous livrer entre nous à toutes ces fantaisies coupables qui nous divisent et qui nous groupent en camps hostiles.

Comment ne pressent-on pas que toutes ces discordes intérieures, partout fomentées, équivalent réellement à une entente avec l'ennemi !...

« Les docteurs allemands succèdent aux docteurs allemands pour pronostiquer notre mort et en démontrer les symptômes.

— « Les Français se meurent des fièvres paludéennes de la politique, » dit l'un ; « Hommes sans foi, Nation sans loi, peuple à remplacer, » dit l'autre.

« Et à propos d'incidents semblables à celui qui vient de se renouveler encore tout à l'heure, n'ai-je pas trouvé dans le dernier pamphlet du docteur Rommel ce passage d'une cruelle et sanglante ironie : « Que pensez-vous d'un pays dont le Parlement en est réduit à proposer et à voter cet ordre du jour (26 mai 1885) : *« La Chambre, confiante dans la fermeté du gouvernement à faire respecter le drapeau national, passe à l'ordre du jour. »*

« Et j'ajoute, moi, que pensez-vous d'un pays dont le Parlement a proposé et voté cet ordre du jour *qui trouve des députés pour y contrevenir, un commissaire de police pour les y aider et un maire pour tout accepter ?* « C'est pourquoi, je vous le dis, patriotes, *la tâche immédiate de la Ligue est de lutter avant tout contre cette désagrégation intérieure.*

« Avant de secourir la Patrie en danger, secourons l'État au déclin... »

M. Paul Déroulède, en proclamant de tels principes, oubliait hélas ! qu'il faisait avant tout les affaires de M. de Bismark, puisque celui-ci considère le drapeau rouge, les socialistes de Paris et de Berlin qui l'acclament, comme les ennemis irréconciliables de l'Empire allemand, et les amis les plus fidèles de l'Alsace-Lorraine rendue à la France. Mais ce sont toutes considérations que M. Paul Déroulède ne veut pas entendre et, comme il l'exprime très clairement, le socialisme est, pour son parti, le péril qu'il faut conjurer d'abord, sauf à laisser M. de Bismark tranquille, tant que ce résultat n'aura pas été obtenu. L'écrasement du socialisme avant tout ! Et, pour cela, trève avec le gouvernement impérial allemand ! Les Alsaciens-Lorrains attendront !

Après la manifestation de Buzenval, la Ligue des patriotes renonça définitivement à promener ses bannières et ses couleurs sur des champs de bataille où la victoire cessait de lui être fidèle. Ainsi, elle se garda bien de figurer à l'inauguration de la statue de Diderot, qui eut lieu le 13 juillet 1886, ni à aucune autre solennité soi-disant patriotique. C'est bien la fin de la Ligue des patriotes et de son illustre général. Mais, comme nous le verrons plus tard, le parti que servait M. Déroulède est toujours debout, et le péril est toujours le même, plus grand peut-être pour la nation et pour la liberté ! Sa tactique seule a changé.

CHAPITRE V

Tartarin-Déroulède, candidat.

I

COMMENT S'ANNONCE LA CANDIDATURE DÉROULÈDE.

SOMMAIRE: M. Déroulède déclare d'abord qu'il s'abstient de toute candidature; M. Letallc feint de lui forcer la main. — L'apothéose de Victor Hugo fournit à Déroulède une occasion de se produire. — La Chambre est dissoute; Déroulède jette la sonde·avant de lancer sa candidature; article du *Drapeau*; discours politique au Concours de Vincennes. — Des candidatures alsaciennes-lorraines sont mises en avant comme ballons d'essai. — La candidature de Déroulède est proposée dans l'Est: elle est abandonnée devant l'indifférence générale. — Réunion des sociétés alsaciennes-lorraines à Paris; le nom de M. Déroulède n'y est pas prononcé; d'autres choix sont faits; le Comité directeur de la Ligue les combat indirectement, en recommandant l'abstention. — M. Déroulède se fait porter par ses lieutenants sur la liste opportuniste; il accepte, en déclarant qu'il n'appartient à aucun parti. — Sa première circulaire électorale: il ne se présente pas, mais il accepte quand même. — Il est patronné par les journaux orléano-opportunistes. — Après le premier tour de scrutin, le Comité directeur de la Ligue intervient dans la lutte électorale en faveur de M. Déroulède; sa circulaire. — Assemblée générale de la Ligue au gymnase Heiser; celle-ci refuse de prendre parti dans les compétitions électorales; M. Déroulède est laissé libre de produire ou non sa candidature. — Dans une nouvelle circulaire, M. Déroulède interprète la décision de la Ligue comme un mandat. — Retraite simulée du candidat. — Comment *le Tintamarre* apprécie cette tactique. — Banquet de l'Hôtel continental; M. Déroulède y glorifie le principe d'autorité.

Le président de la Ligue des Patriotes caressait-il depuis longtemps des rêves d'ambition personnelle, en dehors du but qu'il avait assigné à la société qu'il dirigeait? Le rôle qu'il a joué pendant la période électorale de 1885 nous permet de l'affirmer. Toutefois, il lui importait, en face de ses amis, de déguiser son plan, et de n'apparaître que comme ces hommes plus grands que les plus grands, et que leur supériorité même dispense d'afficher le mépris des ambitions vulgaires. Tels se révèlent, de siècle en siècle, les Mirabeau, les Danton, les Victor Hugo. Le lieutenant Déroulède, à côté d'eux, entendait personnifier « le génie du patriotisme. »

Les flatteurs qui entouraient le grand pontife du temple consacré au patriotisme, saisissaient toutes les occasions d'exalter son désintéressement ; quelques-uns mêmes y crurent de bonne foi. A l'occasion de la distribution des prix de la Société de tir *pro Patria,* du XXe arrondissement, M. Letalle, président de cette Société et en même temps vice-président du premier Concours national de tir, qui venait d'être institué, élevait M. Déroulède sur le pavois, en proclamant :

« Eh bien! mes amis, le réveil de l'esprit patriotique français, voilà l'œuvre de Déroulède. Cependant, dans une réunion qui a eu lieu dernièrement au Cirque, il disait : — « *On se méprend sur mon œuvre ; on croit que je recherche une popularité malsaine, pour obtenir une fonction quelconque, et on vient m'offrir des candidatures.* » Déroulède refuse: et il fait bien ; car, pour l'accomplissement d'un mandat quelconque, il compromettrait l'œuvre de relèvement national si bien commencée. D'ailleurs, le seul collège électoral qui lui convienne est celui de Strasbourg! et, avant de l'offrir, il faut le reprendre. Et c'est vous, mes jeunes amis, qui, dès votre jeune âge, vous habituez à la fatigue et au maniement des armes, c'est vous qui le reprendrez, et vous, officiers, vous les conduirez. » (*Le Drapeau,* 1884; page 411).

Bon nombre de tireurs ont entre les mains des lettres de M. Letalle, maître-maçon du XXe arrondissement, orateur de la Ligue, et par la faveur de M. Déroulède, *officier d'académie* (!), dans lesquelles notre grammaire française est absolument dédaignée. Aussi ne refusera-t-on pas de croire que le discours qu'on vient de dire dut lui être inspiré. Du reste, M. Letalle ne faisait que répéter les protestations maintes fois réitérées de son Maître.

L'apothéose de Victor Hugo allait fournir encore au lieutenant Déroulède une occasion de se produire à la face des populations, et d'essayer sa puissance fascinatrice. Si nous en croyons le *Figaro,* qui ne ménage pas toujours ses propres amis, le Président de la Ligue des patriotes aurait longtemps étudié l'ordonnance et la marche des nombreuses sociétés de tir et de gymnastique qu'il prétendait conduire sous sa bannière noire et verte.

Au milieu des colonnes serrées de ces sociétés, il avait savamment ménagé, pour mettre mieux sa haute personnalité en relief, un espace de plus de trente mètres (Voir *Drapeau* de 1885, page 271). Son état-major formait, en avant et en arrière de lui, deux groupes qui l'encadraient majestueusement. Et le président de la Ligue, prenant pour son compte les applaudissements chaleureux qui accueillaient gymnastes et tireurs, saluait à droite et à gauche avec une ampleur de geste à laquelle ajoutaient les mouvements flottants d'une large lévite, couleur de l'espérance.

Cette attitude rappelait très bien la fable de l'*Ane chargé de reliques*, qui s'attribue les adorations dont son fardeau est l'objet. Aussi n'entendait-il pas les bordées de sifflets par lesquelles la multitude l'accueillait, au débouché de chaque carrefour.

L'organe de la Ligue des patriotes, du 6 juin 1885, revendiqua pour le compte de la Ligue tous les applaudissements de cette grande journée :

« L'accueil que la population parisienne, y lisait-on, a fait à la Ligue, sur tout le parcours du cortège, nous est une trop précieuse récompense et un trop haut encouragement pour que nous le passions sous silence. Nous y attachons une importance d'autant plus grande que notre doctrine est aujourd'hui mieux connue. Personne ne confond plus notre attitude d'indépendance devant l'étranger avec l'attitude de provocation qu'on nous prêtait. Pas un de ces robustes ouvriers dont les bravos nous allaient au cœur, ne se méprend plus sur ce que nous voulons. Et c'est parce qu'ils nous savent sincèrement fraternels, de Français à Français, qu'ils nous ont si fraternellement salués. Nous n'avions pas attendu que leur sympathie se fût déclarée pour leur vouer toute la nôtre, mais nous sommes bien heureux de croire et de sentir qu'ils nous comprennent et qu'ils nous approuvent. »

Et le tout signé : « Paul Déroulède. »

L'illustre lieutenant, qui reléguait ainsi au second plan les honneurs rendus à la mémoire de Victor Hugo, était évidemment le seul qui se méprît sur le caractère de la manifestation dont il avait été personnellement l'objet. Le jugement du *Figaro* ne sera suspect pour personne ; or, nous lisons dans le numéro du 3 juin 1885 :

— « O Maître, le grotesque lui-même que vous aimiez comme contraste, est entré dans votre cortège ! Il est même représenté par une légion ! Jamais je n'ai vu — (en cette journée tout est incomparable et inoubliable) — des gens aussi fats et aussi sots. Ils saluent avec solennité le peuple qui, par ses applaudissements, veut se moquer d'eux. Ils me rappellent les valets du cirque que la salle applaudit ironiquement, quand ils balaient la piste. »

Trois mois après, on discutait déjà les probabilités d'une dissolution de la Chambre, et les ambitions, même celles qui craignaient de s'étayer « d'une popularité malsaine », commençaient à s'éveiller. M. Déroulède lui-même éprouva cette faiblesse. Mais comment allait-il s'y prendre pour concilier ses déclarations antérieures avec une nouvelle attitude militante ? Les trucs les plus usités sont encore les meilleurs : il suffisait que M. Déroulède parût contraint et forcé de poser sa candidature à la nouvelle Chambre. Il jeta donc la sonde dans cet Océan plein de tempêtes qui, pour les poètes, figure justement la popularité. Dans un article du *Drapeau*, du 8 août 1885, qui a pour titre *Vent d'est*, et porte la signature du Maître, celui-ci nous signale une bourrasque qui serait venue de l'autre côté du Rhin. M. de Bismarck, assure-t-il, se serait vivement préoccupé du rôle quelconque que le patriotisme pouvait jouer dans les élections, en France ; et il se serait énergiquement prononcé contre l'influence de la Ligue.

Cela dit, M. Déroulède tire la conclusion suivante :

« Le doute n'est plus permis. En dehors et au-dessus de la politique intérieure, les électeurs vont, grâce au ministre prussien, pouvoir se prononcer en connaissance de cause entre les deux politiques extérieures : d'un côté, la politique des permissionnaires de la Prusse, qui a pour résultat les expéditions lointaines à perpétuité et jusqu'à épuisement ; de l'autre, la politique de l'indépendance française, qui aura peut-être un jour la guerre pour suprême recours, mais qui a pour première sauvegarde l'économie de notre sang et de notre or, et la concentration de toutes nos forces. »

Quand la Chambre eut été enfin dissoute, M. Déroulède, jugeant que les raisins étaient mûrs apparemment, s'efforça de créer un courant de popularité vers la Ligue et son président. C'était pendant le Concours de Vincennes. Dans la journée du 20 août, à la fin du déjeuner, M. Déroulède prit la parole dans le but de déterminer le rôle politique qu'il appartenait à la Ligue de prendre, selon lui : « Nous sommes un parti, ralliant plus de 80.000 adhérents et 1.200 sociétés de gymnastique... C'est au nom du principe supérieur de toutes les paix que nous voulons briser cette paix qu'une trahison a ouverte, qu'un effondrement consommerait. La paix, la gloire la conclut, la prospérité l'affirme. Nous voulons que ce pays ait son assouvissement de gloire et sa pâture de prospérité. »

M. Déroulède ne réussit pas, cependant, à créer en cette occasion le courant irrésistible dont le flot l'aurait porté sur les bancs de la Chambre ; quelques sifflets même, dit-on, se mêlèrent à de rares applaudissements. On était plus inquiet qu'enthousiasmé de cette sortie inexplicable.

Devenu plus prudent, le Maître songea à lancer d'abord, comme autant de ballons d'essai, quelques candidatures; embryons morts-nés, qui, ne tardant pas à être écartées, mettraient bientôt la sienne en lumière. Les noms de MM. Sick et Sansbœuf lui parurent propres à remplir ce rôle ; il les décora, dans cette circonstance, du nom de *candidatures alsaciennes-lorraines de Paris*. M. Henri Deloncle, délégué de la Ligue des patriotes, se chargea de proclamer à tous les échos les noms de ces candidats bouche-trous.

Vers le même temps, le *Tireur*, de Nancy (numéro du 10 septembre 1885) publiait l'entrefilet suivant :

« DERNIÈRE HEURE

« La candidature de M. Paul Déroulède fait dans le département de Meurthe-et-Moselle des progrès d'autant plus sensibles que certains noms, portés sur les listes des comités, répondent moins au vœu de l'opinion publique.

« Aucune démarche officielle n'a cependant encore été tentée auprès de M. Déroulède, mais il y a lieu de croire que le grand patriote ne refuserait pas son nom à une population aussi patriotique que celle de l'Est.

« Les Alsaciens-Lorrains habitant Paris signent une adresse à leurs compatriotes de Meurthe-et-Moselle, les invitant à soutenir la candidature de M. Déroulède ».

La population de Meurthe-et-Moselle accueillit-elle plus froidement qu'on ne l'avait espéré la proposition dont le *Tireur* de Nancy avait accepté de prendre l'initiative ? On doit le croire ; car le numéro suivant publiait, toujours en dernière heure, l'avis qui suit :

« La délégation du Comité qui s'est formé en Meurthe-et-Moselle, pour offrir à M. Déroulède la candidature à la députation dans ce département, a eu hier une entrevue avec lui.

« On nous assure que M. Déroulède a fait valoir des raisons personnelles, qui lui font décliner la candidature qui lui était offerte. »

Les candidatures alsaciennes-lorraines de Paris ne devaient pas surnager longtemps. Il est vrai que le Comité de la Ligue convoqua, pour défendre ces candidatures, une réunion privée au gymnase Heiser, le 17 septembre. Mais les Alsaciens-Lorrains de Paris ne parurent pas s'accommoder de la tutelle de la Ligue des patriotes et de son président ; car, aux candidats proposés par ce dernier, ils substituèrent, à la suite d'une réunion, les noms de MM. Gerschel et Woirhaye. On ne parvint pas à s'entendre mieux sur ces noms nouveaux, la Ligue persistant à produire les deux candidats qu'elle avait choisis. Les can-

didats alsaciens désignés se voyant dès lors privés d'appui, reti-
rèrent leur candidature, par la note suivante, adressée aux
différents journaux :

« Le Comité électoral alsacien-lorrain, composé des délégués régulièrement nommés par tous les groupes alsaciens-lorrains du
département de la Seine, a pris, dans sa réunion de samedi 12 septembre, la résolution suivante :
« Les journaux officieux allemands, prenant prétexte des candidatures alsaciennes-lorraines posées à Paris, pour menacer de nouvelles rigueurs nos frères d'Alsace-Lorraine déjà si cruellement
éprouvés, le Comité, d'accord avec MM. Gerschel et Woirhaye,
candidats choisis, considère comme un devoir patriotique et fraternel de retirer leurs candidatures.
« Le président, R. FRITSCH.
5, rue Nicolas-Flamel.
« Le secrétaire, L. COBLENTZ.
48, rue de Larochefoucauld ».

Le président de la Ligue avait secrètement espéré que
les premières candidatures mises en avant seraient écartées
par un mouvement unanime des adhérents de la Ligue, et
que son nom serait enfin prononcé, comme celui d'un sauveur. Son attente avait été déçue ; personne n'avait parlé
ou osé parler de la candidature Déroulède.

En outre, le motif même des vrais candidats des Alsaciens-Lorrains, était un désaveu indirect de toute autre candidature qui se fût présentée sous le même drapeau. M.
Déroulède le comprit si bien qu'il fit suivre des lignes suivantes la communication du Comité électoral alsacien-lorrain :

« Devant cette abnégation généreusement motivée, le Comité
directeur de la Ligue des patriotes a remis, après les élections, l'assemblée générale qui n'avait été avancée que pour aviser immédiatement aux moyens de soutenir les candidatures alsaciennes-lorraines à Paris. Ces candidatures étant les seules dont le but de notre
œuvre et les termes exprès de nos statuts nous permettaient de nous
occuper, le Comité directeur rappelle aux comités régionaux et aux
sous-comités d'arrondissement que la Ligue des patriotes doit rester
absolument étrangère à toute la campagne électorale.
« Signé : PAUL DÉROULÈDE. »

Nous allons voir l'interprétation toute différente que la Ligue
des patriotes, se déjugeant à quelques jours de là, donna à ses
propres statuts, en accueillant et en soutenant la candidature
même du lieutenant Déroulède, qui n'avait rien d'Alsacien-Lor-

rain, puisqu'il est authentiquement né à Paris, place Saint-Germain l'Auxerrois.

Toutefois, la candidature Déroulède devait ressusciter sous une forme qui permît de croire que la Ligue des patriotes lui était étrangère.

Le Comité opportuniste du XVIIe arrondissement, adopta, dans une réunion purement privée, une liste républicaine conservatrice. Le lieutenant Déroulède y fut admis, sur la proposition d'un membre de la Ligue, M. Lefèvre, agent d'assurances, qui reçut, quelques jours après le concours de Vincennes, les palmes académiques. Le nom de M. Deroulède figurait naturellement à côté de ceux de MM. Cadet, Ranc, Spuller, Jules Roche, Strauss, Hiélard, Muzet, etc.

Le 14 septembre, le Comité gambettiste du XXe arrondissement adoptait, à son tour, la candidature Déroulède, sur la proposition du maître-maçon et officier d'académie déjà nommé, M. Letalle.

Le même jour, M. Déroulède recevait, de ce Comité, la lettre suivante, qu'il s'empressait de publier dans le *Drapeau* du 26 septembre :

« Monsieur Paul Déroulède, à Paris.

« En reconnaissance des grands et nombreux services rendus par vous et par la Ligue des patriotes à la cause de l'éducation de la nation, et avec la conviction que votre présence au Parlement est aujourd'hui devenue nécessaire, *le Comité de l'alliance républicaine du XXe arrondissement*, qui vous tient pour un bon serviteur de la République et de la démocratie, a l'honneur de vous informer qu'il vous a spontanément porté sur sa liste. »

M. Déroulède répondit par les strophes suivantes à l'adresse des délégués du Comité :

« Messieurs, je suis très touché du grand honneur que vous me faites. Sans que j'aie sollicité vos suffrages, alors même que j'avais décliné toute candidature, *le Comité de l'Alliance republicaine*, l'ancien comité électoral du grand patriote Gambetta, m'inscrit spontanément sur sa liste, et me notifie cette haute marque de sa confiance. Rien ne pouvait me réjouir davantage... Vous ne me saurez pas mauvais gré, j'en suis sûr, si je vous rappelle que l'œuvre d'éducation nationale dont vous invoquez le titre a pour épigraphe de ses statuts : *Républicain, bonapartiste, légitismiste, orléaniste, ce ne sont là chez nous que des prénoms, c'est Patriote qui est le nom de famille.* C'est vous dire, n'est ce pas? que je ne saurais, sans défection, être le candidat d'un parti... »

Voilà qui est bien compris ! Le lieutenant Déroulède n'est ni républicain, ni bonapartiste, ni légitimiste, ni orléaniste ; mais il ne répudie aucun de ces prénoms, et il est tout cela à la fois.

Il est plus encore ; il est un quatrième pouvoir dans l'Etat, un pouvoir innommé, non défini dans la constitution, mais à coup sûr au-dessus du gouvernement lui-même. C'est, du moins, ce que proclame dans les termes suivants, l'un des organes officieux de la Ligue, *le Tireur* (1er octobre 1885) : — « M. de Bismark peut intimider le gouvernement ; mais il ne nous empêchera pas, quand nous le voudrons, de mettre un *Déroulède* dans l'urne. C'est ce que nous ferons le 4 octobre. »

On se demandera sans doute quelle est la morale de cette comédie électorale. Notre lieutenant commence par faire fi d'une popularité malsaine ; puis, cédant à l'humaine faiblesse, il aspire à mordre au fruit défendu. Il voudrait que les 80.000 adhérents qu'il fait figurer dans la Ligue se levassent comme un seul homme pour proclamer son nom. Personne ne bouge dans aucune réunion publique. Nous le voyons alors proclamer que la Ligue, obéissant à ses statuts, devra renoncer à la lutte électorale ; et quelques jours après, nous trouvons M. Déroulède, la Ligue et son moniteur officiel *le Drapeau*, engagés dans une mêlée électorale, tous combattant pour le Maitre.

Celui-ci sentait fort bien ce que sa conduite avait de contradictoire avec ses prétendus principes. Aussi sa première affiche aux électeurs parisiens trahit-elle cet embarras. Glissez, muses légères, n'appuyez pas.

« Electeurs de Paris et du département de la Seine.

« Quelles que soient mes opinions personnelles, j'ai refusé de laisser inscrire mon nom sur aucune liste, parce que la cause que je sers et que je ne veux pas abandonner, me défend d'être le candidat d'un parti.

« Malgré ce refus, un grand nombre d'entre vous insistent et me mettent en demeure de déclarer quelle serait ma réponse si la majorité de mes concitoyens de la Seine me faisaient le grand honneur d'écrire eux-mêmes mon nom sur les listes déjà formées.

« Electeurs !

« Depuis quinze ans je n'ai rien fait, rien écrit, rien dit qui n'ait eu pour but le relèvement de la Patrie, le ralliement de la Nation, la prospérité française, l'indépendance nationale.

« Si, sans autre programme que mon passé, sans autre garantie que mon unité de conduite, vous me jugez digne d'être votre représentant, si vous votez pour moi, quand même,

« J'accepterai.

« Paul Déroulède. »

La confession que le candidat adresse à ses fidèles de la Ligue est plus verbeuse, sans être plus explicite :

« Patriotes de la Ligue, par fidélité pour notre œuvre, j'ai résisté aux premières instances qui ont été si cordialement faites auprès de moi par les comités électoraux de *l'Alliance républicaine* de Paris. Je n'ai pas voulu que l'homme que vous avez tous honoré de votre confiance pût être accusé d'abandonner ses premiers mandataires et de faillir à l'inpartialité de notre ralliement. Pressé de nouveau, non plus par un parti, mais par des groupes indépendants, j'ai consenti à poser ma candidature isolément. Les termes dans lesquels je l'ai fait sont tels, j'en suis sûr, qu'aucun de vous n'aura à me désavouer. Comptez toujours sur moi, COMME JE COMPTE SUR VOUS. « Votre président: Paul Déroulède. »

La candidature Déroulède était patronnée par *le National* et par d'autres journaux de nuance orléano-opportuniste.

Au premier tour de scrutin, cette candidature réunit 60, 408 suffrages. Le *Drapeau* ne manqua pas d'interpréter cette première épreuve comme un présage de succès, au second tour de scrutin. Cette fois, le Comité-directeur de la Ligue ne craint pas, malgré ses rigoureux statuts, d'entrer résolûment dans la lice. On lit dans *le Drapeau* du 10 octobre :

« L'assemblée générale de la Ligue des patriotes examinera et décidera demain quel devoir nous impose l'éclatante manifestation faite sur le seul nom de Paul Déroulède. »

Un autre témoignagne qui établit l'action directe de la Ligue des patriotes dans la campagne électorale, c'est la circulaire suivante adressée par paquets à tous les ligueurs ainsi qu'aux membres des sociétés de tir et de gymnastique :

« LIGUE DES PATRIOTES. — QUI VIVE? FRANCE ! — QUAND MÊME !
22, RUE SAINT AUGUSTIN, 22 »

« Paris, le vendredi 9 octobre 1885.

« Patriote et cher collaborateur,

« Trois cents membres de la Ligue appartenant au XVIIIe arrondisement étaient réunis hier soir à l'école de la rue Foyatier, sous la présidence de M. Fadié.

« A l'issue de cette assemblée partielle, et après un vote unanime exprimé par elle, les présidents de nos vingt-sept sous-comités de la Seine, venus là tout exprès, ont décidé qu'il y avait lieu de maintenir, au deuxième tour de scrutin, ma candidature indépendante, candidature qui a réuni, en trois jours, 60,408 voix.

« Fort de ce premier avis, mais désireux de m'entendre complètement et sincèrement avec les Ligueurs de Paris et du département de la Seine, jai l'honneur de vous convoquer d'urgence, pour demain soir samedi, à 8 heures 1/2 précises, au gymnase Heiser, 34, rue des Martyrs.

« C'est de la décision de cette assemblée générale extraordinaire que dépendra l'attitude que j'aurai à prendre dans les réunions publiques électorales qui auront lieu, l'une après-demain dimanche, à 2 heures précises, au Cirque d'Eté; l'autre, jeudi soir prochain, à 8 heures, au Cirque Fernando.

« Vous êtes également prié d'assister à ces deux réunions, ainsi qu'à toutes les autres réunions futures. Mais je compte surtout que vous répondrez *quand même* à notre appel pour demain soir.

« A vous, en toute confiance et en toute fraternité.

« *Votre président* : PAUL DÉROULÈDE. »

Nous regrettons de ne pouvoir reproduire la vignette caractéristique de cette circulaire, représentant les insignes de la Ligue, non plus que le fac-similé de la signature qui se trouve au bas.

La réunion dont parle la circulaire qui précède, avait été présidée, contre l'usage admis, par le candidat lui-même.

La réunion du gymnase Heiser fut nombreuse. Les protestataires s'y trouvèrent en majorité, et les décisions qui furent prises tournèrent quelque peu à la confusion du lieutenant Déroulède. L'assemblée refusa de se prêter à aucun patronage, déclarant que M. Déroulède restait libre de se présenter ou non.

La réunion du Cirque d'été fut encore moins favorable à M. Déroulède, malgré tous les efforts de M. Siébecker, qui présidait cette réunion. Les électeurs présents accentuèrent davantage leur refus de prêter aucun appui au candidat de la Ligue.

L'*Evènement*, dans le compte-rendu de cette réunion, ajoute quelques détails piquants :

« Le président de la Ligue des patriotes, dit-il, tout en remerciant les 60.593 électeurs qui avaient bien voulu l'honorer de leurs suffrages, qu'il comptait retrouver au premier jour, retirait sa candidature, ne voulant pas entrer dans la ligue des partis actuels. — Cette déclaration jette quelque trouble parmi les assistants. Quelques voix s'élèvent : « C'est fâcheux ! Nous le maintiendrons malgré lui ! » M. Déroulède, après l'apaisement du tumulte qui a suivi sa première déclaration, termine en disant : « Si je me désiste aujourd'hui, ce n'est point par crainte d'un échec, mais par crainte d'être obligé de prendre rang dans un camp ou dans l'autre, et de mentir à l'indépendance même du mandat qui me serait confié. On parle beaucoup en ce moment du péril monarchique : permettez-moi de vous dire que je ne me préoccupe que du péril national ! »

Le lendemain de cette déconfiture, une grande affiche verte annonçait aux populations le retrait de la candidature de M. Déroulède :

« Electeurs de Paris et du département de la Seine,

« Venu directement à vous sans comité, trois jours à peine avant le scrutin, je vous ai demandé de vous fier à moi sans promesse, de voter pour moi sans programme, de choisir mon nom sans bulletin de vote.

« A cet appel, tel peut-être qu'aucun candidat n'en a jamais adressé de semblable à ses électeurs, 60.593 d'entre vous ont affirmativement répondu.

« 60.593 d'entre vous ont fait le double effort de rayer un nom et d'en inscrire un autre sur les listes de leur choix.

« Je les remercie d'un cœur ému et reconnaissant.

« Au lendemain de cette manifestation significative, par laquelle un groupe important de la population parisienne et suburbaine me désignait aux suffrages futurs de mes concitoyens, je convoquais une assemblée générale de la Ligue des patriotes, devant laquelle j'affirmais hautement que j'étais et que je n'avais jamais cessé d'être, un fidèle gambettiste.

« Serviteur dévoué des intérêts de l'Armée et du Travail français, de l'Instruction et de l'Education nationales ;

« Immuable champion de l'intégrité du Territoire et de l'Indépendance de la Patrie.

« Partisan résolu de la République ouverte, mais autoritaire.

« A ces déclarations, la Ligue a répondu par un vote de confiance absolue, me laissant seul juge du maintien ou du retrait de ma candidature.

« Electeurs,

« Voici la résolution que j'ai prise en mon nom et au nom de tous ceux qui me suivent :

« Le président de la Ligue des patriotes, à qui l'Assemblée générale du 10 octobre a donné pleins pouvoirs au sujet de sa candidature, remercie les 60.593 électeurs qui lui ont donné leurs voix, compte fermement sur eux pour l'avenir.

« Et décide :

« Que ne voulant pas entrer dans la lutte actuelle des partis, il se retire.

« Electeurs, qui m'avez honoré de votre confiance, soyez encore une fois remerciés, mais qu'aucun de vous ne vote pour moi au prochain tour de scrutin, il y va de l'affirmation de notre discipline ; *nous nous retrouverons bientôt aux élections complémentaires.*

PAUL DÉROULÈDE.

Ce prodigieux document, qu'on serait tenté d'attribuer à M. Joseph Prudhomme, porte la mention : 3217, Paris, — Typographie Morris père et fils, rue Amelot 64.

Nous ne dirons rien du style, par crainte d'en déflorer la

modestie. Cependant, nous ferons remarquer que la sincérité des déclarations de M. Déroulède est contestable, quant à certains détails : tout Paris se souvient que le lieutenant Déroulède, qui affirme n'avoir pas fait distribuer de bulletins de vote, avait embrigadé quatre distributeurs par section. Chacun d'eux se distinguait par une casquette entourée d'un ruban tricolore et par une faveur verte à la boutonnière.

L'affiche donne un autre croc-en-jambe à la vérité, en affirmant que l'assemblée générale lui avait donné tous pouvoirs de poser sa candidature. Cette assemblée avait seulement laissé M. Déroulède libre de maintenir ou de retirer sa candidature ; mais aucune manifestation de confiance absolue n'avait été votée.

Enfin, que doit-on penser de ce scrupule : « Le candidat ne veut pas entrer dans la lutte des partis », alors que, quatre lignes plus bas, il annonce qu'on le retrouvera « aux élections complémentaires. »

La réunion du cirque Fernando fut contremandée.

La retraite du candidat était-elle définitive ou simulée ? Ce qui lève le doute à cet égard, c'est qu'à la suite de la déclaration du retrait de sa candidature, les journaux de province ne cessèrent pas de la patronner avec un redoublement d'enthousiasme, qui touchait parfois à la démence.

Nous lisons dans le *Tireur* de Nancy, du 15 octobre :

« Pour la première fois, *l'avant-garde* de la jeune France *a donné* dans la journée du 4 octobre.

« D'un mouvement spontané, comme mue par un devoir de reconnaissance, elle a fièrement déposé dans les urnes de Paris 60,000 fois le nom de Paul Déroulède, son chef vénéré, de celui que nous avons appris à aimer, parce qu'il aime passionément la France et donne chaque jour les plus beaux exemples de son dévouement pour elle.

« *Le gros des troupes est resté en réserve; elles donneront, elles aussi, quand le jeune et courageux chef jugera à propos d'engager à fond les candidatures patriotes.* Rien n'arrêtera alors l'élan impétueux et depuis longtemps contenu des Français qui gardent le souvenir de 1870.

« Les 60,000 électeurs, qui ont donné le signal et préparé les voies, trouveront des renforts sur tous les points du territoire ; et, la première fois qu'ils entreront en ligne, ils se trouveront en nombre suffisant pour ouvrir à Paul Déroulède les portes du Parlement.

« Alors, enfin, il se trouvera une voix qui, toutes les fois qu'on parlera de la France, en parlera bien. »

Nous renonçons à citer ici l'ithos et le pathos que M. Deloncle délégué de la Ligue, servit, dans *le Drapeau* du 17 octobre,

aux abonnés de ce journal, pour justifier les cascades électorales de son Maître. Nous tomberions dans la farce. D'ailleurs,
sur ce terrain, nous laisserions la parole au *Tintamarre*, seule
autorité compétente pour porter le jugement que sanctionnera
l'Histoire. Néanmoins, nous n'osons pas priver le lecteur de la
spirituelle paraphrase du discours de M. Déroulède, donnée par
ce journal, dans son numéro du 18 octobre :

« C'est pourquoi, venu à vous sans autre renfort que celui de l'héroïque Siebecker, mon frotteur; sans autre arme que mon éloquence
à répétition; sans autre programme qu'un projet de tatouille aux
voleurs de l'Alsace; sans autre signe (*in hoc signo vinces*) qu'un
mouvement discret, mais énergique, des quatre doigts et le pouce
vers la frontière de l'Est... m'entendez? Moi, citoyen *la Revinche*
(*alias Paul* des Roulettes), décoré de la croix d'honneur pour avoir
concouru à la chasse des communards, en 1871, informe leurs parents et amis que :

« En présence de la couardise triomphante de ses compatriotes qui,
nonobstant les appels enflammés de son mirliton, ne se sont trouvés
que 60,493 pour équiper la phalange vengeresse, destinée au relèvement de la Patrie et à la destruction des punaises bavaroises;

« Considérant que, né gambettiste, il est resté et restera gambettiste jusqu'à la mort du landsmann Siebecker (Vercingétorix II),
son frère de lait;

« Constatant, d'autre part, que le plongeon du pays dans une mer
de honte est sans remède, et d'une rapidité qui ne peut se comparer
qu'à celle du plongeon des anciens blanquistes Villeneuve et G.
Casse dans la tinette opportuniste;

« Ne voulant à aucun prix ternir l'éclat de son nom, ni perdre sa
place glorieuse dans l'Histoire de France, en se prêtant à une mys-
tification nouvelle;

« Convaincu, d'ailleurs, que le Parlement resterait sourd à toute
proposition ayant pour objet de constituer des Sociétés nationales de
gymnastique, de natation, d'équitation et de tir à pigeons, seul
moyen d'assurer *la Revinche*;

« Le citoyen des Roulettes, roulé, déroulant plus haut ses motifs,
déclare qu'il se désiste, persiste et insiste pour que les crétins qui ont
voté pour lui portent leurs bêtises dans un autre coin. »

« Pour des Roulettes fort empêché. »

Le prestige du président de la Ligue avait tellement baissé que
ses lieutenants avisèrent au moyen de le relever par une manifestation dans laquelle les sociétés de tir seraient engagées, *vo-
lentibus nolentibus* : ils annoncèrent, à cet effet, un banquet qui
serait offert à M. Paul-Marie-Joseph Déroulède, à l'Hôtel continental, à raison de douze francs par tête. Quelle allait être son
attitude dans cette réunion d'amis ? On n'aurait pu rien préju-
ger, d'après le discours qu'il prononça, quelques jours aupara-

vant, à la distribution des prix du Concours de Vincennes. Dans
cette solennité publique, le valeureux maître s'était montré plus
prudent que de coutume; il s'était borné à orner de qualificatifs
déclamatoires quelques lieux-communs sur l'association. Il s'é-
pancha davantage devant le public trié qui l'entourait au banquet.
Bien assuré de n'y rencontrer aucun contradicteur, il affirma
hautement ce qu'il appelait ses principes, et glorifia surtout
l'*autorité*.

II

LA CANDIDATURE DÉROULÈDE REPARAIT AUX ÉLECTIONS
COMPLÉMENTAIRES

Sommaire: Un comité d'action électorale est établi au siège de la Ligue,
pour appuyer la candidature du Maître. — Circulaires de la Ligue aux
sociétés de tir et de gymnastique. — Nouvelle évolution du candidat: son
programme devient socialiste-révolutionnaire. — Comment M. Déroulède
ménage à la fois les revenchards et les partisans de la paix. — Réunion de
Tivoli Vaux-Hall; les ligueurs embrigadés s'y donnent rendez-vous; mise
en scène préparée par le Maître.
Déroute de M. Déroulède; il décoche la flèche du Parthe. — Il veut expliquer ses palinodies; sa lettre au *Figaro*. — Le *Drapeau* s'en tire en déclarant qu'il reste étranger à la politique. — M. Déroulède à la réunion
électorale de Saint-Denis; les ligueurs occupent les principales positions;
la cage aux lions. — Vive interpellation à M. Déroulède: à quel parti
appartient-il? Citation de ses écrits cléricaux. — Comment M. Déroulède
explique sa décoration de la Légion d'honneur; il se défend mal de l'accusation de jésuitisme, et se dérobe sous les huées. — Note du *Drapeau*
célébrant le triomphe du Maître à Saint-Denis. — Dans une réunion à la
salle Wagram, M. Déroulède répond à un comparse, qui lui reproche de
ne pas être allé au Tonkin. — Les trucs électoraux du candidat; il publie
des listes sur lesquelles le nom de Labordere est accolé au sien; protestation de ce dernier. — Les dernières affiches du candidat; il provoque un
plébiscite sur son nom. — Echec du président de la Ligue. — Lancement
malheureux du torpilleur: *le Déroulède*. — Comment les journaux républicains apprécient la candidature du Maître: *la Lanterne, la Nation, l'Intransigeant, le Radical* — Protestation de M. Lockroy contre l'abus que
le Maître a fait de son nom. — M. Déroulède reçoit les consolations des
journaux à sa dévotion; défection des sociétés de tir et de gymnastique.

Nous arrivons à la période des élections complémentaires.
Le lieutenant Déroulède a dépouillé les chastes pudeurs qui l'a-
nimaient, un mois auparavant; il ne craint plus de se jeter
dans la lutte des partis; il a même créé un *Comité d'action* dont le siège est établi 22, rue Saint-Augustin, dans

les bureaux de la Ligue. C'est **M.** Fadié, receveur des postes à Paris, boulevard Barbès, et président du Comité d'action, qui est chargé d'adresser aux présidents des sociétés de tir et de gymnastique la circulaire qui annonce la réapparition du Maître.

Cette circulaire, en date du 25 novembre, énumère les titres du candidat :

> « Il a défendu par sa parole ardente le travail national et l'accession de tous les citoyens à l'instruction intégrale ; il a protesté contre la marchandise étrangère, contre *l'ouvrier étranger qui déshonore la fraternité des peuples* ! il a proscrit les expéditions lointaines ; il a maintenu la nécessité pour la France de disposer de ses tarifs, de son action diplomatique, de son indépendance chèrement acquise... Notre Comité n'est pas de ceux qui se substituent au suffrage universel. Il ne patronne pas M. Déroulède ; il accomplit les ordres de sélecteurs. A vous de collaborer à notre tâche. Le véritable comité de notre candidat, ce sont ces soixante mille voix spontanées, recueillies en trois jours. Le nom de Déroulède appartient à tout Paris ».

A partir du 27 novembre, Paris fut inondé de circulaires signées du fameux Fadié, président du Comité d'action, 22 *rue Saint-Augustin*. C'est lui qui se charge aussi de signer les professions de foi du Maître. L'une d'elles est surtout curieuse en ce que nous voyons le candidat qui, le mois précédent, rompait des lances en faveurs de l'autorité, proclamer des principes absolument contraires, et d'une énergie qui rappelle, par certains côtés, les programmes collectivistes et même anarchistes : liberté d'association ; associations ouvrières ; cités ouvrières ; crédit populaire ; l'Etat assureur ; suppression des octrois ; Paris port de mer ; suppression des trésoriers-généraux, des sous-préfets ; suppression des sinécures ; impôt progressif sur les successions en ligne collatérale ; liquidation du déficit par un emprunt national ; retrait du droit de vote aux prêtres comme aux officiers ; retrait de nos troupes du Tonkin.

L'un des plus curieux documents consiste dans une autre circulaire, où nous trouvons la biographie complète de Déroulède le magnanime. Elle se termine par une déclaration dont le lecteur appréciera la modestie. M. Déroulède croit sincèrement que les destinées de la France sont attachées à sa personne ; que M. de Bismarck a les yeux sur lui et sur lui seul ; que son élection pourra amener des complications européennes dont il discute déjà les probabilités. Toutefois, s'il tient beaucoup aux voix des revanchards à outrance, il tient aussi à compléter sa majorité avec les suffrages des partisans à outrance de la paix. Il a donc à ménager les uns et les autres, prêt, comme M. Prud-homme, à défendre les grands principes de la Ligue des patriotes, et, au besoin, à les combattre.

L'extrait suivant d'une de ces circulaires électorales prouvera que nous n'exagérons rien :

« ... Enfin, des journaux ont dit et des hommes ont répété que son élection entraînera la guerre avec l'Allemagne. Et comment, *citoyens*? Paul Déroulède, au Parlement, peut-il, à lui seul, décider de la guerre? Son vote aura-t-il, à lui seul, plus d'influence que cinq cents autres votes? Est-il autre chose qu'un patriote? Et que veulent les bons patriotes, sinon *la paix durable*? Parce qu'il est un grand cœur, on croit toujours qu'il hâte la revanche et manque de sagesse. Non, *citoyens*, ces attaques-là sont hypocrites; Dérou-lède ne veut pas d'agression folle, il veut l'indépendance du pays. Il faut que la France soit prête à tout; nous avons vu, en 1870, qu'il fallait être prêts; Déroulède demande que nous soyons prêts. Et M. de Bismarck n'a rien à dire si vous le nommez, car vous êtes Français, vous êtes libres, et le droit de choisir vos élus vous appartient, quelle que soit l'opinion de l'étranger (Imprimerie Chaix, rue Bergère, 20, numéro 27,340). »

En même temps qu'il répandait cette circulaire, M. Déroulède préparait une réunion publique électorale. Il espérait, sans doute, grâce à la propagande effrénée qui avait été faite autour de son nom, prendre une revanche facile de son premier insuccès auprès des électeurs républicains. Les journaux annoncèrent la convocation pour le jeudi 26 novembre, dans la salle du Tivoli-Waux-Hall.

La réunion fut tumultueuse; et bien que presque toute la salle eût été occupée d'avance par les brigades du lieutenant Déroulède, sous la conduite de soi-disant commissaires, portant le brassard tricolore, il devint bientôt évident qu'aucune délibération ne serait possible.

Le président imposé par les ligueurs, M. Gerschell, vénérable de la Loge Alsace-Lorraine, prétendit n'avoir à donner la parole qu'à ses amis; aussi leur fut-il impossible de parler. On voulut néanmoins entendre M. Déroulède. L'orateur n'avait pas négligé la mise en scène : il avait imité un procédé autrefois familier à Gambetta, son maître. Celui-ci, dans ses tournées dictatoriales en province, avait coutume de traîner à sa suite un certain vieillard, orné d'une chevelure neigeuse et d'une barbe qui rappelait les gravures du *Juif errant*; il le faisait asseoir à ses côtés, et se tournait vers lui, quand il avait à évoquer les héros du siècle précédent. M. Déroulède avait choisi pour figurant un vieillard qu'il présenta comme le père du sergent Bobillot, tué au Tonkin. Au milieu d'une période pathétique, on vit M. Déroulède serrer le vieillard sur son cœur et l'embrasser.

De nombreuses protestations accueillirent cette manifestation patriotique et électorale. Un auditeur escalada la tribune et prononça ces quelques mots fort justes:

« Nous aussi, nous avons laissé là-bas, au Tonkin, pour défendre la cause cléricale que nous haïssons, des frères que nous ne reverrons plus. Mais jamais l'idée ne nous serait venue de nous faire un piédestal de leurs cadavres. Nous ne faisons que plaindre les malheureuses victimes d'une triste expédition dont nous rendons responsables les amis du candidat, »

Cette vigoureuse apostrophe met en déroute les ligueurs de M. Déroulède, qui s'affolent et évacuent précipitamment la salle. En voyant la débandade des siens, le général Déroulède décoche cette flèche du Parthe : « On m'avait bien dit que vous aviez des voix pour crier ; *mais pas pour écouter*! »

Un immense éclat de rire accueille cette boutade du dépositaire du testament politique de M. Gambetta. (Voir *la Nation* du 28 novembre).

Nous ne retiendrons du discours de M. Déroulède que ces simples mots, consignés par le *Figaro* ; « On me demande quelle est ma couleur politique : qui dit patriote, dit républicain. »

Poussé assez loin dans la confession de ses principes, le candidat crut devoir flatter jusqu'au parti socialiste, et compléter sa pensée en ajoutant : « Qui dit patriote, dit plus ou moins socialiste. »

Notre candidat multicolore s'est donc révélé tour à tour autoritaire et clérical, opportuniste et gambettiste, et enfin républicain plus ou moins socialiste. Mais le Maître ne doutait de rien, et le fardeau d'une telle association de principes lui semblait léger.

Cependant, le *Figaro* du 27 novembre crut devoir le prendre à parti, en l'accusant d'oublier, lui président de la Ligue des patriotes, les zouaves pontificaux, les Baroche, les duc de Luynes, les comte de Bouillé, qui ont combattu en 1870. Ainsi menacé de se voir répudier par ceux qu'il a toujours secrètement servis, M. Déroulède adresse au *Figaro* la lettre soi-disant explicative qui suit :

« BOITE AUX LETTRES

« Paris, le 28 novembre 1885.

« Monsieur le Rédacteur en chef,

« L'auteur du compte rendu de la réunion électorale où j'ai posé hier ma candidature me prête les paroles suivantes : *Qui dit patriote, dit républicain !*

« Cette phrase, qui serait à elle seule un non-sens, serait avec moi un contre-sens.

« La confusion de votre rédacteur est-elle venue de ce qu'après avoir expliqué la solidarité et la mutualité de cette vaste association qui s'appelle la Patrie, j'ai ajouté que : *Qui disait patriote, disait plus ou moins socialiste ?*

« Je veux le croire pour lui.

« Quant à son étonnement de me voir oublier que les Baroche, les de Luynes, les de Grancey se sont fait tuer pour la France, l'auteur de l'article se le serait épargné s'il avait voulu en entendre davantage.

« J'ai, en effet, moi-même jeté ces noms aux énergumènes qui prétendaient qu'on ne peut pas aimer la France sans aimer la République.

« Cette lettre, que je vous prie de vouloir bien insérer dans votre plus prochain numéro, n'est pas pour rien reprendre de mes affirmations nettement républicaines d'hier, elle est pour ne rien laisser suspecter de l'impartialité patriotique de toute ma vie.

« Veuillez agréer, monsieur le Rédacteur en chef, l'assurance de ma parfaite considération.

« Paul Déroulède »

Quelle fut l'attitude de la Ligue et de son moniteur officiel, *le Drapeau*, en présence de l'itérative déconfiture de son patron ? Nous avons vu, jusqu'à présent, la Ligue et son organe prendre énergiquement parti pour la candidature du Maître. Cependant, la voyant compromise, redoutant d'avoir à s'expliquer sur les principes fluctuants et tergiversaillants du général de l'Ordre, et ne pouvant, d'ailleurs, énarrer à ses lecteurs les incidents épiques de la réunion de Tivoli Waux-Hall, *le Drapeau* s'en tira en simulant une fois de plus la neutralité :

« *Le Drapeau* ne s'est jamais prononcé sur les questions politiques ; il ne saurait donc entrer dans l'examen du programme de notre président. »

Si M. Déroulède et son *Drapeau* n'affichent pas politiquement le principe de l'anarchie, ne le retrouvons-nous pas, du moins, tant dans leurs idées que dans la façon dont ils les expriment ?

La banlieue de Paris devait-elle offrir à M. Déroulède un terrain plus favorable ? Le Maître se flatta de cet espoir, et convoqua les électeurs de Saint-Denis à la salle Mérot, pour le jeudi 3 décembre.

La bande des ligueurs venue de Paris, avait pris, avant l'ouverture de la salle, ses positions de combat. La tribune, élevée de 3 mètres au-dessus du plancher, formait une loge en gradins où s'étaient placés une vingtaine de ligueurs, qui entouraient le Maître. On avait accès à cette loge par une porte, soigneusement fermée en dedans. Le gros des ligueurs était massé au pied de la tribune.

Deux mille électeurs sont réunis dans cette vaste salle.

La nomination du bureau devient l'occasion d'un incident. Les ligueurs, d'une commune voix, proposent un des leurs. M. Delabrousse, conseiller municipal de Paris, qui avait déjà pris place à côté de M. Déroulède.

Une protestation retentissante répond à cette proposition ; un autre nom est prononcé ; et le citoyen Neveu, républicain éprouvé, fort connu dans l'arrondissement, est porté à la présidence. La parole est donnée au candidat.

L'élément socialiste était évidemment en majorité. Aussi l'orateur, répudiant une fois de plus les principes clérico-conservateurs qu'il avait affirmés, la veille, dans sa lettre, au *Figaro*, entremêla-t-il les mots Patrie, Alsace-Lorraine, France, dévouement, de protestations absolument républicaines et socialistes.

Un citoyen demande la parole pour répondre au candidat ; elle lui est accordée. Mais la porte de la tribune reste obstinément fermée ; il fallut l'intervention énergique du président et les protestations de l'auditoire, pour contraindre les ligueurs à l'ouvrir.

L'interpellateur paraît enfin dans la cage aux lions. Celui-ci, se tournant vers M. Déroulède :

« On m'a changé mon Déroulède. Physiquement, c'est bien lui ; nous le reconnaissons, d'ailleurs, sous sa lévite légendaire. Et pourtant, le discours que vous venez d'entendre, nous montre un homme bien différent de celui que nous rencontrions dans les précédentes réunions électorales. Ici, nous sommes en face d'un démocrate radical et même d'un socialiste ; hier, dans les journaux de la réaction, le même candidat se défendait d'épouser de pareils principes. C'est ainsi que nous l'avons vu tour à tour se proclamer candidat indépendant et patriote, puis républicain ardent, mais gambettiste, puis autoritaire, et enfin conservateur opportuniste. Il a souvent protesté qu'il admettait aussi bien dans son camp les républicains que les patriotes cléricaux et royalistes. A qui avons-nous affaire ? Je crois répondre en m'appuyant sur les documents que je vais vous lire. »

L'orateur lit divers passages des œuvres de M. Déroulède, dans lesquelles celui-ci prétend unir le patriotisme aux protestations cléricales les plus ardentes. Il conclut en disant qu'il n'appartient plus à M. Déroulède de se parer de son titre de *parisien*, lui qui, en 1871, avait volontairement pris rang dans l'armée appelée à combattre les défenseurs du socialisme, et qui avait été ainsi mêlé aux sanglantes représailles exercées, contre les parents et les amis de ceux dont il sollicite aujourd'hui les suffrages.

« A quelle occasion, poursuit l'orateur, le lieutenant Déroulède a-t-il reçu la décoration de la légion d'honneur ? Nous nous trouvons ici en présence d'un fait dont l'explication nous paraît difficile : M. Déroulède a été décoré *par un décret du 2 mars 1872 pour prendre rang au 8 février* 1871, c'est-à-dire à l'époque de la fin de la guerre. »

Ici, M. Déroulède interrompt et fait entendre une protestation :

« Sa décoration, dit-il, se rapporte aux faits de la guerre, et non à ceux de la commune. »
— « Je félicite, reprend l'orateur, M. Déroulède de cette protestation. Mais tout à l'heure, je n'ai fait que constater ce que j'ai lu sur son dossier à la chancellerie de la Légion d'honneur. Et j'avoue que cette note n'est pas propre à dissiper l'obscurité qui règne dans cette question. »

L'orateur termine en disant :

« Nous avons vu M. de Mun grouper autour de lui l'armée des cercles catholiques, ouvriers et militaires; à côté de lui, nous voyons le général Déroulède rallier, sous sa bannière noire et verte du patriotisme, toute une jeunesse organisée et armée, dupe de sa propre générosité, qui se laisse éblouir par des déclamations pompeuses. Et l'on ose vous inviter aujourd'hui à voter pour le chef de cette armée qu'on destine à marcher un jour à l'assaut de la République, avec les de Mun, les Charrette et les zouaves du pape! »

M. Déroulède se lève pour répondre. Un tumulte indescriptible se produit dans la salle. Le président fait lui-même de vains efforts pour obtenir le silence.

Par un geste désespéré le général saisit l'un des pans de sa vaste redingote qu'il brandit fébrilement. Ce geste oratoire frappe tous les assistants, qui prêtent un instant l'oreille :
— « On vous a dit que j'étais un jésuite ; mais je ne suis pas un jésuite de robe courte : elle est longue, ma robe ; la voici ! »
Des rires et une bordée d'applaudissements ironiques accueillent cette boutade. Mais M. Déroulède ne peut plus en dire davantage, et s'affaisse sur lui-même.

Le *Drapeau* du 5 décembre, page 581, rend compte de cette séance de la manière suivante :

« Note de la rédaction. — Nous croyons devoir faire part aux nombreux amis de M. Paul Déroulède du succès obtenu par la candidature de notre président auprès des électeurs réunis le jeudi 3 décembre, dans la salle Mérot, à Saint-Denis.

« Ce nouveau triomphe donne à nos espérances patriotiques une assurance de plus. Nous estimons que le département de la Seine confirmera ces bons augures en donnant à M. Paul Déroulède une grande majorité. »

Dans une autre réunion qui eut lieu à la salle Wagram, M. Déroulède se ménagea une reuanche de sa déroute à Saint-Denis.

Un élécteur se leva pour lui poser la question suivante :

— « Pourquoi n'êtes-vous pas allé au Tonkin ? »

A peine la question était-elle posée qu'elle était reprise éloquemment par le citoyen J.-B. Clément :

— « M. Déroulède, dit-il, se serait trouvé là en face d'officiers allemands qui, d'après le *Drapeau*, dirigent les opérations au Tonkin. »

Nous avons lieu de croire qu'il n'y avait là qu'une mise en scène électorale préparée avec quelques comparses, afin de ménager à M. Déroulède une réponse, et peut-être une victoire facile.

Un vrai républicain, répudiant l'expédition du Tonkin, n'aurait jamais eu l'idée de reprocher à M. Déroulède de ne pas y être allé. Au surplus, il eût été facile à ce dernier de répondre qu'après s'être fait l'un des plus énergiques adversaires des expéditions coloniales, il était resté conséquent avec lui-même en s'abstenant d'y participer.

Mais M. Déroulède avait, sur cette question coloniale comme sur tant d'autres, prestement retourné sa lévite. Il répondit à l'interpellateur en produisant une lettre officielle du général Coiffé, directeur de l'infanterie au ministère de la guerre, qui lui transmettait le refus du ministre de l'admettre dans le corps expéditionnaire, tout en le félicitant de cette démarche.

M. Déroulède, complaisamment interpellé de la même façon à la salle des Mille-Colonnes, avait répondu qu'il avait demandé par trois fois, après Bac-Lé, à partir pour le Tonkin, et qu'on avait récusé en ces termes son encombrant patriotisme : « Vous avez mieux à faire ici. » (Voir le *Soleil* du 8 décembre 1885)

Déjà, lors de la guerre de Tunisie, le lieutenant Déroulède aurait manifesté l'intention d'accompagner son frère dans cette campagne ; mais ce fut, affirma-t-il plus tard, sur les *seules instances de Gambetta*, que l'auteur des *Chants du soldat* renonça à ce projet. Nous empruntons ce dernier trait à l'auteur des *Célébrités contemporaines*, Jules Claretie (biographie de Paul Déroulède, page 24.)

Ce n'était pas trop de ces puissantes influences, des efforts réunis de ces dieux et demi-dieux de l'Olympe, pour arrêter l'élan impétueux de notre bouillant Achille Tartarin, toujours prêt à partir en guerre, mais qu'un cruel destin retenait attaché au rivage.

Ces divers traits témoignent combien M. Déroulède excellait dans la pratique des trucs électoraux. Mais ce fut surtout dans la fabrication des listes électorales que se manifesta sa supériorité.

M. Déroulède ou ses partisans imaginèrent les listes les plus fantaisistes, opportunistes ou même radicales-intransigeantes, au milieu desquelles étincelait le nom du lieutenant Déroulède. Cette confusion était de nature à jeter le désarroi dans les esprits, en faisant accepter des uns et des autres une candidature d'un caractère mal défini. L'une de ces listes portait le nom de l'honorable M. Labordère, à côté de celui du président de la Ligue. A cette occasion, M. Labordère publia dans tous les journaux une sorte de rappel à la pudeur, dans les termes suivants :

« *Paris, 9 Décembre 1885*.

« Monsieur le Directeur,

« Le *Mot d'Ordre* recommande aux électeurs une liste sur laquelle se trouve mon nom à côté de celui de divers autres candidats.

« Il n'est pas douteux qu'en déposant leur bulletin de vote, les électeurs doivent pouvoir manifester clairement leur volonté.

« Mon nom, maintenu sur la liste du *Mot d'Ordre*, causerait une équivoque qui serait indigne de MM. Ranc, Déroulède, Greppo, Michau, Delahaye, et, permettez-moi d'ajouter, indigne aussi de moi. Je vous prie de vouloir bien effacer mon nom.

« Agréez, monsieur le directeur, l'assurance de mes sentiments les plus distingués.

« LABORDÈRE. »

La même préoccupation de conserver à la candidature Déroulède son caractère multicolore, se manifesta encore dans les dernières affiches dont il couvrit les murs de Paris, à la veille du scrutin du 13 décembre. On y lit :

« C'est pourquoi son comité d'action, composé de citoyens apparte-
« nant à *toutes les fractions du parti républicain*, n'hésite pas à
« faire autour de sa candidature indépendante une manifestation de
« concorde et de concentration démocratiques. Ne voulant ni se
« substituer à l'action des autres comités, ni se subordonner à leurs
« choix trop exclusifs, notre Comité a pris dans les différentes listes
« républicaines, les noms qui correspondent le mieux aux différentes
« opinions de chacun de nous. . » — Pour le Comité d'action : le pré-
« dent : J. FADIÉ

C'est compris ! Les électeurs parisiens sont appelés à plébisciter sous le nom de Paul Déroulède.

Dans une affiche postérieure, signée du sénateur Tolain, au nom d'un *Comité central de l'Alliance républicaine*, M. Déroulède renonce assez explicitement à la concentration républicaine proclamée dans la précédente affiche. Cette fois, nous retrouvons en lui un candidat de la pure réaction opportuniste. Les termes de cette nouvelle affiche sont instructifs :

« Electeurs, avant le 4 octobre, l'alliance républicaine, s'inspirant des intérêts supérieurs de la République et de la démocratie, a proclamé la nécessité supérieure de former dans la Chambre une majorité homogène de gouvernement. Après le 4 octobre, en face de la réaction menaçante, l'alliance républicaine a affirmé la nécessité d'une entente entre toutes les nuances du parti républicain. Il était permis d'espérer que cet accord patriotique et fécond se continuerait aux élections complémentaires. Mais, à nos offres loyales d'union, il a été répondu que, l'entente des républicains n'ayant encore pu se faire dans la Chambre sur la question du Tonkin, la formation d'une liste unique était impossible. Nous repoussons la responsabilité de cette division nouvelle dans le parti républicain, et nous acceptons la lutte sur le terrain où se trouvent engagés l'honneur national et les intérêts de la Patrie. Déjà, dans le pays, l'indignation publique a fait justice des projets d'évacuation. Aussi n'ose-t-on pas, dans les appels qu'on vous adresse, prononcer ce mot d'évacuation. Mais vous ne vous laisserez pas tromper par des formules équivoques... »

Ah ça ! lieutenant Déroulède, raisonnons, s'il vous plaît : avant la période électorale, vous protestiez assez hautement dans *le Drapeau* contre les expéditions lointaines ; vous alliez même jusqu'à tancer vertement M. Jules Ferry. Mais aujourd'hui, cédant à des *nécessités*, mot qui revient à chaque strophe dans vos circulaires, et dont la définition ne manquerait pas de charme, vous voilà dans le camp des plus chauds Tonkinois. O patriotisme ! que de cascades on se permet en ton nom !

Les résultats du scrutin du 13 décembre sont enfin proclamés. Le dernier candidat élu, un républicain socialiste, Brialou, arrivait avec 115.582 suffrages : M. Déroulède venait plus bas avec 105.531 voix,

L'échec du président de la Ligue devait lui être d'autant plus sensible que jamais candidature n'avait été si bien préparée, si bien chauffée. Les affiches Déroulède dépassaient en nombre celles de tous les autres candidats réunis. *le Petit Journal*, *l'Univers illustré* avaient publié le portrait du grand Maître. Des bureaux de la Ligue, siège du Comité d'action, avaient été lancées d'innombrables rames d'affiches et de proclamations, à destination des membres des sociétés de tir et de gymnastique.

Pour frapper les esprits et entourer le nom du candidat de la plus glorieuse auréole, on avait imaginé, aux approches des élections, de lancer un torpilleur nouveau qui avait été baptisé « *le Déroulède* ». Mais y avait-il en cela un fâcheux présage ? Ce torpilleur fut déclaré innavigable. Imitant sans doute l'allure vacillante de son patron, la nef informe flottait sur le côté, de droite ou de gauche, sans qu'on pût la gouverner.

La *Lanterne* du 10 décembre a fort bien résumé dans les lignes suivantes, la moralité de la candidature Déroulède :

« Au mois de septembre 1882, après le banquet offert à M. Gambetta, dans lequel M. Déroulède parlait de la Chambre des députés en ces termes :

« L'obstacle, ce sont eux ! Le ralliement, c'est toi !

« Nous avions fait modestement observer que les bonapartistes ne justifiaient pas d'une autre manière le 18 brumaire et le 2 décembre ; que c'était là un hommage à la dictature et une invitation — poétique, si l'on veut, — mais une invitation aux procédés que rappellent ces deux dates néfastes.

« Nous avions dit que la *Ligue des Patriotes* était un instrument politique et électoral. Là-dessus, grande colère de M. Déroulède, qui écrivit à la *Lanterne* une lettre, dans laquelle nous trouvons les passages suivants :

« La vérité est que, dans aucune réunion, il n'y a jamais eu de prononcés que les noms de la France, de l'Alsace et de la Lorraine.

« Si vous étiez mieux renseigné sur ce qui se passe dans les comités de gymnastique français, vous sauriez qu'il n'y est jamais parlé de politique. Vous affirmez donc bien légèrement, et sans autre preuve, que la *Ligue des patriotes* est une entreprise électorale. »

« Or, pour la première fois depuis la fondation de la *Ligue*, ont lieu des élections.

« Le premier acte de M. Déroulède est d'être candidat, comme président de la *Ligue des patriotes*.

« Nous n'apprécions pas ; nous exposons.

« Au mois de septembre dernier, il est candidat de la *Ligue des Patriotes*.

« Mais il restait seul et unique ; il ne voulait voir son nom associé à aucune liste.

« Dans une lettre du 17 septembre, M. Paul Déroulède « déclinait en raison de ses fonctions de président d'une *Ligue* ouverte à tous les partis, la candidature du Comité de l'Alliance républicaine de Belleville » ; il étalait sur les murs cette fière déclaration :

« Quelles que soient mes opinions personnelles, j'ai refusé de laisser inscrire mon nom sur aucune liste, parce que la cause que je sers et que je ne veux pas abandonner, me défend d'être le candidat d'aucun parti. »

« Il poussait même cette abnégation si loin que, dans cette affiche, ne se trouvait pas le mot de République.

« M. Paul Déroulède resta fort en arrière. Tous les efforts de la *Ligue des patriotes* ne parvinrent pas à le hisser jusqu'à la Chambre.

« Aux élections complémentaires, M. Déroulède oublie ses lettres, sa déclaration « la défense d'être le candidat d'un parti », et, modestement, il s'enrégimente sur la liste le l'*Alliance républicaine*.

« Or, de deux choses l'une : Si comme président de la *Ligue des patriotes*, il ne pouvait être le candidat d'un parti, il a dû donner sa démission de président de la *Ligue des patriotes* avant de se laisser inscrire sur la liste de l'*Alliance républicaine* ; ou bien il se trouve en contradiction formelle avec ses précédentes déclarations.

« Ces quelques exemples suffisent pour montrer la consistance des déclarations et de la conduite de M. Déroulède.

« La *Ligue des patriotes* n'est pas une entreprise électorale. » C'est pourquoi aux premières élections qui se présentent depuis sa fondation, M. Déroulède devient son candidat.

Comme son président, la susdite *Ligue* ne peut laisser « porter son nom sur aucune liste » ; c'est lui qui le dit : et c'est pourquoi il accepte de se trouver sur la liste des opportunistes : témoignage évident de concordance entre ses paroles et ses actes. »

La leçon infligée à M. Déroulède par les électeurs de la Seine devait-elle être comprise par ses imprudents amis ? On fut bientôt fixé à cet égard : les journaux annoncèrent en effet que le président de la Ligue resterait sur la brèche aux élections complémentaires. *La Nation* l'annonça en ces termes, dans son numéro du 21 décembre :

« Quand M. Déroulède, la main sur son cœur, s'écriait : « Je ne fais pas du patriotisme pour m'en servir de tremplin électoral comme on m'en accuse », je croyais ce qu'il disait.

« Puis, tout à coup, le patriote disparait, l'ambitieux surgit, piétinant sur toutes ses promesses solennelles. Il descend dans l'arène électorale, il bat la grosse caisse, il se sert de son titre flamboyant de président de la Ligue des Patriotes, pour attirer le public, et quelques-uns de ceux qui l'approchent de près, affirment qu'on a eu toutes les peines du monde à ce que, déjà aux élections d'octobre, il se désistât au scrutin de ballotage.

« Aujourd'hui, c'est la fin des fins, il reste candidat, et avec qui s'allie-t-il ? avec ceux qu'il y a à peine quelques mois, il appelait des criminels, parce qu'ils envoyaient mourir en Extrême-Orient nos braves soldats qu'on aurait dû garder ici pour la revanche.

« Qui ne se rappelle son apostrophe à Levallois-Perret !

« Ces éclats de voix, ces phrases flamboyantes, c'étaient pour la galerie ; M. Déroulède s'est tû ; il a suffi que l'on fasse flotter devant ses yeux une écharpe de député pour qu'il devienne aphone.

« Il faut que M. Déroulède sache que ces voltes-faces ne portent pas bonheur ; il en aura la preuve dimanche prochain : les républicains n'aiment pas qu'on joue avec les sentiments les plus généreux, et beaucoup de ceux qui croyaient en lui sont devenus sceptiques.

« Puis avec M. Déroulède, M. Ranc, le chaud et le froid. A côté de ces messieurs, deux ou trois inconnus, sacrifiés d'avance, et qui ne sont là que pour faire nombre et laisser supposer qu'on croit au succès. »

Dans un article du même jour, M. Henri Rochefort définit fort bien le caractère orléano-opportuniste de la candidature Déroulède :

« Les opportunistes, ne pouvant aller aux radicaux dont la liste venait en tête au premier tour, se sont rejetés vers les orléanistes qui venaient en queue. M. Ranc a proposé à ces derniers d'unir leurs vestes à la sienne, *et de former avec la houppelande de M. Déroulède un syndicat qu'on placerait au besoin sous le patronage du duc d'Aumale.* »

Le nouvel échec que les élections complémentaires du 27 décembre infligèrent au candidat Déroulède, nous montre, par les chiffres mêmes du scrutin, que les électeurs de la Seine avaient commencé à voir clair dans le jeu du grand patriote. Brialou, candidat socialiste, le dernier élu, gagnait 42.000 voix ; tandis que M. Déroulède perdait 2.000 voix. L'écart entre ces deux candidatures était à peu près de 50.000 suffrages.

Et pourtant, le candidat de la Ligue avait eu recours à l'une de ces pratiques dont on n'a plus qu'à rougir dès qu'elles sont révélées, et qui sont parfois mises en œuvre pour appuyer des candidatures désespérées.

Le Radical du 29 décembre raconte comme il suit la manœuvre à laquelle nous faisons allusion :

« Si les opportunistes ont été honteusement battus hier, s'ils sont restés platement sur le carreau électoral avec cinquante mille voix de minorité sur nos candidats, il ne faudrait pas croire que c'est pour avoir montré trop de probité politique dans la lutte.

« Hier matin, en effet, une manœuvre inouïe se produisait au moment du vote.

« Les Ranc, les Déroulède, les Greppo, les Léveillé, les Muzet et autres Devès, n'osaient-ils pas tenter de se placer sous le patronage de M. Lockroy !

« Ces opportunistes quasi-monarchistes ne trouvaient pas, pour se faire élire, d'autre moyen que de se donner un faux air radical.

« Voici l'affiche qu'ils ont osé placarder sur les murs de Paris :

« Citoyens,

« Lockroy, premier élu de Paris, a voté les crédits avec 272 ré-
« publicains gardiens fidèles de l'honneur national.

« Vous ne voudrez, pas plus que lui, grossir le nombre des 92
intransigeants qui ont marché hier à la remorque des 172 monarchistes et vous voterez pour :

DÉROULÈDE, DEVÈS, A. MUZET, RANC, GREPPO, LÉVEILLÉ.

« Vu, les candidats : Déroulède, Devès, A. Muzet, Ranc, Greppo
Léveillé.

« Jamais on n'avait vu tant d'ânes affublés de la peau du lion !
Malheureusement pour eux, la longueur de leurs oreilles ne pouvait
manquer de les trahir.

« Les électeurs se sont contentés de rire, et dans la soirée, ces as-
pirants faussaires recevaient de M. Lockroy, sur leurs faux-nez, ce
soufflet, sous forme de lettre adressée à un de nos confrères.

« Mon cher confrère et ami,

« Je viens d'apprendre qu'une affiche a été apposée sur les murs
de Paris, où l'on se sert de mon nom pour patronner une liste de
candidats « modérés ».

« Personne ne m'a consulté ; on s'est servi de mon nom à mon
insu, persuadé qu'on était, sans doute, que je ne permettrais pas
qu'il servît d'enseigne électorale.

« Je proteste de toutes mes forces contre ce procédé inqualifiable.

« De cœur à vous.

« EDOUARD LOCKROY »

La grande armée des patriotes est en pleine déroute. Cependant, les journaux à la dévotion de M. Déroulède essaient de
s'en consoler en proclamant une nouvelle revanche contre les
républicains radicaux ou intransigeants. Leur langage révèle
dès lors un aveu qu'il ne faut pas oublier : les directeurs de la
Ligue des patriotes ont jeté le masque et nous nous trouvons
désormais en présence d'un parti politique qui ne peut plus
dissimuler ses tendances réactionnaires et cléricales. Mais ces
déclarations nouvelles des directeurs de la Ligue ont amené
dans l'opinion publique un revirement qu'il était facile de prévoir. Les quelques sociétés de tir et de gymnastique, longtemps
abusées par les déclamations hypocrites du Maître, rompent,
les unes après les autres, avec une association qui a si impudemment violé ses propres statuts et laissé percer le bout de l'o-
reille clérico-orléaniste ; elles répudient hautement une alliance
qui ne profiterait qu'aux éternels ennemis de notre nationalité.

CHAPITRE VI

Les concours généraux de tir

I

ORIGINE DES CONCOURS GÉNÉRAUX DE TIR; LEUR ORGANISATION
DANS LES DIVERS PAYS D'EUROPE.

SOMMAIRE: Utilité des exercices de tir pour la défense du territoire; opinion de Napoléon Ier à cet égard. — La Suisse, la première, a compris la nécessité d'encourager cet art. Institution des tirs fédéraux helvétiques. — Esprit de fraternité et de grandeur qui président, en Suisse, à ces solennités nationales. — L'Allemagne peut être placée au second rang des puissances qui ont compris l'importance et le rôle des tireurs. — Les tirs fédéraux en Belgique. — Les importants concours du camp de Wimbledon, en Angleterre. — En Italie, l'ingerence du gouvernement et du militarisme a contrarié l'essor de cette œuvre manifestement utile. — Les concours aux États-Unis, en Autriche, en Hollande, en Suède, etc. — Contraste entre l'organisation régulière de ces concours avec les concours dits nationaux de Vincennes.

Les avantages qu'une nation peut tirer des encouragements donnés aux exercices de tir, et généralement à tous ceux qui favorisent le développement des forces viriles, ont depuis longtemps frappé les esprits.

C'est surtout pendant les années de paix qu'une nation intelligente élève et entretient dans son sein une jeunesse vigoureuse, hardie, habile à tous les exercices du corps et instinctivement à la discipline. Si son territoire vient à être envahi, cette nation envisage le péril sans exprimer de folle terreur ; chaque citoyen, parfaitement aguerri et confiant dans ses armes qu'il a appris depuis longtemps à manier avec supériorité, prend rang dans les légions, sans qu'il y ait trouble ni confusion. C'est la nation entière qui est debout, et qui oppose à l'envahisseur une digue, maçonnée à chaux et à sable, suivant l'expression de Napoléon Ier.

Celui de tous les pays de l'Europe qui a fourni le plus remarquable exemple de la force qu'une nation peut tirer de la formation de nombreux corps de tireurs, c'est la Suisse. Ce petit pays dont la population ne dépasse guère aujourd'hui trois millions d'habitants, eût été trop faible pour faire respecter son indépendance contre les puissants voisins qui l'entourent, si, depuis plusieurs siècles, ses citoyens, aguerris et rendus habiles par des exercices continuels, n'avaient trouvé le moyen de suppléer à l'infériorité du nombre par leur rare habileté dans le maniement des armes de tir.

L'institution des tirs fédéraux helvétiques remonte à 1452. Le premier tir franc fédéral eut lieu à Sursée.

Ce fut seulement en 1824 que le tir devint vraiment, pour la Suisse, une institution nationale de premier ordre, et qu'il fut mis en honneur dans les plus obscurs hameaux de chaque canton. Jusqu'à cette époque, la Suisse avait entretenu, il est vrai, de nombreuses sociétés de tireurs; mais chacune d'elles restait confinée dans sa localité; il leur manquait à toutes ce lien général, cette forte cohésion, qui ne peut se produire que dans les grands rassemblements, où chaque canton s'efforce d'amener et de produire une élite d'hommes supérieurs.

C'est donc vraiment à partir de 1824 que nous voyons s'établir les concours fédéraux ; c'est aussi à dater de cette époque que commence à se développer sur tous les points de la Suisse, entre tous les citoyens, une émulation du meilleur augure. Les rassemblements fédéraux produisent encore un autre résultat : ils attirent l'attention générale sur tous les perfectionnements possibles dont les armes de tir peuvent devenir l'objet. Les citoyens n'attendent pas, à cet égard, un mot d'ordre de leurs gouvernants, qui détermine réglementairement l'arme dont le modèle sera imposé à tous, s'arrogeant à cet égard une autorité qu'ils ne permettent pas de discuter. Non ; l'initiative individuelle se développe librement. Ainsi les moindres perfectionnements, signalés par les uns, sont immédiatement expérimentés, et, s'il y a lieu, universellement adoptés. Ne nous étonnons donc pas de ce que, de nos jours, les Suisses se présentent dans les concours internationaux de tir, avec une arme infiniment supérieure à toutes celles des autres armées de l'Europe, par ses qualités de solidité, de légèreté, de rapidité et surtout de précision.

Il est hautement reconnu aujourd'hui que la Suisse doit à l'institution de ses tirs fédéraux de tenir en Europe, comme puissance militaire, un rang que la faiblesse numérique de sa population était loin de lui faire espérer, et qui lui assure même le respect de l'empire allemand. Aussi l'importance de ses concours fédéraux augmente-t-elle d'année en année. C'est ainsi que le tir fédéral est devenu l'objet de la sollicitude du gouvernement et du pays tout entier. Des fêtes nationales sont organisées à cette occasion ; des prix de grande valeur sont envoyés de tous les points du globe, et disputés par les concurrents.

L'esprit de fraternité qui règne dans ces concours internationaux en augmente la grandeur et l'éclat; il éveille même chez les étrangers peu façonnés aux mœurs démocratiques un enthousiasme communicatif. A ce point de vue les concours fédéraux constituent, pour les autres peuples, la meilleure école d'affranchissement et de liberté.

La salle du banquet ou les étrangers, venus de tous les pays du monde, se rencontrent avec les citoyens suisses, offre surtout un aspect curieux et saisissant, Les drapeaux des diverses nationalités indiquent la place réservée aux étrangers de chaque pays. On n'y entend que des paroles de paix et des appels à la concorde universelle et à la fraternité entre les hommes.

L'ordre parfait qui préside aux tirs fédéraux et l'absence de toute réglementation officielle, permettent aux comités qui les organisent de réaliser des bénéfices considérables pour les actionnaires. Ces bénéfices s'élèvent, en moyenne, à douze pour cent, pour une durée de six mois. Il reste, en outre, un reliquat en caisse. Deux cu trois fois seulement, depuis leur institution, les concours fédéraux ont produit un déficit.

C'est incontestablement l'Allemagne qui occupe le second rang, après la Suisse; le premier tir fédéral allemand a eu lieu en 1862, à Francfort-sur-le-Mein. Cependant, l'origine des concours dans les principales villes des Etats allemands, remonte au moyen-âge.

La Belgique avait donné l'exemple à l'Allemagne dès 1858, en instituant des concours nationaux très florissants et très bien organisés, sous le patronage du gouvernement. Les sociétés de tireurs devaient naturellement succéder aux société d'archers et d'arbalétriers, si nombreuses au moyen-âge dans les pays flamands, jaloux de leur indépendance.

Les sociétés de tir sont peu nombreuses en Angleterre; nous devons, néanmoins, mentionner les concours du camp de Wimbledon, qui ont acquis une juste célébrité et qui attirent une grande affluence de tireurs.

En Italie, les tirs nationaux sont de création récente. L'initiative privée leur donna d'abord un développement qui fut remarqué ; mais l'ingérence jalouse du gouvernement arrêta cet élan, et cette réglementation maladroite compromit les résultats précédemment obtenus.

Les Etats-Unis ont institué des concours nationaux à Creedmoor près New-York ; ils ne sont ouverts que pour le tir à longue distance. Les expériences faites, chaque année, dans ces concours, présentent le plus grand intérêt pour les tireurs du monde entier.

Nous citerons aussi les concours nationaux de l'Autriche, de la Hollande, du Danemark, de la Suède et de la Norwège. On signale encore d'heureux essais dans quelques autres pays, mais les résultats obtenus jusqu'à présent ne méritent pas une mention particulière.

Bien que les concours nationaux ne soient pas tous organisés sur le même plan, les tireurs sont unanimes pour reconnaitre que la plus parfaite loyauté préside à la distribution des récompenses. Des prix magnifiques sont généreusement offerts par les gouvernements ou les municipalités, soit par les particuliers. Enfin, il est fort rare que les dépenses de leur organisation ne soient pas entièrement couvertes, et même qu'il n'y ait pas un excédent. Sous ce rapport, les concours nationaux de Vincennes, organisés jusqu'à présent par la Ligue des patriotes ou par des Comités imposés aux Sociétés de tir, contrastent singulièrement avec ceux de l'étranger, puisqu'ils n'ont jamais laissé qu'un déficit.

II

ORIGINE DES CONCOURS GÉNÉRAUX DE TIR EN FRANCE

SOMMAIRE: *Le cercle des carabiniers de Paris* prend l'initiative d'une institution semblable à celle des Suisses. — En 1860, est institué le *Tir national français*; ce projet devient la proie de spéculateurs ignorants; le comité de patronage est composé de l'empereur, de généraux, de maréchaux. — La faillite est la conséquence d'une mauvaise gestion; le concordat est homologué, malgré l'opposition du tribunal de commerce de la Seine; une nouvelle société dite du *Tir national français* émet des actions de cinq cent francs: modèle d'un de ces singuliers titres. — Cette entreprise semble avoir été faite pour entraver le développement de l'institution du tir; les tireurs français et étrangers, venus au concours, se retirent indignés. — Ingérance nuisible de l'autorité militaire dans une œuvre purement civile et progressive. — La société est dissoute à la requête des patriotes souscripteurs désabusés.

Depuis plus de soixante ans, la Suisse célèbre, tous les deux ans, tantôt dans un canton, tantôt dans un autre, une grande fête nationale, qui a reçu le nom de *Tir fédéral*.

Cet exemple ne pouvait être perdu pour ceux qui, en France, savent quelle solidité et quelle supériorité l'exercice du tir doivent assurer aux armées modernes. C'était au *Cercle des carabiniers de Paris*, formé de l'élite de nos tireurs, qu'appartenait naturellement l'honneur de jeter les premières bases d'un concours général de tir en France, et d'en faire l'expérience parmi nous. Cette idée fut exprimée publiquement, pour la première fois, à ce Cercle, en 1848, dans un de ses banquets annuels qui ont conservé la vieille dénomination de *Banquets du tir de la royauté*. On rapporte que ces banquets datent du règne de Louis XIII, et qu'ils sont donnés en souvenir de ce prince qui fit *broche* un jour et fut proclamé *roi du tir*, à Soissons.

La proposition de rétablir les concours généraux de tir, sous le nom de *Tir national français*, fut présentée par MM. Jules Gérard, Adrien Delecorgue et Léon Bertrand; elle fut discutée et acclamée, séance tenante.

Cependant, ce projet ne reçut un commencement d'exécution que vers 1860. On institua alors le *Tir national français*.

Nous lisons à ce sujet, dans un livre intitulé : « *Humanité, Patrie et Liberté* » (Paris, 1884, L. Bourdon, 6, rue Forest) : « Le projet de *Tir national français*, qui pouvait jouer, par la suite, un rôle si important dans les destinées de la France, devint malheureusement la proie de la plus triste spéculation, sous la direction d'un homme absolument inconnu des tireurs, qui avait trouvé bon de s'approprier l'idée et de l'exploiter.

« Une concession consentie par la Ville de Paris, sur les terrains de la ferme de Vincennes, et l'autorisation d'un tir national français furent audacieusement exploités par leur titulaire auprès d'entrepeneurs trop crédules, en faisant miroiter à leurs yeux les plus hauts patronages officiels. »

Dans le comité de patronage figuraient : Napoléon III, les maréchaux, des généraux, des magistrats, etc. Le fondateur du comité, se disait le frère de l'écrivain Emile Angier, dont on connaît les attaches à la cour impériale. »

Nous verrons plus tard M. Déroulède, neveu du même Emile Angier, reprendre l'idée sous le titre de « Concours nationaux. »

Continuons notre citation :

« Que pouvait être la direction tombée dans de telles mains? Ce qu'elle fut ! Un véritable chaos ; les vieux tireurs savent tous l'histoire de certain prix donné par l'empereur, et comment il fut attribué.

« Il ne manquait qu'une chose à notre directeur de tir improvisé : c'était « la manière de s'en servir, » et il n'y connaissait absolument rien. Il appela à son aide des militaires qui n'en connaissaient pas plus que lui sur l'organisation d'un tir fédéral, mais qui s'implantèrent dès le premier jour en maîtres absolus dans l'établissement, au détriment de son caractère purement civil. Aussi, pour toutes ces causes, le résultat fut-il, à bref délai, une faillite aussi désastreuse qu'inévitable.

« A force d'intrigues, secondé par des complaisances coupables, on réussit à passer outre au refus d'homologation du concordat, opposé par le tribunal de commerce de Paris, et à faire homologuer par la Cour impériale les conditions les plus fantasques, les plus aléatoires qu'il soit possible de rêver ; puis, à faire souscrire le public de province, en lui cachant, bien entendu, la situation, à une société issue de ces conventions et dite du Tir national français.

« Mille neuf cent cinquante actions de 500 francs, furent, de ce chef, lancé.s dans la circulation : un simple examen du titre ne portant ni date de création, ni date d'émission, ni siège social, ni dates de coupons, donnent la mesure exacte de ce qu'était le prétendu Tir national. »

Nous avons sous les yeux un de ces titres d'actions, que nous copions pour l'édification de nos lecteurs :

SOCIÉTÉ

du Tir National Français

en commandite et par actions

Suivant acte passé devant Me Raboisson, notaire à Vincennes

SOUS LA RAISON AUGIER ET COMPAGNIE

Capital social : 950,000 francs.

divisé en 1,900 actions de 500 francs chacune.

ACTION DE CINQ CENTS FRANCS AU PORTEUR

N° 1,649

<table>
<tr><td>Un membre du Conseil de surveillance,
Illisible.</td><td>Le Gérant,
H. AUGIER, aîné.</td></tr>
</table>

Société du Tir National Français

ACTION N° **1,649**

Coupon n° 20.

On lit encore dans le même volume :

« L'étrange directeur de cette étrange société eût été payé pour entraver l'étude et le développement du tir en France, qu'il n'eût pas agi autrement qu'il ne l'a fait en toutes circonstances.

« Les tireurs étrangers venus au premier concours, en 1861, jurèrent qu'on ne les y reprendrait plus. Non seulement ils eurent à se plaindre de l'organisation atrocement défectueuse du tir et de ses divers services, mais encore ils eurent à souffrir de la suprématie que s'étaient arrogée, on ne sait à quel titre, l'autorité militaire dans un établissement civil, et des froissements que fait infailliblement naître cette injustifiable prétention.

« Le tir, dit national français, fut donc mis à l'index dès ses débuts, et les sociétés, qui espéraient y trouver un centre de ralliement à leur développement, durent s'en tenir prudemment à l'écart.

« La société ne tarda pas à être dissoute à la requête des actionnaires désabusés, presque tous anciens soldats, instituteurs, gardes forestiers, curés de campagne, etc., qui avaient patriotiquement aventuré là leurs économies sur le vu du drapeau couvrant la marchandise, en croyant à la sincérité de l'appel fait à leur patriotisme.

« Au désastre pécuniaire, le tir dit national en joignit un d'un ordre beaucoup plus grave : il enraya le mouvement qui se produisait partout à l'époque, en faveur de l'étude de l'art du tir ; et de plus nous fit une mauvaise réputation à l'étranger, où les tirs nationaux sont irréprochables. »

III

A QUI EST DU LE PROJET DE CONCOURS DIT NATIONAL DE 1881.

SOMMAIRE : Depuis longtemps, en France, les sociétés de tir naissantes songeaient à la nécessité d'un groupement, pour suivre l'exemple des Suisses. — La maison Duquesne tenta sans succès ce groupement, dans son intérêt propre ; protection de l'Administration accordée à cet industriel ; fins de non-recevoir opposées aux demandes des sociétés. — Les sociétés voulaient créer une association semblable à celle des *Carabiniers suisses* et instituer, tous les ans, dans une ville différente, des concours généraux. — M. Bourdon propose au Conseil municipal de Paris, un plan dit du *Premier tir fédéral français* ; le 22 février 1882, ce projet est renvoyé à la 5e commission présidée par l'opportuniste Hattat ; après deux années, le projet sort des cartons et une délibération du Conseil charge l'Administration de l'étudier, d'accord avec la 5e commission. — La Ligue, œuvre destinée à remplacer l'entreprise Duquesne, intrigue pour faire échouer le projet et s'en emparer. — M. Candelier, notaire, collaborateur de M. Duquesne, devient l'homme désigné pour accomplir les desseins de laLigue.

Les sociétés de tir éprouvaient depuis longtemps le besoin de se fédérer, afin d'organiser des concours de tir sur le plan de ceux qui sont institués en Suisse. Nous avons vu, au chapitre II, les tentatives qui furent faites par la maison Duquesne pour opérer la centralisation et le groupement de ces sociétés. Mais cette tutelle ayant été justement répudiée dans la France entière, les sociétés avaient résolu de combiner leurs efforts pour atteindre le but, sans recourir à aucun appui étranger.

L'administration publique, qui favorisait ouvertement l'entreprise Duquesne, opposait des fins de non-recevoir d'une insigne malveillance à ceux qui prenaient l'initiative du mouvement de centralisation ; il fallait vaincre ce mauvais vouloir par tous les moyens légaux.

Suivant le plan qui avait prévalu, plan proposé par M. Bourdon, il devait être créé un groupement fédératif de toutes les sociétés de tir, en prenant pour modèle la grande association des *Carabiniers suisses*. Les concours de tir eussent été annuels et ils eussent été ouverts dans les principales villes de France. Enfin, le caractère international de ces concours eût permis d'apprécier d'une manière éclatante les progrès accomplis isolément par chacune des sociétés françaises, en les comparant avec ceux qui auraient été réalisés dans le tir et dans l'armurerie, par nos voisins, amis ou ennemis.

Le lecteur remarquera que plus tard, plusieurs des griefs articulés contre le tir de 1860 se reproduisirent lors du tir de 1881, dirigé par le lieutenant Déroulède, neveu de M. Émile Angier. Dans ce dernier concours, il n'y eut, toutefois, ni émission d'actions, ni faillite.

Les sociétés de France, et plus particulièrement celles de Paris, avaient reçu communication d'un projet de concours international, adressé par son auteur, M. Léon Bourdon, ancien franc-tireur des Vosges, au conseil municipal de Paris. Ce projet recevait partout une approbation bien justifiée par sa netteté, et surtout par les nombreux moyens de contrôle qu'il prévoyait. L'idée en avait été exposée à Gambetta, dès 1872, et celui-ci avait feint de ne pas s'y intéresser ; mais, comme nous l'avons déjà dit, et comme nous allons encore le prouver, l'entourage du dictateur ne l'avait pas perdu de vue.

Le 14 novembre 1881, M. Bourdon, persuadé avec raison que l'institution du tir renferme le secret du salut de la France, avait envoyé au conseil municipal de Paris un avant-projet du *Premier tir fédéral français*. Cet aperçu fut présenté par M. Murat, conseiller du quartier des Archives. Le 22 février 1882, M. Bourdon recevait avis de M. A. Lainé, conseiller du quartier

Saint-Merri, que le projet venait d'être renvoyé à l'examen
de la cinquième commission (président M. Hattat).

Pourquoi tant d'amermoiements, alors que l'urgence était
justifiée par l'objet même de la proposition, et qu'on n'eût pas
osé mettre en discussion le principe même ? Quelle puissance
occulte entravait tant d'efforts ? Un simple rapprochement de
faits répond à ces questions : La préfecture de la Seine entourait
la maison Duquesne de faveurs qu'elle reporta plus tard sur la
Ligue des patriotes et M. Déroulède ; et enfin M. Hattat appartenait à ce parti opportuno-gambettiste, qui n'avait d'yeux et
d'oreilles que pour une direction autoritaire, telle que celle qui
était promise par les soi-disant patriotes.

Quoi qu'il en soit, et après un nouveau délai de deux années,
le projet semblait sur le point d'aboutir. Sur un remarquable
rapport de M. Bouteiller aîné, (Bulletin municipal officiel des
16 janvier et 27 avril 1884), le Conseil avait pris la délibération
suivante :

« 1° Le dossier du projet Bourdon est renvoyé à l'administration ;

« 2° L'administration est invitée à rechercher d'accord avec
la cinquième commission, les conditions dans lesquelles il serait
possible d'organiser à Paris un concours international de tir,
ouvrant le 14 juillet. »

Les termes de cet arrêté firent revivre un instant les espérances des sociétés de tir ; celles-ci croyaient pouvoir enfin
compter sur un des principaux corps élus, disposant d'un budget.
Mais les manœuvres de la Ligue des patriotes, qui continuait
l'entreprise Duquesne, devait faire avorter leur projet. La Ligue
fut, d'ailleurs, favorisée dans cette intrigue par des circonstances que nous devons rapporter.

Quelques sociétés de gymnastique se trouvaient englobées
dans la Ligue, grâce à la complaisance de M. J. Sansbœuf, président de l'association des sociétés de gymnastique de la Seine
dont nous avons déjà parlé. Mais les sociétés de tir, composées
de citoyens plus âgés, se montraient absolument rebelles à
cette absorption ; et si, quelques directeurs de ces sociétés s'é-
taient laissés gagner, aucune d'elles, en tant que collectivité, ne
s'était affiliée ; elles comprenaient, en effet, combien grande
était la nécessité de ne pas laisser compromettre leur œuvre par
des excentricités ou des manœuvres coupables, dans le genre de
celles qui avaient signalé la naissance bruyante de la Ligue des
patriotes.

La Ligue était bien résolue à vaincre les résistances qu'elle
rencontrait de la part des sociétés de tir, et, si elle ne pouvait

y parvenir, à faire échouer leur projet de concours de tir. Mais elle devait se hâter d'agir ; car les sociétés redoublaient leurs efforts, et le jour où le Conseil municipal allait statuer sur la question était proche.

Les inspirateurs et les directeurs de la Ligue trouvèrent heureusement sous la main un de ces hommes remuants, qui, pour réaliser leurs vues ambitieuses, n'hésitent pas à servir les intérêts réactionnaires et cléricaux. C'était un notaire de Lens, M. Héliodore Candelier, plus assidu à la sacristie qu'à son étude ; quoique le mérite de ce tabellion, comme tireur, fut fort contestable, il avait réussi à se faire nommer président de la fédération des sociétés de tir de la région du Nord.

Les journaux dévoués à la Ligue commencèrent à exalter cet homme nouveau : « Les tireurs du Nord, a dit M. Deloncle dans la *Nouvelle Revue* (1er octobre 1884), plus compacts et plus disciplinés que ceux de l'Est, sont englobés dans la personnalité de M. Candelier. »

Le Drapeau le fit connaître aux populations, en publiant son portrait dans trois numéros différents. Pour compléter la glorieuse auréole de maître Candelier, M. Paul Déroulède ne manqua pas aussi de le colloquer dans une de ces fournées de décorations qu'on le laissait libre de préparer.

IV

PROPOSITION D'UN CONGRÈS GÉNÉRAL DES SOCIÉTÉS DE TIR.

SOMMAIRE : M. Candelier convoque pour le mois de janvier 1884 un Congrès des sociétés de tir, chez M. Duquesne, au siège de l'*Association nationale des tireurs de France et d'Algérie* : protestations énergiques des sociétés contre un tel patronage. — M. Candelier convoque les sociétés dans le local de la *Ligue des patriotes* : sa lettre aux sociétés. — Les directeurs du *Stand* et du *Drapeau* convoquent, pour le 14 février, les sociétés de la région de Paris, à une réunion dite préparatoire ; M. Déroulède prend la présidence de cette réunion ; il en interdit tout compte-rendu ; il propose d'arriver à une fédération « par des moyens autres que ceux de droit commun » ; le Maître déclare solennellement sa mission terminée ; M. Marot refuse de se prêter à une combinaison qui serait une institution de suffrage à plusieurs degrés et lui paraît dangereuse ; réponse insidieuse de M. Déroulède. — Le *Stand* pousse le cri d'alarme ; cependant personne ne soupçonne encore les projets du Maître. — Compte-rendu erroné de M. Deloncle.

Le 27 octobre 1883, M. Candelier envoya au journal *le Stand* une lettre dans laquelle il proposait dans le courant de janvier un congrès des sociétés de tir de France, congrès d'où devait sortir l'organisation d'un concours général annuel.

Le 17 décembre 1883, dans une nouvelle lettre publiée par le *Cavalinier de Tourcoing* (23 décembre), M. Candelier annonçait encore son intention de convoquer, au mois de janvier 1884, les délégués des fédérations de sociétés de tir de France. Il fixait comme lieu de rendez-vous, le local de *l'Association nationale des tireurs de France et d'Algérie*, autrement dit le siège même de la maison Duquesne.

Un tel choix suscita de nombreuses réclamations ; et *le Tireur de l'Est*, du 6 janvier 1884, se fit l'écho de ces protestations.

M. Candelier, qui n'avait pas réussi à entraîner les sociétés chez M. Duquesne, eut néanmoins l'adresse de les conduire à la Ligue des patriotes. Son but était atteint.

Pendant le délai qu'ils surent se ménager, M. Candelier et ses amis entreprirent la formation hâtive d'une fédération des sociétés de tir de la région de Paris, dite *de l'Isle de France*. Dans leur pensée, cette association devait faire échec à la proposition de constitution d'un congrès de délégués des sociétés de tir, nommés au suffrage direct ; car ils avait horreur du suffrage unique, prévoyant bien que des délégués, librement élus, combattraient violemment leur projet d'absorption des sociétés de tir au profit de la réaction cléricale. Les chefs de la Ligue avaient imaginé, au contraire, un suffrage à trois degrés, de manière à éloigner les mandataires de leurs mandants, et à peser sur le choix définitif. Ce fut pour faire triompher ce plan qu'ils publièrent dans *le Stand* du 3 février 1884, les deux convocations suivantes :

Congrès des Sociétés de tir de France.

« Lens, le 2 février 1884

« Monsieur et cher collègue, Au nom des fédérations de l'Est, du Sud-Ouest, du Centre et du Nord, j'ai l'honneur de vous prier de vouloir bien assister au Congrès des sociétés de tir de France qui aura lieu à Paris, le dimanche *17 février* prochain, à deux heures de l'après-midi, au siège de la *Ligue des patriotes*, 22, rue Saint-Augustin.

« Les délégués devront être désignés au nombre de dix par fédération ; les sociétés isolées ont droit à un représentant.

« Cette réunion aurait pour but :

« 1° D'organiser un *groupement provisoire* de toutes les sociétés de tir de France et de constituer le bureau de cette association ;

« 2° De rechercher les meilleurs moyens à employer pour obtenir l'autorisation d'un *grand concours de tir fédéral* en 1884 ;

« 3. De provoquer un pétitionnement et de réclamer, pour les
sociétés de tir, la reconnaissance d'utilité publique.

Croyant ces mesures absolument indispensables au développement et à la vulgarisation du tir, et dans l'espoir que vous voudrez
bien nous seconder dans cette œuvre, veuillez agréer, monsieur,
l'assurance... — Candelier, président des sociétés de tir de la région du Nord. »

« Paris, le 2 février 1884.

« Monsieur le président. Sur l'avis et à la demande d'un certain
nombre de vos collègues, nous croyons devoir prendre l'initiative
d'une *convocation générale* des présidents ou délégués des sociétés
de tir ayant déjà adhéré en 1883, au projet de fédération des sociétés
de tir de l'Isle de France.

« Cette convocation aurait pour but de réunir une assemblée de
délégués de toutes vos sociétés (un par société) chargés de constituer un nouveau bureau provisoire de la fédération, dont la première mission serait de représenter les tireurs de l'Isle de France
au *congrès général* du 17 février.

« La réunion aura lieu à Paris, le jeudi 14 courant, à 8 heures et
demie précises du soir, 22, rue Saint-Augustin, dans la salle que le
comité de la *Ligue des patriotes* a bien voulu mettre à notre disposition. — A. Goupil, directeur du *Drapeau*. — Ulysse Savoy,
directeur du *Stand*. »

Cette dernière convocation, faite en termes pressants,
comme on le voit, était des plus irrégulières, puisqu'elle était
signée de deux rédacteurs de journaux, qui n'avaient aucunement qualité pour convoquer les sociétés. On s'étonnera peut-
être de voir accouplées la signature du rédacteur du *Stand*,
l'honorable M. Savoy, et celle d'un rédacteur du *Drapeau*.
Mais il ne faut pas en être surpris : la lumière sur l'esprit politique de la Ligue des patriotes était loin d'être faite pour tous
ceux qui s'intéressaient loyalement aux sociétés de tir.

Les délégués vinrent au rendez-vous. Aucun procès-verbal
de cette réunion dite préparatoire n'ayant été rédigé, nous ne
pouvons suppléer à cette lacune qu'à l'aide de notes personnelles
et de nos propre souvenirs. Notre récit est corroboré, du reste,
par le compte-rendu qu'a publié le *Stand*, dans son numéro du
17 février 1884.

Vingt-neuf sociétés des départements de Seine et de Seine-
et-Oise étaient représentées.

M. Déroulède qui, lui, ne représentait aucune société de tir,
s'attribua, comme propriétaire de la salle, la présidence. On
lui adjoignit comme assesseur M. Buisson, président de la so-

ciété de tir du *Pré-Saint-Gervais*, et comme secrétaire M. Béliou, directeur d'une école de la ville et président de *l'Avant-garde du dix-septième arrondissement*.

M. Déroulède exposa en termes vagues, mais abondants, le but de la convocation. Le peu de clarté de l'orateur amena des discussions aussi longues que diffuses. M. Régimbeau, président de la *Patriotique du deuxième arrondissement* protesta avec chaleur contre le plan d'organisation proposé par M. Déroulède. M. le commandant Gaillard lui répondit, en faisant remarquer que le gouvernement autoriserait difficilement une fédération des sociétés parisiennes, puisqu'il s'était déjà opposé à leurs dernières tentatives.

M. Déroulède répliqua : « Nous arriverons à cette fédération par des moyens autres que ceux de droit commun employés jusqu'ici. »

Le but caché de M. Déroulède était de faire admettre un triage parmi les membres des sociétés parisiennes, pour la composition d'un comité supérieur.

L'auteur de ce livre protesta contre une proposition si peu démocratique et revendiqua le droit pour tout membre de l'une des sociétés de la région de Paris, d'assister au Congrès.

Quant à la *Société de l'Isle de France*, il contestait son existence légale, puisqu'elle n'avait pas même de statuts et qu'ainsi elle ne pouvait représenter personne. Il termina en déclarant que, personnellement, il avait reçu mandat de la Société de tir de Versailles, la plus importante de la région, d'assister à la réunion projetée, mais qu'il n'avait pas reçu pouvoir d'aliéner les droits de ses commettants en votant pour des délégués.

M. Déroulède lui fit cette réponse insidieuse : — « Mais, Monsieur Marot, nous vous mettrons parmi les délégués. »

Le principe de la fédération, le seul sur lequel un vote fut proposé, réunit vingt suffrages contre huit : il y eut une abstention.

Une commission de dix membres fut ensuite désignée pour assister au congrès : elle se composait de M.M. Violet, Gaillard, Régimbeau, Limosin, Chapron, Charles, Depallens, Lermuniaux, Letalle et Bravais.

M. Déroulède refusa d'être élu parmi les délégués, et déclara que « sa mission serait terminée avec le congrès. » On verra plus tard comment il tint compte de cet engagement. Sans aucun doute, il refusa le titre de délégué, parce qu'il se réservait d'en prendre un autre qui convenait mieux à ses desseins : simple délégué il n'eut été qu'une unité dans le comité : tout au plus eût-il été appelé à la présidence. Les fonctions de commissaire général qu'il se fit déférer dans la suite, lui convenaient mieux, car elles assuraient sa pleine autorité sur les sociétés de tir, en même temps que son irresponsabilité vis-à-vis d'elles.

Le compte-rendu de cette séance, tel qu'il a été donné par le *Stand*, est fort incomplet : mais il laisse percer, sur les projets de la Ligue et de son chef, une inquiétude qui n'était pas sans fondement.

« ... Nous pouvons dire qu'il nous a été donné de constater avec regret, que des influences occultes — nous les percerons à jour avant peu — ont tenté de faire dévier le but de cette réunion. Le congrès aura lieu aujourd'hui dimanche, les délégués des sociétés sont prévenus ; qu'ils se tiennent sur leurs gardes...

« Le *Stand* veille !

« Il ne faut pas que le *tir* serve des intérêts particuliers ou politiques...

« Les sociétés, comme on l'a dit fort justement, ne demandent qu'une chose « exercer leur patriotisme en liberté. » Elles ne veulent pas de tolérance. La tolérance entraîne des compromissions que jamais, au grand jamais, n'accepteront les sociétés de la Seine et la majorité des sociétés de province qui, nous pouvons l'affirmer, revendiquent surtout et avant tout leur liberté individuelle. »

De son côté, le *Drapeau* du 16 février 1884 donna, sous forme de post-scriptum, le compte-rendu sommaire qui suit :

« P. S. — Une réunion des sociétés de tir de la région de la Seine a eu lieu jeudi soir à la salle de la Ligue. Le principe d'un groupement provisoire a été admis, et une délégation de dix membres a été élue pour aviser aux suites à donner à cette organisation.

« La place nous manqua, ainsi que le temps, pour rendre compte de cette séance ; nous y reviendrons.

« Dimanche prochain, à deux heures, le congrès des sociétés de tir de France. »

Le peu de succès des propositions de M. Déroulède explique la brièveté de ce compte-rendu du *Drapeau*. Du reste, le Maître avait pris une précaution utile contre les indiscrétions de la presse : ainsi il avait sommé les délégués présents de ne publier aucune relation de la séance. Une telle précaution eût dû être prise avant la formation du bureau, puisqu'elle rendait inutile la nomination d'un secrétaire. Mais le Maître n'avait pas prévu l'accueil peu révérencieux qui serait fait à ses propositions.

M. Henri Deloncle, qui a donné, dans la *Nouvelle Revue* du 1er octobre 1884, un historique aussi fantaisiste que grotesque des faits dont nous parlons, n'est guère plus explicite. Toutefois, on verra par les lignes que nous citons plus bas combien fut grand le désappointement du lieutenant Déroulède, quand il acquit la certitude que les tireurs, gens froids et compétents dans une matière dont lui, officier de l'armée, ignorait le premier mot, ne se laisseraient pas emballer comme on avait fait des jeunes gymnastes. Imbu des principes autoritaires, il avait cru jusqu'alors qu'il suffisait de gagner les chefs pour entraîner les masses. Les tireurs, et en particulier ceux de Paris, lui firent voir qu'il existait encore des hommes loyaux, difficiles à capter, et que le monde du tir savait fort bien ce qu'il voulait. Son plan fut alors celui-ci : semer la division, et agir par des coups d'audace.

Entre autres moyens de division, il imagina la théorie du classement des tireurs, qui fut appliquée comme on le verra, dans le concours de 1884. Il espérait, par ce moyen, se concilier les apprentis tireurs, en excitant chez eux des sentiments de basse jalousie contre ceux qui, ayant étudié le tir depuis longtemps, avaient fait leurs preuves. Nous verrons, quand nous exposerons le récit du concours de 1884, quelle réprobation unanime accueillit l'application du classement aux concours généraux.

Nous lisons dans la *Nouvelle Revue* à la page 529 :

« ... Dès le lendemain, M. Déroulède mandait M. Ulysse Savoy, directeur du journal spécial *le Stand*, pour le charger de convoquer, au siège de la Ligue, les présidents des sociétés de la Seine. Son plan était alors d'une extrême logique : il avait trouvé dans l'association des gymnastes de la Seine une collaboration assidue pour la fête de l'Hippodrome, un homme surtout, vrai patriote et puissant organisateur, M. Sansbœuf. Il pensait grouper, selon la même ordonnance, les tireurs, fédérer l'Isle de France d'abord, la France ensuite par l'intermédiaire d'un concours national et par les soins d'un administrateur intelligent et fidèle. Ce programme ne fut point exécuté. Les tireurs avaient, paraît-il, d'autres idées. M. Savoy, dont les appels n'étaient guère entendus, parvint, après deux mois d'hésitations, à mettre au jour un projet informe, dont M. Candelier, M. Lermusiaux et lui se firent les interprètes auprès de M. Déroulède. Il s'agissait de réunir, sous la présidence du délégué de la Ligue, les sommités de la politique, de la finance et de l'armée, et de provoquer un pétitionnement pour obtenir des Chambres l'installation d'un stand national permanent. Était-ce un aveu d'impuissance, une embûche tendue aux bonnes volontés, un simple caprice ? M. Déroulède se déclara incompétent, et par un avis inséré simultanément dans le *Drapeau* et dans le *Stand*, on réunit au siège de la Ligue tous les présidents de la Seine. Dès la première heure, les esprits clairvoyants se résignaient à comprendre que les représentants du tir, désunis, n'aboutiraient à rien, deviendraient le jouet des plus futiles obstructions. Ils acceptèrent cependant le principe d'une fédération pour l'Isle de France, et se chargèrent de l'organiser, ce qui était la meilleure façon d'avouer qu'ils ne voulaient rien faire.

« Une seconde réunion se tint au même local de la rue Saint-Augustin, et prit le nom de *Congrès des tireurs de France.*

« M. Candelier, enhardi par les triomphes de sa Fédération du Nord, réclamait encore le stand permanent : mais comprenant toute la vanité du projet primitif, il précisait, en stipulant comme un moyen terme, la livraison gratuite des cartouches aux sociétés de tir et la déclaration d'utilité publique en leur faveur.

« On s'accorda enfin pour renoncer à des prétentions injustifiables. C'est à peine si nous osons formuler en pleine réussite, ce que les délibérants d'alors revendiquaient en plein tâtonnement. On fixa donc les rôles, et le congrès fut obligé d'agir ou d'abdiquer.

« Il n'agit pas et resta.... »

Toutes les erreurs contenues dans l'article de M. Deloncle, trouvant leur réfutation dans le récit fidèle que nous avons donné, nous nous abstenons ici de tout commentaire.

V

CONGRÈS DES SOCIÉTÉS DE TIR, DU 17 FÉVRIER 1884.

SOMMAIRE : L'auteur assiste au Congrès comme représentant de deux grandes sociétés, confiant dans la grandeur d'âme si vantée du Maitre. — Vœux des sociétés concernant la réduction des prix des cartouches françaises et la suppression des droits d'entrée sur les cartouches étrangères. — M. Déroulède arrête toute discussion et présente un papier timbré « qui, dit-il, contient des injures à son adresse et à l'adresse des membrse du Congrès »; Protestation de M. Marot contre ces injures : le commandant Gaillard propose son bras pour châtier le coupable; l'assemblée, abusée, déclare passer à l'ordre du jour; M. Déroulède remet dans sa poche le papier, sans en donner lecture. — Compte-rendu sténographique du Congrès par *le Drapeau*; sociétés représentées. — M. Candelier explique pourquoi il a convoqué le congrès; son discours est rempli d'excellents arguments en faveur des sociétés de tir et de leur développement; il conclut en demandant que les sociétés forment un groupement qui leur permettrait d'obtenir : 1° l'organisation d'un tir fédéral; 2° la reconnaissance d'utilité publique. — La demande de reconnaissance d'utilité publique est discutée. — M. Lermusiaux et divers orateurs discutent cette question, ainsi que celle relative à un projet déposé au conseil municipal, quand M. Déroulède, jugeant le moment opportun, interrompit toute discussion et produit, sans le lire, un papier timbré; — Erreur manifeste du compte-rendu qui prétend que le président a reçu ledit papier; l'incident est clos à la satisfaction du Maître. — M. Violet rappelle les précédents fâcheux du tir national de 1869, livre aux spéculateurs et dirigé par des militaires. — Vœu de M. Marot touchant la tolérance refusée aux sociétés parisiennes par l'Administration ; divers orateurs constatent que les départements sont plus favorisés. — Vœux relatifs à la réduction du prix des cartouches et à la suppression des droits de douane sur les cartouches étrangères. — M. Déroulède déclare solennellement que sa mission finit avec le congrès et qu'il laissera les sociétés maîtresses de leurs affaires. — Le compte rendu attribue à M. Déroulède les propositions définitives adoptées par le Congrès. — Le maître déclare une seconde fois qu'il ne peut accepter le titre de membre de la commission organisatrice. — Nomination de cette commission. — Des remerciements sont votés à M. Déroulède et à la Ligue. — Le compte-rendu est signé faussement : Deste, secrétaire ; lettre de ce dernier qui le prouve. — Le président du congrès, dans une lettre, déclare que le procès-verbal est inexact et a été fait par le sténographe de M. Déroulède de qui l'a rédigé suivant l'intérêt et peut-être le désir de ce dernier. Reproduction du papier timbré présenté au Congrès par M. Déroulède. — Le papier timbré a été remis à un employé du Maître qui a pris une fausse qualité : récit de l'huissier devant la chambre de discipline.

L'auteur de ce livre assistait au congrès comme représentant de deux sociétés de tir à longue portée, la société de Versailles et la société d'Etampes. Notre témoignage, basé sur des notes prises sur le vif, ne peut donc pas être récusé. Nous allions là de bonne foi, confiant dans la grandeur d'âme de M. Déroulède, résolu à accepter sa collaboration, mais fermement décidé à défendre les idées et les véritables intérêts des tireurs.

Nous extrayons de nos notes les renseignements qui suivent, en les complétant par le compte-rendu sténographique, qui a été publié par le *Drapeau*.

La *Fédération de l'Isle de France* fut annoncée aux sociétés de province comme une œuvre définitivement fondée ; et les dix délégués, nommés dans la séance du 14, furent présentés comme ayant reçu le mandat de proposer, au nom des sociétés parisiennes, l'organisation d'un concours général.

La demande de déclaration d'utilité publique, proposée par M. Candelier, fut écartée par un premier vote, comme étant plus nuisible qu'utile. Puis, par un second vote, on déclara la proposition ajournée seulement.

Deux vœux importants furent émis ; l'un, tendant à l'allocation par l'Etat, sinon gratuitement, au moins à un prix très réduit, de cartouches pour armes dites nationales ; l'autre, demandant la suppression des droits d'entrée sur les munitions pour armes étrangères.

On en était arrivé à la discussion du concours général en lui-même. L'entente semblait devoir se faire sur ce point entre les tireurs, et le projet de M. Bourdon, déposé au conseil municipal, allait devenir la base d'une discussion sérieuse entre les hommes compétents. A ce moment, M. Déroulède, interrompant un orateur, bondit à la tribune, et, brandissant un papier timbré qu'il avait reçu quelque temps auparavant, s'écria avec un accent lyrique :

« Messieurs, impossible de continuer la discussion. Moi, dont vous connaissez la conduite pendant la guerre, moi, dont vous avez vu le dévouement au patriotisme ; moi, le chef de la Ligue des patriotes, on ose m'injurier et calomnier mon œuvre ! Vous mêmes, Messieurs, on vous injurie ! Où ça ? dans ce papier timbré, dans un acte public ! »

Puis, il lut seulement ces quelques mots du papier qu'il tenait à la main :

« Patriotisme !... pas une marchandise !... Autant de patriotes que de Français !... »

L'assembléé, tout entière, croyant à la véracité des commentaires de M. Déroulède, se leva pour protester.

M. Déroulède, interpellant alors l'auteur de ce livre :

« Monsieur Marot, dit-il, vous aviez connaissance du papier timbré ! »

L'interpellé répondit en ces termes :

« Monsieur Déroulède, c'est en toute sincérité et sans aucune arrière-pensée de crainte que je fais cette déclaration : jusqu'à tout-à-l'heure, j'ignorais l'envoi de ce papier timbré dont je n'ai vu l'auteur qu'une fois, après avoir lu son projet. Je réprouve les injures contenues à votre adresse dans ce papier. Nous savons tous que votre patriotisme est à l'abri du moindre soupçon. Je propose à l'assemblée de ne pas tenir compte d'injures qui ne sauraient nous atteindre ; et, comme nous sommes ici pour discuter des questions de tir et non autre chose, de passer à l'ordre du jour. »

M. le commandant Gaillard s'avança vers M. Déroulède, et, lui serrant la main :

« Si vous avez besoin d'un second, dit-il, pour châtier le coupable, je suis avec vous. »

L'assemblée déclara passer outre, et M. Déroulède, remettant le papier dans sa poche, regagna la place qu'il occupait entre MM. Sansbœuf et Goupil, venus là, comme lui, en simples spectateurs.

Nous dirons tout à l'heure ce qu'était ce papier timbré, et

comment il fut remis par une erreur inexplicable à M. Déroulède.

Donnons d'abord le compte-rendu stéographique, en partie exact, publié par *le Drapeau* du 25 février 1884 :

« CONGRÈS DES SOCIÉTÉS DE TIR DE FRANCE

« Le Congrès des Sociétés de tir de France a eu lieu le 17 février à 2 heures, dans la salle de la *Ligue des Patriotes*.

« *Ordre du jour*

« Organisation d'un groupement provisoire de toutes les sociétés de tir de France, et constitution d'un comité d'exécution ;

« Recherche des meilleurs moyens à employer pour obtenir l'organisation d'un grand concours de tir national en 1884 ;

« Étude de la question de reconnaissance d'utilité publique pour les sociétés de tir :

« Sont présents ou représentés :

« 1° La fédération des *Sociétés de tir du Nord :* (14 sociétés), représentées par MM. Candelier, de Lens ; Bar, de Béthune ; Leverd, d'Hesdin ; Beldame-Testu, d'Amiens ; Dervaux et Lemettre, de Tourcoing ; Vandenbrouke, de Bourbourg ; Buissine et Harinkouck, de Roubaix ;

« 2° La fédération des *Sociétés de tir de l'Est :* (20 sociétés), représentées par MM. Clérin et Desté, de Nancy ;

« 3° La fédération des *Sociétés de tir du Sud-Ouest :* (12 sociétés), représentées par M. Delamain, de Jarnac ;

« 4° La fédération des *Sociétés de tir du Centre :* (10 sociétés), représentées par M. Herpin, d'Argentan.

« 5° Le groupe des *Sociétés de tir de l'Ile-de-France* (12 sociétés), représentée par MM. Paul Déroulède, délégué élu ; Violet, de l'Étude ; Bravais, d'Asnières ; Charles, du Xe arrondissement de Paris ; Depallens, de Saint-Denis ; Gaillard (Ct), du 18e territorial ; Lermusiaux, du IXe arrondissement de Paris ; Letalle, du XXe arrondissement de Paris ; Limozin, de l'*Étoile* de Paris ; Chapron, des *Gymnastes de la Seine*, et Régimbeau, du IIe arrondissement de Paris ;

« 6° Les Sociétés des villes ou localités ci-après : Châtillon, par M. Borbey ; Saint-Etienne, par M. Chapon ; Le Havre, par M. Langer ; Soissons, par M. Clin ; Lyon, par MM. Chabrières et le commandant Chapotot ; Reims, par M. Percheron ; Charleville, par MM. Bodson et Clairdent : Dijon, par M. Saint-Père ; Mirecourt, par M. Malgras ; Lunéville, par M. Ferry-Bonnechaux ; Rouen, par MM. Boulay et Savoye ; Vouziers, par M. Sovin ; Fresnes-en-Woëvre, par M. Rogier ; Epinal, par M. de Jarry de Bouffémont ; Jougne, par M. Pagnier ; Romanèche-Thorins, par M. Lapierre ; Pont-de-Briques, par M. Lefrançois ; Mouresnes-Sainte-Foy, par M. de Bruyères ; Versailles, par M. Marot ; Saint-Denis, par M. Grauce ; Fontainebleau, par M. Regnard ; Le Pré-Saint-Gervais, par M. Blot ; Les Gymnastes de la Seine, par M. Chapron.

« Les journaux spéciaux de tir et d'éducation militaire étaient représentés par :

« MM. U. Savoy, du *Stand* ; Desté, du *Tireur de l'Est* ; Frère, du *Carabinier*, de Tourcoing ; Goupil et Sansbœuf, du *Drapeau*.

« La séance est ouverte à deux heures vingt minutes.

» Plusieurs membres proposent de désigner comme président M. P. Déroulède, qui se récuse et propose la présidence au doyen des présidents des *Sociétés de tir de France*.

« A ce titre, est désigné comme président M. Chapon, président du *Tir stéphanois* et président de la *Société des Flobertistes*, de Saint-Etienne.

« Lui sont adjoints comme assesseurs : M. Candelier, président de la *Fédération du Nord,* promoteur du Congrès et M. Éd. Langer, président de la *Société havraise de tir*.

« M. Desté, rédacteur en chef du *Tireur de l'Est*, remplit les fonctions de secrétaire.

« M. le président remercie l'assemblée de l'honneur qu'elle lui fait en l'appelant à présider cette réunion. Il rappelle que depuis dix-neuf ans il est à la tête de la Société du *Tir stéphanois*. Il croit exprimer les sentiments de tous les membres du Congrès en remerciant chaleureusement M. Candelier, le promoteur de cette réunion patriotique. Ce mot patriotique ne peut être mieux prononcé dit-il, qu'en présence de M. Déroulède, dans cette salle mise à la disposition du Congrès par la *Ligue des Patriotes*.

« M. le président prie M. le secrétaire de vouloir bien procéder à l'appel nominal...

M. le président donne la parole à M. Candelier.

« M. Candelier s'exprime en ces termes :

« Messieurs et chers camarades,

« Je me suis permis de vous réunir à Paris, en Congrès, pour cette noble et grande question du tir, si intéressante à tous les points de vue. Je sais avec quelle ardeur vous avez tous pris à cœur cette œuvre vraiment nationale, et combien tous vous vous y êtes attachés ; aussi ai-je le droit de compter sur tout votre concours et sur votre appui.

« Si notre cher pays possède aujourd'hui plus de 300 Sociétés c'est grâce à votre initiative privée, mes chers camarades, c'est grâce à votre patriotique dévouement ; car jusqu'à présent, il faut bien le dire, on n'a rien fait, ou presque rien fait, pour nous. Pourtant, notre utilité n'est pas à démontrer, et tous les hommes compétents et spéciaux vous diront que nos stands devraient être élevés à la hauteur d'une institution. Malheureusement, soit indifférence, soit routine, nos appels n'ont pu encore être entendus, et une époque est proche où, si l'on n'y prend pas garde, malgré tous nos efforts et toute notre persévérance, une grande partie de nos Sociétés est destinée à mourir d'anémie, faute de tireurs et de ressources. C'est ce mal qu'il faut conjurer, c'est pour le combattre et pour chercher les moyens de développer, et de vulgariser, au contraire, le tir en

France, qu'il faut nous unir, nous grouper, nous sentir les coudes, suivant une expression consacrée ; et nous n'aurons pas trop de toutes nos forces, soyez-en sûrs. Voilà le véritable objet de ce Congrès.

« Et d'abord, le tir tel qu'il se pratique aujourd'hui en France est trop coûteux et ne peut être que le privilège exclusif des classes aisées : les cotisations sont généralement élevées, les munitions, je parle naturellement des armes à longue portée, sont fort chères, et peu de personnes relativement peuvent fréquenter nos cibles. Ce n'est pas là le but patriotique que nous poursuivons. Si nous voulons faire œuvre utile, il faut rendre le tir accessible à tous par la gratuité des munitions. Si chaque Société possède aujourd'hui quelques tireurs hors ligne pouvant, à un moment donné, rendre de grands services, le nombre relativement restreint de ces tireurs remarquables ne peut pas compenser des masses de tireurs moins habiles, mais ayant une parfaite connaissance de leur arme, et capables d'en tirer aussi, à l'occasion, un excellent parti. Pour arriver à rendre le tir populaire, et, j'en suis certain, vous serez de mon avis, je ne vois que deux moyens : l'organisation d'un grand concours fédéral ou national et la reconnaissance d'*utilité publique* de nos Sociétés ; par ce dernier moyen, nous pourrons obtenir gratuitement toutes nos munitions et peut-être, au besoin, des subsides. Bien plus, quelle heureuse influence, quel puissant effet moral cette reconnaissance d'utilité publique ne produirait-elle pas au profit de notre cause !

« En second lieu, à l'heure qu'il est nous sommes obligés, pour entretenir entre tous les tireurs une juste émulation, de faire des concours locaux ; mais ces concours n'atteignent pas davantage le but que nous voulons ; en effet, voici ce qui arrive presque partout : le gouvernement ou nos municipalités, ne nous donnant à cette occasion que des prix très minimes, nos Sociétés sont obligées à de grands sacrifices personnels.

« Les séries coûtent cher, les munitions aussi (je parle toujours des armes à longue portée), et, à part quelques excellents tireurs qui sont sûrs d'avance d'obtenir les récompenses, ces concours sont délaissés par le grand nombre ; et s'ils sont une source de profits pour quelques Sociétés riches ou dotées de dons importants, ils sont aussi pour d'autres, une cause de ruine. De là résulte un découragement pour beaucoup de Sociétés et pour la plus grande partie des faibles tireurs, cette classe si nombreuse et si importante pourtant, pour laquelle on ne fait pas assez. Le tir fédéral remédierait à tous ces inconvénients : vu la grande quantité de prix donnés dans ces concours, beaucoup de tireurs pourraient y prendre part et viendraient chercher là, dans un premier succès, un légitime encouragement ; au bout de quelques années, vous en verriez doubler, tripler le nombre. Il suffit de donner l'élan.

« Enfin, la masse du public connait peu nos Sociétés ; elle n'en apprécie ni le but ni l'utilité... Mais du jour où le gouvernement viendra se joindre à nous, du jour où il nous appuiera de toute son autorité en nous accordant certaines récompenses, certaines faveurs sérieuses, du jour où il viendra dire par exemple à chacun : « Exercez-vous au tir, dans chaque Société cinq fusils vous sont prêtés

voilà des munitions; tirez chaque année tant de balles et, si au bout
de cette année vous avez, avec vos tant de balles, fait telle somme
de points, je vous donnerai un prix de..... ou bien..... vous serez
exonéré de tant de mois du service militaire....., croyez-vous que
de ce jour-là nos stands ne seront pas plus fréquentés? Croyez-vous
qu'en organisant un concours fédéral, cette fête vraiment patriotique
n'exercerait pas la meilleure influence sur le développement et la
vulgarisation du tir? Croyez-vous que nous n'arriverions pas ainsi
petit à petit à implanter ce goût en France?

« Ne sommes-nous pas un peuple qui aime les jeux d'adresse?
Voyez dans les plus petites communes du Nord, il n'est pour ainsi
dire pas de village qui ne possède une compagnie d'archers ou d'arbalétriers. Pourquoi ne tire-t-on pas à la cible? Parce que c'est
coûteux, mais si les cartouches étaient gratuites, croyez-vous qu'on
ne serait pas fier de tenir un fusil?

« A tous les points de vue, donc, il faut décider le gouvernement
à s'occuper de nous; l'avenir de notre pays est intimement lié au
nôtre! Il ne peut se désintéresser d'une question capitale et qui touche d'aussi près aux intérêts les plus chers, à la défense du sol.

« D'où j'en conclus, mes chers camarades, qu'il faut nous unir,
nous grouper, pour demander:

« 1° L'organisation, chaque année, ou tous les deux ans, d'un
grand tir fédéral ou national;

« 2° La reconnaissance d'utilité publique pour nos Sociétés.

« Et pour cela, nous devons nous adresser non seulement aux municipalités, mais aussi à nos gouvernants, c'est-à-dire à nos députés.

« Dans les grands centres, il est possible que les municipalités
viennent en aide aux tireurs, en leur donnant l'emplacement nécessaire pour leur tir et une subvention assez sérieuse, mais en toutes
choses il faut considérer l'ensemble, la masse générale. Or, dans les
petites ville ou dans les chefs-lieux de canton, où les ressources sont
minimes, où le budget est déjà grevé par la création de nos écoles,
comment voulez-vous qu'on viennent efficacement à notre secours?
C'est à peine si on pourrait obtenir chaque année quelques centaines
de francs : que peut-on faire avec cela? Vous savez tous ce que coûtent l'établissement et l'entretien d'un stand, avec ses cibles, matériel et accessoires. D'ailleurs, les municipalités pourraient-elles jamais nous donner les cartouches gratuites, ce qui me parait *tout à
fait indispensable pour l'avenir du tir.*

« Allons, allons, mes chers camarades, n'ayons pas peur de faire
valoir nos droits; pas de demi-mesures qui n'aboutissent jamais à
rien; faisons quelque chose de sérieux, de stable. Demandons à nos
députés, sénateurs, généraux, à toute la presse, de nous appuyer de
leurs voix autorisées. Nous sommes une œuvre utile, nécessaire, et
tout ce qu'il y a de patriote en France sera avec nous, soyez sûrs.
Notre but, comme notre devise, n'est-il pas : *Pro Patria!* »

« M. de Jarry de Bouffémont dit que dans le rapport de M. Candelier il approuve la proposition de reconnaissance d'utilité publique de toutes les Sociétés de tir.

« Quant à la création d'un tir fédéral, il pense qu'il n'y a qu'un élément qui puisse mener à bien ce projet, c'est l'élément parisien. Il demande aux dix représentants des Sociétés du département de la Seine s'ils se sentent assez forts pour supporter tout le faix pratique de la réalisation de ce projet.

« A propos du projet de tir fédéral présenté au Conseil municipal de Paris, il dit que ce projet aurait besoin d'être étudié plus complètement qu'il ne l'a été par son auteur. « D'ailleurs, ajoute-t-il, ce n'est qu'un ancien projet que nous avions lancé ensemble en 1869. »

« L'orateur dit ensuite que la plupart des Sociétés de tir de province sont dans un état pécuniaire très précaire, et qu'il est temps de venir à leur secours si on ne veut pas les voir tomber successivement. Il faut étudier les questions intérieures de ces Sociétés ; ces questions pourraient être étudiées d'une façon pratique dans une réunion comme celle-ci, de façon que chacun puisse émettre son opinion.

« M. Lermusiaux, répondant à M. de Jarry relativement à l'organisation du tir fédéral dont le Conseil municipal a été saisi, dit que son auteur a dû nécessairement conserver par devers lui les détails d'organisation dont il n'a fait qu'indiquer les données générales.

« Il pense que la reconnaissance d'utilité publique par le gouvernement de toutes les sociétés de tir serait un grand point pour ces Sociétés, en ce sens qu'elles obtiendraient les subsides qui leur font défaut. Mais il est peu probable, étant donnée la situation budgétaire actuelle, que le gouvernement puisse accepter cette proposition.

« Il propose de reprendre la pétition qui a été adressée en 1882 par la Société fédérale des tireurs de l'Est, et qui a fait l'objet d'un amendement de M. Pieyre, député du Gard, réclamant de la part du gouvernement une subvention en rapport avec ses ressources et distribuée aux Sociétés de tir selon leurs besoins.

« Il serait sage de demander d'abord au gouvernement l'allocation gratuite des cartouches pour le tir à longue portée. Demander au gouvernement de soutenir à la fois toutes les Sociétés, c'est donner un coup d'épée dans l'eau.

« A CE MOMENT M. LE PRÉSIDENT DU CONGRÈS REÇOIT, PAR MINISTÈRE D'HUISSIER, UN FACTUM aux termes duquel le requérant serait l'unique propriétaire de l'idée d'organiser un tir fédéral en France, idée qu'il reconnaît d'ailleurs être pratiquée depuis trente ans en pays étrangers, mais dont il craint que le projet ne lui ait été dérobé dans les cartons du Conseil municipal.

« Ce factum se termine par des insinuations injurieuses pour la *Ligue des Patriotes*, ce qui provoque de la part de la réunion, et sur la proposition du Président, une protestation unanime.

« Tous les membres de l'assemblée se lèvent, et des bravos prolongés éclatent de toutes parts.

« M. P. Déroulède, délégué de la Ligue, remercie chaleureusement les présidents des Sociétés de tir de France de leurs cordiales protestations. L'incident est déclaré clos et la discussion continue.

« M. Régimbeau, répondant à M. de Jarry, dit qu'il tient à dégager la responsabilité des présidents des Sociétés de tir de la Seine, relativement à l'établissement d'un tir fédéral.

« Depuis deux ans, toutes les Sociétés de tir de la Seine ont fait tous leurs efforts pour arriver à ce résultat, elles ont eu plusieurs réunions dans ce but, et dernièrement encore, une commission a fait son possible pour obtenir l'autorisation de se constituer en fédération. A une dernière réunion, on a proposé de provoquer un vaste pétitionnement dans le but d'obtenir du gouvernement l'autorisation d'établir un stand au bois de Vincennes ; malheureusement ce projet n'a pas eu de suite, à cause de la réunion projetée du Congrès.

« M. Rogier exprime l'opinion qu'il existe dans nos institutions une lacune : on a créé dans toute la France des bataillons scolaires ; mais, au sortir de l'école, les jeunes gens restent pendant quatre ou cinq ans sans toucher un fusil. En arrivant au régiment, ils oublient tout ce qu'ils ont appris à l'école.

« L'orateur propose de combler cette lacune par les Sociétés de tir auxquelles l'État fournirait gratuitement des munitions. Il a établi un calcul duquel il résulte que si l'État voulait établir dans chaque chef-lieu de département, d'arrondissement et de canton, un champ de tir, cela lui coûterait environ 10,000,000 fr. Mais cette somme ne serait pas nécessaire immédiatement ; on pourrait commencer par la région la plus menacée, par l'est.

« Il conclut en disant que l'État doit faire quelque chose en faveur de ses défenseurs, car il ne faut pas se dissimuler que le jour où nous lutterons contre nos voisins, c'est une question de vie ou de mort.

« M. le Président demande si quelque membre du Congrès a des renseignements à donner sur la question de reconnaissance d'utilité publique de toutes les Sociétés de tir par le gouvernement.

« Personne ne demandant la parole, il explique qu'en 1879, le Tir stéphanois a adressé au gouvernement une demande de cette nature. Cette Société a été également la première à obtenir le dégrèvement de l'impôt sur les cotisations.

« Plusieurs membres expriment leur étonnement, et déclarent que leurs Sociétés n'ont pas profité de ce dégrèvement.

« M. le Président répond que cela dépend de la manière dont les Sociétés sont constituées.

« La Société de Tir stéphanois ayant payé 3,291 fr. 05 pour les cotisations de ses membres, cette somme lui a été restituée. La Chambre des députés s'est émue de la situation faite aux Sociétés de tir, et elle a adopté que toutes les Sociétés libres, comme les Sociétés de tir, seraient exonérées de cet impôt.

« En 1879, on avait beaucoup engagé la Société, dont il est président, à solliciter du gouvernement la reconnaissance d'utilité publique. On a suivi ce conseil, et il est demeuré établi que si la Société avait donné suite à son projet, elle aurait aliéné complètement sa liberté.

« Il conclut en conseillant aux Sociétés de conserver leur autonomie. Ce qu'il faut demander au gouvernement, c'est le bon marché des cartouches.

« Il serait utile également de demander aux compagnies de chemins de fer de faire quelque chose en faveur des Sociétés de tir. Il dit que, comme délégué de sa Société au Congrès, il n'a pu obtenir le retour gratuit.

« M. Lermusiaux croit que le moyen le plus pratique serait de réclamer du gouvernement une subvention, car une fois la subvention accordée, le gouvernement n'a pas à s'immiscer dans la gestion des Sociétés.

« Il y a plusieurs façons d'accorder des subventions. Jusqu'ici l'État n'a pas cru devoir s'intéresser directement aux Sociétés de tir.

« L'orateur donne lecture d'un passage du compte rendu officiel de la Chambre relatif à l'allocation de 91,575 fr. pour subvention de cartouches aux Sociétés de tir de l'armée territoriale. Il résulte de ce document que, par suite d'une fausse interprétation par le rapporteur du budget de la guerre, M. Laisant, la Chambre des députés rejetait la demande de subvention réclamée par M. Pieyre, en faveur des Sociétés civiles de tir.

« L'année suivante, en 1883, lors de la discussion du même budget, M. Laisant ne manquait pas de rappeler à la Chambre que ledit crédit était, en fait, affecté à l'allocation gratuite des cartouches aux Sociétés de tir de l'armée territoriale.

« M. Lermusiaux conclut qu'il serait bon de saisir à nouveau les représentants de cette question, afin d'obtenir d'eux des subventions en faveur des Sociétés civiles de tir.

« M. Delamain partage l'avis du président en ce qui concerne la reconnaissance d'utilité publique. Il ajoute que cette reconnaissance d'utilité publique ne serait accordée qu'à telle ou telle Société qui en aurait fait la demande.

« Il appuie le précédent orateur au sujet des subventions de cartouches, et il cite l'exemple de la Société de Jarnac qui reçoit 3000 cartouches pour 300 membres.

« Il n'est pas d'avis de la gratuité absolue des cartouches, car on pourrait suspecter les Sociétés de les gaspiller, il propose de demander que les cartouches soient vendues à un prix très réduit. Les Sociétés militaires mixtes obtiennent gratuitement un certain nombre de cartouches ; mais si elles en désirent une quantité plus considérable, elles les paient 0 fr. 11 c.

« M. Violet rappelle qu'à l'ancienne Société de tir national certains organisateurs semblaient n'avoir d'autre mandat que celui de faire tomber la Société. Il dit que l'administration retire d'une main ce qu'elle donne de l'autre. Il cite des exemples de l'indifférence de l'administration.

« L'orateur se déclare partisan de la diminution du prix des cartouches, et il propose de demander aux municipalités, qui ont intérêt à ce que des concours de tir aient lieu dans leurs communes, de subvenir aux autres dépenses.

« M. de Jarry se déclare opposé au tir au Flobert pour les jeunes gens. Il conseille aux Sociétés de Paris de demander aux autorités militaires le terrain nécessaire pour établir 8 ou 10 stands à 200, 300 mètres, d'utiliser, par exemple, les fortifications.

« M. de Jarry demande qu'on établisse partout des tirs scolaires, et qu'au lieu de donner des bons points pour récompenser les enfants, on leur donne un bon de cartouches pour tirer le jeudi.

« Un membre répond que cela se pratique actuellement dans beaucoup d'écoles.

« M. le président fait observer que, toute intéressante qu'elle soit, la discussion s'écarte de son but, et prie le Congrès de rentrer dans l'ordre du jour.

« M. Marot propose de demander au gouvernement qu'il veuille bien engager l'administration à être un peu plus tolérante envers les Sociétés de tir. Il cite l'exemple de la Société de tir de Vincennes à laquelle le préfet de police avait permis de tirer au polygone, mais la semaine seulement, tandis que le ministre de la guerre n'a accordé l'autorisation que pour le dimanche. Il propose de tenter un nouvel effort en cherchant l'appui des membres du Parlement, des conseils généraux et municipaux.

« M. le président répond que l'administration n'est pas aussi intolérante que l'a dit le précédent orateur. A Saint-Étienne et à Lyon, les autorités sont tout à fait bien disposées en faveur des Sociétés de tir.

« M. le commandant Chapotot appuie les déclarations de M. le président ; il ajoute que la Société de tir de Lyon reçoit même une petite subvention du Conseil général et du Conseil municipal.

Il demande l'abolition du droit d'entrée sur les cartouches étrangères, parce que beaucoup de Sociétés de tir emploient les fusils suisses : les carabines Vetterli et Martini.

« Quelques membres protestent contre l'emploi trop exclusif des armes étrangères.

« M. Henry Bordet, président de la Société de tir de Châtillon, propose de créer une mutualité en cas d'accident, afin que la Société où l'accident a eu lieu ne soit pas écrasée par les dommages-intérêts qu'elle sera condamnée à payer aux victimes.

« M. le Président dit que la question est sage et qu'il serait bon de l'étudier, mais à une autre réunion.

« M. le commandant Gaillard dit que tous les ans il reste des cartouches dans les régiments.

« M. Clérin fait observer que ces cartouches étant du modèle 1874, sont de qualité inférieure et baguent les fusils.

« M. Chabrière dit qu'il y a eu, dans cette réunion, deux courants d'opinion : celui de l'ordre du jour, qui consiste à demander l'appui du gouvernement pour obtenir des subventions en vue d'un tir fédéral à établir à Paris et devant s'étendre sur tous les départements. Ce premier point a été combattu, ainsi que la reconnaissance d'utilité publique. Il propose de s'adresser, dans cette circonstance, à l'initiative privée. Il est urgent d'éliminer certains points si l'on veut arriver à un résultat pratique.

« Il y a un point sur lequel tous les membres du Congrès paraissent être d'accord : c'est la nécessité de créer à Paris une Société centrale. Si les Sociétés de Paris peuvent arriver à créer cette Société, toutes les difficultés de détail qu'on a signalées s'aplaniront.

« M. Desté et M. Régimbeau demandent que le comité de Paris soit composé de délégués de Paris et de la province.

« M. Limozin dit que les délégués de Paris ont été nommés à la réunion de jeudi dernier.

« M. Lermusiaux ajoute que les Sociétés de Paris se sont adjoint M. Déroulède comme onzième délégué.

« M. Déroulède déclare que cette délégation finira pour lui avec le Congrès. Il dit qu'il est entièrement de l'avis de M. Chabrière, et qu'à la réunion préparatoire du jeudi précédent il a proposé la constitution, pour les Sociétés de tir, d'un centre à Paris qui aurait pour but d'organiser un concours national en 1884.

« Il se range à l'opinion de MM. Desté et Régimbeau, et propose après avoir ratifié le choix des dix délégués de Paris, d'y adjoindre séance tenante dix délégués des départements pour composer la commission d'organisation. Son opinion est qu'il faut tâcher de profiter, pour le concours, d'un champ de tir déjà existant, tel que le polygone de Vincennes, par exemple, et ne pas penser encore à entrer dans les frais de construction d'un stand spécial.

« M. Candelier déclare qu'il n'est pas partisan de la proposition de M. Déroulède, parce que ce qu'il propose n'est pas durable ; ce n'est qu'un commencement.

« Un membre fait observer qu'il faut commencer par quelque chose.

« M. Candelier demande que les membres du Congrès signent un ordre du jour demandant au gouvernement d'organiser, comme en Belgique, un grand concours fédéral fixe.

« Un membre fait observer que cette organisation fixe ne pourrait pas fonctionner avant cinq ans.

» M. Déroulède dit que M. Candelier propose une chose durable, excellente, mais impossible en ce moment, tandis que lui, propose une chose provisoire, mais qu'il croit possible. C'est au Congrès à choisir.

« M. Régimbeau dit que la proposition de M. Déroulède se résume en ceci : les Sociétés françaises de tir demandent aux Sociétés de tir de Paris d'organiser, en 1884, un concours national. Comme président d'une Société de Paris, il déclare que les Sociétés de Paris doivent aux Sociétés françaises d'organiser ce concours en 1884.

« M. Déroulède soumet à l'approbation du Congrès des Sociétés de tir de France les deux propositions suivantes :

« 1° Organisation, pour l'année 1884, d'un concours national de tir, dans un champ déjà existant ;

« 2° Nomination immédiate d'une Commission chargée d'aviser aux voies et moyens d'exécution.

« Les deux propositions, mises aux voies, sont adoptées à l'unanimité.

« M. Saint-Père (de Dijon) propose d'adresser une pétition au gouvernement, afin d'obtenir une diminution du prix des cartouches pour toutes les Sociétés de tir.

« M. Lermusiaux dit qu'il faudrait demander une subvention ; le ministre n'accordera pas la gratuité des cartouches si les Chambres ne votent pas un crédit au budget.

« Un membre propose que le Congrès exprime le vœu que tous ceux qui sortent du service soient obligés à venir prendre part au tir au moins une fois par an.

« M. Delamain demande que le Congrès émette le vœu qu'à l'avenir, toutes les Sociétés de tir régulièrement constituées puissent obtenir du gouvernement des cartouches *Gras* à un prix très réduit.

« M. le commandant Chapotot demande la suppression des droits d'entrée sur les cartouches étrangères.

« Un membre propose de réclamer la suppression des droits d'entrée sur les fusils étrangers.

M. Letalle et plusieurs membres protestent contre l'entrée gratuite des cartouches étrangères.

« M. Régimbeau proteste énergiquement contre un pareil vœu. Ce n'est pas, dit-il, au moment où nous avons à lutter contre la concurrence étrangère qu'on peut émettre un pareil vœu. Nous ne devons nous servir avant tout que d'armes et de cartouches nationales.

« M. Déroulède approuve vivement M. Régimbeau.

« Un membre demande que le commerce soit autorisé à fabriquer des cartouches.

« M. Herpin propose de demander au gouvernement de fabriquer des cartouches de fusil Gras à 3 grammes de poudre, charge suffisante pour le tir à 200 mètres.

« M. le Président répond que le congrès ne peut pas entrer dans des détails aussi minimes, et qu'on se bornera à mentionner ces divers vœux au procès-verbal.

« M. le Secrétaire donne lecture de la proposition de M. Raoul Bravais, tendant à réclamer une diminution de prix sur la vente des cartouches françaises et la suppression des droits d'entrée sur les cartouches étrangères.

« Un membre demande le vote en deux parties.

« M. le Président met aux voix la première partie de la proposition.

« M. Delamain fait observer que la première partie de la proposition émane de lui.

« Cette première partie concernant la réduction à demander au gouvernement sur le prix de vente des cartouches françaises est adoptée à l'unanimité.

« La seconde partie, concernant les cartouches étrangères, est repoussée.

« Le congrès procède ensuite à la nomination des dix délégués de province qui doivent s'adjoindre aux dix délégués de Paris, le onzième délégué, M. Déroulède, ayant déclaré une seconde fois que ses occupations ne lui permettent pas d'accepter ces fonctions, et qu'il cessait de faire partie de la commission après le congrès.

« Sont nommés :

« MM. Candelier, de Lens; Chabrière, de Lyon; Clérin, de Nancy; Chapon, de Saint-Étienne; Delamain, de Jarnac; Herpin, d'Issoudun; de Jarry, de Bouffémont, d'Épinal; Ed. Langer, du Havre; Rogier, de Fresnes; Saint-Père, de Dijon.

« M. Raoul Bravais dit que l'ordre du jour n'est pas épuisé : il reste à statuer sur la question de reconnaissance d'utilité publique.

« M. Rogier répond qu'il serait bon que chacun se renseignât auprès d'hommes compétents, et que cette question fût renvoyée à un prochain congrès.

« Plusieurs membres expriment le désir que le prochain congrès ait lieu avant le mois de septembre, le 15 juillet, par exemple.

« Sur la proposition de M. le président, le congrès vote à l'unanimité des remerciements à M. Paul Déroulède, à la Ligue des Patriotes et à M. Candelier.

« La séance est levée à six heures. »

Le Secrétaire : Desté

Nous avons fait remarquer la déclaration de M. Déroulède, à la séance du 13, qu'il n'acceptait aucune fonction de délégué, et les motifs secrets qui la motivaient. Or, on voit par le compte-rendu qui précède, qu'il revient deux fois sur cet engagement. La suite du récit montrera quel compte il a tenu de sa parole.

Le procès-verbal officiel du Congrès, est signé : Desté, secrétaire du Congrès. Cependant, d'une lettre de M. A. Clérin, directeur de la *Société des tireurs de l'Est*, publiée par le *Signal* du 9 mars 1884, il résulte que *M. Desté ne représenterait que sa personne, et que c'est à tort qu'il s'est donné un titre.* »

Autre observation intéressante. M. Edmond Desté a écrit, à la date du 27 février 1883, une lettre dont nous extrayons ce qui suit :

« ... En attendant, si vous me le demandez, je publierai *in extenso*, dans le numéro de dimanche prochain, la pièce dont vous m'avez adressé la copie. Quoiqu'elle me paraisse un peu passionnée, elle ne me semble pas mériter la qualification de *factum* que lui donne le compte-rendu de *M. le secrétaire.* »

Cette lettre ne prouve-t-elle pas que M. Desté, secrétaire élu par le congrès, n'a pas rédigé lui-même le compte-rendu qui porte sa signature ? Du reste, il a affirmé qu'il était reparti à Nancy, en laissant ce soin à un employé de M. Déroulède.

En effet, si M. Desté avait rédigé ce compte-rendu, il n'y eût certainement pas inséré le mensonge contenu dans cette phrase inventée par le sténographe. « *A ce moment, M. le Président du Congrès reçoit, par ministère d'huissier, un fac-um aux termes duquel le requérant serait l'unique propriétaire de l'idée d'organiser un tir fédéral en France...* »

La vérité nous la trouvons dans une lettre du Président du Congrès, en date du 4 mars 1884, adressée à M Bourdon :

« ... Pour le compte-rendu de la séance du 17 février que j'ai eu l'honneur de présider, nous avions un secrétaire et un sténographe, celui-ci était amené je crois par M. Déroulède.

« Je reconnais qu'on a eu tort d'oublier au procès-verbal la proposition que j'ai faite, en demandant une commission de trois membres, qui auraient été chargés de vous voir pour les explications à donner sur l'assignation que vous avez adressée au *Président du Congrès* (*qui en a eu une faible connaissance indirecte*), puisqu'elle a été remise à la Ligue des patriotes, et apportée au Congrès par M. Déroulède, lequel a dû préparer le compte-rendu de la séance, *un peu suivant son désir, et peut-être son intérêt.*

A. CHAPON,
Président fondateur du Tir Stéphanois. »

Pour l'édification des lecteurs, nous donnons copie de l'exploit d'huissier qualifié de *factum*, tel qu'il a été reproduit par le *Tireur de l'Est*, dont le directeur était M. Desté :

« L'an mil huit cent quatre-vingt-quatre, le dix-sept février, à deux heures 45 minutes du soir,

« A la requête de Monsieur Bourdon (Léon), comptable, demeurant à Paris, rue Forest, n° 6 (18ᵉ arrondissement), auteur du Projet du Premier Tir Fédéral Français et de ses annexes, déposés au Conseil municipal de Paris le quatorze novembre mil huit cent quatre-vingt-un ; lequel projet a été l'objet d'une étude de la part de la 5ᵉ commission dudit Conseil et d'un rapport présenté en son nom le cinq décembre mil huit cent quatre-vingt trois, distribué en brochure sous le n° 130 et inséré au *Bulletin municipal officiel de la ville de Paris* le 16 janvier 1884 ; agissant en cette qualité ;

« Et en vertu de l'ordonnance rendue sur requête (en vertu de l'art. 1037 du Code de Procédure), et desquelles copie est donnée en tête de celle du présent ;

« J'ai, Oscar-Louis Vercoutère, huissier près le tribunal civil de la Seine, demeurant à Paris, faubourg Montmartre, 33, soussigné, signifié et déclaré à Monsieur le Président et Messieurs les Membres de la réunion tenue le dimanche 17 février 1884, à deux heures, rue Saint-Augustin, 22, sous le nom de Congrès des Tireurs de France, où étant et parlant à *Monsieur le Caissier comptable de ladite réunion.*

« Attendu que le Projet du premier Tir fédéral français a été donné par le requérant, dans le but de favoriser le développement des Sociétés civiles de Tir, telles qu'elles existent depuis plus de trente ans à l'étranger au moyen d'une impulsion franche, loyale et honnête, devant profiter aux intérêts du pays à l'exclusion de toute idée mercantile, de tout parti ou de toute coterie, et dont les produits sont réservés pour les pauvres ;

« Attendu que le rapport de la cinquième commission du conseil approuve le dit projet et conclut à son renvoi au Gouvernement pour s'entendre avec lui sur les moyens de les mettre à exécution ;

« Attendu que les annexes principales du projet dont il s'agit ont disparu du dossier du Conseil municipal et que cette disparition peut constituer un détournement au préjudice des intérêts ci-dessus spécifiés ;

« Attendu que l'institution du Tir a déjà été étouffée en France en 1860–61–62 à l'aide de manœuvres masquées sous les dehors les plus patriotiques ; que ces manœuvres, tout en trompant, compromettant même un grand nombre de personnes fort honorables, ont pesé plus tard d'un poids fatal dans nos désastres de 1870 ;

« Attendu que le gouvernement de la République n'a jamais empêché de se former les Sociétés sérieuses de Tir, dont il a récemment encore reconnu l'utilité au Parlement même ; que le fait de vouloir remplacer ces Sociétés par des parodies dérisoires ne saurait lui être imputé, pas plus que l'idée de déclarer d'utilité publique lesdites parodies, sans faire retomber sur lui des soupçons qui ne doivent même pas effleurer un gouvernement républicain ; que notre état d'infériorité sur ce point doit donc être attribué à d'autres causes ;

« Attendu que l'avant-projet du premier Tir fédéral a été adressé le 10 janvier 1882 au journal de l'Association dite Ligue des Patriotes, dont le siège était alors à *l'Association dite Nationale des Tireurs de France et d'Algérie*, et que le rapport lui en a été également envoyé lors de sa publication ;

« Vu l'intervention de ladite Ligue *dictant* à M. Candelier, promoteur du Congrès, les propositions à faire aux Sociétés de Tir à longue portée, sans qualité ni compétence pour cela ; vu la nature de ces propositions, les statuts de ces Associations, ainsi que de leurs agissements antérieurs incompatibles avec l'esprit, le but et développement des Sociétés sérieuses de Tir ;

« Attendu d'ailleurs qu'il y a en France autant de patriotes que de Français ; que l'amour de la patrie n'est pas une marchandise, mais une vertu qui appartient à tous, et que nul ne peut faire naître ou supprimer à son gré ; il paraîtrait dès lors prudent et sage de se tenir à l'écart de toute combinaison tendant à monopoliser le patriotisme au profit du chauvinisme, de la vanité ou de la spéculation, et de fonder une institution durable basée sur les principes de vérité, d'humanité, de patriotisme et de liberté.

« Par ces motifs :

« Le requérant croit devoir appeler l'attention du Congrès sur les faits ci-dessus ;

« Déclarant faire les plus expresses réserves au sujet des propo-

^Sitions qui lui sont imposées et de tous actes qui en pourraient être la conséquence ;

« Le tout sous réserve de ses droits comme auteur du projet du premier Tir Fédéral Français et de ses annexes ;

« Et j'ai, aux susnommés parlant comme dessus, laissé copie tant desdites requête et ordonnance que du présent dont acte sur modèle.

« *Signé* : Vercoutère. »

De cet acte lui-même, il résulte que la remise n'en a pas été opérée comme le dit le *Drapeau*, au *président du congrès*, mais à un certain individu qui s'est déclaré à l'officier ministériel, *caissier comptable de la réunion.*

M. Déroulède attendait-il ce papier, remis par erreur à son employé qui le lui donna ensuite ? Nous sommes autorisé à le supposer, car, pour la réussite de ses projets, lui seul avait intérêt à en empêcher la communication.

Quoiqu'il en soit, tel est le récit fait par M. Vercoutère, interpellé à ce sujet, devant la Chambre des huissiers :

« Je me présentai une première fois 22 rue Saint-Augustin, et trouvai, à la porte de la salle, un homme grand et brun qui m'en interdit l'entrée, alléguant que je n'avais pas de lettre d'introduction. Je répondis qu'étant huissier, j'avais le droit d'entrer pour instrumenter. L'homme en question me proposa de lui donner communication de mon exploit. Je refusai et partis, afin de laisser à l'assemblée le temps de désigner son président. Quand je revins, le même individu me refusa l'entrée de la salle. Je lui demandai quelle était sa qualité, et lui remis l'exploit. »

Nous supposons que l'individu désigné par l'huissier est le garçon de bureau de M. Déroulède, ancien agent de police, qui le suivait partout pour épargner à son maître d'être molesté dans les bagarres.

Il est à remarquer que la *Nouvelle Revue* n'a pas fait mention de ce curieux incident ; par tous les moyens, d'ailleurs, on s'appliqua à en étouffer la divulgation.

Pour nous, c'est de ce jour que date la perte irrémédiable de nos illusions sur les hautes destinées de la Ligue des patriotes.

Nous avons insisté sur les moindres incidents de la séance du congrès, parce qu'ils sont de nature à éclairer sur la marche savamment suivie par les directeurs de la Ligue pour s'emparer de l'œuvre des sociétés de tir, en les soumettant à une puissance occulte.

VI

MAIN-MISE DE LA LIGUE DES PATRIOTES SUR LE CONCOURS DE TIR : ÉLIMINATION DES SOCIÉTÉS.

SOMMAIRE. — Manœuvres employées par la Ligue et le Maître pour éliminer les sociétés et annihiler les décisions prises par leurs délégués. — M. Delonclo, dans la *Nouvelle Revue*, explique à sa façon cette absorption de l'œuvre : M. Déroulède *exigea* des explications; il prit *en mains le pouvoir*; M. Lermusiaux sou int son indomptable énergie. — Récit exact des faits et documents à l'appui : les délégués des sociétés se présentent, à ce titre, au Ministre de la Guerre; ils obtiennent une réponse favorable. Visite des délégués au Préfet de la Seine. Circulaire aux Conseillers municipaux de Paris. Jusqu'à présent, la Ligue n'apparaît pas et toutes les demandes sont faites au nom des sociétés de tir de France. — Les démarches ont réussi; la Ligue va en recueillir les fruits. — Récit de cet englobement publié par le *Bulletin municipal officiel de Paris*. — Le Maître et son coup d'État du 15 juillet : *Le Petit Journal* annonce que M. Déroulède s'est nommé commissaire-général du concours; pourquoi cette communication importante n'est faite ni par *Le Drapeau* ni par les organes du tir. — La Ligue prend le concours *sous son patronage* et fait des avances de fonds. — M. Lermusiaux, désormais attaché au Maître, livre à la Ligue tous les documents et est nommé secrétaire-général de cette association. — On parle quelque peu de la Ligue et de son patronage dans les circulaires. — Quatre délégués de Paris sont éliminés et contraints à donner leur démission. — Autoritarisme et incompétence du Maître. — Réunion des Sociétés de tir de Paris, le 26 mars; ordre du jour de protestation contre les actes d'éviction commis par la Ligue : des lettres adressées au Comité n'ont pas été lues; M. Lermusiaux défend son Maître. — Substitution, au projet élaboré par le Comité technique, des volontés de MM. Déroulède et Lermusiaux. — M. Violet, indigné, donne sa démission de délégué de Paris; lettres échangées à ce sujet. — *Le Cercle des Carabiniers de Paris* et la société *l'Étude* déclinent toute responsabilité matérielle et morale dans le concours qu'organise la Ligue.

Nous allons montrer maintenant par quelles manœuvres la Ligue des patriotes, après avoir laissé les déléguées nommés par les sociétés demander et obtenir les autorisations et les subventions nécessaires, a su habilement évincer de la direction du concours les initiateurs qui en avaient tracé le plan et assuré l'exécution, en déversant sur eux les injures et les accusations les plus perfides.

Ainsi les amis de M. Déroulède accusèrent les délégués d'avoir compromis l'œuvre par leur inertie. *La Nouvelle Revue* prêta sa publicité à cette calomnie; nous lisons ce qui suit dans le numéro du 1er octobre :

... On fixa donc les rôles et le congrès fut obligé d'agir ou d'abdiquer. Il n'agit pas et resta. Une première fois, M. Déroulède, fort occupé en province par les campagnes de la Ligue, sollicita des explications. Sur sa demande, et *malgré l'inqualifiable attitude d'un délégué parisien*, le comité avait offert la présidence d'honneur du premier concours national à M. le général Campenon ; ne se laissant dominer que par son patriotisme, le ministre de la guerre avait accepté ce titre ; on ne pouvait abandonner une œuvre ainsi patronée.

L'inertie du congrès était flagrante. Peu de jours après, ayant obtenu la cession du polygone de Vincennes durant les grandes manœuvres de septembre, M. Déroulède *exigea* qu'on s'expliquât, et l'on reconnut d'assez bonne grâce que tout était à faire.

« *M. Déroulède prit en main les pouvoirs.* Nommé commissaire général, il assuma toutes les responsabilités, ses adversaires disaient tous les profits. Sur sa proposition, le comité directeur de la Ligue consentit à avancer les fonds nécessaires aux premiers aménagements ; bientôt le budget s'élargit ; on avait tablé sur 10.000 francs, on en dépensa 14.000, puis 20,000, puis 30.000, jusqu'au jour où le fâcheux malentendu de l'Hôtel continental ayant réveillé autour du Conseil municipal d'inexorables intrigues, l'insignifiance de la subvention votée par une assemblée surprise obligea les chefs de la Ligue à s'engager pour la totalité des frais. Les attaques demeurèrent acrimonieuses et peureuses. *On se dérobait dans les sous-comités*, on complotait à huis-clos. Les menaces qu'on redoutait de produire s'esquivaient dans une certaine presse. M. Lermusiaux, devenu secrétaire administrateur du concours, était presque le seul à soutenir l'indomptable énergie de M. Déroulède... Et ce fut seulement vers le 10 juillet, quelques jours avant la fête que la Ligue donna au théâtre de la Gaîté, comme une attestation dernière de son dévouement, qu'une séance de nuit adopta le programme et le règlement du tir, d'après les cahiers de MM. Déroulède et Lermusiaux.

Moins optimiste que M. Deloncle dont nous venons de citer l'article, nous ne croyons pas que la lumière soit suffisamment faite, et nous allons tenter de la produire.

Les délégués nommés par le congrès du 16 février se formèrent deux jours après le congrès, en comité d'organisation, dont le bureau fut composé comme il suit :

Président : M. De Jarry de Bouffémont ;
Vice-présidents : MM. Régimbeau et Letalle ;
Secrétaire : M. Lermusiaux ;
Trésorier : M. Bravais ;
Directeur de tir : M. Violet.

Le premier soin du comité d'organisation fut de solliciter du ministre de la guerre l'autorisation de disposer pour le concours du champs de tir de l'armée. Comme on semblait vouloir pousser le comité, à donner au ministre de la guerre la présidence effective du concours et à s'adjoindre des officiers dits compétents,

M. Violet protesta au nom des tireurs civils, en rappelant le triste exemple de 1860. Nous verrons plus tard comment le Maître le punit de sa perspicacité.

Le *Drapeau* du 1ᵉʳ mars 1884 mentionne en ces termes la visite du Comité au ministre :

« Le comité d'organisation représenté par MM. de Jarry, président, Letalle, vice-président, Lermusiaux, secrétaire, A. Bravais trésorier, a été reçu lundi dernier par M. le ministre de la guerre.

« Le président, après avoir remis entre les mains du ministre les résolutions du congrès des sociétés de tir de France tenu le 17 février dernier, s'est exprimé en ces termes :

« Monsieur le ministre,

« C'est au nom de toutes les sociétés de tir de France, dont nous sommes les délégués, que nous venons...

« Notre but ayant toujours été de former, pour la défense de la Patrie, le plus grand nombre possible de bons tireurs, il est tout naturel que nous recherchions en cette circonstance le haut et puissant patronage du chef suprême de notre armée. »

« Le ministre a répondu en disant qu'il était vivement touché de ce que les Sociétés de tir avaient bien voulu penser à lui pour la présidence d'honneur de cette fête éminemment patriotique et qu'il était heureux d'accepter cette marque de sympathie.

« Le président a remis ensuite au ministre l'exposé des demandes, qui a répondu qu'il examinerait avec attention toutes ces demandes, mais qu'avant d'y répondre affirmativement il avait besoin de consulter le gouverneur de Paris, surtout en ce qui concerne l'époque où le polygone pourrait être prêté sans inconvénient pour les troupes Le ministre a ajouté qu'il allait apporter toutes diligences pour que le Comité d'organisation soit fixé dans le plus bref délai.

« Le secrétaire
« F. Lermusiaux. »

Le ministre répondit favorablement à la demande du Comité d'organisation. Comme on le voit, c'est bien le Comité qui agit pour assurer le succès de son entreprise. Ainsi tombe le reproche mensonger de n'avoir rien fait, que les chefs de la Ligue lancèrent et exploitèrent contre lui.

C'est aussi le même Comité qui négocie auprès des autorités compétentes le vote de subventions. Le *Drapeau* de 1884 (page 141) l'a reconnu lui-même, dans la note suivante :

« Le bureau du comité chargé d'organiser le concours de tir national français a été reçu, la semaine dernière, par M. le préfet de la Seine et par M. le président du Conseil municipal de Paris.

« Le comité d'organisation du concours de tir national français vient d'adresser, au Conseil municipal de Paris, une demande de subvention de 50.000 francs.

« Voici la copie de cette demande dont un exemplaire a été adressé à chaque conseiller municipal et à chaque président de Société de tir de Paris :

Paris, le 17 mars 1881 :

« Monsieur le président,
« Messieurs les conseillers,

« Les sociétés de tir de France, réunies en congrès à Paris le 17 février dernier, ont décidé l'organisation, en 1884, à Paris, d'un concours national de tir.

« Un comité, composé de délégués de Paris et des départements, a été nommé par ce congrès à l'effet de donner suite à cette résolution et d'en assurer la réalisation.

« *Ce comité, au nom duquel nous nous présentons à vous,* après avoir constitué son bureau, s'est résolûment mis à l'œuvre et sa première mission a été de s'assurer l'appel effectif de l'administration supérieure, aujourd'hui entièrement assuré. Il a, de plus, offert, au nom des sociétés de tir de France, la présidence d'honneur du concours projeté au chef suprême de notre armée, au ministre de la guerre qui l'a acceptée.

« Ce concours, le premier de ce genre organisé en France, doit avoir lieu au polygone de Vincennes, mis à la disposition du comité par M. le gouverneur de Paris, pendant un mois, à compter du 15 août au 15 septembre de cette année,

« Permettez-nous, monsieur le président et messieurs les conseillers, de faire ressortir ici et de vous exposer toute l'importance qui s'attache à ce projet :

« Nul n'ignore aujourd'hui le rôle qu'est appelé à jouer, dans la valeur de nos armées, la pratique saine et virile des armes. Il est évident que l'avantage dans les guerres futures restera à l'armée qui aura étudié la science moderne : l'art de bien tirer. C'est donc faire œuvre de sagesse et de prévoyance que de préparer d'habiles tireurs en vue d'assurer efficacement la défense du sol français dans l'avenir.

« Or, pour inculquer parmi les jeunes générations le goût du tir qui peut nous donner la force, la vitalité indispensable à notre sauvegarde, il est un levier puissant entre tous : c'est l'appel dans un même tournoi de tous les Français, où chacun puisse démontrer ce que serait une nation telle que la France si tous ses enfants savaient se servir avec adresse des armes sur lesquelles repose sa défense et par conséquent sa sécurité.

« C'est ce qu'a compris le congrès des Sociétés de tir de France du 17 février, en décidant qu'un grand concours national de tir aurait lieu cette année à Paris.

« C'est donc rempli de confiance que le comité élu pour assurer l'exécution de cette organisation se présente à vous, messieurs, et vient vous demander de vouloir bien vous associer à lui pour la consécration de cette grande démonstration patriotique sans précédent en France.

« Le comité n'ignore pas combien est grande la sollicitude du conseil municipal de Paris, pour toutes les œuvres qui intéressent le pays. — Il pense que si ce conseil a encouragé et encourage encore le développement d'un grand nombre d'institutions, parmi lesquelles figurent les *courses de chevaux*, il estimera que la préparation d'habiles tireurs comporte une importance autrement grande, et une considération bien supérieure.

« En conséquence, et afin de donner à cette solennité tout l'éclat qu'elle comporte, le comité sollicite de vous, messieurs, une subvention de 50.000 francs. Le comité demande en outre à être entendu par la commission qui sera chargée de l'examen de cette demande afin de lui fournir les renseignements qu'elle pourrait désirer ainsi que des détails sur l'organisation projetée.

« Veuillez agréer, etc.

« *Le secrétaire,*   *Le président,*
« F. LERMUSIAUX. « DE JARRY DE BOUFRÉMONT. »

Le Drapeau du 29 mars ajoute :

« Le Comité d'organisation du concours de tir a été reçu par M. Thorel président du Conseil général de la Seine, auquel il a offert de faire partie du Comité de patronage dudit concours.

« M. Thorel a accepté, et a promis tout son appui près le Conseil général auquel une demande de subvention de 20.000 fr. a été adressée par le Comité.

« Le Comité va *également* adresser au Parlement une demande de subvention de 100.000 francs.

« Une audience a été demandée à M. le président du conseil des ministres pour le prier d'agréer favorablement et d'appuyer ladite subvention près de la Chambre des députés.

« D'autres audiences vont être demandées par le comité à MM. les ministres de l'intérieur et de l'instruction publique, à MM. les présidents du Sénat et de la Chambre des députés, à M. le président du syndicat de la presse et à M. le président de la Ligue de l'enseignement. *Le Secrétaire :* F. LERMUSIAUX. »

La circulaire à laquelle il est fait allusion dans la lettre du 17 mars est ainsi conçue :

« *Concours national*

« Comité central d'organisation —
« Secrétariat 22 rue Saint-Augustin, Paris.
« Concours de tir national français à Paris.

« Paris, le 20 mars 1884.

« Monsieur le président,

« Nous avons l'honneur de vous transmettre une copie de la demande de subvention que nous venons d'adresser au Conseil Municipal de Paris, en vue de l'organisation du Concours national de tir ...

12

« Nous pensons qu'il serait nécessaire et urgent que les membres des sociétés de tir de la capitale, qui sont en rapport avec leurs conseillers dans leur arrondissement respectif, voulussent bien voir ces derniers afin de leur fournir verbalement des renseignements complémentaires.....

« afin de faire que la subvention qu'ils voudront bien nous accorder soit en rapport avec l'importance de la solennité que les sociétés de tir de France ont résolu d'organiser cette année à Paris.

« Nous comptons, Monsieur le Président, que vous voudrez bien mettre votre patriotisme au service d'une cause qui nous intéresse tous au même degré et nous vous prions de croire à nos sentiments les plus dévoués.

« Pour le Comité :

« *Le secrétaire* :
« F. LERMUSIAUX.

Le Président :
DE JARRY DE BOUFFÉMONT.

Le Drapeau du 12 avril 1884 contient le compte-rendu suivant :

« CONCOURS DE TIR NATIONAL FRANÇAIS EN 1884

« Le Comité central d'organisation continue toujours ses travaux. — La semaine dernière, il était reçu par M. le directeur des travaux de Paris, et par M. le président du Syndicat de la Presse.

« M. Alphand et M. Jourde, ont accepté de faire partie du Comité de patronage. Ils ont, de plus, promis au Comité, tout leur appui pour toutes les questions pour lesquelles ils pourraient intervenir.

« Les personnes devant constituer les Sous-Comités, se sont réunies en Assemblée générale, samedi dernier, au siège du Comité central. Il a été décidé que les bureaux de ces Sous-Comités, composés d'un président et d'un secrétaire, seraient constitués sans retard.

« En conséquence, les membres des Sous-Comités vont se réunir respectivement pour procéder à ces élections.

« Des audiences ont été demandées par le Comité, aux Membres du Gouvernement, ainsi qu'aux présidents du Sénat et de la Chambre des Députés.

Le secrétaire, F. LERMUSIAUX. »

On lit encore dans le *Drapeau* du 19 avril 1884 :

« Le Comité central d'organisation vient d'adresser à tous les journaux de France et à toutes les Sociétés de tir, de gymnastique et d'instruction militaire les circulaires suivantes :

« DONNÉES GÉNÉRALES DU PROJET

« Le concours aura lieu au polygone de Vincennes mis gracieusement à la disposition du Comité par M. le Gouverneur de Paris, à compter du 15 Août au 15 Septembre.

« Le Concours durera 15 jours, du dimanche 24 Août au dimanche 7 Septembre.

L'organisation du Concours est confiée à un Comité nommé par les Sociétés de tir de France réunies en Congrès le 17 février dernier. Ce Comité est assisté de sept Sous-Comités chargés respectivement d'attributions déterminées.

« La Présidence d'honneur a été offerte au Ministre de la Guerre qui l'a acceptée.

« Un Comité de patronage est en voie de formation : quelques notabilités et fonctionnaires ont déjà accepté d'en faire partie, parmi lesquels on peut citer : M. le Préfet de la Seine, M. le Président du Conseil Municipal de Paris, M. le Directeur des Travaux de Paris, M. le Syndic du Conseil Municipal de Paris, M. le Président du Syndicat de la Presse, etc.

« En ce qui concerne les subventions, une demande de 50.000 francs est adressée au Conseil municipal de Paris ; une autre demande de 40.000 francs est adressée au Conseil général de la Seine ; enfin, une troisième demande de 100.000 francs est adressée au parlement.

« Une exposition d'armes aura lieu dans les pavillons de tir, où des places destinées à recevoir des vitrines seront réservées aux armuriers qui en feront la demande.

« Les baraquements du camp de Saint-Maur, mis à la disposition du Comité, seront affectés au logement des tireurs qui le désireront.

« Des fêtes auront lieu pendant le Concours. A cet effet, des musiques militaires et civiles sont sollicitées.

« *Un Congrès des Tireurs de France sera tenu pendant le Concours.*

« La distribution des Récompenses aura lieu solennellement. La salle du Trocadéro sera demandée à cet effet. »

Citons enfin, *le Drapeau* du 17 mai 1881 :

« Le comité central d'organisation a été reçu lundi dernier par M. le ministre de l'intérieur, auquel il a offert de faire partie du comité de patronage.

« M. Waldeck-Rousseau a accepté et a promis tout son appui à cette démonstration patriotique.

« F. LERMUSIAUX. »

Remarquons que, jusqu'à présent, il n'est pas question de la Ligue des patriotes, dont le nom, après les manifestations auxquelles cette étrange association s'était livrée, n'aurait pas été auprès des pouvoirs publics une solide recommandation. Mais, maintenant que les autorisations sont accordées et les subventions assurées, la Ligue va s'afficher en caractères qui grossiront de jour en jour sur ses imprimés. Nous la verrons ensuite placée en vedette ; enfin, plus tard, il ne sera plus question du tout des sociétés de tir. Se sentant fortement établie dans sa conquête, la Ligue en arrivera alors à refuser à ces sociétés le droit de contrôle dans la comptabilité du concours

Pour achever de mettre en lumière cet englobement progressif, il suffit de citer le compte-rendu de la séance de la commission du budget et du contrôle du Conseil de Paris (*Bulletin municipal officiel*, 19 novembre 1886) :

« Depuis plusieurs années, la Ligue des patriotes se livre à la monopolisation du patriotisme, ainsi qu'on a pu le voir par le rôle joué par elle aux enterrements de Victor Hugo, Courbet, Bobillot, etc. : elle tente également de capter toutes les sociétés ainsi qu'en témoignent quatre pièces, dont la première datée du 20 mars 1884, et relative au concours de cette année, ne mentionne pas le nom de la Ligue ; la deuxième, du 8 juillet, porte : « Concours organisé par les Sociétés de tir de France, et au bas la signature du président de la Ligue ; la troisième, qui est le programme, porte bien : « organisé par les Sociétés de tir », mais en petits caractères ; alors qu'au dessous de la devise s'étale la mention : Quand même ! de la Ligue, on lit en gros caractères : « Ligue des patriotes ». La quatrième pièce, le compte-rendu du concours, ne mentionne plus que la Ligue et le Ministre de la guerre, général Campenon.

« Les sociétés sont complètement éliminées ».

Le premier acte qui révéla cette absorption de l'œuvre des sociétés fut la communication suivante adressée, le 15 juin, au *Petit Journal* :

CONCOURS NATIONAL DE TIR

« Le comité central d'organisation a décidé, dans sa dernière réunion, que le concours serait placé sous le patronage de la Ligue des patriotes, et a prié M. P. Déroulède de vouloir bien remplir les fonctions de commissaire général.

« M. P. Déroulède a accepté et s'est adjoint comme commissaires MM. Lermusiaux et Sansbœuf.

Ce n'est pas le *Drapeau, Moniteur officiel de la Ligue des patriotes*, qui offre au public la primeur de cette étrange nouvelle ; c'est le *Petit Journal*. Ce choix particulier avait sa raison d'être. La nomination annoncée dans le *Drapeau* ou dans les organes de tir, eût révélé qu'elle émanait du Comité ; tandis qu'on laissait supposer, par la publication dans un journal politique, qu'elle avait une autre origine, officielle peut être. Par ce moyen, les chefs de la Ligue croyaient éviter des réclamations et il espéraient que les sociétés s'inclineraient devant un fait accompli. Ce qu'il y a de vrai, c'est que deux membres seulement du Comité, hommes-liges de M. Paul Deroulède, s'étaient concertés pour déférer à celui-ci le titre de commissaire général. Si les sociétés eussent vivement protesté, il eût été facile à ceux qui menaient l'intrigue de désavouer la note du *Petit Journal*, et de prétendre que la nouvelle était inexacte, puisqu'elle n'avait pas été publiée d'abord dans la *Presse du tir*.

On ne protesta pas assez, et *le Drapeau* s'enhardit bientôt jusqu'à donner au Maître la qualification de commissaire général, sans que cette nomination eût été l'objet d'aucune annonce spéciale dans ses colonnes. On lit ainsi dans *le Drapeau* de 1884, page 301 :

« Sur la demande du Comité d'organisation, le Comité directeur accepte de prendre sous son patronage le premier grand concours national de tir organisé à Paris par les sociétés de tir de France en 1884.

« Sur la proposition de M. Déroulède, commissaire général du concours, le comité décide qu'une *avance* de 10,000 francs sera faite au comité central pour lui permettre de subvenir aux frais d'installation. »

L'avance de fonds dont il s'agit dans la note qui précède, eut été une libéralité louable, si elle avait été désintéressée, et si l'accaparement du concours par la Ligue n'en avait été la conséquence. Le patronage de la Ligue dissimulait donc pour les sociétés de tir le contrat le plus onéreux : il enchaînait leur liberté, en les soumettant, corps et biens à cette association.

La décision précédente du comité directeur de la Ligue fut présentée à l'approbation des ligueurs, dans l'assemblée générale du 12 juillet, en même temps qu'on annonçait la nomination de M. Florimond Lermusiaux, secrétaire du concours, à l'emploi de secrétaire de la ligue. Tout se paie !

Nous extrayons ce qui suit du journal *Le tireur de l'Est*, du 20 juillet 1884 :

« Les lettres circulaires suivantes ont été adressées par le *Comité central d'organisation*, à l'effet de recueillir le plus grand nombre de prix possible,

« 1° *Au Sénat et à la Chambre des Députés*.

« Paris, 8 juillet 1884.

MONSIEUR LE SÉNATEUR, MONSIEUR LE DÉPUTÉ,

« Les *Sociétés de tir de France organisent au Polygone* de Vincennes, pour le mois d'août prochain, le premier Concours National de tir auquel toutes les Sociétés de France prendront part.

« Nous faisons appel au Parlement pour tenter d'obtenir de lui une subvention qui nous permette de bien organiser cette fête patriotique et de récompenser dignement nos tireurs.

« Mais, dans la crainte où nous sommes que la situation budgétaire n'arrête la bonne volonté du Parlement, dont nous ne doutons pas, nous venons faire un appel individuel à chacun de ses membres.

« Ci-joint à cet effet un bulletin de souscription.

« Daignez agréer, Monsieur le Sénateur, avec l'expression de notre gratitude, l'assurance de nos meilleurs sentiments de fraternité française.

« 2° *A MM. les membres des Conseils généraux et des Conseils municipaux de France.*

« Monsieur le Président,
« Messieurs les Conseillers,

« Les Sociétés de tir de France, réunies en Congrès, *dans la salle de la Ligue des Patriotes,* le 17 février dernier, ont décidé, vu la grande importance qu'a prise l'enseignement du tir dans ces dernières années, qu'un Concours National aurait lieu à Paris en 1884.

« Un Comité composé de délégués de Paris et des Départements a été nommé pour organiser ce Concours auquel seront conviés tous les tireurs de France.

« De pareilles fêtes existent depuis longtemps à l'étranger, mais c'est la première fois que cette belle manifestation aura lieu dans notre pays.

« Le Comité d'organisation a d'ailleurs rencontré déjà dans le gouvernement toutes les sympathies et tout l'appui nécessaires à son entreprise.

« Le Polygone de Vincennes, libre pendant les grandes manœuvres du 15 août au 15 septembre, a été mis à notre disposition par M. le Gouverneur de Paris, et M. le Ministre de la Guerre, comprenant aussi le but tout patriotique de cette fête, a bien voulu en accepter la Présidence d'honneur.

« *Le Comité Directeur de la Ligue des Patriotes nous a également prêté son appui effectif en acceptant de prendre le Concours sous son haut patronage et en lui votant une forte subvention.*

« D'innombrables adhésions sont arrivées de tous les points de la France; plus de vingt mille tireurs sont déjà annoncés. Mais il nous reste à obtenir de la générosité publique les ressources nécessaires pour assurer la bonne réussite de notre tâche.

« Bien plus en effet que la gymnastique, le tir entraîne, pour ceux qui s'y exercent, des dépenses d'armes et de munitions qui ont fait admettre dans tous les Concours le principe de récompenses accordées sous la forme de prix en argent.

« Il importe que, comme à Bruxelles, à Lucerne, à Berne, à Genève, à Lausanne, où les prix s'élèvent parfois jusqu'à trois et quatre cent mille francs, les tireurs de France trouvent également dans le premier Concours de Paris l'attrait et la compensation qui leur ont toujours été donnés par ailleurs.

« C'est pourquoi le comité a décidé de s'adresser à tous les Conseils généraux de France, [illegible] d'eux les dons qui seraient destinés [illegible] aux lauréats du Concours national.

« Convaincus... [illegible] avec confiance, Monsieur le Président et Messieurs les Conseillers, sollicitons de votre générosité une souscription [illegible], selon nous, qu'une prime d'assurance contre [illegible] d'invasion.

« Veuillez agréer, Monsieur le Président et Messieurs les Conseillers, [illegible], l'assurance de nos meilleurs sentiments [illegible] française.

« 3° *Aux Chambres Syndicales de Paris.*

« Monsieur le Président,

« Les Sociétés de tir de *France organisent, sous le patronage et avec l'appui effectif de la Ligue des Patriotes*, un premier Concours de Tir National Français qui aura lieu du 24 août au 7 septembre, au Polygone de Vincennes, sous la présidence d'honneur du Ministre de la Guerre.

« C'est la première fois que la France donnera le spectacle de ces concours que l'Allemagne, la Suisse et la Belgique multiplient; *considérant le concours [illegible] et*, pour donner au Comité d'organisation une marque significative de sa confiance, la Ligue n'a *pas hésité à [illegible] une somme de quatorze mille francs.*

« Une subvention importante a été demandée au Conseil municipal de Paris; d'autres requêtes sont été adressées aux Comités régionaux de la Ligue, aux Conseils généraux des départements et aux Conseils municipaux des principales villes de France.

« Nous connaissons le [illegible] de Votre Chambre Syndicale, et nous venons solliciter [illegible], au nom de la Patrie, son appui dans cette tâche commune. Nous n'insisterons point auprès de vous sur les avantages [illegible]; nous ne ferons qu'un exclusif appel à votre expérience [illegible] français. L'industrie [illegible] fait de l'armée qui la protège; ces temps [illegible] ne permettent à personne de s'isoler; aucun [illegible] n'est [illegible] qui garantit de la défaite ou apprête la [illegible] l'étranger nous [illegible] que si la Nation est forte et a conscience de sa force. [illegible] les citoyens les conduire aux patriotiques espoirs, c'est assurer au pays des fermes destinées extérieures, lui rendre sa parole européenne, lui reconstituer une volonté, partout où il n'a conservé qu'[illegible].

« Nous savons combien vous appréciez ces doctrines de cohésion et de prévoyance [illegible]. Vous ne reculez devant aucun sacrifice pour servir, avec la [illegible], la cause de la France que nous voulons [illegible].

« En vous priant de nous faire parvenir vos dons, soit en argent,

soit en nature, nous vous adressons l'hommage de nos meilleurs
sentiments de fraternité française.

« Le Président de la Ligue des patriotes : Anatole de la Forge, —
« Le sous-délégué de la Ligue : H. Deloncle. — Le secrétaire
« général de la Ligue : J. Sansbœuf. — Le Président du comité
« l'organisation : de Jarry. — Le vice-Président : Letalle. —
« Le secrétaire trésorier : F. Lermasieux. — Le Délégué de la
« Ligue, commissaire général du concours : Paul Déroulède. »

Faisons observer que parmi les signatures de cet appel, nous
ne trouvons pas celles de MM. Violet, Régimbeau, Limosin et
Bravais, délégués de Paris, devenus démissionnaires.

La Ligue des patriotes est désormais maîtresse du terrain.
Sa tutelle prend le nom de *haut patronage* ; le concours de tir
est sa chose. La mention des Sociétés de tir dans les actes relatifs au concours disparaît même absolument ; nous ne la trouvons même pas dans le livret-programme du concours, pas plus
que dans le palmarès des lauréats ni dans les feuilles de route.

Le lieutenant Déroulède avait donc définitivement « pris en
main les pouvoirs », suivant l'expression de M. Deloncle, dans
un article précité de la *Nouvelle Revue*.

Une accusation que rien ne justifiait couvrait les protestations isolées des sociétés de tir. Le Comité, n'avait-il pas invoqué de prétendues dissensions qui se seraient manifestées parmi
les sociétés. Quel était le caractère de ces dissensions ? Le
Comité n'en disait rien. Mais les protestations mêmes contre la
dictature du Comité étaient sévèrement jugées comme une offense
au patriotisme.

Tel est le sentiment qui se révèle dans un rapport présenté à
l'assemblée générale de la Ligue, le 29 novembre 1884, par le
délégué du Comité ; nous en extrayons le passage suivant :

« Réduits à leurs conseils, et à leurs dissensions, nous pouvons
affirmer que jamais les tireurs n'eussent osé ou achevé quoique ce
soit ; le spectacle que nous ont offert les assemblées tenues à la Ligue nous a pleinement édifiés à cet égard. Nous avons dû sauver
l'œuvre... »

Le principal sujet des protestations des sociétés de tir, c'était
l'incompétence absolue des chefs de la Ligue, dans toutes les
matières de tir et de concours. Leur inexpérience attestée par
des règlements ineptes ne faisait que rendre leur autoritarisme plus intolérable, alors surtout que les absurdités les plus
grossières s'imposaient au nom du patriotisme.

Les documents qui vont suivre confirmeront pleinement ce

que nous disons de l'inaptitude et de l'ignorance de la plupart des membres du Comité de la Ligue.

Déjà les délégués des sociétés avaient eu, dans les discussions préparatoires, à résister au Maître qui avait dit :

« Le concours se fera exclusivement avec l'arme nationale ou bien il ne se fera pas. »

Ne sont ce pas les folles et dangereuses présomptions de cette nature, qui, en 1870, conduisirent nos armées à Sedan !

La fédération des sociétés du Nord avait formulé, en séance plénière, des vœux très sages, très précis, sur les dispositions à insérer dans le programme, et surtout en matière de *barrage*. (On appelle ainsi le réglement suivant lequel on départage les concurrents ayant des point égaux).

Le Comité ne crut devoir tenir aucun compte de ces recommandations. Il ne s'arrêta pas davantage aux observations également bien inspirées que présentèrent les sociétés de tir de Paris et de la région suburbaine, dans une réunion des présidents de ces sociétés. Et pourtant le procès-verbal de cette réunion avait été imprimé, répandu dans toutes les sociétés de tir de France, et adressé même aux députés, sénateurs et conseillers municipaux; nous reproduisons ce document en entier :

Réunion des Présidents les Sociétés de Tir de Paris et des Environs d'après convocation de **M. F. Limozin,** *membre du Comité du Concours national.* — Mercredi 26 mars 1884.

« Sociétés représentées : L'*Etude*, MM. Lacroix et Violet; — la *Vaillante*, Rodebert; — la *Patriotique* (11e arr.), Régimbeau; — la *Vigie*, Pimont et Liejas; — le *VIII*e arr., Meyer; — le *IX*e arr., Lermusiaux et Gauthier; — la *Patri*, Le Chéruyer; — la *Sambre-et-Meuse*, Marie; — le *Progrès*, Petit et Nénard; — les *Enfants de Paris* (X*e* arr.), Ferrand et Matifas; — l'*Etoile*, Lauréoux et Vaquette; — les *Amis Français*, Leterme et Odout; — la *Bastille*, Chevé; — l'*Avenir* (XVIe arr.) Lefèvre; — l'*Union des Flobertistes* (XVIIIe arr.), B ouay et Rateau; — le *Tir des Gymnastes*, Chapron; — le *18e territorial*, C. Gaillard; — l'*Avenir* (Alfortville), Emile Riembault; les *4 Chemins* (Aubervilliers), Tanux; *Versailles*, Marot.

« La séance est ouverte à neuf heures.

« M. Marie, de la Sambre-et-Meuse, est désigné comme président ; MM. Lacroix, de l'*Etude*, et Journet, de l'*Etoile*, comme assesseurs, M. Le Chéruyer, de la *Patrie*, comme Secrétaire.

« M. le Président donne la parole à M. Limozin, qui a fixé l'ordre du jour de cette réunion : Validité des élections du 14 février dernier. — Communications très importantes.

M. Limozin informe l'Assemblée des reproches qu'il a adressés à M. Raoul Bravais, trésorier du Comité, devant le Comité d'orga-

nisation du Concours national. Une lettre de M. Pimont n'ayant pas
été lue à la réunion du Comité, M. Limozin, à la demande de M.
Viole , donne lecture de cette lettre :

« *A Messieurs les Présidents des Sociétés de Tir de Paris* :

« Monsieur le Président,

« J'ai le regret de porter à votre connaissance que la Société de
Tir *La Vigie* ne saurait participer à n'importe quelle réunion ou
fédération provoquée par un Comité dont ferait partie le Président de
la Société d'Asnières ; ne voulant faire que des tireurs et ne jamais
servir de marchepied à personne, *La Vigie* ne laissera jamais diriger
ses efforts et sa caisse par le représentant d'une Société qui, depuis
cinq ans qu'elle est en formation, n'a pas tiré un coup de fusil et
cherche à diriger les autres, ne sachant se diriger elle même. »

« M. Bravais ayant promis des explications au Comité et n'en
ayant pas donné, M. Limozin trouve qu'il y a lieu de considérer
ces reproches comme fondés, bien que le Comité semble vouloir les
passer sous silence.

« M. Marot demande si M. Bravais était bien le représentant
d'une Société de Tir ou d'une Société essentiellement financière, dans
laquelle les actionnaires seulement avaient voix délibérative.

« M. Limozin donne lecture d'un article de « *l'Avenir* de Bois-
Colombes » du 5 août 1883.

« M. Viole exprime le désir que M. Jeanbin, actionnaire et ancien
administrateur du Tir d'Asnières, soit entendu.

« M. Lermusiaux répond à M. Marot, « il y a des Sociétés de Tir
dont les Assemblées générales sont exclusivement composées d'actionnaires, les sociétaires n'ayant pas voix délibérative. » Il cite,
comme exemple, les Sociétés de Tir du Raincy et de Charleville-
Mézières.

« M. Pimont rend compte d'une Assemblée tenue à la Mairie
Drouot, dans laquelle M. Bravais réclamait un vote de confiance.
Au premier tour de scrutin, M. Sabatier, secrétaire de M. Bravais,
chargé de recueillir les suffrages, a trouvé plusieurs bulletins en
trop. M. Pimont cite en outre M. Marot comme ayant entendu de la
bouche de M. Sabatier l'aveu d'une erreur de 10 bulletins.

« Signe d'assentiment de M. Marot.

« M. Pimont ajoute que c'est seulement après une discussion très
violente et après la nomination de M. Renand comme scrutateur, que
le résultat du vote de confiance réclamé par M. Bravais donna les
résultats suivants : 25 voix pour et 26 contre.

« M. Violet demande des preuves.

« M. Régimbeau dit que M. Bravais a été nommé délégué des
Présidents de Paris, qu'il serait utile de former un jury d'honneur
pour trancher cette question.

« M. Limozin répond à M. Violet par une lettre signée de deux
membres de la Société d'Asnières.

« M. Lermusiaux trouve que 25 contre 26 peut parfaitement former la majorité, si les 25 représentent un nombre d'actions, par conséquent de voix, plus fort que celui possédé par les 26 autres. Il se déclare partisan de la proposition de M. Régimbeau.

« M. Violet demande qu'il soit formé un jury d'honneur, composé de deux personnes nommées par M. Bravais, deux nommées par MM. Limozin et Pimout, et cinq délégués nommés par l'Assemblée.

« M. le C^t Gaillard trouve que les faits ne se rattachant pas à la question du tir, les membres du jury pourraient être nommés en dehors de l'Assemblée.

« M. Limozin informe l'Assemblée que les Sociétaires d'Asnières ont demandé au Procureur de la République la nomination d'un liquidateur. « Mais l'on ne saurait attendre jusqu'au concours pour régler la question. »

M. le Président donne la parole à M. Jeanbin pour quelques renseignements sur la question.

M. Jeanbin trouve que M. Bravais est indigne de figurer au Comité d'organisation du Concours National de 1884. « Il a fondé une Société de Tir à Asnières, il y a cinq ans, elle ne fonctionne pas ; les administrateurs nommés ne veulent pas rester avec M. Bravais parmi eux. » M. Jeanbin possède les preuves concernant les agissements de M. Bravais, « il ne dit pas à l'Assemblée tout ce qu'il pourrait dire si ce dernier était là: il est persuadé que si M. Bravais paraissait en police correctionnelle, ce serait pour y rester. »

« Un membre demande la formation d'une commission d'enquête, recherchant les preuves d'une façon sérieuse.

« M. Lermusiaux démontre « l'impossibilité du résultat. M. Bravais est détenteur de tous les documents ; il ne les donnera pas. »

« M. Jeanbin dit que M. Bravais se refuse de donner des renseignements, à tout actionnaire lui en demandant, sur la gestion de la Société..... »

« La proposition suivante est adoptée par l'assemblée :

« L'Assemblée des Présidents et Délégués, vu l'intérêt capital qui s'attache à savoir si M. Bravais est, ou non, digne de représenter les Sociétés de tir dans le sein du Comité d'organisation du Concours National en 1884, décide qu'une Commission d'enquête, composée de cinq membres, est nommée pour éclairer tous les tireurs sur le bien ou mal fondé des accusations.

« Les cinq membres de la Commission sont ensuite nommés par acclamation : MM. Le Chéruyer, Marot, Limozin, Liejas et Lacroix.

« Plusieurs Membres de l'Assemblée proposent de limiter la durée des travaux de la Commission à un mois. Cette proposition est adoptée

« M. Marot porte à la connaissance de l'Assemblée les faits suivants : Au Congrès du 17 février dernier, M. Déroulède a reçu par erreur un exploit d'huissier qui était adressé à M. le Président et à MM. les Membres du Congrès. Lecture complète n'a pas été donnée de ce document, que toutes les personnes présentes ont cru adressé à M. Déroulède. M. Marot regrette d'autant plus cette erreur que ce document, publié plus tard par le *Tireur de l'Est* du 2 mars 1884, n'était destiné qu'à éclairer les Tireurs sur les inconvénients qui pourraient résulter de l'éclosion d'un second projet de tir National, alors qu'un projet analogue était déjà déposé et étudié au Conseil Municipal de la Ville de Paris. M. Marot donne lecture du journal *Le Drapeau* du 23 Février 1884, qui, dans le procès-verbal officiel du Congrès, dit : « A ce moment, M. le Président du Congrès reçoit, par ministère d'huissier, un factum aux termes duquel le requérant serait l'unique propriétaire de l'idée d'organisation un Tir Fédéral en France, idée qu'il reconnaît d'ailleurs être pratiquée depuis trente ans en pays étrangers, mais dont il craint que le projet ne lui ait été dérobé dans les cartons du Conseil municipal. Ce factum se termine par des insinuations injurieuses pour la « *Ligue des patriotes*, » ce qui provoque de la part de la réunion, et sur la proposition du Président, une protestation unanime. Tous les Membres de l'Assemblée se lèvent, et des bravos prolongés éclatent de toutes parts. M. Paul Déroulède, Délégué de la *Ligue*, remercie chaleureusement les Présidents des Sociétés de Tir de France de leurs cordiales protestations. L'incident est déclaré clos et la discussion continue. » Or, le Président du Congrès, M. Chapon, a déclaré n'avoir rien reçu.

« M. Marot demande que le Comité tienne ses séances dans un local indépendant, » De cette façon, il ne saurait plus y avoir d'erreurs aussi regrettables ».

« M. Violet se rallie à la demande de M. Marot : il dit qu'au sein du Comité, plusieurs fois, M. Déroulède lui a coupé la parole. Il cite une lettre de M. Pimont qui, adressée à M. Déroulède pour être lue au Comité, n'a pas été communiquée. Il constate avec regret que c'est la seconde fois que pareille erreur se produit.

« M. Régimbeau rappelle les acclamations faites à M. Déroulède à la séance préparatoire. Il dit que, s'il y a eu des pressions subies dans ce local, c'est bien M. Marot qui les a subies, car « M. Régimbeau seul a parlé contre la présidence de M. Déroulède, étranger aux Sociétés de Tir, ne pouvant par conséquent présider leurs réunions. »

« M. Marot dit qu'en effet, il a pu subir des pressions, mais qu'à ce moment il ne savait pas ce qu'il sait maintenant. Il rappelle que M. Déroulède a défendu aux rédacteurs de journaux présents de publier le procès-verbal de la séance du 14 Février.

« M. le Cᵗ Gaillard dit qu'au Congrès, l'appel nominal des Délégués n'ayant pas été fait, il n'a pas voté, ne connaissant pas les noms des personnes pour qui on votait. Il dit aussi que M. Déroulède, dans la séance du 14 Février a bien défendu de publier aucun procès-verbal de la séance.

« M. Lermusiaux rappelle que c'était M. Bédiou, secrétaire, qui devrait adresser le procès-verbal aux journaux.

« M. Marot pense que le Président de la réunion est seul responsable. Il met au défi qui que ce soit de prouver qu'un procès-verbal quelconque ait été fait et publié.

« M. le Cᵗ Gaillard, quand il a voté pour que M. Déroulède ne lise pas les soi-disant insultes de M. Bourdon, croyait que ces insultes étaient adressées personnellement à M. Déroulède.

« M. Violet affirme que le papier timbré était bien adressé à M. le Président et à MM. les Membres du Congrès.

« M. Pimont demande pourquoi sa lettre (affaire Bravais) a été passée sous silence.

« M. Lermusiaux, « au nom du Comité, » affirme qu'il n'y a jamais eu pression.

« M. Marot trouve que les faits sont là pour contredire l'allégation formulée au nom du Comité par M. Lermusiaux.

« M. Violet : « M. Déroulède n'assiste plus aux réunions du Comité, et, depuis ce temps, le projet formulé, en quelque sorte par lui, est retourné ; on a repris les premières propositions dont M. Déroulède disait : « un Concours comme cela, je n'en veux pas. » — Il demande que le local des séances soit changé.

« M. Lermusiaux dit que les Sociétés de province devraient aussi prendre part au vote et qu'il est impossible de faire à M. Déroulède l'injure de quitter le local mis à la disposition du Comité après que celui-ci a donné 4.000 francs.

« Plusieurs membres font observer que la subvention de 4.000 francs n'a pas été donnée par M. Déroulède, mais par la « Ligue des Patriotes, » dont les fonds ne sont destinés qu'à soutenir des œuvres patriotiques.

« M. le Ct Gaillard : « Les Membres du Comité représentant la province ont dit qu'ils ne viendraient pas ; par conséquent, les Sociétés de Paris peuvent parler pour les Sociétés de province.

« MM. Marot et Limozin présentent la proposition suivante :

« En présence des pressions nombreuses déjà exercées sur les votes des Sociétés de Tir, dans les séances des 14 et 17 février 1884, l'Assemblée, réunie le 26 mars 1884, tout en remerciant la Ligue de la subvention qu'elle a votée, émet le vœu que le Comité d'organisation du Concours national tienne dorénavant ses séances dans un local indépendant et quitte sans délai la salle mise à sa disposition par la Ligue des Patriotes.

« Ont voté pour : MM. Le Chéruyer, Lacroix, Violet, Marot, Pimont, Liéjas, Brouay, Rateau, Meyer, Marie, Ferrand et Matifas (12).

« Ont voté contre : MM. Riembault, Bodebert, Régimbeau, Lermusiaux, Gauthier, Chapron, Petit, Nénard et Lefèvre (9).

« Abstentions : MM. Lauréoux, Vaquette, Tanoux, Chevé, C. Gaillard, Leterme et Odout (7).

« La proposition est adoptée.

« M. Violet demande que l'on remplace les 2 Membres du Comité démissionnaires : MM. Limozin et C. Gaillard.

« M. Lermusiaux dit que le Congrès seul pourrait ratifier leur nomination et prétend que le Comité ne tient ses pouvoirs que du Congrès.

M. Violet rappelle qu'au Congrès, il a été décidé que les Sociétés de Paris seraient représentées par 10 délégués ; « il en manque deux, on doit donc les nommer. »

« M. le Président met la proposition aux voix : « Les Délégués manquant au Comité seront remplacés. »

« Ont voté *pour* : MM. Lacroix, Marot, Leterme, Pimont, Petit, Marie, Le Chéruyer et Violet (8).

« Ont voté *contre* : MM. Riembauit, Bodebert et Maïfas (3).

« *Abstentions* : MM. C. Gaillard, Regimbeau, Lermusiaux, Lanréoux, Chapron, Bronay, Lefèvre, Tenux, Chevé (9)

« Sont nommés Membres du Comité : MM. Limozin (9 voix), et Marie (8 voix).

« La séance est levée à une heure cinq minutes.

« Les Assesseurs : JOURNET, de l'Etoile ; LACROIX, de l'Etude. Le Président : E. MARIE, de la Sambre-et-Meuse. Le Secrétaire : A. Le Chéruyer, de la Patrie.

Ce que les sociétés de tir re loutaient le plus, c'était l'intrusion d'une autorité qui prétendait s'imposer pour dénaturer le caractère qu'elles avaient entendu donner au concours. Or, nous avons en main un document qui prouve combien les suspicions des sociétés parisiennes étaient fondées.

Le sous-comité technique avait élaboré un projet de programme des concours, et l'avait soumis au comité central. Or, MM. Déroulède et Lermusiaux, se substituant au Comité central, et sans le consulter, déchirèrent ce projet et en rédigèrent un autre qui fut inséré dans le *Drapeau* du 28 juin 1884. Le journal le *Stand* qui le reproduisait à son tour, reçut la protestation suivante :

« Paris, le 1er juillet 1884.

« Monsieur Ulysse Savoy, directeur du *Stand*. Si vous publiez cette semaine, comme vous l'avez annoncé, le « projet de programme » à vous adressé et paru samedi dernier dans le *Drapeau* et dans le *Tireur de l'Est*, vous voudrez bien ajouter que ce n'est pas le texte arrêté le 18 juin dans la séance du comité d'organisation. *Quatre membres sur cinq ignoraient les modifications apportées.*

« Nous vous prions d'insérer la présente note afin que nos collègues des départements sachent bien que le document dont il s'agit n'émane pas du comité.

« Agréez, Monsieur le Directeur, nos bien sincères salutations.

« E. CHAPRON, Président de la Société de Tir des Gymnastes de la Seine ; E CHARLES, Président de la Société de Tir Sambre-et-Meuse ; *Membres du Comité* du Tir national français de 1884. »

Le comité central, composé des véritables élus des sociétés, n'était donc, pour M. Déroulède, qu'un rouage inutile ou propre tout au plus à servir d'enseigne.

Dans d'autres circonstances, le Maître en avait usé de même à l'égard du Comité. Mais des protestations indignées s'étaient élevées ; et des démissions s'en étaient suivies.

La démission de M. Violet se présente avec ce caractère particulier qu'elle lui valut la haine violente du Maître de la Ligue.

Celui-ci se vengea bassement en excluant du concours de 1884 le démissionnaire, qui avait depuis longtemps fait ses preuves comme tireur loyal. Nous reviendrons plus tard sur la portée et l'illégalité de cette exclusion; nous n'insisterons quant à présent que sur les faits qui ont motivé la démission de M. Violet.

Le *Stand* et le *Carabinier-gymnaste* du 20 avril publient la lettre suivante de M. Violet.

« A monsieur De Jarry de Bouffémont, président du comité d'organisation du Concours National, rue Saint-Augustin, 22, à Paris.

« A la réunion de samedi dernier, j'ai demandé que le procès-verbal fît mention de la validation des pouvoirs de MM. Marie et Limozin, nommés membres du comité, en remplacement de deux membres démissionnaires, lors d'une réunion tenue récemment à l'Orphéum, place du Château-d'Eau.

« Cette validation a été repoussée, au nom de la *légalité*.

« Je commencerai par vous faire remarquer que dans le comité actuel il n'y a qu'un membre *légalement* nommé. C'est vous!

« En effet, le congrès, composé pour la plus grande partie de membres de sociétés de province, fort éloignées les unes des autres et difficiles à réunir, à nommé les dix délégués des départements et vous en faites partie.

« Mais, le congrès n'a pas, *et ne pouvait pas*, nommer les dix délégués de Paris. Or, en dehors de la réunion qui a nommé MM. Marie et Limozin, en leur donnant un mandat bien défini, il n'y a qu'une seule réunion de Sociétés de Paris, celle du 14 février, dans laquelle dix délégués ont été nommés pour assister au Congrès, et dont les pouvoirs se *terminaient* avec le Congrès.

« D'où il résulte que les délégués de Sociétés parisiennes n'existent pas, que ceux qui porteraient un tel titre ne sauraient le faire en vertu d'*aucun mandat régulier* et qu'en dehors de *toute légalité*.

« En conséquence, j'ai l'honneur de vous adresser ma démission, et vous déclare n'avoir plus aucune participation aux actes du Comité, déclinant ainsi toute responsabilité.

« Agréez, monsieur le président, mes salutations empressées.
« A. VIOLET,
18, rue du Pont-aux-Choux, Paris. »

La réunion *tenue à l'orpheum*, dont il est parlé ci-dessus, est celle du 26 mars dont nous venons de donner le compte-rendu. Les membres du comité firent la réponse suivante à la lettre de M. Violet :

« Paris, 23 avril 1884.

« Monsieur le directeur du *Stand*,

« Dans votre dernier numéro, vous publiez une lettre par laquelle M. Violet donne sa démission de membre du Comité central d'organisation du concours de tir national français.

« Nous venons faire appel à votre impartialité en vous priant d'insérer dans votre plus prochain numéro les observations suivantes :

« M. Violet dit dans sa lettre:

« 1° Que les délégués nommés par les Sociétés de Paris dans la réunion du 14 février, n'ont reçu mandat que pour assister au Congrès et que leurs pouvoirs se *terminaient* avec le Congrès;

2° Que le Congrès n'a pas et *ne pouvait pas* nommer les dix délégués de Paris,

La première partie de cette déclaration est exacte.

Oui, les Sociétés de Paris n'ont nommé les dix délégués que pour les représenter au Congrès, et, comme M. Violet, nous déclarons, ce que nous avons toujours fait, que notre mandat se terminait avec le Congrès.

Quant à la seconde partie, elle a tout lieu de provoquer l'étonnement, non seulement des délégués eux-mêmes, mais encore de tous ceux qui assistaient au congrès, et, pour en démontrer l'inanité, il suffit de dire que M. Violet a mis *deux mois* « pendant lesquels il a fonctionné » pour reconnaitre que le Congrès ne l'avait pas nommé et *ne pouvait pas* le nommer, et que pendant ces deux mois, il a assisté à toutes les séances du Comité non seulement comme délégué des Sociétés de tir de France pour l'organisation du concours national, mais encore comme directeur de ce concours, nommé par ses collègues du Comité, à l'unanimité.

En conséquence, et sans nous préoccuper des motifs qui amènent M. Violet à se séparer de nous, nous déclarons:

1° Que le mandat que nous ont confié les Sociétés parisiennes a pris fin, ainsi que cela devait être, à l'issue du Congrès;

2° Que le Congrès a, pour l'organisation du concours national, nommé, par déférence pour les Sociétés parisiennes, les délégués nommés par elle précédemment;

3° Que, mandataires du Congrès avec mission d'organiser à Paris en 1884, un concours national de tir nous poursuivrons notre œuvre jusqu'au bout, sans nous inquiéter un seul instant des entraves que quelques dissidents se plaisent à jeter sur notre route.

Veuillez agréer, monsieur le directeur, avec nos remerciements, l'expression de nos sentiments dévoués.

Les membres du Comité nommés par le Congrès de Paris.
DEPALLENS, E. CHARLES, CHAPRON, BRAVAIS, LETALLE, LERMUSIAUX

M. Violet répond à la lettre du comité en rétablissant la vérité des faits et en invoquant le procès-verbal même du Congrès; il affirme en outre l'inutilité des délégués en présence des mesures autoritaires du nouveau Louis XIV :

« Monsieur le rédacteur en chef du journal le *Stand*,

Je vous serai reconnaissant de bien vouloir m'accorder l'hospitalité de vos colonnes pour rectifier les nombreuses erreurs que renferme la lettre signée de « six membres du Comité nommé par le Congrès de Paris. »

1° Il est ABSOLUMENT FAUX que j'aie mis deux mois pour reconnaitre que le Congrès ne pouvait pas me nommer.

Dès la première réunion, j'ai fait part des doutes que j'avais sur la légalité de la nomination des délégués de Paris. J'ajouterai même que, dans une conversation tenue en présence de témoins, M. Lermusiaux a convenu de la légitimité de mes doutes.

Depuis il a cru devoir nier cette conversation ; oubliant, sans doute, qu'elle avait eu des témoins. Affaire d'appréciation !

2° « *Pendant lesquelles il a fonctionné.* » Mes fonctions se sont bornées à protester contre les agissements et les dires de certains membres du Comité, qui proposaient des choses qu'aucune des nombreuses sociétés que je connais, n'accepterait, et surtout, à écouter le récit de *démarches faites*, *démarches auxquelles il ne m'a jamais été donné d'assister* ;

3° « *Mais encore comme directeur de ce Concours.* » Il y a là une erreur, qui, de la part de qui elle vient, n'est pas accidentelle.

En effet, un *directeur de Concours* est à peu près le président, tandis que le, ou plutôt les DIRECTEURS DE TIR doivent veiller au bon fonctionnement du matériel, surveiller les marqueurs, écouter les réclamations, en juger le bien ou le mal fondé, etc.

« C'est donc une grande différence.

1° « *Que mandataires du Congrès, avec mission d'organiser un Concours national.* » Je trouve dans le procès-verbal du Congrès, que M. Lermusiaux ne m'accusera pas d'avoir fabriqué, ces mots :

« Le Congrès procède à la nomination de dix délégués de province qui *doivent s'adjoindre aux dix délégués de Paris*. Or les dix délégués de Paris expirant avec le Congrès, il en résulte que :

« Ou la volonté du Congrès, de confier l'organisation matérielle du concours à dix délégués de Paris, est méconnue ;

« Ou que, comme je l'ai dit, ceux qui, *au nom de la légalité*, refusent de recevoir des délégués qu'une réunion légale a nommés, sont eux-mêmes en dehors de la légalité.

« Il est vrai qu'on a eu le soin de mettre : *Les membres du Comité nommés par le Congrès de Paris*. Or, si ma lettre contenait des erreurs pouvant nuire au Comité, ce n'est pas des six signatures qui la terminent que j'aurais cru la trouver signée.

« Quant aux motifs de ma démission je n'en fais pas mystère.

« Je connais l'histoire du *Tir national* de 1860. Je sais combien ce tir a nui au développement des sociétés, et moi tireur qui ne demanderais qu'à tirer tous les jours, j'aime encore mieux *retarder*, « car ma conviction est qu'on y arrivera, » un concours national que de lui voir rappeler, de près ou de loin, les *erreurs* (pour rester parlementaire) du Tir national de 1860, dirigé par M. Augier.

« Conclusion :

« Je ne retire rien de ma lettre de démission, même en présence
des erreurs voulues auxquelles je réponds ; j'y aurais ajouté :

« Au nom de la loyauté !

« Agréez, monsieur, etc.

« A. VIOLET. »

La protestation de M. Violet ne fut pas isolée, comme nous
l'avons déjà vu par le procès-verbal du 26 mars. Deux sociétés
de tir accentuèrent encore leur protestation. Nous citerons
d'abord celle du *Cercle des Carabiniers de Paris* (fondé en
1665), dont la haute autorité en matière de tir est acceptée de
toutes les autres sociétés :

« Paris, le 2 août 1884,

« Monsieur,

« Je prends la liberté de vous écrire pour vous demander de
bien vouloir insérer dans votre journal, à titre d'information gratuite (si vous le voulez bien), les quelques lignes qui suivent :

« Le Cercle des Carabiniers de Paris a l'honneur d'informer qu'il
ne prend aucune part aux actes du Comité du Concours national, dit
des Sociétés de tir de France, et décline toute responsabilité matérielle et morale qui pourrait en résulter.

« Dans l'attente de votre obligeante réponse, je vous prie de
recevoir, Monsieur, l'assurance de ma considération distinguée !

« *Le secrétaire*, Baron G. de TURCKHEIM,

64, rue François Ier. »

(Voir le *Carabinier-gymnaste*, du 10 août 1884).

La société *l'Etude* fit une déclaration identique :

« Monsieur le Rédacteur en chef du journal *Le Carabinier et le
Gymnaste*, à Tourcoing.

« Paris, le 1er août 1884,

« Monsieur le Rédacteur en chef,

« J'ai l'honneur, conformément à la décision de l'assemblée générale du 30 juillet 1884, de vous communiquer, avec prière d'insérer,
la motion suivante votée à l'unanimité :

« La Société de tir *l'Etude* (Paris, 50, rue de Malte),

« Après avoir pris connaissance des documents et actes du Comité
de la *Ligue des Patriotes*, qui s'est substituée de sa propre autorité
au Comité élu par les délégués des sociétés de tir des départements
et de Paris ;

« Convaincue que le programme ne répond en rien aux aspirations
de l'immense majorité des champions de l'institution sérieuse du tir
en France et ne peut, par conséquent, produire un résultat digne des
sociétés françaises que l'on veut engager :

« Décline toute solidarité dans l'organisation du Concours national ;

« Proteste contre les agissements du Comité directeur et émet le vœu que les sociétés de tir s'appliquent, dès à présent, à ne relever d'aucune personnalité. »

« Délibéré en assemblée générale, le 30 juillet 1884.

« Pour le Comité,

« *Le Président*, Léon Marot, avocat à la Cour d'appel. »

Aucune réponse ne fut faite par la Ligue à ces protestations ; et elle n'en continua pas moins de diriger le Concours suivant ses vues.

Tous les tireurs à longue portée de la région de Paris s'abstinrent systématiquement de prendre aucune part à l'organisation du Concours. Ainsi, sauf les noms de MM. Violet et Lermusiaux, nous ne relevons dans le Comité nommé par les sociétés parisiennes, ceux d'aucun d'entre eux.

VII

CONCOURS DE 1884. — CRITIQUES.

Sommaire. — Haute compétence du délégué de la Ligue en matière d'armes : la carabine Flobert est une arme de guerre ! — Manœuvres destinées à faire croire que les résultats du tir au fusil Gras ont été supérieurs à ceux des armes de précision. — Rébus : *en Suisse, on a raffiné et corrompu la précision des armes.* — Le tir est bon tout au plus pour les jeunes. — *La fête des patrouillotes* ou *tir aux macarons.* — Innovation malheureuse de M. Déroulède : le classement des tireurs ; cette mesure est destinée à créer au Maître une popularité malsaine. — Injures au peuple suisse. — Des prix de 2.000 francs sont immédiatement suivis d'une médaille de 2 fr. 50 ou d'une image. — Lettre compte-rendu envoyée au journal le *Stand* par M. Vauchey. — Lettre récit de M. Baus. — Lettre critique de M. Tarpin. — Dans l'impossibilité de citer toutes les critiques, l'auteur renvoie à la lecture du journal *Le Stand*, véritable organe des tireurs. — Faits graves à la charge des organisateurs : le Concours est prolongé ; changement dans les conditions du programme pendant le concours : injustice au préjudice de M. Kastly.

Nous avons indiqué l'esprit dans lequel la Ligue des patriotes dirigeait les concours de tir, et nous avons cité quelques traits qui mettent en relief la complète inexpérience de ceux qui avaient usurpé la direction absolue et sans contrôle. Mais nous avons mieux pour le prouver ; ce sont les grossières erreurs ou les aveux qui s'étalent dans un compte-rendu de l'organisation du tir, de son fonctionnement et de ses résultats, qui a été publié par M. Deloncle. Ce compte-rendu a paru dans la *Nouvelle Revue* du 1ᵉʳ octobre 1884 ; nous en donnons quelques extraits.

« La carabine Flobert, y est-il dit à la page 536, est presque une arme de guerre et a droit, en tout cas, au titre d'arme française. »

Un tireur eut-il jamais osé classer parmi les armes utilisables en campagne, la carabine Flobert qui n'est, tout au plus, qu'une arme d'étude entre les mains des commençants ?

La supériorité incontestée d'autres armes de guerre devient, de la part de M. Deloncle, l'objet d'un dédain que nous livrons à l'appréciation des tireurs : « Parmi les armes diverses, dit-il, la vogue s'est attachée aux carabines Martiny, Wetterli, Comblain et Ghaye. Mais quelle décadence et quel éblouissant présage ! Les séries au fusil Gras ont été absolument supérieures. »

Voilà ce que M. Deloncle ose avancer ! Et pourtant, de l'avis unanime des vrais tireurs, le fusil Martini-Henry, admis dans l'armée anglaise, est considéré actuellement comme l'arme de guerre la plus parfaite ; le Martini fédéral et le Wetterli, qui constituent l'armement des Suisses, sont également des armes supérieures ; quant au fusil Comblain, il est employé dans l'armée belge ; enfin, la carabine Ghaye est une arme de la dernière précision, mais dont la délicatesse en rend l'usage impossible dans les armées. Et de telles armes choisies sont placées par le lieutenant de la Ligue, bien au-dessous du fusil Gras !

Il se peut que les *résultats proclamés* par le Comité de la Ligue des patriotes, aient mis le médiocre fusil Gras au premier rang. Mais, ce que nous savons tous, c'est que le désordre dans le marquage des coups fut tel, pendant toute la durée du Concours, qu'il semblait prémédité pour amener ce résultat. Ainsi, un grand nombre de tireurs ne se contentaient pas de tirer sur le même carton-cible la série réglementaire de 5 balles ; ils tiraient autant de coups qu'il était nécessaire pour atteindre cinq fois la cible. Voilà pourquoi il fut trouvé dans un grand nombre de cartons beaucoup plus de balles que n'en comportait chaque série. La surveillance exercée par les tireurs entre eux, aux cibles réservées aux armes étrangères ou de précision, ne permit pas facilement l'emploi de cette pratique qu'ils eussent considérée comme une fraude.

C'est à l'aide de tels moyens que le Comité de la Ligue parvint à opérer un classement des armes, dans lequel l'infériorité des fusils étrangers, vis-à-vis du fusil Gras, semblait évidente pour ceux qui n'avaient pas été témoins des épreuves. Ajoutons que, pour le tir au fusil Gras, on avait disposé *des cibles et des visuels beaucoup plus grands* que pour le tir au fusil de tout autre modèle.

Comme on le voit, le parti-pris et la mauvaise foi devenaient éclatants. Mais la Ligue espérait que les tireurs s'en feraient volontiers complices, par patriotisme.

M. Deloncle accentue encore son mépris pour les armes étrangères en disant (page 512) :

« En Suisse, on a raffiné et corrompu la précision des armes. »

Nous ne critiquerons pas ce jugement ; car, ici, l'absurde le dispute à la mauvaise foi.

Autre allégation où nous retrouvons la même inspiration :

« Les tirs à longue portée, communs en province, manquent à la capitale. Le département de la Seine, en dehors de la société du 18ᵉ territorial, qui possède au Mont-Valérien un champ de 200 mètres, n'a qu'un stand civil de 200 mètres (Saint-Denis), 2 de 30 (Vincennes et Pré-Saint-Gervais), 3 de 15 (xviiiᵉ arrondissement, xx et Turgotins) ; le reste ne dépasse pas 11 mètres. »

Devons-nous voir, dans ce tableau, de simples erreurs ou des omissions volontaires ? Nous affirmons qu'en 1884, il existait en dehors d'une cinquantaine de sociétés de tir au Flobert, de 12 à 15 mètres, les sociétés à longue portée suivantes : Les Carabiniers de Paris (stand de 100 mètres) ; la société de Clichy (stand de 200 mètres) ; la société régionale d'Argenteuil (stand de 200 mètres) ; le Pré-Saint Gervais (stand de 100 mètres) ; le fort de Noisy (stand de 200 mètres) ; le fort du Mont-Valérien (200 mètres) ; et deux stands, dans Paris, de 40 et 50 mètres.

Ne nous étonnons pas trop des singuliers jugements de M. Deloncle, en matière de tir. N'a-t-il pas osé dire que « le tir était bon tout au plus pour les jeunes, et que, pour les anciens militaires, le congé était une garantie suffisante de leur compétence. » (page 523.)

Quel enseignement utile et sérieux le public a-t-il pu tirer du compte-rendu officiel de la Ligue, quand on voit la vérité ainsi travestie ?

Nous allons indiquer les vices fondamentaux de grand Concours de tir de 1884, de cette fête, dite nationale, qui a fait naître tant de désillusions qu'on a pu la surnommer la *Fête des patrouillotes* ou le *Tir aux macarons*.

M. Déroulède, souverain maître, crut introduire une innovation heureuse en groupant les tireurs en trois catégories, sur les bases suivantes : un tir préparatoire devait servir à classer les concurrents suivant leur degré de force, de façon à égaliser les chances. C'était donc une lutte séparée entre les tireurs de chaque catégorie. Mais la classification, dépendant de la volonté même du tireur qui faisait son tir de classement, il en résulta que beaucoup de tireurs forts se classèrent volontairement dans la deuxième catégorie, où ils avaient moins à craindre la concurrence. Donc inutilité absolue de cette tentative de classement et complication désastreuse.

M. Déroulède avait vu là sans doute un moyen de se créer une certaine popularité, en flattant le plus grand nombre. Il voulait surtout faire la nique aux tireurs émérites pour qui il affichait son mépris, en les traitant de « tireurs de métier » ; car il avait à se venger des critiques que son organisation avait soulevées parmi les hommes compétents. C'est le même sentiment qui se trahit dans les lignes suivantes du rapport de M. Deloncle, sur les concours internationaux de la Suisse :

« Dans les concours ou les sociétés suisses s'assemblaient chaque année, en commémoration du péril et de la gloire, il est entré des habitudes de métier, des goûts de jeu... On a trafiqué des prix trop nombreux. De véritables banques se sont montées, commanditant les tireurs les plus forts. Et ce ne sera bientôt, dans ce vaillant pays, qu'une spéculation sans vergogne où sombrera la dignité des forces publiques. »

En présence de cette accumulation de calomnies, l'indignation ne déborde-t-elle pas? On ne cite en Suisse, et on les cite avec les plus grands témoignages de respect, que deux ou trois tireurs qui aient pu gagner, dans un même concours, jusqu'à trois mille francs de prix. Sur quels éléments pourrait-on donc constituer des banques en vue d'une spéculation? Il est bon d'ajouter aussi que presque tous les concours, en Suisse, se font *à la belle balle*, c'est-à-dire que les prix sont décernés à ceux dont les balles se sont le plus rapprochées du centre ; ce tir favorise les tireurs de moyenne force, parce que le hasard peut jouer un certain rôle.

Cela dit, nous allons examiner comment les contempteurs de notre loyale voisine, la Suisse, ont dirigé eux-mêmes l'œuvre dont ils avaient fait leur chose.

On verra par les témoignages que nous apportons ci-après, combien M. Déroulède s'est montré peu logique en instituant des premiers prix de deux mille francs, comme de brillantes amorces, pour les faire suivre immédiatement d'autres prix sans valeur, tels qu'une médaille de 2 fr. 50 ou une image.

Cette singulière gradation des récompenses a été spirituellement critiquée par le *Stand* (16 nov. 1884); nous lisons dans ce journal :

« Ladoix-Serrigny, le 13 novembre 1884.

« A Monsieur le Directeur du « Stand »
« Monsieur,
« Comme Président de la Société de tir de Ladoix-Serrigny, permettez-moi de porter à la connaissance des tireurs mes critiques, je dirai plus, mes griefs contre les organisateurs autoritaires et omnipotents du Iᵉʳ Grand Tir de Vincennes de 1884, appelé, je me demande en vertu de quoi, « 1ᵉʳ Grand Tir National français. ».

« Quant on a la prétention de vouloir organiser un Tir national, on fait d'abord un programme complet, et préalablement on forme des listes de vrais prix qui ne soient pas la risée, non seulement de tous nos voisins, mais encore celle de tous les Français.

« Je me demande quelles doivent être aujourd'hui les réflexions de tous ceux qui ont en main le palmarès — c'est à rêver ! — ils doivent s'interroger sérieusement et se poser cette question : Sommes-nous en face d'un catalogue d'une *boutique à 13*, ou bien est-ce là un compte-rendu d'un Grand Tir Français ?

« C'est donner une belle idée à tout le public de ce qu'on a eu l'insigne audace d'appeler un « Grand Tir National ! » Qu'est-ce que ce serait donc si on retranchait l'épithète Grand ! On verrait, sans doute, alors les lauréats acheter eux-mêmes leurs prix et surtout leurs diplômes, avant de se rendre à la distribution solennelle des récompenses ! Chacun au moins choisirait selon ses propres inspirations et la caisse n'aurait qu'à y gagner.

« N'est-ce pas inouï de voir (je ne prendrai qu'un seul exemple au hasard) le 1ᵉʳ prix de la « Ligue des Patriotes » s'élever à 2.000 francs et la récompense décernée au 2ᵉ lauréat être une médaille de 40 sous ! et savez-vous quelle médaille ? non pas seulement une médaille commémorative, ce qui était l'A B C de ce qu'on devait faire, mais une médaille de la « Ligue ! »

« Que signifie une médaille de la « Ligue » dans un concours public de tir ; et qu'est-ce qu'elle rappellera plus tard à celui qui l'aura obtenue ? Rien, pas plus et même moins que les jetons de Mangin de désopilante mémoire ! Ce qui en était, du reste, une image frappante, c'est qu'on la délivrait sur le champ de tir comme médaille commémorative, à chaque tireur qui en faisait la demande. — Bien bonne farce ! — On ne pouvait guère se moquer du monde avec une désinvolture plus accentuée. Je dois cependant dire à la louange du commissaire préposé à cette délivrance, qu'il avait vraiment l'air confus et honteux en remettant à pleines mains ces... — je ne trouve pas l'expression juste pour rendre ma pensée — aux tireurs qui prenaient instantanément une figure atterrée en voyant de quoi il s'agissait. On ne s'attendait pas à une médaille d'or, que Diable ! mais au moins à quelque chose ayant trait spécialement au Tir de 1884, et qu'on pourrait regarder sans rire.

« Je passerai sous silence les porte-cartes, porte-monnaie,

épingles, boutons de manchettes, boussoles, images d'Epinal, etc., etc., le tout aux noms et armes de la « Ligue. »

« Le stock était donc bien important et d'un placement bien difficile, qu'on en a mis partout. Je crois qu'à l'approche du jour de l'an, si on avait loué un ou deux petits auvents sur le boulevard, le même résultat aurait été obtenu ; on aurait écoulé tous ces rossignols encombrants et de nulle valeur, surtout pour la majeure partie de ceux qui les ont obtenus.

« Le plus vulgaire bon sens indiquait qu'on devait au moins décerner des médailles frappées spécialement pour le Concours, en suivant la progression habituelle, c'est-à-dire en donnant aux derniers lauréats des médailles de moindre valeur qu'aux tireurs mieux classés et, en tout état de cause, en en donnant de très belles lorsqu'il s'agit de récompenser un 5e ou 6e prix. J'ai l'air de parler pour moi, parce que je n'ai pu obtenir qu'un 6e prix à la série 19 *bis*, que j'appellerai série de consolation ou cible des malheureux, mais enfin je trouve que, malgré tout, je devrais avoir une médaille dépassant 10 grammes, non pas que je vende celles que je gagne dans le cours de l'année, mais c'est si petit 10 grammes dans un médailler !! J'ai, sans doute, le plus grand tort de me plaindre à l'avance, mais voici pourquoi, c'est qu'on m'a dit que toutes les médailles étaient du même format ; seulement, qui sait ? je vais peut-être recevoir une médaille monstre et de dimensions inusitées jusqu'à ce jour, car il faut que je vous dise aussi que, malgré mes réclamations du 27 octobre dernier à M. Lermusiaux, et, notamment une lettre chargée en date du 7 courant, avec accusé de réception, il m'a été impossible d'obtenir mon prix ainsi que celui du Vice-Président de ma Société. C'est, sans doute, parce que je n'ai pas voulu envoyer une pièce justificative de ma qualité de Français. Si je pouvais supposer que les affaires de « la maison » souffriraient de la délivrance de ces deux médailles, j'en ferais bien volontiers l'abandon, mais, tant que le bilan ne sera pas déposé, je serai en droit d'exercer ma revendication.

« Il faut entendre ce chœur, d'un ensemble parfait et absolument irréprochable, chanter les louanges du Comité du Concours. Chacun se déclare absolument satisfait du prix qu'il a obtenu et se promet bien d'être fidèle au rendez-vous de 1885, car il paraît que l'opération a été bonne et qu'on annonce de nouvelles tentatives.

« Vous pourrez d'avance prédire un succès étourdissant et une avalanche de tireurs de la province. Ne craignez pas de répandre la chose, et, si votre compte de profits et pertes le permet, envoyez des numéros de votre journal à toutes les Sociétés de France, aux autres journaux spéciaux, car il est bon que chacun soit prévenu à temps. Lorsqu'un écueil nouveau est découvert au milieu des océans, les amirautés se hâtent d'en informer le monde marin. Rendez le même service aux tireurs français, il vous en sauront gré.

« Je ne toucherai pas à la question financière qui ne me regarde pas, et ne dirai rien de la partie technique du Concours qui était déplorable à bien des points de vue, car vous avez déjà maintes fois, ainsi que plusieurs tireurs fort compétents, signalé les défectuosités ;

mais je vous indiquerai seulement que, pour ma part, bien qu'ayant déclaré mes nom et qualités à un de messieurs les commissaires, ce monsieur, imbu de la science du tir, a accueilli d'une telle façon les justes et respectueuses observations que je lui présentais, que je me suis hâté de rentrer, comme on dit, dans mon cabinet, me contentant de lui tourner le dos et de hausser les épaules.

« Une seule question pour finir : Voulez-vous aussi me dire ce qu'est un concours qui ne comporte pas de diplômes, sinon pour la totalité, du moins pour la plus grande moitié des lauréats.

« Ce Comité si fort aurait dû savoir que le diplôme est ce qui fait le plus de plaisir aux tireurs, et il me semble qu'on doit être soucieux de faire plaisir, avant tout et « quand même », aux personnes qui veulent bien se déranger pour venir assister à votre Concours.

« Voilà, monsieur le rédacteur en chef, ce que je tenais à vous dire, vous autorisant à faire de ma lettre tel usage que bon vous semblera.

« Veuillez agréer, etc.

« Charles VAUCHEY,
« Président de la Société de tir de Serrigny (Côte-d'Or). »

Il n'est pas indifférent de relater encore le jugement que les tireurs suisses les plus compétents ont porté sur notre tir national de 1884. L'un d'eux écrivait au *Stand* :

« Genève, le 19 mars 1885.

« Cher Monsieur et rédacteur en chef,

« ... Donc, cher Monsieur, nos amis les Français peuvent se préparer pour 1885 à Berne et pour 1887 à Genève ; ils y seront les bienvenus et, dans le cas où vous feriez l'année prochaine seulement votre grand tir international, je vous promets tout mon concours et celui de mes amis de Genève pour une grande affluence de Suisses à Paris en 1886 ; bien entendu, sous la réserve que l'organisation de votre Concours nous donne plus de confiance dans sa réussite et sa bonne organisation que celui de 1884, de triste mémoire.

« Recevez, cher monsieur et rédacteur en chef du *Stand*, les bien amicales salutations de votre tout dévoué,

« JULES VETTINER. »

Dans deux lettres de M. Louis Bans, directeur de tir de la Société de Dijon, publiées par le *Stand* du 19 octobre 1884, nous lisons :

« Monsieur le rédacteur en chef.

« J'ai lu avec le plus vif intérêt dans les derniers numéros du *Stand*, les articles remarquables de Brutus et de H. Plock. Vous serez soutenu dans votre campagne en faveur de l'indépendance des sociétés de tir par tous les tireurs sérieux, C'est, soyez-en certain, le plus grand service que l'on puisse rendre à la cause du tir que d'empêcher nos sociétés de subir la sujétion où l'on voudrait les placer dans un but clair comme le jour. L'arbitraire choquant qui, pendant toute la durée du Concours national, n'a pas cessé de s'allier chez la plupart de ses organisateurs et de leurs subalternes à la plus fabuleuse imprévoyance et à un dédain complet des réclamations formulées par les tireurs, sont la preuve de ce que j'avance... »

La même lettre contient l'apostrophe suivante aux organisateurs du Concours :

«... Et cependant, nous tous, tireurs des départements, qui ne croyons pas avoir inventé le tir, mais qui savons un peu, néanmoins, ce qu'est un concours, nous sommes-nous défiés de vous, messieurs, quand nous avons pris part à votre fête où l'on a vu, parmi tant d'autres, cette chose invraisemblable, certainement sans précédents : A savoir un concours commencé, achevé après trois semaines de durée et dont les prix sont distribués, plus d'un mois après sa clôture, sans qu'aucune liste des récompenses ait jamais été portée à laconnaissance des intéressés. Dans une loterie on sait, du moins, ce que l'on a chance de gagner.

« Nous avons tiré à votre loterie (pardon : à votre Concours), je ne dirai pas les yeux fermés, car nous les ouvrions au contraire bien grands, l'un pour viser, l'autre pour voir si les voisins ne tiraient pas en même temps que nous sur nos cibles ; mais enfin nous avons tiré de confiance. Nous vous avons donné notre argent en aveugles, cette fois le mot est exact, nous reposant sur votre honneur et sur votre probité du soin de récompenser équitablement notre adresse. Vous pouvez, en effet, attribuer les prix à votre fantaisie ; donner les plus intimes aux plus adroits, les plus beaux aux moins méritants. Personne ne vous gêne. Malgré ces énormités, nous avons eu confiance en vous. Nous avons estimé que votre honneur et votre probité constituaient pour nous une présomption, plus que cela, une garantie de votre loyauté ! C'est bien le moins que vous nous traitiez de même. Voilà, messieurs, pourquoi nous avons tiré, en dépit des nombreux motifs de nature à nous en détourner.

« Quelques lignes me suffisaient pour vous convaincre que votre Comité ne connaît pas même son règlement, ou bien, et ceci serait infiniment plus grave, qu'il n'en tient nul compte quand ce règlement le gêne. »

Le *Stand* du 5 octobre 1884 avait déjà publié une lettre très-intéressante où des critiques de la même gravité étaient formulées :

Lyon, août 1884.

« Monsieur Savoy, directeur du journal le *Stand*.

« A l'heure où vous recevrez cette lettre, le Tir national sera commencé ; il n'est donc plus temps d'y apporter des modifications: mais, n'ayant pu le faire plus tôt, je viens vous demander l'hospitalité de votre estimable journal pour protester énergiquement contre le programme de ce 1er Concours, *organisé par les sociétés de tir de France*: et, notamment, contre la division des cibles, dites LOYALES :

« Je suis certain que, si les sociétés de France eussent été consultées à ce sujet, cette division n'eût pas été adoptée.

« Je crois que le tire de *cibles surprises* serait celui qui conviendrait.

« De l'avis de tous les tireurs des deux sociétés de tir de Lyon et de différents tireurs de la région, que j'ai eu l'occasion de voir à divers tirs, ces cibles LOYALES doivent émaner de personnes complètement incompétentes en matière de tir, ou bien, c'est une exploitation. Je serais grandement surpris, monsieur, si j'étais le seul à formuler ces observations.

« Le mot exploitation qui est venu sous ma plume, demande une explication, la voici :

« De l'avis de tous les tireurs de Lyon suivant régulièrement les concours de notre région, « et dont quelques-uns sont d'une belle force » ; et après s'être exercé à notre stand sur des cibles dites loyales, il a été reconnu qu'il était *impossible*, à moins d'un *hasard* extraordinaire, de les classer soit à l'arme nationale, soit aux diverses carabines, dans la 1re catégorie ; en conséquence, les premiers prix de cette classe, ainsi que le 1er grand prix unique, ne seront pas donnés.

« N'est-ce pas là, monsieur, le fait d'une exploitation ?

« Je souhaite de grand cœur une entière réussite au 1er Concours national, mais je crains bien que le programme soit cause de l'abstention du plus grand nombre des tireurs de France.

« Veuillez agréer, etc.

« J. TARPIN,
Membre de la Commission de la Société de tir de Lyon. »

Pour ne pas multiplier ces citations, nous renvoyons aux articles publiés par le *Stand*, dans ses numéros des 21, 28, 31 décembre 1884, 4 janvier et 26 avril 1885.

Bien d'autres faits étranges ont été observés dans ce Concours, qui n'était vraiment qu'un bureau de recettes et une occasion de réclame pour la Ligue.

Le plus grand désordre qu'on puisse imaginer ne cessa pas de régner dans toutes les parties de l'administration, pendant toute la durée de cette fête. Les greffiers, chargés de l'inscription des points obtenus à chaque cible, proposaient eux-mêmes aux tireurs des marchés honteux. Les caissiers percevaient des taxes imaginaires. Les marqueurs, aux cibles, faisaient des gamineries. Tous les commissaires, sauf *trois ou quatre*, ayant été pris parmi les membres de ces sociétés à tapage, qui ne tirent jamais et mettent leur gloire à des mascarades, dites *promenades militaires*, étaient aussi insolents qu'inattentifs et ignorants : ornés comme le maître, d'une casquette patriotique, ils paradaient partout ailleurs qu'à leur poste.

Parmi les fraudes grossières, qui se commettaient à chaque instant, les plus usitées étaient les suivantes :

1° Le tireur au révolver priait un ami complaisant de se placer à la cible voisine, et de faire son carton avec un fusil scolaire ;

2° Le tireur à courte portée emportait des cartons dans le bois de Vincennes, et revenait faire inscrire ses points au bureau ;

3° Le tireur à longue portée, aux cibles du Gras surtout, obtenait du greffier l'autorisation de tirer un nombre indéfini de balles, jusqu'à ce qu'il en eût mis cinq dans sa *loyale cible*.

L'administration prononça pour tous ces faits, journellement répétés, une ou deux exclusions. C'est dire qu'elle avait bien résolu de fermer les yeux. Mais ce sera surtout quand, plus bas, nous examinerons les rares documents que nous ont livrés ces fantaisistes organisateurs, que l'on pourra admirer le gâchis prémédité ou involontaire, qui n'a cessé de régner dans le Concours dit national.

Nous avons raconté, dans l'un des Chapitres précédents, l'étrange façon dont le Maître ouvrit le concours de 1884, en tirant la première balle dans la butte, comme pour exprimer son dédain de la cible. Mais ce souvenir, qui éveille l'idée d'une vanité grotesque, s'efface devant les faits suivants, pris au hasard, et dont la portée a une plus haute gravité.

Le programme avait annoncé la clôture du Concours pour le 14 septembre. Un tel engagement est formel en matière de concours et il a la valeur d'un contrat qui, pendant toute la durée des épreuves, lie à la fois les concurrents et les organisateurs. Mais ces derniers ne craignirent pas, de leur propre autorité, d'annoncer, la veille de la clôture, une prolongation de sept jours.

Bien plus, le Comité ne se fit pas scrupule, alors que le Concours était commencé, de remanier la partie du programme qui en réglait les conditions ; et il le fit de manière à avantager ses compatriotes, au préjudice des tireurs qui avaient déjà concouru dans les conditions du programme primitif.

Ainsi il avait été admis d'abord que le total des points devait primer le total des balles mises en cible. Mais un décret du Maître intervertit cette condition, pendant le cours des épreuves, et décida que ce serait le total des balles mises en cibles qui primerait le total des points.

Ces deux manières différentes d'apprécier les résultats sont également équitables ; mais, comme il n'était ni permis ni possible à ceux qui avaient déjà tiré de recommencer leurs séries, ils se trouvaient les uns avantagés, les autres lésés par cette nouvelle combinaison.

Il y a mieux : Un tireur émérite, un Suisse, M. Kästly, avait *seul*, entre tous les concurrents, obtenu le nombre de points nécessaires pour entrer dans la première classe. Le grand prix, qui était de plusieurs milliers de francs, lui appartenait donc de droit. En Suisse, dans sa patrie, le prix n'eut pas été un seul instant contesté, et le vainqueur fût devenu l'objet d'une ovation enthousiaste. M. Paul Déroulède jugea plus patriotique de ne pas le lui décerner. Il introduisit, après coup, et alors que le Concours était pleinement engagé, une décision qui abaissait la limite de points primitivement exigée pour l'admission dans la première classe. Les protestations indignées des sociétés de tir ne purent faire rapporter une décision qui, suivant les tireurs compétents, déshonorait le Concours.

C'est surtout dans le monde des tireurs que la loyauté s'impose comme le principe le plus rigoureux. En effet, si la moindre atteinte y était portée, le champ de tir serait bientôt transformé en champ de bataille. Cependant, le sentiment de dégoût l'emporta sur une colère légitime. Les tireurs jugèrent inutile et peut-être indigne d'eux de porter aucune réclamation devant un Comité si peu soucieux de la foi jurée.

VIII

EXCLUSION ARBITRAIRE DU CONCOURS. — INCIDENT VIOLET.

Sommaire. — Les protestations contre sa manière d'agir n'émeuvent pas le Maître : mais il lui faut frapper les esprits et empêcher la propagation du fléau : il exclut du Concours M. Violet, membre démissionnaire du Comité élu. — Ce qui reste du Comité ne proteste pas. — M. Violet se présente au champ de tir, accompagné d'un huissier. — M. de Jarry, président du Concours, déclare à M. Violet qu'il n'est pour rien dans la décision prise contre lui. — M. Déroulède reproche à M. Violet d'avoir insulté le ministre de la guerre : vous insultez la colonne ! disait de même M. Belmontet. — M. Violet assigne en référé les directeurs du Concours mais non M. Déroulède ; entrée triomphale du Maître dans le prétoire : explication admirable donnée par le Maître à l'acte reproché. — M. Violet est renvoyé à se pourvoir devant la juridiction compétente. — *Le Temps* approuve la décision et ajoute : *Charbonnier est maître chez lui.*

Le Maître s'attendait bien à des protestations ; mais elles lui semblaient peu redoutables, tant que sa bannière patriotique rallierait à lui le troupeau solide et compact des ligueurs, habitués à lui demander le mot d'ordre et façonnés à l'obéissance. Néanmoins, il crut qu'il était de bonne politique de porter à ses adversaires un coup hardi, qui découageât leurs efforts, et qui frappât les esprits timides ou irrésolus.

M. A. Violet, membre du Cercle des Carabiniers de Paris, un des premiers tireurs de France, délégué des sociétés parisiennes, avait eu l'audace, dans le sein du Comité, de protester par sa démission contre les illégalités et les fautes graves dont il prévoyait les conséquences. Un ordre du Maître le déclara exclu du Concours, comme un fraudeur. Le Comité d'organisation laissa faire ; son silence équivalait à une ratification.

M. Violet, naturellement ennemi de la violence et du scandale, mais bien résolu, néanmoins, à relever l'illégalité de la mesure prise contre lui et à faire valoir ses droits, se présenta, le 3 septembre, sur le champ de tir de Vincennes ; il était accompagné de M⁾ Babulaud, huissier, qu'il avait chargé de rédiger un acte de protestation, s'il y avait lieu.

M. de Jarry de Bouffémont, président du Concours, reçut ces Messieurs. Son langage fut poli et doucereux ; il assura même M. Violet que, personnellement, il s'était prononcé contre la mesure d'exclusion dont il était l'objet ; mais il ajouta que son devoir de président l'obligeait à faire respecter une décision du Comité.

M. Déroulède survint pendant ce colloque. Interpellé à son tour par M. Violet, il ne trouva pas d'autre réponse que celle-ci : « Vous avez insulté le Ministre de la guerre ! » — « C'est faux ! » répliqua M. Violet.

Quelle autre répartie pouvait faire ce dernier ? Il y a en effet certaines apostrophes dont l'écrasante absurdité défie toute réfutation.

« Vous insultez la colonne ! disait M. Belmontet aux détracteurs de l'Empire. »

« — Tâchez d'être poli, s'écria le lieutenant Déroulède ; je suis ici chez moi, et je vais vous faire expulser. »

« — Eh bien, fit M. Violet, ce ne sera qu'une illégalité de plus »

Sur ce mot, M. Déroulède tourna les talons et quitta la place.

M. Violet essaya de porter sa protestation sur le terrain judiciaire, et il appela en référé M. de Jarry.

Quand la cause fut appelée, le demandeur parut surpris de ne pas rencontrer son adversaire à la barre. Pendant qu'il exposait les faits, un homme de haute stature parut au fond de la salle et fendit la foule en s'écriant :

— Je suis M. Paul Déroulède !

Il était suivi de M. de Jarry.

S'adressant au juge, le Maître dit avec une certaine hauteur :

« Nous avons cru pouvoir refuser l'accès du Concours à une personne qui nous paraît devoir troubler l'ordre, ou apporter un changement au caractère patriotique du Concours. »

À peine eut-il prononcé ces mots que le juge se leva, et pria MM. Déroulède et de Jarry de le suivre dans son cabinet. M. Violet se disposait à accompagner ces Messieurs ; mais un huissier se planta devant la porte et lui barra le chemin.

Quand le juge revint, il déclara la cause entendue, et rendit une ordonnance qui renvoyait M. Violet à se pourvoir devant la juridiction compétente.

Le journal *le Temps*, rendant compte de ce démêlé judiciaire, ajouta, en guise de moralité, l'étourdissante réflexion qui suit :

— Charbonnier est maître chez lui !

M. Violet se résigna à assigner devant le tribunal civil M. de Jarry et deux autres membres du Comité, mais non M. Déroulède, à qui il a toujours refusé de reconnaître aucune qualité dans la direction du Concours.

Le procès est pendant depuis le mois de décembre 1884, et l'avoué de M. Violet continue de lui faire espérer qu'il pourra obtenir une solution en première instance avant deux ans !

Quelle sera cette solution ? En parfaite équité, elle ne saurait être douteuse. Le programme du Concours portait en effet : — Tous les Français sont admis au Concours national. — En outre, qui ne se souvient d'avoir vu circuler, dans les rues de Paris, les voitures publiques portant toutes une large bande sur laquelle on lisait : — Concours de tir absolument public.

Par toutes ces raisons, la question litigieuse semble facile à résoudre ; mais M. Violet a insulté la colonne !!! Et puis, Charbonnier est peut-être maître chez... les autres.

IX

DISTRIBUTION DES PRIX DU CONCOURS DE 1884.

il annonce une pluie de rubans ; il donne une vaste définition du patriotisme qui peut, selon lui, être *commercial ;* foudres lancées contre les expéditions coloniales ; n'allons pas où nous pousse l'Allemagne ; coup de patte doucereux à M. Jules Ferry ; ne soyons pas ennemis de l'Angleterre ; qualifications de *misérables* adressée aux protestataires : la France n'est pas debout, elle est en marche ! — Appel des premiers lauréats de chaque série : pourquoi le Maître n'ose pas distribuer en public la pacotille de tombola qu'il réservait à tous les autres. — Parmi les prix, figure un vase d'honneur, décerné au ministre de la guerre ; par compensation, le Comité de la Ligue s'attribue des dons décernés par d'autres ; le démarquage est un des procédés habituels de la Ligue. Que faut-il penser du don (?) de 70,000 francs par M. Déroulède ?

La distribution des prix du Concours eut lieu dans la grande salle du Trocadéro, le 26 octobre 1884.

La salle était décorée d'oriflammes tricolores et multicolores ; mais les couleurs noire et verte de la Ligue des patriotes dominaient. Plus de trois mille personnes se pressaient dans cette vaste enceinte : le public était surtout composé d'officiers, de soldats, de gymnastes et de curieux ou de passants qui avaient cherché là un refuge contre la pluie.

Des enfants des bataillons scolaires formaient la haie à la porte principale, et portaient les armes aux officiers.

On ne comptait pas, sur l'estrade, plus de douze bannières de sociétés ; encore, la plupart appartenaient-elles à des sociétés de gymnastique. Or, comme chacun sait, la présence de la bannière dans ces sortes de solennités, signifie *représentation officielle* de l'association qui la possède.

M. Paul Déroulède, en retard, fit son entrée, appuyé sur le bras droit du président, M. Anatole de la Forge. Quant ils eurent pris place, les lieutenants du Maître envahirent les chaises réservées sur l'estrade. On aurait vainement cherché parmi eux aucune représentation officielle ; on n'y distinguait qu'un très petit nombre des membres du fameux Comité de patronage de la Ligue des patriotes, dont les noms avaient figuré avec tant d'éclat sur les prospectus de la Ligue et ses appels aux souscripteurs, au moment de sa fondation.

M. Anatole de la Forge prend le premier la parole. Au nom des soixante mille membres de la Ligue des patriotes, il salue *le champion de France* (M. Déroulède relève la tête) et les lauréats du premier Concours national ; ils sont les héros de la fête. Si le Ministre de la guerre, M. Campenon, est absent, c'est à raison de ses travaux. « Je n'ai eu à son égard qu'une surprise, s'écrie l'orateur, c'est de le voir nommer sénateur inamovible. C'est renversant ! Enfin, j'espère qu'au Sénat, il entraînera les inamovibles comme il a fait de ses troupes. »

Après avoir évoqué les souvenirs du combat du Bourget,
« Salut au commandant Baroche, ajoute l'orateur, à celui qui,
quoique nommé par l'Empire... Salut au commandant Rolland,
ici présent; salut au commandant Féry d'Esclands, qui est des
nôtres à la Ligue, salut à Franchetti ! Remerciements au
Conseil municipal, aux ministres de l'intérieur et de l'instruction publique, qui, chaque fois qu'une œuvre patriotique est
mise en avant... »

M. Anatole de la Forge parle ensuite de la Chine, du Tonkin,
de la politique coloniale qu'il flétrit, tout en déclarant qu'il votera
les crédits demandés; d'Abd-el-Kader dont il fait un saint, etc.

« Avant de donner la parole à M. de Jarry, président du Concours, dit-il en terminant, je lui remets la croix de la part du
général Campenon. Maintenant il va parler; (*riant*) je crois
même qu'il parlera très bien. »

Le discours de M. de Jarry justifia peu cet excès de confiance.
Son dicours était écrit; il le lut fort mal. Il lui arriva de faire le
malencontreux aveu suivant : « Le ministre nous a donné des
armes d'honneur et deux cent mille cartouches ! » — « Mais
alors, s'écrie une voix de l'assistance, il ne fallait pas les
vendre ! »

L'orateur s'emballe dans une apologie du fusil Gras, et ces
louanges devaient, dans sa pensée, aller au cœur du général
Campenon : — « Si le gouvernement, dit-il, donnait la facilité
d'acheter des fusils Gras, tout le monde en achèterait, et nous
verrions bientôt tous les Martini et Wetterli laissés de côté. Je
voudrais voir dans toutes les fêtes, dans les moindres manifestations des communes, s'organiser des concours à l'arme nationale
et avec les cartouches nationales.

La péroraison de M. de Jarry doit être reproduite en entier,
comme modèle du genre dithyrambique:

« C'était malheureusement une chose nouvelle en France. Un
concours national était chose difficile à organiser. Trouvant le tir
sans un centre à Paris, nous avons eu recours à une association
puissante, *La Ligue*, qui nous a permis de donner à ce concours,
qui cependant aurait eu lieu, un éclat impossible à obtenir sans elle.

« Je remercie M. Déroulède, l'homme sur lequel nous nous
sommes étayés. Nous avons eu des moments de défaillance ; mais
Déroulède était là, ranimant les hésitants et nous criant par derrière : en avant, en avant, toujours en avant !

« Le Concours de l'année prochaine aura une réussite complète.
*Personne, je crois, ne contestera à M. Déroulède l'honneur d'ê-
tre Président de ce Concours.* (Gestes faibles de dénégation du Maître qui se tourne vers la droite, probablement pour arrêter les applaudissements).

14

M. Deloncle prend à son tour la parole. Figure ronde, encadrée de favoris noirs ; parole élégante et onctueuse ; accent méridional.

Nouvelle apologie du fusil Gras : — « L'arme nationale a joui d'une faveur marquée ; plus de deux cent mille balles ont été tirées avec ce fusil seulement. L'année prochaine, ce sera presque uniquement ce fusil que l'on tirera... »

L'orateur poursuit : — « Que M. Déroulède garde la présidence du prochain Concours (applaudissements maigres). Nous verrons l'unité de classement, l'unité de concours, l'unité de cible, l'unité d'arme. Tous nos efforts tendront à produire l'effet du côté que vous savez : l'Allemagne... Au fond de toutes ces unions que patronne la Ligue, sans exceptions, au fond de toutes ces unions de gymnastes, de tir, de musique, il y a le principe d'association. L'association, l'union sous toutes les formes a un profit pour le pays. Nous avons subi des accusations et des calomnies : nous les rejetons à la face de ceux qui les ont formulées, car nous les plaignons. Ceux-là n'ont pas toute l'affection que nous avons dans le pays... Mère patrie ! image de toutes les mères... Toutes les communions... La prière... A genoux... Les larmes aux yeux... »

On se serait cru au sermon, et l'oreille était tendue comme pour percevoir les notes graves et mystiques de l'orgue. A ce moment, les choristes, disposés dans la salle, entonnent le cantique : « Dieu protège la France ! »

M. Deloncle avait sans doute voulu, par son discours, préparer les esprits à ce pieux élan.

Le Maître qui, jusque-là, s'était borné à diriger les applaudissements d'une claque habilement placée sur la droite, vint enfin lancer à l'auditoire ses foudres d'éloquence. Son discours, moitié appris, moitié improvisé, contient des révélations que nous avons soigneusement notées.

Il remercie de nouveau les autorités que les précédents orateurs ont passées en revue : Depuis le général Campenon jusqu'à M. Waldeck-Rousseau, chacun à sa part d'éloges.

Le commissaire du Concours annonce ensuite, à grand renfort d'éclats de voix, des décorations pour « services exceptionnels. »

Suit une définition du patriotisme :

« Le patriotisme peut se manifester sous toutes sortes de formes : sous la forme commerciale, industrielle, artistique, toutes aussi belles les unes que les autres... Nous sommes des passionnés de vérité, des ombrageux du bien public ; nous élevons les générations futures... Nous sommes écrasés ; relevons-nous ! Avant d'aller porter le drapeau français où il n'a jamais été (*Tonkin*, *Tunisie*), portons-le où il devrait toujours être resté. Nous ne nous plions pas à une sujétion de sourires à Bismark, parce qu'il nous sourit; nous ne consentons pas à lui obéir, parce qu'il nous menace. La France suit une politique de concentration; elle doit éviter d'aller là où la pousse l'Allemagne. . Je n'accuse personne de manquer de patriotisme (*allusion à M. Ferry*). Mais tel ministre a pris une fausse route, de faux guides... Ne nous laissons pas détourner du but par ceux qui crient : « Sus à l'Angleterre ! » Le Rhin avant tout, avant le fleuve Jaune...

« Nous ne pactisons pas avec *ces misérables* qui disent : « Les sociétés de tir doivent rester neutres... »

« Si vous faites du tir comme on joue au billard, allez au café, messieurs, et non pas au champ de bataille !...

« La France n'est pas debout, elle est en marche ! Vive la France ! »

La distribution des prix commence ensuite. Signalons ici une omission qui trouve son explication dans la nature des récompenses offertes, mais qui n'en est pas moins une offense pour les lauréats dont plusieurs avaient chèrement gagné leurs prix.

M. Paul Déroulède ne fit appeler qu'un très petit nombre de lauréats; aucune mention ne fut faite des autres. La raison secrète de ces omissions calculées, c'est que la Ligue n'avait à offrir à ces derniers qu'un choix fort maigre de récompenses : des porte-monnaie, des épingles, des boutons de manchettes, des breloques, des images, des boussoles, des porte-cartes, des casquettes et des cannes. Peut être le Comité a-t-il craint, s'il eût procédé à l'écoulement de cette pacotille de tombola, qu'on ne lui jetât les objets à la tête. Ainsi s'explique cette mention contenue dans le programme, à la suite de la désignation du premier prix dans chaque série : « les autres prix seront désignés ultérieurement. »

A ce sujet, nous renvoyons le lecteur à ce que nous avons dit dans les chapitres précédents.

La distribution des prix ne pouvait se terminer sans donner lieu à une de ces platitudes grotesques, familières au président de la Ligue.

Au nombre des prix se trouvait un magnifique vase que deux hommes avaient peine à porter. Chacun des spectateurs imagina d'abord qu'il s'agissait d'un prix important offert, suivant l'usage, par quelque ministre. Mais non; c'était une récompense que M. Déroulède croyait devoir accorder au général Campenon, ministre de la guerre. N'osant le décorer, il lui offrait un vase !

Cette délicatesse exquise perd un peu de son charme, si nous la rapprochons d'un autre fait qui ne doit pas être omis : le mi-

..istère de la guerre avait offert en prix une vingtaine de fusils
réglementaires C'était en son nom que ces prix devaient être
décernés. Mais M. Déroulède jugea bon de faire apposer sur ces
armes une plaque d'argent aux armes de la Ligue, afin de s'attribuer le mérite de cette générosité.

Il y aurait beaucoup à dire sur les libéralités du Comité de la
Ligue des patriotes. Le démarquage dont nous venons de citer
un exemple était un moyen assez fréquemment employé par la
Ligue pour faire passer sous son nom les dons offerts par d'autres.

Nous avons mieux à citer : on a proclamé *urbi et orbi* que
M. Déroulède avait versé, de ses deniers, une somme de soixante-
dix mille francs, pour combler le déficit du Concours de 1881.
« Il a été jusqu'à sacrifier ses modestes économies de soldat! »
disait plus tard un de ses caudataires, dans un article où l'on
discutait la candidature Déroulède à la députation. Ainsi le lieutenant Déroulède, *au lieu d'acheter un château sur ses économies*, avait employé son argent de poche, à solder un déficit de
soixante-dix mille francs !

Nous reviendrons plus bas sur cette question des comptes du
Concours de 1881, comptes refusés aux mandataires des Sociétés
de tir, immédiatement après la clôture du Concours.

X

CONGRÈS DES SOCIÉTÉS DE TIR, DU 1er FÉVRIER 1885

SOMMAIRE: Le Comité du Concours avait d'abord résolu de convoquer un
Congrès des délégués des Sociétés de tir, pendant le Concours de 1884 ; il y
renonça, en présence de l'hostilité des Sociétés au patronage de la Ligue. —
M. Candelier est désigné pour présider le Concours de 1885. — Lettre de
M. Candelier annonçant l'ouverture d'un Congrès pour l'organisation du
Concours de 1885; questions qui seront posées à ce Congrès. — La plupart des Sociétés de tir de Paris ne reçoivent pas de lettres de convocation : elles décident, néanmoins, qu'elles iront au Congrès. — Compte-rendu
du Congrès : protestations contre le défaut de convocation d'un grand nombre de Sociétés; 16 sur 23 ont été ainsi écartées. — MM. Candelier et
Frère s'en tirent en accusant la poste de ces irrégularités. — M. Candelier est appelé à présider. — Le Congrès décide qu'un même délégué peut
représenter plusieurs Sociétés. — Une proposition de remerciements à la
Ligue des patriotes et à M. Déroulède, n'est votée qu'à la suite de protestations. — Quelques délégués contestent l'opportunité d'un Concours national de tir en 1885. — Un orateur loue les résultats obtenus par les Sociétés militaires de tir ; M. Violet blâme l'ingérence militaire dans les
Sociétés civiles de tir. — Vote en faveur d'un Concours de tir en 1885. —
M. Candelier propose la nomination d'une commission chargée de préparer ce Concours. — Contre-proposition de M. Marot, conforme au procès-

verbal de l'assemblée des Sociétés de tir de la région de Paris. — Le
préopinant repousse l'autoritarisme de la Ligue des patriotes : tous les
prix distribués en 1884 portaient la marque de la Ligue. — On reproche
à l'orateur de porter lui-même une épingle aux insignes de la Ligue ; il
avoue qu'il a été l'un des 50.000 naïfs qui ont versé de l'argent à la Ligue.
   Le colonel Dumas veut que le Concours soit organisé par la Fédération
des Sociétés de tir de France. — M. André, de Remiremont, propose la
création d'une Société par actions. — M. Naude propose de soumettre la
question même d'opportunité d'un Concours en 1885, à toutes les Sociétés
de tir de France. — M. Candelier, président, invite l'assemblée à nommer un Comité directeur du Concours de 1885 : proposition d'une liste
préparée d'avance : le nom de M. Clérin, de Nancy, directeur du journal *le Tireur*, soulève certaines protestations. — Autre incident : M. Chapron, membre du Comité central du Concours de 1884, demande à rendre
compte de son mandat au Congrès actuellement réuni ; sa proposition
est repoussée. — M. Galland propose d'exclure du Concours de 1885 les
Sociétés dissidentes de Paris ; protestations énergiques ; les délégués des
23 Sociétés parisiennes quittent la salle. — La séance continue. — L'assemblée repousse une proposition qui aurait permis au Comité directeur
du Concours de pourvoir lui-même aux vacances par démission. — Discussion sur la nomination d'un Comité central du concours : les Sociétés
de tir réparties par régions nommeront des délégués : M. Kastler, délégué du VIIIe arrondissement, propose de nommer en assemblée les
délégués de chaque région : ce vote serait soumis ensuite à la ratification de toutes les Sociétés de tir. — Une proposition ayant pour objet
d'exclure du Concours les Sociétés dissidentes est repoussée. — M. Lespine renouvelle la proposition que le Comité élu puisse s'adjoindre cinq
membres supplémentaires ; M. Chapron rappelle les inconvénients de ce
procédé incorrect, qui a été employé en 1884 : nouveau rejet de la proposition.

   Une note du Comité du Concours de 1884 (15 avril 1884),
adressée à tous les journaux de France, ainsi qu'aux Sociétés
(note publiée par *le Carabinier* du 20 avril 1884), portait :
« Un Congrès des tireurs de France sera tenu pendant le Concours. » Nous aurions été heureux que cette promesse solennelle
fût tenue, parce qu'elle aurait paralysé, dès le début, les menées
du parti Déroulédiste. On se fût expliqué, et le rôle de la Ligue
eût été sévèrement apprécié par les tireurs compétents, venus
en grand nombre pour concourir.
   Mais le Maître en avait décidé autrement. Les réclamations
alignées qui s'étaient produites pendant l'organisation du Concours de 1884, l'accueil qui avait été fait à ses mesures autoritaires, lui avaient montré de quel esprit d'indépendance et de
fierté les tireurs étaient animés. La réunion d'un Congrès eût
permis à tous les éléments qui lui étaient hostiles de prendre
corps, et de se manifester avec un éclat qui eût porté un
coup mortel au patronage de la Ligue. Il lui importait donc

d'empêcher, à tout prix, la convocation du Congrès des tireurs pour l'organisation du Concours de 1885, ou tout au moins de ne réunir qu'un simulacre de Congrès, qui ratifierait les propositions du Comité de la Ligue. En un mot, M. Paul Déroulède et ses amis se disposaient à renouveler les manœuvres qui leur avaient si bien réussi, pour l'accaparement du Concours de 1884.

M. de Jarry, président de ce dernier Concours, avait été largement honoré et décoré, à raison des services rendus en cette occasion, ou plutôt à cause de son dévouement à la Ligue. M. Déroulède avait à produire et à récompenser un autre de ses fidèles lieutenants, M. Candelier. C'est à celui-ci que devait échoir la présidence du Concours de 1885. Aussi fût-il chargé de convoquer, pour le 1er février 1885, un second Congrès des Sociétés de tir.

La lettre suivante fut adressée par M. Candelier, le 4 janvier, à quelques uns des présidents des Sociétés de tir :

« Monsieur et cher collègue,

« Prié par un grand nombre de tireurs de préparer l'organisation du deuxième Concours national, je tiens à vous soumettre auparavant les questions suivantes :

« 1° Doit-on faire un Concours national de tir en 1885 ?

« 2° Doit-on demander l'appui de la Ligue des patriotes ?

« 3° Au Congrès des Sociétés de tir de France, qui se tiendra à Paris, le 25 de ce mois probablement, le vote se fera-t-il par tête ou par société (2 délégués)?

« La Fédération des Sociétés de tir de la région du Nord, dans sa réunion du 28 décembre dernier, a répondu : oui, à l'unanimité, aux deux premières questions ; et pour la troisième, elle croit indispensable de faire voter par *société*; dans ce cas, chacune d'elles serait représentée par deux délégués.

« Je vous donnerai au Congrès le motif de ces décisions, si vous le désirez.

« Veuillez m'honorer d'une réponse le plus vite possible, afin que je puisse convoquer sans retard toutes les Sociétés de tir de France u Congrès général, pour le 25 de ce mois.

« Agréez, Monsieur et cher collègue, l'expression de mes meilleurs sentiments.

« Le Président de la Fédération du Nord
« CANDELIER »

La lettre qui précède manifeste un certain respect des droits des Sociétés de tir; on semble vouloir les consulter. Puis, cette lettre exprime fort bien que toutes les Sociétés de tir de France seront convoquées au Congrès général. Mais alors comment peut-on expliquer, et surtout justifier que les lettres de convocation, expédiées le 18 janvier suivant, n'aient pas été adressées à toutes les Sociétés de tir, sans distinction, et que la plus grande partie des Sociétés de la région de Paris n'aient reçu aucun avis qui leur permît de se faire représenter au Congrès? M. Candelier redoutait-il, de leur part, une certaine hostilité à son projet d'organisation du Concours?

Quoiqu'il en soit, les Sociétés de tir de Paris s'émurent de ces omissions intentionnelles, qui devaient enlever toute autorité aux décisions du Congrès. Le 30 janvier, c'est-à-dire l'avant-veille du jour désigné pour le Congrès, elles se réunirent à la mairie du VIIIe arrondissement, Là, il fut résolu, à l'unanimité, que toutes les Sociétés de Paris, convoquées ou non, se rendraient en corps au Congrès. La réunion délibéra aussi sur le plan d'organisation du Concours, et il fut décidé que certaines propositions seraient lues et déposées à la séance du Congrès.

Le Congrès eut lieu le 1er février, au gymnase Heiser. Nous empruntons au *Stand* du 8 février le compte-rendu de la séance :

« A deux heures précises, l'assemblée était au complet. On perd vingt minutes à se regarder un peu... en chiens de faïence. Enfin, M. Candelier, qui n'ose ouvrir la séance en prenant franchement la présidence provisoire, propose timidement l'appel nominal des Sociétés de tir convoquées.

« M. le commandant Gaillard demande l'exclusion de toutes les personnes qui ne sont pas porteurs de pouvoirs réguliers. Plusieurs délégués protestent, en disant que leurs Sociétés n'ont pas reçu de convocation.

« M. Frère déclare qu'il a fait lui-même les convocations d'après l'annuaire de M. Boulet d'Hauteserre. *Plusieurs voix crient* : — Et les autres ? vous aviez le Palmarès du Concours de 1884, l'annuaire du *Stand*.

« M. Candelier dit que plusieurs lettres lui ont été retournées ; il en montre cinq ou six.

« *Une voix* : — Il n'en est pas moins vrai que, sur 23 Sociétés parisiennes réunies, il y a quelques jours, 16 n'avaient pas reçu de convocation.

« M. Frère : — C'est impossible ; j'ai fait moi même les convocations.

« Protestations tumultueuses. M. Frère, ne sachant plus à quel saint se vouer, ne trouve rien de mieux que de mettre ces omissions plus ou moins volontaires sur le compte de l'irrégularité de la poste (Pauvre M. Cochery !)

« Enfin M. Rogier, venant en aide à M. Candelier, qui a l'air de plus en plus embarrassé de sa personne, propose de le nommer président du Congrès.

« M. le commandant Gaillard, de son côté, propose de donner la présidence provisoire de la réunion au doyen d'âge des délégués.

« Les délégués du Nord et de l'Est ne veulent pas entendre parler de cette proposition : la discussion devient générale : le tumulte est indescriptible. Il est 3 heures 20, et rien n'est encore sorti de ce chaos.

« A la suite d'un vote vivement contesté, M. Candelier va occuper le fauteuil présidentiel.

« M. Bodard demande quel sera le mode de votation.

« Quelqu'un propose le vote par tête ; un autre propose le vote par société. Cette dernière opinion finit par prévaloir, et l'on se sépare un instant pour appeler les Sociétés. Les présidents, à l'appel de leur société, vont occuper la droite de la salle, eux seuls pourront voter ; les simples délégués occupent la gauche, ils auront seulement voix consultative.

« C'est alors que se pose cette question capitale : combien un délégué pourra-t-il représenter de Sociétés? Ne devra-t-il représenter que la Société à laquelle il appartient, comme le veulent les délégués de Paris, ou au contraire, aura-t-il autant de voix qu'il représentera de Sociétés, comme le veulent les délégués du Nord et de l'Est. On le voit, la question était délicate : les Sociétés de Paris ne l'avaient pas prévue. Les Sociétés du Nord et de l'Est ont soutenu avec acharnement cette mauvaise cause, et ont fini par la gagner par 35 voix contre 23. Cette victoire à laquelle les Sociétés du Nord attachaient tant de prix leur a été facile : n'avaient-elles pas eu soin d'oublier de convoquer les deux tiers des Sociétés de Paris? De sorte que, sur 94 Sociétés représentées, il n'y en avait que 23 de Paris.

« Cette petite... opération heureusement terminée, M. Letalle prend la parole pour demander le maintien du bureau provisoire. Un vote est *esquissé* sur cette question, et MM. Candelier, Gaillard et l'inévitable Frère composent le bureau définitif. Je crois même qu'ils ont été renommés en bloc et à l'unanimité.

« Il est 4 heures 20; et M. Candelier déclarant le Congrès ouvert, entreprend la lecture d'un long document dont nous n'osons espérer la communication ; M. Deloncle ne le permettra probablement pas. Nous devrons donc nous contenter de dire à nos lecteurs que ce n'est guère que la répétition des considérants et des questionnaires que le président de la Fédération du Nord avait déjà publiés. Le tout agrémenté de considérations patriotiques et de remerciements adressés aux organisateurs du Concours de 1884; bref, c'est la réédition des congratulations mutuelles que ces messieurs ne manquent pas de s'adresser périodiquement depuis six mois.

« Le discours fini, quelqu'un de l'assemblée, M. Rogier, pensons-nous, ne croit devoir faire moins que demander, avant la discussion des propositions de M. Candelier, un vote de remerciements à la Ligue des Patriotes et à M. Déroulède.

« Une telle proposition ne pouvait être émise sans soulever des protestations : elles sont nombreuses et surtout bruyantes.

« M. Marot demande avec insistance que le vote soit divisé, et

que des remerciements, s'il y a lieu, soient votés à la Ligue d'abord,
à M. Déroulède ensuite.

« Plusieurs voix appuient cet amendement, mais des clameurs
s'élèvent, les interpellations se croisent, et le président, écartant
de sa propre autorité et la question préalable et l'amendement, fait
procéder au vote de la proposition Rogier, qui est adoptée à une
assez faible majorité.

« Quand l'effervescence produite par cet accident, pardon, incident,
voulions-nous dire, est un peu calmée, M. Candelier rappelle les
questions contenues dans la circulaire par lui envoyée aux Sociétés
de tir et propose de les mettre aux voix.

« 1° Doit-on faire un Concours national de tir en 1885 ?

« A ce moment, le délégué des trois grandes Sociétés de tir de
Lyon remet sur le bureau une lettre des Sociétés qu'il représente.

« M. Candelier en donne lecture : elle conclut au rejet des propositions de M. Candelier.

« Le délégué de Lyon prend alors la parole et développe les raisons multiples qui ont fait prendre cette détermination aux Sociétés
du Rhône. Les principales sont le manque de temps, — le Congrès
mettant l'opportunité de ce Concours en question, alors que l'organisation devrait en être depuis longtemps commencée, et les grandes
lignes arrêtées, — et enfin, la coïncidence de ce Concours projeté
avec le Concours fédéral de Berne et le Concours donné par les
Sociétés du Rhône.

« Le délégué de Lyon annonçant officiellement ce dernier Concours, se défend d'avoir voulu nuire au Concours national projeté
en 1885, ou d'avoir voulu faire pièce aux organisateurs. Le Concours
de Lyon était décidé et l'organisation en était à l'étude, alors qu'il
n'était pas encore question du Concours de 1885.

« Se tournant alors vers un des membres de l'assemblée auquel
il a l'air de s'adresser spécialement, et qui paraît être M. Clérin, l'o-
rateur affirme que le Concours de Lyon n'est pas, comme l'a insinué
un journal de tir, un canard de large envergure, que ce sera, au
contraire, un Concours où les prix seront fixés d'avance, où les prix
annoncés seront donnés, et qu'il n'est pas dans l'intention des organisateurs de supprimer au dernier moment un zéro aux 100.000 fr.
de prix annoncés, comme on leur a fait l'injure de le dire.

« Ce discours est couvert d'applaudissements, et nous fait encore
plus vivement regretter que M. *Déroulède n'ait pas autorisé M.
Delon le à permettre à M. Candelier* de nous communiquer la copie sténographique qu'il nous avait promise : nous eussions été heureux de la mettre in extenso sous les yeux de nos lecteurs.

« M. Rogier combat les opinions émises par le précédent orateur,
et s'efforce de démontrer les heureux résultats du Concours de 1884,
qui a amené la formation de nombreuses Sociétés de tir militaires,
qui a contribué à l'affermissement et au progrès des Sociétés existant déjà ; et comme preuve, M. Rogier cite quelques pourcentages
comparatifs, d'où il résulte, qu'à ses yeux, des résultats de 40 et 50
pour 100 à 200 mètres, sont merveilleux. Si le Concours de 1885 n'a

pas lieu, conclut l'orateur, c'est la mort des nouvelles Sociétés, c'est la ruine des anciennes.

« M. Violet remarque que ces paroles ne font pas précisément l'éloge des Sociétés de tir militaires, et que, d'ailleurs, le Concours de 1884 a été loin de produire des résultats dont il y ait lieu de se féliciter dans les autres régions, et notamment dans la région de Paris, où l'autorité militaire a brusquement refusé aux Sociétés de tir les munitions qu'elle avait coutume de leur accorder, où trois grands stands viennent d'être fermés par ordre et sans raison plausible, où l'entrée des armes est plus rigoureusement que jamais interdite.

« L'orateur rejette la faute de ces mesures sur les organisateurs du Concours de 1884 qui, à propos de tir, ont voulu faire de la politique, censurant et morigénant le Gouvernement qui a, bien à tort, pris ces politiciens en chambre pour les porte-parole des Sociétés de tir.

« Il n'est pas, paraît-il, dans les habitudes du président du Congrès, de résumer les débats et d'en dégager les propositions à mettre aux voix. Aussi est-ce au milieu du brouhaha des discussions particulières que M. Candelier propose à l'assemblée de se prononcer sur l'opportunité d'un Concours national en 1885.

« Sur la question posée par M. Candelier : Faut-il faire un Concours en 1885 ? le Congrès répond par 67 oui, 5 non et 23 abstentions.

« Remarquons, en passant, que les 67 oui sont fournis tout au plus par une douzaine de délégués, ayant chacun de 2 à 50 voix, que les 5 non et les 23 abstentions sont fournis par les délégués ne représentant qu'une seule Société chacun. Ajoutons que les 23 abstentions représentent la totalité moins deux des Sociétés parisiennes présentes.

« Le principe d'un Concours en 1885 étant admis, M. Candelier propose au Congrès la nomination d'une commission chargée de préparer ce Concours.

« M. Marot. — Je voudrais, avec la permission de M. le Président, donner lecture du procès-verbal de la réunion de vendredi dernier (Lisez ! Lisez !).

« Au nom de vingt-trois Sociétés convoquées à Paris pour obvier aux inconvénients de l'irrégularité des convocations, je communique les votes suivants :

« M. Marot lit un extrait du procès-verbal contenant les propositions qui ont été faites par l'assemblée des Sociétés de tir de la région de Paris (Seine et Seine-et-Oise), réunies le 30 janvier 1885 à la mairie du VIIIe arrondissement, *au Congrès du 1er février 1885* :

« 1er VOTE. — « Toutes les Sociétés de tir, convoquées ou non, assisteront au Congrès du 1er février 1885.

« Les Sociétés se réuniront au café situé à l'angle de l'avenue Trudaine et se rendront en corps au gymnase Heiser, lieu de la réunion du Congrès. Rendez-vous à 1 heure ; départ à 1 heure 15 minutes.

« 2e VOTE. — « Chaque Société sera représentée par un membre qui ne disposera que d'une voix.

« 3° VOTE. — « Sera élu président du Congrès, le doyen d'âge des délégués présents, représentant d'une Société de tir comptant au moins une année d'existence.

« 4° VOTE. — « PRINCIPES GÉNÉRAUX. — 1° Le prochain Concours général de tir français sera organisé par les Sociétés françaises de tireurs : les subventions et les prix seront demandés en leur nom.

« 2°. — Les mandataires nommés *directement* par le Congrès auront *seuls* le droit de gestion, sous le nom de membres du Comité directeur. Ils pourront s'adjoindre des sous-comités spéciaux dont un règlement, avant leur réunion, déterminera *nettement* les attributions.

« 3°. — La mention que le Concours est organisé *par les Sociétés françaises de tir* sera portée sur tous les écrits, imprimés, prix, médailles, diplômes etc., *en vedette*, à l'exclusion de toute mention étrangère au tir.

« 4°. — Les solennités du Concours ne donneront lieu à aucune manifestation politique ou religieuse.

« M. Marot, interrompant la lecture : On a prétendu tout à l'heure qu'on n'a pas compris M. Violet. Eh bien ! je vais vous expliquer sa pensée. Il a voulu vous dire que le Gouvernement tient les Sociétés de tir en suspicion, parce qu'il a cru remarquer, lors du Concours de 1881, qu'il y avait eu sous main des agissements politiques. Et il a eu raison, à mon avis. (Nombreuses et vives protestations.)

« M. le Président. — Ces détails sont étrangers à la discussion.

« M. Marot, continuant sa lecture :

« 5°. — Le compte de liquidation sera fait par le Comité directeur, qui ensuite confiera à trois de ses membres (*présidents de Sociétés de tir*) le soin de veiller à la conservation des excédents de recettes et du matériel, jusqu'au jour de la nomination par un Congrès d'un nouveau Comité directeur.

« 6°. — Toute Société de tir représentée, tout donateur, auront droit à la communication des pièces comptables justifiant le compte de liquidation.

« 7°. — Le Comité issu du Congrès du 17 février 1881 remettra aux membres nommés dans la séance du Congrès du 1er février 1885, tout produit et *toutes pièces* administratives, issus du Concours national de Vincennes en 1881.

« 8°. — Un Congrès des tireurs français aura lieu pendant le Concours, pour procéder à l'élection du Comité directeur de l'année suivante, Comité chargé de recevoir les comptes du Comité sortant.

« 9°. — Le Concours général français n'aura pas forcément lieu tous les ans à Paris. Il sera, dans l'avenir, *international*.

« Quant au programme du prochain Concours, les Sociétés de tir de la région de Paris s'en rapportent à l'expérience et à la loyauté du Comité qui sera élu. Elles expriment seulement le vœu que ce programme, par son ensemble largement libéral, satisfasse les aspirations des tireurs de toutes les régions et favorise les progrès de l'armurerie.

« 5° VOTE. — La réunion des présidents et délégués de la réunion de Paris (S. et S.-O.), considérant que les Sociétés ne disposent pas, à l'heure actuelle, des ressources nécessaires à l'établissement d'un Concours national en 1885, est d'avis qu'aucune demande d'autorisation ne doit être officiellement faite tant qu'elles n'auront pas à leur disposition les fonds indispensables à la réussite de l'œuvre.

« 6ᵉ VOTE. — L'appui moral et financier de la *Ligue des Patriotes* lui sera demandé, sans que, pour cela, celle-ci puisse s'ingérer, de *quelque façon que ce soit*, dans la direction ou l'administration du Concours.

« 7ᵉ VOTE — Pour le cas où, contrairement aux décisions prises, le Concours de 1885 serait décidé en principe, les Sociétés de la région de Paris, présentes, déclarent n'accepter aucune part dans l'organisation et dans la responsabilité morale et financière.

« 8ᵉ VOTE. — MM. Violet, Gaillard et Marot sont désignés pour présenter et soutenir au Congrès du 1ᵉʳ février 1885 les décisions prises par l'assemblée du 30 janvier 1885.
Le président Kastler, président de la Société de tir du VIIIᵉ arrondissement. — Le secrétaire, Léon Marot, président de la Société l'*Etude*.

« Voilà, messieurs, quelle a été la pensée des tireurs de Paris. Après cela, il ne peut plus y avoir de malentendus entre nous. On a cherché quel pouvait en être l'auteur.

« *Voix nombreuses*. — Qui ! qui !

« M. Marot. — Cherchez ! vous le découvrirez vous-mêmes. Il est inutile que je le dise. Demandez-le à ceux qui n'ont pas rendu leurs comptes après avoir demandé des subventions en votre nom.

« M. Marot ajoute que les subventions et prix ont été demandés, en 1884, au nom des Sociétés de tir de France, et que, cependant, on n'a jamais vu figurer sur les palmarès, prix ou diplômes du Concours aucune mention de ces sociétés, mais, qu'en revanche, on n'y voit que le nom, le chiffre ou les insignes de la Ligue. Pourquoi !

« M. Rogier fait remarquer à M. Marot que ces paroles l'étonnent de lui qui porte à sa cravate une épingle aux insignes de la Ligue qu'il malmène si fort.

« M. Marot riposte qu'il ne malmène pas la Ligue, dont il est membre fondateur, mais qu'il ne la confond pas avec M. Déroulède, ainsi qu'il l'a prouvé en demandant la division du vote sur la proposition des remerciements à adresser à la Ligue et à M. Déroulède. Au surplus, ajoute-t-il, cette épingle prouve tout simplement que j'ai été un des 50,000 naïfs qui versent de l'argent à la Ligue sans jamais demander de comptes.

« L'incident est heureusement clos ainsi.

« Plusieurs délégués font remarquer que le Congrès qui vient de voter un concours n'a pas paru se préoccuper de la question pécuniaire. Ils demandent qui fera les avances indispensables à une pareille entreprise. — Beaucoup regardent cette question comme insoluble quant à présent : d'autres ne voient qu'une solution qui constituerait un véritable danger.

« M. le colonel Dumas résume les craintes de ces derniers en rappelant qu'en 1884, le Congrès a nommé un Comité directeur du Concours dans des conditions identiques à celles où l'on veut encore faire nommer la commission, que des dépenses premières considérables ont mis les membres de ce Comité à la merci d'une association plus riche qu'eux. On sait ce qui en résulte. L'orateur pense qu'un Concours national ne pourra se faire qu'à la suite d'une Fédération des Sociétés de tir de France.

« M. André, de Remiremont, propose la création par le Comité à sortir du Congrès, de 10,000 actions de 10 francs, soit un capital de 100,000 francs remboursables avec les bénéfices du Concours.

« Un délégué. — Des actions sans date d'une Société sans siège social, comme celles du Concours de 1860, au bas desquelles un nommé Augier avait mis sa signature! J'aimerais mieux autre chose.

« *Une voix*. — Une loterie alors?

« Pendant tous ces débats, les promoteurs du Congrès qui ont bien dû, cependant, étudier peu ou prou, entre *braves gens* comme il disent, cette question délicate, se tiennent cois. Nous entendons plusieurs assistants se demander quel projet il peuvent bien avoir en poche pour résoudre cette difficulté.

« M. Naude fait observer que les Sociétés qui, à dessein ou autrement, n'ont pas été convoquées, doivent être mises en mesure de se prononcer sur l'opportunité d'un Concours en 1885 ; que le Congrès, en présence de la situation qui leur a été faite, n'a pas le droit de passer outre. Il propose donc de nommer une commission qui devra se mettre en rapports avec toutes les Sociétés de tir de France et centraliser leurs réponses à un questionnaire.

« M. le D' Lang, de Bordeaux, appuie cette proposition et insiste sur la nécessité qui s'impose de réunir l'avis de toutes les Sociétés. D'ailleurs, il estime qu'il faut assurer des fonds sans lesquels il est impossible d'entreprendre quoi que ce soit, sous peine de retomber, comme en 1884, entre les mains d'un banquier quelconque. Une fédération peut, selon lui, donner seule une solution pratique.

« M. le commandant Gaillard parle d'un projet qui a été élaboré dans le même sens, et qui a pour objet une *Union amicale des Sociétés de tir*.

« Il faut rendre cette justice à M. Candelier, c'est que s'il ne sait ni conduire ni résumer le débat, s'il laisse les orateurs sortir de la question et s'égarer à l'envi, il ne se laisse pas, lui du moins, influencer par ces digressions, ne s'écarte pas de son petit programme et n'a garde d'oublier la leçon qu'il a ou qu'on lui a apprise. Aussi, revient-il à nouveau, et, bien qu'il ait laissé la discussion suivre un autre cours, à sa proposition première. — « Messieurs, dit-il, voulez-vous constituer le Comité directeur du Concours de 1885, et fixer d'abord de combien de membres il sera composé ?

« *Une voix*. — Il faudrait d'abord fixer ses attributions.

« M. Lespine, rédacteur en chef du journal le *Tireur*, propose de diviser la France en cinq régions : du Nord, de l'Est, du Sud-Est, du Sud-Ouest et de Paris, qui seront représentées dans le Comité par cinq membres chacune, sauf Paris qui serait représenté par dix membres. En outre, le Comité lui-même nommerait cinq membres suppléants, destinés à remplacer les membres démissionnaires ou empêchés.

« *Une voix.* — Les membres du Comité seront-ils nommés par le Congrès, ou chaque région nommera-t-elle des délégués qui devront la représenter ?

« (Bruit et interpellations diverses).

« Nul doute que cette dernière question ne fit partie du programme, arrêté d'avance *entre braves gens*, que l'on sent se dérouler depuis l'ouverture de la séance ; car, aussitôt, M. Letalle, de l'air grave qui sied aux palmi... fères, vient déposer sur le bureau une liste des trente noms suivants, qui devront composer le Comité central :

« MM. Candelier, de Lens ; Bar, de Béthune ; Harinckouk, de Roubaix ; André Cornu, de Lille ; Beldame Testu, d'Amiens ; Clérin, de Nancy ; Rogier, de Fresnes-en-Vœvres ; Noël, de Sedan ; Baudson, de Charville ; André, de Remiremont ; Merillou, de Bordeaux ; Pinasseau, de Saintes ; Société de Rouen ; Herpin, d'Issoudun ; Brisson, de Blois ; Société du tir orléanais ; Cazier, de Creil ; de Faletans, de Dole ; Société Salins ; Poiraton, de Poitiers ; Vignat, de Clichy ; Depallens, de Saint-Denis ; Lhomme, de Vincennes ; Letalle, Bédiou, Besse, commandant Ferrand, Flamery, Lefèvre, Limozin, de Paris.

« Nous n'avons pas à commenter cette liste, dont l'apparition ne laisse pas de produire une certaine sensation parmi ceux qui ne sont pas dans le secret de la comédie, c'est-à-dire parmi les délégués des Sociétés parisiennes.

« Un des noms figurant sur cette liste suscite un incident inattendu : c'est le nom de M. Clérin, de Nancy, directeur du journal *Le Tireur.*

« M. Marot demande si, comme en 1884, M. Clérin a l'intention d'exiger 1,000 fr. pour accepter d'être directeur de tir pendant le Concours.

« M. Clérin, furieux d'une pareille apostrophe (nous comprenons ça), s'élance de son siège et proteste énergiquement, en disant que le fait est faux, et que si M. Marot a à l'interpeller, il est prêt à lui rendre raison ; que d'ailleurs, sa situation le met au-dessus de pareilles misères, et qu'il donne à M. Marot le démenti le plus formel.

A ce moment deux ou trois personnes se lèvent et disent : « Cependant nous avons vu, de nos yeux vu la dépêche. »

« M. Clérin ne croit pas devoir insister et regagne sa place.

« Du reste, cette fin de séance a été fertile en incidents. Après l'incident Clérin, vient l'incident Chapron.

« M. Chapron rappelle qu'il a fait partie du Comité central du Concours de 1881, et demande à rendre compte de son mandat au Congrès, pendant qu'il est réuni.

« Ce que cette proposition, très honnête en somme, produit de protestations est inénarrable.

M. Lespine de Nancy déclare que ceci est affaire personnelle à M. Chapron, mais que personne ne lui demande de comptes, et qu'il fera mieux d'imiter la retenue de ses anciens collègues, qui n'ont jamais eu de scrupules aussi intempestifs.

« M. Chapron insiste en disant que, puisque le Congrès s'est cru le droit de voter des remerciements au Comité de 1884, il convient que ce même Congrès reçoive compte du mandat du Comité pour être certain que ces remerciements ont été mérités.

« Mais les efforts de ce pauvre M. Chapron sont vains, et il reste seul avec son honnêteté.

« Pour faire diversion, M. Galland, du xx⁰ arrondissement de Paris, propose ni plus ni moins que l'exclusion des Sociétés qui, au début de la séance, se sont déclarées opposées au principe d'un Concours en 1885.

« Il faut avouer que ce M. Galland, quoiqu'en présage son nom, n'a guère le respect des minorités.

« Quelques voix semblant vouloir appuyer cette proposition, les délégués des Sociétés de Tir de Paris ont protesté énergiquement; et sur la motion de M. Naude, ceux que des faveurs n'attachaient pas au bureau du Congrès, ont jugé de leur dignité d'accentuer leur protestation en se refusant à prendre part à toute discussion ultérieure; ils ont, en conséquence, quitté la salle, au nombre de vingt-trois.

« Faisant partie des délégués des Sociétés de Tir de Paris, nous avons suivi l'exemple de nos collègues, mais pas assez tôt cependant pour ne pas voir se produire un nouvel incident qu'en chroniqueur fidèle, nous devons narrer à nos lecteurs.

« Le Congrès discute longtemps, et enfin se décide à trancher par un vote cette étrange question :

« Le Comité Directeur du Concours pourra-t-il nommer lui-même les membres remplaçant les démissionnaires, et les membres suppléants?

« Il est vraiment inouï qu'une aussi ridicule conception, celle d'un corps élu se recrutant lui-même, ait failli être admise.

« Pour : 38 voix ; contre: 11. »

Nous complétons le compte-rendu qui précède, avec celui qui a été donné par le *Drapeau* :

« Monsieur le docteur Lang. — Nous demandons, maintenant que le principe est voté, que l'on nomme un Comité central.

« Ce comité sera chargé de juger la question de savoir si le Concours devra avoir lieu soit en 1885, soit en 1886. Il devra s'entourer de tous les renseignements qui lui permettront de trancher la question sans appel.

« M. André, délégué de Remiremont. — Je demande à l'Assemblée si elle admet, en principe, la création de cette Commission.

« Ce Comité aura d'abord pour mission de relier entre elles toutes les Sociétés françaises de tir. Il aura ensuite à organiser le Concours avec l'aide de toutes les Sociétés, en demandant à chacune son appui moral en même temps que son appui pécuniaire.

« M. le Président. — L'assemblée veut-elle qu'on procède de suite à la création de ce Comité?

De combien de membres sera-t-il composé?

« M. Monod. — Il faut, dès à présent, qu'il soit bien entendu que le Comité pourra différer l'époque du Concours, s'il juge qu'il n'est pas possible de le faire en 1885. (Approbation générale.)

« M. Casier, délégué de Creil. — Je crois qu'il serait sage de partager la France en différentes régions qui comprendraient Paris, le Nord, l'Est, le Sud-Ouest, et, enfin, le Sud-Est. Chacune de ces parties représenterait une région.

« Chacun, dans sa région, pourrait amener à lui les Sociétés qui n'auraient pas été convoquées au Congrès. Nous aurions ainsi beaucoup d'éléments nouveaux, ce qui nous permettra d'organiser le Concours avec plus d'appuis que nous ne pourrions le faire aujourd'hui.

« M. Letalle. — On pourrait instituer 5 membres par région.

« M. Lespine. — Je m'associe absolument à la proposition qui vient d'être présentée.

« J'estime, en effet, pour que la composition du Comité soit efficace, qu'il est nécessaire que l'assemblée divise la France en un certain nombre de régions. Chacune serait représentée par un certain nombre de délégués, cinq, par exemple, pour chaque région départementale. On pourrait un peu excéder ce nombre pour Paris.

Le Comité serait formé, autant que possible, de membres résidant à Paris. En divisant la France en quatre régions, par exemple, et en limitant à 5 le nombre de délégués de chacune de ces régions, on arrive au chiffre de 20 membres. Si l'on accorde dix membres à Paris, le Comité se composerait de 30 membres.

« Mais, il y a à compter avec l'imprévu. Il se peut qu'un membre donne sa démission. Faudra-t-il pour le remplacer qu'on convoque à une nouvelle réunion tous les tireurs français ?

« Il se peut encore que les délégués présents aujourd'hui à la réunion omettant de faire choix de personnalités absentes dont le concours serait très précieux pour le succès de notre œuvre.

« Afin de nous laisser tous les moyens possibles de faire face à ces divers cas, je crois qu'il serait bon de réserver au Comité le soin d'élire lui-même une fraction de ses membres.

« Si nous admettons que le Comité sera formé de trente membres, nous pourrons, par exemple, lui réserver la faculté d'en élire lui-même cinq plus tard. De cette façon, l'assemblée générale n'aura pas lieu de se réunir toutes les fois qu'une vacance viendra à se produire dans le Comité.

« Un délégué. — Pourquoi ne pas nommer six délégués par région ?

« M. Lespine. — J'en ai donné la raison.

« Un délégué. — Il serait plus simple de faire nommer les délégués par celles des régions qui sont appelées à être représentées.

« M. Lespine. — Il est bien entendu, dans ma pensée, que chaque région nommera ses délégués si l'Assemblée le juge convenable. (Assentiment.)

« Un délégué. — Pourquoi ne pas nommer ici même les délégués de Paris, puisqu'il y a parmi nous des délégués de Paris ! Les fédérations pourront, d'autre part, choisir des noms sur lesquels se porteront leurs suffrages.

« Un délégué. — Cela n'est pas possible. Celui de nous qui représente Bordeaux, par exemple, ne peut pas nommer un délégué sans être certain à l'avance qu'il ne refusera pas.

« M. Lespine. — Le Comité ne sera pas obligé de s'adjoindre cinq membres. C'est une simple faculté dont il pourra ne pas user.

« M. Monod. — Je représente une Société, mais je déclare que je ne peux pas l'engager dans ces conditions.

« On nous a convoqués pour nous consulter sur la question de savoir si le Concours en 1885 pouvait se faire. Oui, sauf à étudier la question.

« En rentrant chez nous, c'est à nous à convoquer les tireurs de notre Fédération et à élire cinq membres dont nous vous transmettrons, jusqu'à nouvel ordre, les noms à M. le Président.

« M. Lespine. — Un vote est désormais acquis, c'est qu'en principe le Concours de 1885 est possible.

« Cela admis, si l'Assemblée ne statue pas immédiatement sur la composition du Comité, on va se trouver en présence de deux décisions contradictoires.

« Tous les membres du Comité seraient nommés aujourd'hui. Seulement, au lieu d'user du scrutin de liste, on appellerait par exemple tous les électeurs appartenant à la région de l'Est. Ils feraient choix de leurs cinq délégués. Ensuite, viendraient ceux du Nord, puis ceux du Sud-Ouest, etc.

« Il est, en effet, bien plus facile de s'accorder sur cinq noms que sur trente.

« M. le Président. — Est-ce que le vote aura lieu par scrutin de région ou par scrutin de liste ?

« Voix nombreuses. — Par région !

« M. Letalle. — Permettez ! Si nous adoptons le scrutin par région, les électeurs de Paris ne seront que 6 ou 10, et ne représenteront pas la majorité.

« M. Kastler, délégué du VIIIᵉ arrondissement. — Puisque les partisans du vote par région sont en majorité, le plus simple serait, je crois, que chacun fit une liste pour sa région. On voterait sur les noms ainsi produits. Après le vote, on écrirait à toutes les Sociétés de tir pour leur demander leur ratification.

« En ce qui concerne Paris, les Sociétés peuvent se réunir dimanche prochain et nommer leurs délégués.

« M. Lefèvre, délégué de l'Avenir. — J'offre de donner tout mon temps à l'organisation du Concours, mais si c'est possible, je désire que la nomination des délégués des Sociétés de Paris soit différée afin que toutes puissent y prendre part.

« M. le commandant Gaillard. — Le vote par région me semble être celui qui offre le plus de garantie et de sincérité. Ne nous connaissant pas mutuellement, il est certain qu'une liste qui n'est présentée par personne et qui l'est, en même temps par tout le monde, ne présente aucune espèce de garantie.

« M. le Président. — Quelle proposition faut-il soumettre à l'Assemblée !

« M. Thierry, délégué [de Villeneuve-l'Archevêque. — Je demande que les régions qui ont déjà préparé leur liste en fassent le dépôt et qu'on puisse statuer par un vote.

« Que ceux dont les régions n'ont pas fourni de liste fassent voter leurs régions, afin que, dans un délai de 15 jours, ils produisent les choix qui auront été faits.

« M. le président. — Comment délimiter les différentes régions ? Il faudrait que le bureau prît sous sa responsabilité de partager la France en tant de régions.

« M. Galland. — Que faut-il décider à l'égard des Sociétés de Paris opposées au concours ? Auront-elles le droit de nommer des délégués, du moment qu'elles ont voté non ?

« Voix nombreuses. — Parfaitement.

« M. le Président. — Je consulte l'assemblée.

« M. Thierry. — Je demande l'ordre du jour pur et simple sur la proposition de M. Galland, il ne faut exclure personne (Approbation).

« M. le Dr Lang. — Je me rallie à la proposition de M. Thierry.

« M. le Commandant Gaillard. — On peut avoir des raisons personnelles pour ne pas croire au succès du Concours de 1885, et se résoudre néanmoins à travailler à l'œuvre commune, lorsque la majorité s'est prononcée.

« J'ai voté non : cela ne m'empêchera pas, cependant, de m'associer à vos travaux, si la majorité décide que le Concours est possible. (vives marques d'approbation).

« M. le Président. — On demande l'ordre du jour pur et simple (Assentiment).

« Je le mets aux voix.

« [L'ordre du jour est adopté.]

« M. Lespine. — Messieurs, si j'ai bien suivi la discussion, voilà où nous en sommes.

« Deux propositions sont en présence : l'une consiste à donner au Comité central le droit de s'adjoindre 5 membres supplémentaires. L'autre veut que chaque région, au lieu de 5 membres, en nomme 6.

« M. le président. — On a admis tout à l'heure en principe que ce serait le Comité lui-même qui nommerait ses membres à la suite de démissions.

« M. Delamain. — Pardon ! La question a été posée, mais elle n'a pas été tranchée. Je demande qu'il y ait six délégués, c'est-à-dire 5 délégués titulaires et un délégué supplémentaire.

« M. Lespine. — Ce n'est pas là la première proposition qui a été soumise à l'assemblée. La voici : Le Comité composé de 30 membres aura-t-il le droit de s'adjoindre cinq membres supplémentaires, sans qu'il soit nécessaire de réunir l'assemblée générale ?

« M. Delamain. — Ce n'est pas là ce que je demande ; ma proposition la voici : Il doit y avoir 20 membres délégués nommés par les Comités régionaux, soit cinq par région.

« Eh bien ! au lieu de 5 membres, je demande qu'on en nomme 6. Le 6e sera membre suppléant. Je n'entends pas que le délégué

supplémentaire soit nommé par le Comité lui-même. En cas de vacances le Comité-directeur se complètera, mais avec les membres suppléants déjà nommés par les régions.

M. Lespine. — Ma proposition a la priorité. Je demande en conséquence qu'on mette d'abord aux voix la question suivante :

« Le Comité aura-t-il pouvoir pour s'adjoindre 5 membres supplémentaires?

« M. le Président. — Je mets la proposition de M. Lespine aux
voix. Il y a lieu de procéder par l'appel nominal. (Murmures.)

« Un délégué. — On demande l'appel nominal parce qu'on se sent
en minorité.

M. Chapron. — Un fait publié, le 15 juin dernier, par un journal
montre combien est défectueux le procédé qui consiste à permettre
au Comité de recruter lui même ses membres.

Un membre devait être nommé. On a prétendu que le Comité
avait désigné tel membre, alors que moi qui faisais partie du Comité,
je n'en avais eu nullement connaissance.

« Pour que de telles contestations ne se produisent pas, je supplie
l'Assemblée, en cas de vacances dans le Comité central, de laisser
aux Comités régionaux le soin d'y pourvoir.

« M. Stermieri, délégué des Volontaires du IVe arrondissement.
— Messieurs, je représente les Volontaires du IVe arrondissement.
Je ne sais si l'on m'a oublié, mais je n'ai pas reçu de convocation of-
ficielle. Je désire prendre part au vote. (Assentiment.)

« M. le Président. — Je mets aux voix la question suivante:

« Le Comité central aura le droit de nommer, sans distinction de
régions, cinq délégués supplémentaires et de pourvoir au remplacement de ses membres démissionnaires.

« Le scrutin a lieu par appel nominal.

« M. le Président. — D'après le résultat du scrutin, la proposition n'est pas adoptée.

« Je crois bon de soumettre à l'Assemblée la question de savoir
si nous ne devons pas demander à la Ligue des patriotes son appui
moral.

M. Stermieri. — Nous ne refuserons pas l'argent de la Ligue des
patriotes, voila tout ! (Nouvelle hilarité).

« M. Mercier. — En même temps que l'appui de la Ligue des
patriotes, je demande celui de la Ligue de l'enseignement, ainsi que
de toutes les Sociétés patriotiques.

« M. le Président. — Je me rallie à cette proposition et je la
mets aux voix.

« La proposition est adoptée à l'unanimité.

« L'Assemblée ne pouvant se mettre d'accord sur des noms quel-
conques pour le Comité central, la séance est levée à 6 h. 45 minutes, sans qu'aucune décision ait été prise relativement aux élections de ce Comité. »

M. Clérin, directeur du journal *le Tireur*, crut devoir repousser de nouveau, dans son numéro du 12 février 1885, l'imputa-

tion dirigée contre lui par plusieurs délégués, dans la séance du Congrès ; mais il eut le tort d'en faire le prétexte d'une apostrophe grossière, qui ajoutait peu à la solidité de ses preuves. Ceux qui étaient provoqués dans un tel langage, estimèrent que l'imputation qui avait ému M. Clérin n'était qu'un incident du plus mince intérêt, qui se trouvait comme noyé au milieu des autres faits bien plus graves qu'ils reprochaient à la Ligue ; c'était le public seul qu'ils acceptaient pour arbitre. Ils continuèrent donc la lutte, sans se laisser détourner de leur but par des outrages ou des provocations ayant un caractère personnel.

XI

PROTESTATIONS CONTRE LES DÉCISIONS DU CONGRÈS ET CONTRE-PROTESTATIONS.

SOMMAIRE: L'immixtion de la Ligue des patriotes amène des discussions entre les Sociétés de tir de Paris et celles de la province; les Sociétés parisiennes ont vu clair dans le jeu des chefs de la Ligue. — Ce que la Ligue n'a pu obtenir du libre consentement du Congrès des Sociétés, elle est résolue à l'obtenir par un coup de force. — A la fin de la séance du Congrès, quelques représentants, liés à la Ligue, prennent une délibération qui investit le Comité de cette association de tous pouvoirs pour l'organisation du Concours de 1885. — Le *Drapeau* annonce que le Comité de la Ligue en délibérera, et qu'il suspend sa décision jusqu'à nouvel ordre. — Circulaire de M. Candelier aux Sociétés: « Rien de bon ni d'utile n'est sorti du Congrès. » — Les contre-protestations des Sociétés ne tardent pas à surgir, notamment celle de la Fédération des Sociétés de tir du Sud-Ouest, celle du président de la Société l'Étude. — Appel de douze présidents de Sociétés de Paris aux présidents et membres des Sociétés de tir, de gymnastique et d'instruction militaire de France; ces douze présidents, constitués en Comité d'initiative, rendent compte des décisions prises dans les assemblées qu'ils ont convoquées ; à la suite de cet appel, les délégués des Sociétés parisiennes provoquent une réunion générale pour le 29 mars; ordre du jour portant discussion de diverses propositions concernant le prochain Concours national. — Les organes de la Ligue s'émeuvent de cette convocation; ils s'appliquent à en détourner les Sociétés provinciales, en agitant le spectre du drapeau rouge; le *Tireur* va jusqu'à parler du danger de laisser des armes aux mains des Sociétés dissidentes; la faculté de détenir des armes, concédée par le gouvernement aux fabricants, lui paraît même un danger; il faut donc, ajoute-t-il, éloigner du Concours national les Sociétés dissidentes. — Les délégués des Sociétés parisiennes dédaignent ces provocations ; ils y répondent seulement par une déclaration qu'ils resteront en dehors de toute manifestation ayant un caractère politique ou religieux, et s'élèvent contre les manifestations de la Ligue qui offrent ce caractère. — Le Comité de la Ligue persévère dans ses attaques contre les *indépendants*. — Le *Carabinier-Gymnaste* excite la Ligue à mettre la main sur la direction du Concours: les ligueurs continuent leurs manifestations en faveur de M. Déroulède. — Le ralliement, c'est toi. — La Fédération du Sud-Ouest n'était pas unanime pour s'associer à ces adulations; protestations enregistrées par le *Tireur* lui-même. — Compte-rendu de la séance de l'assemblée des délégués des Sociétés de la région de Paris, du 29 mars 1885. — M. Marot donne lecture du rapport des délégués composant la commission d'études, nommée dans la séance du 8 février; il fait connaître les réponses des Sociétés lyonnaises, et celle de la Fédération du Sud-Ouest; le rapport conclut à l'impossibilité d'organiser un Concours en 1885: on n'y parviendrait qu'en se mettant immédiatement à l'œuvre. — L'assemblée remet sa décision à une séance ultérieure. — Le *Stand* résume l'esprit qui anime les Sociétés parisiennes: elles ne veulent pas faire la loi aux départements: elles se soumettent aux décisions prises dans l'assemblée souveraine des Sociétés de tir de France.

L'immixtion de la Ligue des patriotes dans les réunions des sociétés de tir devait fatalement amener entre elles des dissentiments profonds. En effet, les chefs de la Ligue entendaient faire prévaloir dans ces sociétés, et même leur imposer, des principes qui répugnaient à leur nature et à leur objet.

Cependant, les sociétés provinciales, qui n'ont généralement pas de liens étroits entre elles, paraissaient disposées à accepter la tutelle de la Ligue, ne voyant pas d'autre moyen de se fédérer. Ajoutons que c'était au nom du patriotisme qu'on cherchait à les enrégimenter, et qu'en France, il y a des mots qui manquent rarement leur effet. Les Sociétés parisiennes, au contraire, avaient vu clair dans le jeu des ambitieux qui dirigeaient la Ligue. Cette association trouvait donc en elles des résistances énergiques.

Bien que, dans la séance du Congrès, la Ligue fût restée maîtresse du terrain, elle n'avait pu faire triompher son programme de Concours et son plan d'organisation. Elle résolut d'y arriver par un de ces coups de force qui lui avaient réussi jusqu'alors.

Immédiatement après que la séance du Congrès eût été levée, les délégués des Sociétés de tir, restés fidèles à la Ligue, s'assemblèrent dans les bureaux mêmes de cette association, et rédigèrent la protestation suivante (*Drapeau*, 7 fév. 1885):

« A la suite du Congrès des Sociétés de tir de France, réuni dimanche dernier au gymnase Heiser, un certain nombre de tireurs, profondément découragés par le spectacle auquel ils venaient d'assister, se sont spontanément réunis à la salle de la *Ligue des Patriotes* et y ont rédigé la déclaration suivante, qui a été remise lundi soir entre les mains du délégué de la Ligue :

« DÉLIBÉRATION

« Les soussignés réprésentant les Sociétés de tir suivantes, qui ont accepté le Concours national en 1885, avec l'appui de la *Ligue des Patriotes*...

« ..... Envoyés et délégués à Paris, dans le but d'aviser aux voies et moyens nécessaires pour organiser à Paris le Concours national de 1885, se sont réunis au sortir du Congrès, sous la présidence de M. Candelier, président de la Fédération des Sociétés de tir à longue portée de la région du Nord, et ont rédigé ainsi qu'il suit, le résultat de leurs délibérations :

« Considérant qu'après des débats aussi diffus qu'incohérents, il n'est résulté du Congrès rien de définitif, d'utile ni de concluant, tant pour la formation du Comité que pour l'organisation du Concours de 1885.

« Qu'au contraire, l'attitude de quelques Sociétés de tir de Paris, qui étaient représentées ou représentes à cette réunion, a été notoirement hostile à l'organisation du Concours pour l'année 1885 ;

« Considérant, en outre, qu'il est d'intérêt vital pour l'avenir du tir qu'il n'y ait pas d'interruption, pour cette année-ci surtout, dans l'organisation de ces Concours, que ce serait faire douter tous les tireurs de leur continuation régulière ; que ce serait laisser se perdre sans fruit l'élan donné et la propagande faite, que de remettre à deux années d'intervalle la célébration de cette fête nationale de tir ;

« Considérant qu'ils ne peuvent se séparer sans avoir pris une décision utile pour la cause du tir,

« Ont décidé :

« L'organisation, la direction et la gestion du Concours national de tir en 1885, seront confiées à la *Ligue des Patriotes*, si elle peut et veut s'en charger.

« La présente délibération sera communiquée d'urgence aux intéressés, par M. Candelier, à qui l'unanimité de la réunion confère pleins pouvoirs pour agir au mieux des intérêts de la cause patriotique que servent les Sociétés de tir, en dehors de tout parti et au-dessus de toute compétition personnelle.

« Ont signé : CANDELIER ; DELAMAIN ; ROGIER ; FRÈRE ; BAUDSON ; CLÉRIN ; NOEL ; BAR ; HARINKOUCK ; ANDRÉ ; LHOMME ; LESPINE.

« Paris, le 1er février 1885.

« NOTA. — Toutes les Sociétés de tir de France, qui approuvent la présente résolution, sont priées d'envoyer d'urgence leur adhésion à M. Candelier, 22, rue Saint-Augustin. »

Le *Drapeau* ajoutait :

« Tout en appréciant les motifs patriotiques qui ont inspiré les signataires de cette requête ; tout en les remerciant de leur confiance ;

tout en reconnaissant comme eux la nécessité de ne pas interrompre les grands Concours annuels de tir,

« Le Comité Directeur de la *Ligue des patriotes*, qui a la conscience d'avoir fait son devoir et plus que son devoir pour l'organisation du précédent Concours : qui a, d'ailleurs, été informé de l'attitude de certaines Sociétés parisiennes et des propositions de certains tireurs,

« A décidé de suspendre sa réponse jusqu'à nouvel ordre. »

Dès le lendemain, M. Candelier adressait à toutes les Sociétés de tir le télégramme suivant : — « Rien d'utile ni de bon n'étant sorti du Congrès, un groupe de tireurs représentant quatre-vingt-quatre sociétés, ont décidé d'en remettre l'organisation et la gestion à la Ligue des patriotes. Envoyez adhésion ou refus télégraphique, vu urgence, à Candelier, 22, rue Saint-Augustin. — Candelier. »

La Ligue ouvrait donc un véritable plébiscite pour se faire délivrer les pouvoirs les plus étendus ; et elle provoquait un vote qui engageait l'avenir, et peut-être l'honneur des Sociétés de tir, sans que ce vote eût été éclairé par aucune discussion préalable, sans mandat défini. Une minorité, si respectable qu'elle fût, avait-elle le droit d'engager ainsi les huit cents Sociétés de tir, reparties sur le territoire français?

La protestation de la Ligue et la délibération qui en était la suite, constituaient une manœuvre habile : elles avaient pour but de persuader aux Sociétés de tir que la Ligue seule disposait d'une autorité assez grande pour mener à bien l'œuvre du Concours. Déjà, en 1884, la Ligue avait employé avec succès un pareil moyen pour écarter les décisions prises dans le Congrès des Sociétés de tir, qui avait précédé le premier Concours.

Cependant, les contre-protestations des Sociétés contre le coup d'État de la Ligue des patriotes ne tardèrent pas à pleuvoir de toutes parts.

Nous enregistrons, en premier lieu, celle qui émana de la *Fédération des Sociétés de tir du Sud-Ouest* ; elle était ainsi conçue (*Stand*, 22 février 1885) :

« *Séance du 10 février 1885.*

« Le comité d'administration de la Fédération des Sociétés de tir du Sud-Ouest,

« Vu la lettre de M. Candelier, convoquant à Paris les délégués des Sociétés de tir pour l'organisation d'un Concours national de tir en 1885 ;

« Vu la délibération du conseil de la Fédération du Sud-Ouest, du 28 janvier 1885, portant nomination de ses délégués et précisant leur mandat ;

Considérant que, contrairement au compte rendu publié dans le journal *Le Tireur* du 5 février 1883 et aux affirmations de la circulaire de M. Candelier du 4 février, la réunion des Sociétés de tir de France, tenue à Paris le 1er février, a décidé la nomination d'une commission de trente membres chargés de rechercher si un Concours national de tir était possible en 1885, et au cas de l'affirmative. de l'organiser.

« Que quinze membres de cette commission ont été désignés, séance tenante, par les délégués des régions auxquelles ils étaient attribués ;

« Qu'il y a lieu, par suite, d'inviter les régions dont les délégués n'ont pas été désignés à faire cette désignation dans le plus bref délai possible, afin que la commission puisse se réunir immédiatement et commencer ses travaux.

« Considérant qu'un Concours national ne peut être organisé que par les Sociétés de tir elles-mêmes, et que leurs intérêts ne peuvent permettre une autre solution :

« Que, notamment, le règlement d'un tel Concours ne peut émaner que des représentants officiels des Sociétés appelées à concourir ;

« Considérant, par suite, que, si le Concours ne peut être organisé en 1885 par la commission nommée dans la séance du 1er février, il y a lieu, tout au moins, d'assurer pour l'avenir l'existence des concours nationaux, que le seul moyen, pour les Sociétés de tir, d'être indépendantes pour l'organisation de ces Concours est de créer une Fédération des Sociétés de tir de France, ayant des ressources propres.

« Considérant que, si la solution proposée par M. Candelier était admise, le Concours ainsi organisé perdrait son caractère national pour devenir une simple entreprise privée ; que, par suite, les Sociétés de tir devraient s'abstenir de prendre part à son organisation.

« *Prend les décisions suivantes* :

1° Le Comité prie les Sociétés de tir des régions qui n'ont pas nommé les membres de la commission constituée le 1er février 1885, de les désigner dans le plus bref délai possible. et la commission de se réunir immédiatement après ces désignations pour remplir le mandat qui lui a été confié ;

« 2° Le Comité invite ladite commission ou, à son défaut. les délégués déjà nommés, à poursuivre la création d'une Fédération des Sociétés de tir de France ;

« 3° Pour le cas où un Concours en 1884 serait organisé par une Société particulière quelconque, le Comité refuse de reconnaître à ce Concours le caractère de Concours national :

« 4° Il décide que la Fédération des Sociétés de tir du Sud-Ouest ne prendra pas part à l'organisation de ce Concours et engage toutes les Sociétés de tir à s'abstenir d'une collaboration qui aliénerait leur initiative et leur indépendance, et rendrait impossible, pour l'avenir, l'organisation d'un véritable Concours national.

La délibération qui précède fut transmise à M. Candelier, président du Concours.

Le président de la Société l'*Étude* adressa, de son côté, cette autre protestation, à la même date :

« Paris, le 10 février 1885.

« Monsieur le rédacteur en chef,

« L'insertion de la présente lettre dans votre journal vous créera, je pense, un titre nouveau à la reconnaissance des tireurs et de tous les Français qui voient le salut de leur pays non dans les déclamations sonores et les jongleries bruyantes, mais dans le patriotisme silencieux et fécond en résultats pratiques.

« Les hommes ne sont rien ; les principes sont tout. Votre journal l'a proclamé bien souvent. Prenant le contre-pied de cet axiome, les ennemis de l'institution du tir font tous leurs efforts pour semer la division parmi les tireurs et transporter les discussions sur le terrain de la polémique personnelle.

« Quant à moi, ma ferme intention est de ne suivre sur ce terrain, ni dans un stand ni par l'organe d'un journal de tir, les énergumènes salariés dont l'un, étranger à nos Sociétés, a osé dire, à l'issue du Congrès de 1885 (*alors que j'étais parti* : « Les K... et les Marot sont des misérables auxquels je donnerai des gilles, *sans leur permettre de m'en demander raison.* » Mais, ce que je désire, c'est que les tireurs des départements ne soient pas plus longtemps dupes des mensonges qu'on leur prodigue sur les tireurs de la région de Paris.

« Des faits indéniables sont ceux-ci :

« 1° En 1884, les subventions et les dons pour les Concours ont été demandés au Gouvernement, dans les Ministères, au Conseil général, au Conseil municipal et à tous, *au nom des Sociétés françaises de tir et par leurs mandataires.*

« 2° Sans aucune autorisation pour cela, et sans même réunir le Comité central, quelques membres ont remis les Concours entre les mains d'une association non autorisée, ou plutôt d'un homme absolument étranger à nos Sociétés. Ce qui fait que ni sur le palmarès ni sur les diplômes, il n'est fait mention des Sociétés de tir.

« 3° La distribution des prix a été laissée de côté pour faire place à une distribution de décorations et de discours politiques, à laquelle, il faut le dire, *aucun délégué officiel* du Gouvernement, des Ministres ou du Conseil municipal n'assistait,

Dans la salle, les bannières religieuses alternaient avec le drapeau français.

« 4° Les organisateurs en seconde main du Concours de 1884 ont refusé de rendre des comptes détaillés aux Sociétés françaises de tir et en ont seulement donné un aperçu général à la Ligue des patriotes.

« 5° Nous voyons les membres du Comité de 1884, solliciter un nouveau mandat en 1885, avant d'avoir rendu compte de celui que nous leur avions confié.

« 6° Enfin, toutes les Sociétés françaises de tir assistent au spectacle nouveau d'un président de Congrès (1885) annulant les décisions de ce Congrès, parce qu'elles ne sont pas conformes à ses désirs.

« Voilà ce que nous avons vu, nous tireurs de Paris, parce que, étant plus près de la toile, nous apercevons mieux les dessous de la comédie. Si c'est être un *misérable* que de réclamer la bannière et la loyauté, si c'est être un *vil indépendant* que de vouloir que les stands civils et les concours nationaux futurs soient gérés exclusivement par les Sociétés françaises de tireurs, j'accepte de grand cœur ces deux qualifications.

« Veuillez agréer, etc.

« Léon Marot.

« *Président de la société l'Étude,*

« 34, rue des Dames, Paris. »

Douze présidents de Sociétés de Paris, forts de l'adhésion de leurs sociétaires, lancèrent, le 15 février 1885, l'appel suivant à toutes les Sociétés de tir :

« *A Messieurs les Présidents et Membres des Sociétés de Tir, de Gymnastique et d'Instruction militaire de France.*

« Monsieur le Président,

« M. Candelier a convoqué, le 1er février 1886, un Congrès des Sociétés de Tir de France, à l'effet de délibérer sur l'ordre du jour suivant :

« *1° Organisation du deuxième Concours national;*

« *2° Nomination du Comité.*

« Quatre-vingt-quatorze Sociétés s'étaient fait représenter et ont pris les résolutions suivantes :

1° Acceptation, en principe, d'un Concours national en 1885, si toutefois sa réalisation est matériellement possible, par les Sociétés françaises de Tir;

« 2° Acceptation de l'appui moral et financier de la Ligue de l'Enseignement, de la Ligue des Patriotes et de tous autres donateurs ;

« 3° Nomination d'un Comité central, chargé d'étudier les voies et moyens dudit Concours ;

« 4° Ce Comité sera composé de trente membres nommés, 5 pour chacune des régions Nord, Est, Sud-Ouest et Sud-Est; et 10 membres pour la région de Paris (Seine, Seine-et-Oise et Seine-et-Marne.) En outre, chaque région nommera un délégué suppléant;

« 5° En cas de démission ou de vacance, le délégué sra emplacé par la région qui l'a nommé.

« Au moment de se réunir pour procéder à la fixation du jour de l'élection de leurs délégués, les Sociétés de Tir de la région de Paris ont reçu, à la date du 3 février, la dépêche suivante, signée de M. Candelier : « *Rien d'utile ni de bon n'étant sorti du Congrès, un groupe de tireurs, représentant 84 Sociétés, ont décidé d'en remettre l'organisation et la gestion à la Ligue des Patriotes.*

Envoyez adhésion ou refus télégraphique, en urgence, à Candelier, 22 rue Saint-Augustin. — Candelier.

« Le Comité d'initiative, composé de douze présidents de Sociétés, croyant de son devoir de se conformer strictement aux votes réguliers du Congrès, a maintenu la convocation qu'il avait fixée au 8 février, gymnase Heiser, 31, rue des Martyrs, Paris.

« De leur côté, quelques tireurs de Paris, quoique ayant adhéré à la nouvelle proposition de M. Candelier, ont en même temps invité, par dépêche, quelques Sociétés à ne pas manquer d'assister à la réunion en question. Il ressort de ce qui précède, que toutes les Sociétés de la région de Paris avaient été régulièrement convoquées.

« Cette réunion, présidée par M. Chapron, a déclaré que, sans tenir compte des décisions de M. Candelier, décisions contraires à celles prises par le Congrès du 1er février présidé par lui, les Sociétés de la région de Paris devaient procéder à l'élection de leurs délégués.

« En conséquence, après libre discussion, ont été nommés délégués :

« MM. Chapron, Violet, Marot, Mercier, Kastler, Gentet, Simien, Gervaise, Dumas, Stermiéri.

« Suppléants : MM. Autié et Le Boucher.

« Au nom de la réunion qui a voté cette notification, les soussignés ont l'honneur de porter ces décisions et ces résultats à votre connaissance.

<table>
<tr><td>« Le Président,</td><td>« Le Secrétaire,</td></tr>
<tr><td>« E. CHAPRON,</td><td>L. MAROT.</td></tr>
<tr><td>« 19, rue Fontaine-au-Roi.</td><td>« 31, rue des Dames. »</td></tr>
</table>

À la suite de cet appel, une réunion générale des délégués des Sociétés de tir fut provoquée par les délégués des Sociétés parisiennes, pour le dimanche 29 mars, à 2 heures, au Gymnase Heiser. L'ordre du jour portait :

« 1° Composition du bureau ;

« 2° Lecture du procès-verbal de la dernière réunion ;

« 3° Lecture du rapport des délégués de la région de Paris ;

« 4° Propositions diverses concernant le prochain Concours national et nomination d'une Commission.

À défaut de bonnes raisons à opposer à ceux qui avaient pris l'initiative de cette réunion, les ligueurs et leurs amis imaginèrent un système de dénigrement, qui était de nature à jeter la division parmi les Sociétés de tir, et surtout à éloigner les Sociétés provinciales. En effet, ces dernières sont généralement entre les mains de présidents honoraires qui n'acceptent ces fonctions que parce qu'ils y voient un témoignage de leur influence ou un moyen de popularité. En outre, l'attachement de ces présidents aux principes clérico-conservateurs des chefs de la Ligue était, pour ces derniers, un gage de victoire,

Les organes de la Ligue, et parmi eux le *Drapeau* et le *Tireur*, s'appliquèrent à assimiler les Sociétés opposantes et leurs délégués, aux défenseurs du drapeau rouge et aux anarchistes.

Le *Tireur* du 5 mars 1885 ouvrit le feu en ces termes :

« Ce Drapeau rouge me faisait songer à cet autre étendard de haine que déploient les mécontents et les anarchistes des stands...

« Il y a entre cet incident de Levallois et le spectacle auquel nous assistons malheureusement dans le monde du tir, un lien étroit qui vous frappera, j'en suis sûr. Il faut en tirer une conclusion : laissez le drapeau rouge à ceux qui ne craignent pas, en le déployant, d'insulter aux couleurs françaises..... »

Dans son numéro du 10 mars suivant, *le Tireur* donne un corps à l'accusation qu'il a déjà lancée, et insiste sur le danger de laisser des armes de guerre aux mains des Sociétés qui veulent ravir à la Ligue la direction du Concours. Nous citerons un passage du *Tireur*, afin de ne pas déflorer la perfidie de ses insinuations.

Le Conseil des ministres venait d'admettre, en faveur des fabricants d'armes de guerre, la faculté de détenir ces armes, tout en la refusant aux particuliers. Mais le *Tireur* affecte de voir dans cette mesure les plus dangereuses facilités, pour les Sociétés de tir, d'user également du droit de détention.

« En tous cas, dit-il, si le désir exprimé par le gouvernement venait à modifier l'opinion de nos *législateurs, ce serait, à coup sûr encore, un résultat de plus à ajouter aux bienfaits du drapeau rouge, et une conséquence immédiate des sinistres farces de Levallois-Perret.*

« *Ce ne serait pas la moins importante. Et l'on voudrait organiser un Concours fédéral en 1886, sous l'inspiration et la haute influence des amateurs de la loque rouge. Ces messieurs devraient commencer par ne pas faire rentrer les fusils dans les arsenaux, rien qu'en déployant leur bannière.*

« Triste! triste! »

Et le même journal, dans son numéro du 26 mars, s'adressant aux Sociétés dissidentes :

« Quel bonheur, hein! si, un jour, vous pouviez arborer le drapeau rouge au polygone de Vincennes! Peut être, hélas! faudra-t-il attendre encore un peu avant de réaliser votre rêve ! »

Les délégués des Sociétés de tir, espérant que l'arme de la calomnie s'émousserait d'elle-même, ne firent aucune réponse directe; mais ils ripostèrent par une franche déclaration, qui ut achevé de convaincre les autres Sociétés encore rattachées à la Ligue, si ces Sociétés avaient été éclairées par une propagande active. Malheureusement, les masses n'acquièrent l'expérience qu'au prix de longues et dures épreuves.

Si l'on rapproche les termes de cette déclaration des événements qui sont survenus depuis, et qui ont fait enfin considérer presque unanimement l'institution de la Ligue des patriotes comme un danger public, on demeure frappé de la justesse de ce document autant que de sa modération.

La déclaration qu'on va lire a été votée, le 11 mars 1885, dans une réunion des délégués des Sociétés parisiennes, qui eut lieu à la mairie du VIIIe arrondissement :

« Les délégués élus par la région de Paris et formant, conformément au vote du Congrès des Sociétés de tir de France tenu à Paris, gymnase Heiser, le 1er février 1885, la commission chargée de rechercher les voies et moyens d'un Concours national en 1885 ;

« Vu les discours *politiques* prononcés à la distribution des prix du Concours de tir de Vincennes, le 28 octobre 1884, au palais du Trocadéro ;

« Vu les manœuvres employées par le délégué de la Ligue des Patriotes pour monopoliser l'institution des tirs nationaux en France et inféoder les Sociétés françaises de tir à ladite Ligue ;

« Vu l'incident dont le cimetière de Levallois-Perret a été le théâtre, le 1er mars 1885 :

« Considérant que les Sociétés de tir se sont, avec juste raison, interdit dans leurs statuts ou règlements, toute manifestation affectant un caractère politique ou religieux :

Considérant que les dites Sociétés, en tant que corps légalement autorisés, ne peuvent se départir de cette sage réserve sans compromettre leur existence et, par suite, l'institution du tir ;

« Considérant que les délégués de la Ligue des Patriotes, et particulièrement M. Paul Déroulède, tendent à se faire les instigateurs de protestations, de manifestations ou de revendications ayant un caractère religieux, politique ou social ;

« Sans d'ailleurs vouloir apprécier la valeur de ces manifestations ni se faire juges de leur opportunité ;

« Mais attendu qu'elles auraient pour résultats :

« 1º De semer la discorde au sein des Sociétés de tir.

2º De diviser les Sociétés entre elles ;

3º D'amener fatalement leur dissolution ;

4º Enfin, d'entraver l'organisation de grands Concours nationaux dans l'avenir ;

« Les délégués soussignés :

« Invitent les Sociétés de tir à apporter la plus grande réserve dans leurs rapports avec toutes associations qui pourraient organiser des manifestations ou les provoquer.

« Et les adjurent de ne pas se départir de la neutralité qu'elles se sont imposée, et qui est à la fois le plus sûr gage de leur prospérité et la condition *sine qua non* de leur existence.

« (Suivent les signatures). »

Ce coup droit mit en fureur les ligueurs et leurs journaux officieux. Mais le Maître n'avait-il pas dit que combattre les intransigeants et les anarchistes, ce n'était pas là faire de la politique. La Ligue persévéra donc plus que jamais dans son système d'outrages aux *indépendants* Tel était le nom qu'elle affectait de donner aux membres des Sociétés dissidentes.

Le moment était favorable pour éveiller contre les dissidents la suspicion du gouvernement. L'échauffourée de Levallois-Perret venait de mettre la Ligue aux prises avec les Sociétés républicaines, rangées sous les bannières rouges. En assimilant à ces dernières les Sociétés de tir indépendantes, la Ligue était assurée d'avoir pour soi l'appui de l'administration et, grâce à cet appui, d'usurper bientôt la direction du Concours de tir de 1885, comme elle l'avait fait, l'année précédente. Tel était le plan de la Ligue.

Le Carabinier-Gymnaste du 22 mars 1885 en contient l'aveu :

« Le 1er février, les Sociétés de tir confiaient à M. Paul Déroulède leurs intérêts les plus chers. N'étant pas assez sûres d'elles-mêmes pour mener à bien une telle entreprise, elles le priaient de leur rendre le service d'organiser le deuxième Concours National : en échange, elles lui voueront une éternelle reconnaissance.

« Aujourd'hui, nous venons demander, en leur nom, une réponse définitive.

« Il est temps de se mettre à la besogne, un nouveau retard risquerait de compromettre à tout jamais cette belle cause qui est, en même temps, l'espoir de la France. »

Les protestations des Sociétés dissidentes se multipliaient en raison de l'audace des chefs de la Ligue.

Dans un banquet de gymnastes, où venait de voir figurer le docteur Lang, comme délégué de la *Fédération du Sud Ouest*. Pour ceux qui lisaient les comptes-rendus publiés dans *le Drapeau* ou *le Carabinier-Gymnaste* (22 mars 1885), la Fédération du Sud-Ouest s'était fondue tout entière dans la Ligue des patriotes, et tous ses membres avaient applaudi avec enthousiasme le toast, resté fameux, que M. Cazalet, président de *la Bastidienne*, porta dans ce banquet :

« Je vous salue, M. Déroulède, et je salue en vous la Ligue des Patriotes. Dites-nous que ce n'est pas faire de la politique — comme on nous en accuse quelquefois. — de parler de notre grand mort, et permettez-moi de vous emprunter une partie d'un vers que vous adressiez, un jour, à Gambetta, et de vous dire, Monsieur, à mon tour, au nom de la *Bastidienne* :

« Le ralliement, c'est toi.

Rétablissons la vérité : La *Fédération du Sud-Ouest* que nul n'avait reçu mandat de représenter dans ce banquet, était innocente de ces extravagances. C'est ce qui résulte de la déclaration suivante, qui parut dans *le Tireur* du 26 mars 1885 :

« Monsieur le Directeur,

« Les cinq membres du Comité de la Fédération des Sociétés du Sud-Ouest ne veulent pas suivre votre rédacteur « Belle-Balle » sur le terrain des querelles de mots ; mais dans le singulier intérêt de la vérité, ils doivent relever les erreurs qui mettent à néant son article inséré au n° 39 de votre journal, en date du 5 courant.

« La Fédération du Sud-Ouest est composée de treize Sociétés, savoir : Angoulême, Bagnères-de-Bigorres, Bordeaux (trois sociétés), Jarnac, Libourne, Périgueux, Pons, Rochefort, Royan, Sainte-Foy et Saintes.

« D'après l'article en question *lui-même*, six de ces Sociétés n'ont pas répondu à M. Candelier. Il est impossible de voir dans cette abstention autre chose qu'une *non adhésion*.

« Suivant ce même article, les Sociétés faisant partie de la Fédération qui ont adhéré, sont : Bagnères, Jarnac, Périgueux, Rochefort, Royan, Saintes et Sainte-Foy.

« Or, la Société de Saintes est portée *à tort* comme ayant adhéré ; car, si sa réponse à M. Candelier exprime le désir de voir faire un Concours en 1885 avec *l'appui* de la Ligue des Patriotes, elle exprime non moins énergiquement que la Ligue ne doit se *charger* ni de la *gestion* ni de *l'organisation* de ce Concours.

« La Société de Bagnères-de-Bigorre déclare qu'elle a répondu que « ses préférences étaient pour l'organisation de ce Concours *par les Sociétés elles-mêmes*, mais que l'essentiel ét nt que le Concours eût lieu, il valait encore mieux l'organiser avec l'aide de la Ligue des Patriotes que pas du tout.

La Société de Rochefort déclare qu'elle « a adhéré à l'ordre du jour du Comité de la fédération du Sud-Ouest, du 10 février 1885, et que, dans l'affaire du Concours national, elle suivrait toujours ses décisions. »

« La Société de Sainte-Foy déclare *qu'elle n'a pas répondu* à la lettre de M. Candelier.

« Il résulte de ce qui précède que, alors même que les trois autres Sociétés, consultées individuellement et avant la décision du Comité de la Fédération, auraient adhéré pleinement à la proposition de M. Candelier, les membres du Comité de la Fédération du Sud-Ouest peuvent affirmer que, contrairement à la conclusion de votre rédacteur, ils représentent bien une majorité de dix Sociétés sur treize

dans la déclaration que vous auriez pu et dû insérer avant de la discuter.

« Cette rectification faite, ils affirment, selon les termes de votre
correspondant de Bordeaux (même n° 39 du *Tireur*) qu'ils ne sont
pas des mécontents, *ni du parti qui veut faire de l'opposition
quand même*, mais bien les partisans de la grande fête nationale du
Tir, faite par tous et pour tous, en 1885.

« Ils vous prient, Monsieur le Directeur, d'insérer cette lettre col-
lective et d'agréer l'assurance de leur considération distinguée.

« *Le Président*, L. DELAMAIN. — *Le Vice-président*, HENRI
ALAUZE, Président de la Société de gymnastique et d'instruction
militaire de la Gironde. — *Le Secrétaire* : PINASSEAU. Vice-pré-
sident de la Société de tir de Saintes. — *Le Secrétaire-adjoint*,
J. JUILLET, Secrétaire-général de la Société de gymnastique
et d'instruction militaire de la Gironde. — *Le Trésorier*, D. LAN-
DEZ, Vice-président de la Société de gymnatique et de Tir de
Bordeaux (Longchamps).

P. S. — Quant aux Sociétés d'Argenton, Aubussac, Blauzac,
Loubats, Montfort, Mourens, Murat, Pau, Poitiers, Bayonne et Lou-
zy, indiquées dans l'article du *Tireur* comme étant de la Fédération
du Sud-ouest, elles n'en font pas partie.

« A Bordeaux, le 14 mai 1885. »

L'assemblée des Sociétés de tir de la région de Paris eut lieu
le 29 mars, au gymnase Heiser, comme elle avait été annoncée.
Nous extrayons du *Stand* (5 avril 1885) le compte-rendu de la
séance :

« M. Stourbe, doyen d'âge, demande à l'assemblée de vouloir
bien désigner les membres du bureau qui dirigeront les débats.

« M. Chapron est élu président : sont nommés assesseurs, MM.
Simiens et Stourbes ; secrétaire, M. Marot.

« Le secrétaire constate la présence de quinze représentant des
Sociétés de tir ayant droit de vote.

« Le procès-verbal de la réunion du 8 février est lu et adopté.

« M, Marot, rapporteur, dépose sur le bureau les procès-verbaux
de réunions, ainsi que le rapport et les conclusions élaborés par les
délégués nommés dans l'assemblée du 8 février 1885. Ces délégués,
élus par la région de Paris, conformément aux décisions du Congrès
tenu le 1er février, devaient faire partie de la commission des Sociétés de tir de France, chargée de rechercher les voies et moyens
d'un Concours *national* en 1885.

« M. Marot, au nom des délégués de la région de Paris, donne
lecture du rapport :

« Messieurs,

« Le 8 février 1885, dans une assemblée tenue au gymnase Heiser,
à Paris, vous nous avez confié le soin de vous représenter dans

la commission d'études dont le Congrès des Sociétés de tir de France
a voté la constitution.

« Cette commission ou ce comité d'études devait, d'après les
décisions du Congrès, être composé de cinq membres par région ;
la région de Paris devait nommer à elle seule dix délégués.

« Cependant, quelques personnes intéressées à nier l'existence des
votes du Congrès, ont tenté de faire croire à la non validité de notre
nomination. Sur ce sujet, toute discussion est devenue impossible
aujourd'hui : en effet, la *Fédération du Sud-Ouest* et les *Sociétés
lyonnaises* ont, comme la *région de Paris*, affirmé la validité et
l'existence des votes en question ; quant aux *Sociétés de tir de l'Est*
et à la *Fédération du Nord*, elles ne se sont pas prononcées et
n'ont même pas, que nous sachions, été convoquées pour délibérer
sur ce point.

« La commission que vous avez élue a envoyé, à la date du 10 février, communication personnelle et par lettre avec avis de réception,
de sa formation à M. Candelier, notaire à Lens, président du Congrès.

« Vos délégués ont également notifié vos décisions et leur élection
à toutes les Sociétés de France, par une circulaire spéciale insérée
dans le journal le *Stand* du 15 février. Ils ont, en outre, fait la même
notification à la Fédération du Sud-Ouest (2 mars), aux Sociétés
lyonnaises (2 mars), à la Fédération du Nord (15 mars) et à la Fédération de l'Est (15 mars).

« La lettre adressée à M. Candelier est restée à ce jour sans réponse. Il en est de même des notifications de l'Est et du Nord par
l'intermédiaire de leurs présidents.

« Nous avons reçu des Sociétés lyonnaises la réponse suivante :

« Lyon, 3 mars 1885.

Monsieur,

« Nous avons reçu votre honorée d'hier. Les Sociétés lyonnaises,
s'occupant activement de leur Concours, ont le regret de ne pouvoir
désigner aucun délégué pour faire partie du *Comité d'études*, dont
le Congrès du 1er février a décidé la création.

« Elles espèrent seulement que ce Comité reconnaîtra, après examen, qu'il est impossible d'organiser *pour 1885, c'est-à-dire en
cinq mois*, un Concours national.

« Agréez, Monsieur, mes salutations distinguées. »
« *Le secrétaire général du grand Concours régional de tir,*
« Munod,
« Délégué de Lyon, au Congrès du 1er février 1885. »

« La réponse de la Fédération du Sud-Ouest a été celle-ci :

« Bordeaux, le 6 mars 1885.

« Monsieur et cher camarade,

« En réponse à la lettre que vous m'avez fait l'honneur de
m'écrire, je viens vous informer que les délégués désignées par la
Fédération des Sociétés de tir du Sud-Ouest sont :

« MM. Delamain. président de la Fédération, président de la Société de tir de Jarnac ;

« Henri Alauze, vice-président de la Fédération, président de la Société de gymnastique et d'instruction militaire de la Gironde ;

« Pinasseau, secrétaire de la Fédération. vice-président de la Société de tir de Saintes ;

« Mérillon. président de la Société de gymnastique et de tir de Bordeaux ;

« Boulet d'Hauteserre, vice-président de la Société de tir de Bagnères.

« Veuillez agréer l'assurance de ma parfaite considération.

« HENRI ALAUZE »

En outre, le *Sud-Ouest* a publié un manifeste. daté du 10 février 1885 (*Nous en avons donné le texte plus haut.*)

« A la date du 11 mars, avant que ce manifeste fût connu des délégués de la région de Paris, ceux-ci votaient une adresse aux Sociétés de tir, reproduite par le *Sand* du 15 mars et par le *Tireur* du 19 mars :

« Vos délégués s'étaient émus, à juste titre, de l'assimilation persistante et malveillante qu'une certaine presse cherchait à établir entre les délégués de la région de Paris et un parti politique attaqué par M. Déroulède.

« Pendant les délibérations et les recherches de votre commission, une réunion de tireurs a eu lieu, le 22 février, à la mairie du IV⁰ arrondissement.

« Dans cette séance, M. Bourdon, auteur d'un projet de *Concours fédéral*, qui a été l'objet d'un rapport favorable et d'un vote du conseil municipal de la ville de Paris, en date du 26 avril 1884, a exposé l'ensemble de son travail et l'a remis officiellement aux Sociétés de tir. La commission a reçu le dépôt de ces pièces : mais elle a pensé que, son mandat étant limité à 1885, elle ne pouvait valablement prendre une décision sur ce point. Ce projet trouvera sa place, avec d'autres vœux exprimés par quelques délégués, dans l'ordre du jour de la présente séance.

« Les conclusions de votre commission, messieurs, sont celles-ci :

« Vu les réponses de la Fédération du Sud-Ouest et des Sociétés lyonnaises ;

« Vu le silence de la Fédération du Nord et des Sociétés de l'Est ;

« Vu les concours de Lyon et de Berne en 1885 ;

« Vu, surtout, le manque de temps et de moyens matériels pour entreprendre, en 1885, sur des bases loyales et solides, un Concours de tir vraiment digne du titre de *national* et organisé par les Sociétés de tir françaises ;

« 1° Un Concours national en 1885 n'est pas possible par les Sociétés.

« 2° Même sous le couvert d'un groupe de Sociétés, si un Concours

est organisé par des particuliers ou une association quelconque,
il conservera son caractère d'entreprise particulière et n'engagera en
rien la responsabilité morale des Sociétés françaises de tir.

« 3° Un Concours, organisé exclusivement par toutes les Sociétés
de tir de France, sans autre préoccupation que l'amour silencieux et
utile de la patrie, la loyauté, l'équité et le contrôle, doit être étudié
sans délai par les représentants *directs* des Sociétés et avec l'aide du
gouvernement et des municipalités. »

L'assemblée, sur la proposition de MM. Gateuil, Violet et Gervaise, décide que la discussion concernant le prochain Concours national, vu l'importance du sujet, devra être remise à une séance
ultérieure et spéciale. La convocation des Sociétés sera issue de l'initiative individuelle. MM. Gervaise, Simien, Chapron, Marot, Violet
Saint-Aubin, Gateuil et Stourbe donnent leur assentiment à une
convocation prochaine des Sociétés de la région de Paris et autori-
sent à faire figurer leurs noms sur la lettre.

« La séance est levée à 5 heures. »

Le *Stand* fait suivre le compte-rendu de la note suivante :

« Nous croyons savoir que les Sociétés de tir, et Sociétés de tir
et gymnastique seront convoquées pour le mercredi 8 courant, à la
mairie du IVe arrondissement. D'ici là, chaque Société fera bien de
désigner à l'avance le délégué qui devra la représenter à cette importante réunion. *Quoiq'en ait dit un de nos confrères, Paris ne
peut pas faire la loi aux départements ; Paris prendra seulement l'initiative des démarches, et soumettra le résultat de ses
travaux à une assemblée souveraine des Sociétés de tir de France.*
Nous reparlerons de cette question ; constatons seulement aujour-
d'hui que les représentants des Sociétés de tir de la région de Paris,
non semblables en cela aux quelques individus qui veulent faire en
1885 un Concours à Paris sans les Parisiens, n'ont qu'un désir : le
développement du tir : et un seul moyen : la loyauté ».

XII

LA LIGUE DES PATRIOTES S'EMPARE, SANS MANDAT RÉGULIER,
DE LA DIRECTION DU CONCOURS DE 1885.

SOMMAIRE: L'attitude des Sociétés parisiennes de tir et les décisions prises
par elles dans la réunion du 29 mars, menaçaient de ruiner les projets
de la Ligue; voyant le danger, les chefs de la Ligue s'emparent de la
direction du Concours par un arrêté autocratique, rendu deux jours après
la réunion du 29 mars ; caractère de cet arrêté, qui est publié d'abord par
le *Tireur*. — Le Comité de la Ligue annonce en même temps la formation d'un Comité de patronage. — *Le Tireur* assimile les dissidents aux
anarchistes et se réjouit de leur déroute. — Mme Adam figure en tête du
comité de patronage: singulier rôle que les patrons de la Ligue font jouer

à cette dame. — Un grand nombre de ceux qui sont inscrits sur la liste de patronage, n'ont pas même été consultés pour y consentir: protestations de M. de Lesseps et de M. le colonel Vincent. — La liste du Comité de patronage est expurgée et remaniée. — Lettres individuelles, adressées par les chefs de la Ligue aux tireurs les plus connus, pour la formation d'un comité technique. — Le Conseil municipal de Paris accorde une subvention; mieux informé, le Conseil général exprime un refus. — La Chambre des députés accorde 60,000 francs. — Circulaires et affiches annonçant le concours : « Pour la Patrie! Quand même! »

Les Sociétés parisiennes de tir avaient pris enfin une attitude inquiétante pour la Ligue des Patriotes; et il n'était pas douteux que la contagion de l'exemple n'attirât bientôt à elles la plus grande partie des Sociétés de la province même. L'impulsion donnée dans la réunion du 29 mars allait devenir décisive; et il ne restait plus à la fédération parisienne qu'à publier, dans les journaux de Paris et des départements, le compte-rendu de ses premiers travaux pour renverser les projets de la Ligue. Ce n'était plus qu'une question de célérité.

Mais la Ligue, comprenant le danger, gagna ses adversaires de vitesse, et deux jours après leur réunion du 29 mars, elle s'empara d'autorité de la direction du Concours, sans s'attarder davantage à réunir des adhésions de Sociétés. La note suivante, publiée dans *le Tireur* du 2 avril 1885, annonçait son usurpation :

« DERNIÈRE HEURE.

« Mardi soir, 6 heures.

« Le comité de la Ligue des patriotes a décidé que le Concours de 1885 aurait lieu. On nous affirme que c'est à la suite des derniers incidents politiques et militaires que cette importante résolution aurait été prise.

« Mercredi soir, 2 heures.

« Au moment où nous mettons sous presse, nous recevons la liste du Comité de patronage du Concours de 1885; nous publierons cette importante communication dans les premières colonnes de notre prochain numéro. »

C'était un véritable dix-huit brumaire dirigé contre les délibérations prises à la majorité des mandataires réguliers des Sociétés parisiennes et des Sociétés départementales protestataires. Certains personnages dont la Ligue entendait exploiter la haute influence, devaient composer son Comité de patronage, une sorte d'état-major.

La proclamation de la Ligue nous parle d'incidents politiques et militaires qui, à la dernière heure, lui imposèrent sa résolution. Cette enveloppe mystérieuse achevait de donner au guet-apens la couleur qui lui convenait. On n'a jamais pu dire, en vérité, quels étaient *ces incidents politiques et militaires*; mais la phrase pouvait produire un bon effet sur les âmes crédules ou timorées, en laissant croire, d'une part, que M. Paul Déroulède était dans le secret des dieux et dans la confidence intime du gouvernement; et, d'autre part, qu'il y avait derrière lui une force à laquelle resterait le dernier mot, la force des baïonnettes, sans doute, qui aurait bientôt raison des résistances.

Le style marmoréen de la proclamation se distingue par une concision toute napoléonienne. Le style, c'est l'homme, a-t-on dit; et Tartarin Déroulède ne doute pas que, du haut des Pyramides, quarante siècles sont debout pour le contempler. Ses flatteurs le lui ont répété si souvent !

Dans la joie du triomphe, les journaux à sa dévotion insultaient les indépendants. Le journal *le Tireur*, du 9 avril, publiait l'entrefilet suivant :

« La presse parisienne promet son concours après la fête donnée pour les pauvres.

« Le général Campenon donne son appui ainsi que le général Saussier, gouverneur de Paris.

« Les anarchistes du tir sont en plein désarroi; on nous assure que Marot, un des chefs, se retire de l'indépendance et demande à rentrer dans le rang. »

Ne croirait-on pas lire un de ces placards dans lesquels le Bonaparte, au lendemain des fusillades du 2 décembre, félicitait ses prétoriens en débauche, et injuriait grossièrement la liberté trahie et vaincue ? Même style.

La liste des membres du Comité de patronage fut publiée le 5 avril. A côté de noms incontestablement illustres, mais qui ne paraissent pas avoir été tous consultés pour donner leur adhésion — nous le prouverons tout à l'heure, — nous notons une foule d'autres noms qu'on est habitué de rencontrer dans les manifestations réactionnaires. Nous ne pouvons donner cette longue liste, telle qu'elle a été publiée dans les organes de la Ligue des patriotes.

Mme Adam était chargée de recueillir et de centraliser les offrandes au Concours de tir. Le nom de cette dame fit sourire; car elle n'avait paru jusqu'alors que dans les jeux Floraux, et l'on n'avait jamais entendu dire qu'elle eût pris rang parmi les femmes qui revendiquent avec un courage auquel nous rendons justice, l'égalité des droits.

Quant à nous, nous sommes de ceux qui estimons que la femme, assujettie à la servitude depuis la chute de notre mère Ève, a suffisamment expié cette faute originelle. Mais Mme Adam, au contraire, ne s'étant jamais prononcée pour l'affranchissement de son sexe, nous nous étonnions de la façon dont son nom était mis en avant à l'occasion d'un Concours de tir. Puis, la forme dans laquelle ses adulateurs la produisaient était plus cavalière que chevaleresque. Le passage suivant du *Tireur*, (16 avril 1885) nous fournit un échantillon de leur audace dans le maniement de l'hyperbole :

« C'est ainsi qu'un des adversaires du Concours national proclame *urbi et orbi* que l'œuvre du Tir va tomber en quenouille, parce que Mme Adam a bien voulu se mettre à la tête du Comité d'organisation de la souscription. Je souhaite *vivement à tous ces chevaliers du Drapeau rouge* d'avoir, à eux tous, le quart de l'énergie et du patriotisme que renferme le cœur de cette vaillante, devant laquelle tous les hommes dignes de ce nom s'inclinent avec respect et reconnaissance. »

Ne sont-ce pas là des choses qui, décemment, ne peuvent se dire que de la femme à barbe.

Les chefs de la Ligue apportèrent dans la composition de leur liste des noms du Comité de patronage, une précipitation dangereuse. M. de Lesseps, entre autres, n'avait pas été appelé à donner son consentement. Ceux qui le connaissaient s'étonnèrent de voir son nom figurer sur la fameuse liste, et lui en firent part. Ils ne s'étaient pas trompés. M. de Lesseps ignorait jusqu'à l'existence de ce Comité. La lettre suivante, publiée par *le Stand* du 19 avril 1885, en témoigne :

« M. Ferdinand de Lesseps nous adresse la lettre suivante que nous croyons devoir porter immédiatement à la connaissance des tireurs.

« Paris, 15 avril 1885.

« 9, rue Charras

« CANAL DE SUEZ

« Monsieur,

« Voulez-vous me faire parvenir les deux journaux de tir qui ont publié la liste des noms d'un Comité de patronage, en tête de laquelle figure le nom de M. de Lesseps, et *l'adresse de ce Comité.*

« M. de Lesseps vous remercie de vos renseignements et désire s'informer lui-même des choses.

« Agréez, Monsieur, l'assurance de mes sentiments distingués.

« *Le chef du Cabinet,*
« CH. VALOIS. »

La protestation de M. de Lesseps ne devait pas rester isolée : une lettre du colonel Vincent, secrétaire du Comité d'état-major, contenait également une réclamation contre l'insertion de son nom pour faire appel aux deniers publics. (*Bulletin municipal officiel*, du 19 novembre 1886).

Les réclamations de cette nature devinrent assez nombreuses pour obliger M. Paul Déroulède à un remaniement partiel de sa liste.

Nous nous dispenserons de publier la liste expurgée, telle qu'elle parut dans *le Tireur* du 18 juin 1885; mais l'enfantement en fut laborieux. Les gens ne venaient pas spontanément à M. Déroulède; les tireurs les plus connus surtout se tenaient à l'écart. M. Déroulède alla à eux et leur adressa individuellement la circulaire suivante (*Le Tireur*, 14 mai 1885) :

> Paris, le 9 mai 1885.

« Monsieur,

« Comprenant l'importance capitale qu'il y a à ne pas laisser se perdre le fruit des efforts et des sacrifices faits l'année dernière pour la réussite du premier Concours national de tir, un grand nombre de Sociétés ont demandé à la Ligue des Patriotes de vouloir bien prendre, pour cette année encore, l'organisation du deuxième Concours national.

« La Ligue des Patriotes, *qui avait tout d'abord espéré que les Sociétés de tir pourraient elles-mêmes suffire à la continuation de l'œuvre dont elle avait si complètement supporté les premières charges*, a compris que, devant le manque d'entente actuel, il était de son devoir de venir en aide à ceux qui faisaient appel à son dévouement; et tout en apportant à son acceptation des *réserves expresses quant à la question financière*, elle a consenti à prendre en main l'organisation du deuxième Concours national.

« Désireuse, toutefois, cette année comme l'autre, de s'entourer d'un certain *nombre d'auxiliaires pris dans les Sociétés de tir*, la Ligue a pensé à faire appel à votre bonne volonté et à votre compétence.

« En conséquence, je viens vous demander si vous seriez disposé à vous joindre à nous pour préparer l'organisation du deuxième Concours national et, dans ce cas, de vouloir bien me dire quelle somme de temps vous pourriez nous consacrer pendant la durée du Concours, qui sera vraisemblablement de 15 à 20 jours, à compter des premiers, jours du mois d'août prochain.

« Veuillez agréer, Monsieur, l'expression de mes meilleurs sentiments de fraternité française.

> « *Le Délégué*,
> « Paul Déroulède. »

Un appel fait dans cette forme était de nature à flatter l'amour-propre de celui qui était l'objet d'une distinction, et que M. Paul

Déroulède affectait de classer parmi les tireurs émérites. C'était déjà la promesse de quelqu'une de ces récompenses que la Ligue savait prodiguer à ses élus. Cependant, cette manière de former un bureau central de tir, était offensante pour les Sociétés, qui ne cessaient de revendiquer le droit de nommer elles-mêmes les organisateurs du tir, et qui récusaient la compétence de la Ligue des patriotes.

Le vote des subventions nécessaires pour le concours de 1885 rencontra certaines difficultés. Le Conseil municipal de Paris avait voté, le premier, une subvention de 10,000 fr; mais déjà, quelques conseillers municipaux républicains, parfaitement fixés sur le patriotisme clérico-réactionnaire de la Ligue, s'étaient prononcés contre la subvention. Le conseil général de la Seine, mieux avisé, refusa toute subvention, se prononçant ainsi non contre l'institution du Concours en elle-même, mais contre un patronage qu'il considérait comme mortel pour cette institution.

La Chambre des députés, où l'élément opportuno-réactionnaire n'a pas cessé de dominer, se crut obligée de favoriser l'œuvre de la Ligue : une subvention de 60.000 fr. fut accordée, sur la proposition de M. Jules Roche, rapporteur du budget.

Le Concours allait s'ouvrir à Vincennes, du 20 août au 7 septembre 1885 ; des circulaires et des affiches l'annoncèrent. Ce qui tirait l'œil, dans ces placards, c'étaient surtout les emblèmes de la Ligue et ses légendes : « Pour la patrie! Quand même! Le général Campenon! La Ligue des patriotes! » Ce dernier nom primait tout ; il effaçait celui du Concours même, tout comme l'apothéose du lieutenant Déroulède devait effacer celui de Victor Hugo.

Le Concours de tir était si bien fondu dans la Ligue des patriotes, que son siège n'était autre que celui de la Ligue même : 22, rue Saint-Augustin.

XIII

LA LIGUE DES PATRIOTES AU CONCOURS FÉDÉRAL
DE BERNE EN 1885.

Sommaire : Les journaux dévoués à la Ligue s'épanchent tout à coup en éloges sur les concours fédéraux suisses; ils présentent le tir de Berne comme un prélude du Concours de Vincennes. M. Déroulède oublie ainsi les propos injurieux pour les Suisses, tenus par ses lieutenants. — Les tireurs de Paris ayant résolu de s'y rendre et d'offrir un prix, M. Déroulède s'applique à les devancer et à les supplanter. — Une délégation de la Ligue part à Berne, porteur d'un bronze de *Jeanne d'Arc*. — Esprit républicain et démocratique qui anime les tireurs suisses; circulaire du Comité de tir fédéral. — Les tireurs français présents à Berne se promettent de rester à l'écart de la Ligue. — M. Déroulède se présente, accompagné du fils de l'ambassadeur de France. — Discours du Maître dans la « *réception intime* » qui lui est faite. — Don du bronze de *Jeanne d'Arc*; ce prix n'a pas été distribué. — M. Déroulède repart pour Paris, la veille de la réception officielle de tous les tireurs français; explication donnée par *le Drapeau* à son brusque départ. — Tous les tireurs français, pour faire acte de solidarité, consentent à marcher derrière le drapeau d'une Société de la Ligue. — Remise du drapeau par M. le Commandant Sever, attaché militaire à l'ambassade de France; la délégation officielle des tireurs de Paris remet une coupe d'honneur au Comité du tir fédéral. — Les envoyés de la Ligue prétendent accaparer pour leur association une manifestation patriotique sur la tombe des soldats Français; les tireurs protestent et accomplissent le même pèlerinage le lendemain, au nom des Français, sans épithète.

Le Concours fédéral helvétique de 1885 s'ouvrait le 20 juillet, c'est-à-dire vingt-cinq jours avant le Concours national de Vincennes. La participation de la Ligue des patriotes au Concours fédéral, et surtout le fiasco de la manifestation préparée par les délégués de cette association, sous la conduite de M. Paul Déroulède, ont exercé plus tard une telle influence sur la direction du Concours national français, qu'il est important d'en faire le récit.

Les journaux dévoués à la Ligue, et parmi eux *le Petit Journal* (voir le n° du 26 juillet 1885), s'épanchèrent tout à coup en éloges enthousiastes sur le caractère patriotique et éminemment populaire des assemblées de tireurs suisses. Tout au plus reprochaient-ils à ces assemblées un certain air de fête, qui contrastait avec le cachet militaire, la servitude de l'uniforme et tout cet appareil de gravité affectée, que la Ligue voulait introduire dans les concours français. On alla même jusqu'à considérer le tir fédéral de Berne comme un prélude au tir national de Vincennes. Aussi ces journaux engageaient-ils la Ligue à y envoyer des délégués auxquels ils prédisaient l'accueil le plus sympathique.

M. Paul Déroulède avait d'abord combattu, en termes injurieux pour les Suisses, le projet des tireurs parisiens d'envoyer au Concours fédéral, des délégués chargés de remettre un prix d'honneur. Fraterniser ainsi avec des citoyens d'une autre République, c'était, à ses yeux, trahir l'idée patriotique. Mais quoi! les tireurs indépendants persistaient dans leur projet! La Ligue n'aurait-elle pas semblé, en continuant de rester à l'écart, abdiquer sa souveraineté sur ces Sociétés! Cette crainte, qui n'était qu'un sentiment de jalousie, détermina le

Maire à vaincre sa répugnance et à aller, lui aussi, à Berne. Le Comité prit donc à la hâte une décision et désigna, pour représenter la Ligue au Tir fédéral de Berne, une commission composée de MM. Paul Déroulède, président, Sansbœuf, Clérin, Lermusiaux, Letalle, Bar, Podevin, Quinqueton et Lechérnyer. Il décida, en outre, qu'un objet d'art, une réduction de la *Jeanne d'Arc de Frémiet*, serait offert, au nom de la Ligue des patriotes, pour être décerné à un tireur de nationalité suisse.

Avant de faire l'historique du voyage de la commission à Berne, et pour expliquer les déceptions qui l'attendaient en Suisse, nous croyons devoir dire quelques mots de l'esprit franchement républicain et démocratique qui anime les tireurs de ce pays.

On aurait cru volontiers, à la simple lecture, que le rédacteur du programme du Tir fédéral de 1885 s'était proposé de critiquer le faux apparat et le luxe de parade, qui avaient distingué le Concours de Vincennes. En outre, le sentiment égalitaire qui domine dans ce programme contrastait singulièrement avec l'autoritarisme hautain des chefs de la Ligue. On lisait dans la circulaire du Comité d'organisation du Tir fédéral de 1885 :

« Chers confédérés et amis,

« ... Les travaux pour les diverses constructions ont déjà commencé, sur la base des plans généraux approuvés par le Comité d'organisation. La pensée qui a présidé à l'élaboration de ces plans a été de donner aux nombreux visiteurs du tir toutes les facilités de communications qu'exige une grande fête patriotique, tout en tenant compte des intérêts spéciaux du tireur, et de laisser à l'ensemble son caractère de simplicité. Le splendide panorama qui se déroule autour du Kirchenfeld remplacera avantageusement les luxueux décors, et marquera de son cachet l'emplacement de la fête, mieux que ne pourraient le faire les plus habiles ouvriers.

« ... Nous vous y convions tous, enfants de la Suisse, tireurs et amis du tir, vous aussi, que les destinées ont appelés à vivre à l'étranger, d'où vos regards se dirigent vers la patrie dans toutes les grandes occasions !

« Venez nombreux à Berne, vous abriter sous les plis de la bannière fédérale !

« Venez échanger avec vos frères quelques paroles de concorde et de bonne amitié, que l'écho répétera dans nos quatre langues nationales !

« Venez montrer comment se comporte un peuple républicain, chez lequel les divergences d'opinions politiques et de croyances religieuses, ainsi que l'inégalité des positions sociales sont mises à l'arrière-plan, dès que s'élève la grande voix du patriotisme !

« En attendant de vous souhaiter la bienvenue dans la ville fédérale où chacun se prépare à vous faire un accueil cordial, nous vous

envoyons, chers confédérés et amis, notre salut patriotique et fraternel.

« Berne, le 6 novembre 1884.

Au nom du Comité d'organisation.

« *Le Président* : SCHERZ, colonel.

Les secrétaires : Elie Ducommun, secrétaire gén'ral des chemins
de fer Jura — Berne — Lucerne : H. Lienhard, juge d'appel.

Lorsque la délégation de la Ligue des patriotes arriva à l'im-
proviste à Berne, elle y trouva, au nombre de plus de deux
cents, une élite de tireurs français, venus là sans bannière ni
tambour, mais dans l'intention de faire valoir un mérite réel et
d'y exprimer des sentiments vraiment patriotiques. La Délégation de la Ligue, au contraire, était venue dans l'espoir de rallier
à elle tous ces éléments épars, de les faire marcher, bon gré mal
gré, sous ses couleurs noire et verte, et de figurer en tête de toutes les cérémonies, comme la seule représentation des tireurs
Français au Concours fédéral. Mais l'attitude trop peu modeste de
M. Paul Déroulède et de ses lieutenants était depuis longtemps
connue des tireurs indépendants. Ceux-ci craignirent de se
compromettre, et peut-être aussi de compromettre les intérêts
du pays, en se laissant entraîner, à la suite des délégués de la
Ligue, dans quelque manifestation soi-disant patriotique, et, au
fond, intempestive, dangereuse même. Ils se promirent donc
entre eux de se tenir à l'écart.

Il est certain que le gouvernement helvétique conçut les
mêmes appréhensions à l'égard de la Ligue des patriotes et de
son orateur, M. Paul Déroulède : ce qui advint dans la suite, et
surtout le départ précipité du Maître, l'ont confirmé.

Le spectacle qui frappa d'abord les délégués, à leur arrivée à
Berne, ne leur fit pas prévoir les déceptions qui les attendaient.
Ils furent reçus par l'attaché militaire français, M. Sever, qui
leur fit visiter en détail le champ du tir et des pavillons. Mais
nous devons ajouter que cet honorable officier se faisait un devoir de recevoir avec la même courtoisie toutes les corporations
qui se recommandaient du nom français, sans leur demander
compte de leur bannière ni de leurs attaches particulières. Ainsi
les tireurs indépendants obtenaient, de sa part, les mêmes marques de de déférence, lorsqu'ils se groupaient séparément des
délégués de la Ligue. Cependant, M. Paul Déroulède voulait
voir dans les attentions hospitalières de M. Sever, une distinction particulière de sa personnalité. C'est ce qui est exprimé dans
le récit de l'entrée des délégués de la Ligue dans la cité fédérale,
tel qu'il a été publié par le *Drapeau* du 1er août 1885.

Ce journal parle d'une « réception assez intime » de la délégation de la Ligue, par quelques membres du Comité du Concours helvétique, auxquels M. Sever présenta ses compatriotes. M. Paul Déroulède s'avança vers eux, appuyé négligemment sur l'épaule du fils de notre ambassadeur, M. Arago. Cette pose familière devait exprimer, suivant lui, la nature des attaches du président de la Ligue des patriotes avec le représentant de la France, à Berne. Il eût préféré sans doute la pompe d'une présentation officielle au Comité helvétique assemblé tout exprès pour le recevoir. Mais le fabuliste nous apprend qu'à défaut d'herbe fleurie, l'âne se contente de chardons. Néanmoins, M. Déroulède avait préparé un discours solennel, il ne pouvait en faire grâce aux quelques membres du Comité que le hasard lui faisait rencontrer. Le *Voltaire* eut la complaisance de publier ce discours; nous en extrayons quelques passages significatifs. M. Paul Déroulède, entraîné par son patriotisme exclusif et intolérant, ne comprit pas qu'il blesserait le légitime orgueil des Suisses, en leur rappelant les temps barbares où leurs enfants se faisaient les mercenaires des despotes de l'Europe.

« Je parle, dit-il, de ce que, pendant des siècles, la France victorieuse a dû de gloire au courage, au dévouement, au sang même de la nation suisse. »

« C'est au nom de tous ces souvenirs, souvenirs d'hier et d'il y a trois cents ans, que notre délégation a tenu à venir assister à vos fêtes et à vous demander de vouloir prendre part à nos concours.

« *Nous ne sommes pas prodigues de ces manifestations de sympathie internationale*, et il faut, je vous l'assure, toute la sincérité de notre affection pour vous, pour nous avoir décidés à venir nous-mêmes vous remercier et vous convier...

« Aussi avons-nous tenu à laisser entre vos mains un humble et *palpable* témoignage de la haute estime où nous vous tenons. Nous offrons donc un prix à votre tir fédéral, prix qui, si vous le voulez bien, sera exclusivement réservé à l'une de ces vaillantes sociétés de tir suisses, qui sont la préparation de votre armée et la sauvegarde de votre indépendance. Et quand nous nous sommes demandé quelle image française on pourrait dignement offrir aux descendants de Guillaume Tell, une voix unanime a répondu : *Jeanne d'Arc...*

« C'est pourquoi *nous qui ne sommes pas, je le répète, prodigues de manifestations internationales*, nous crions du fond de nos cœurs et de toute notre âme : — Vivent les peuples libres ! Vivent les nations indépendantes ! Vive la Suisse ! »

Quelques mots fort simples, mais exprimant une gratitude sincère envers le donateur, furent la réponse du président du Comité,

M. Déroulède avait été aussi mal inspiré dans le choix de l'œuvre d'art qu'il offrait en prix, qu'il l'avait été dans son discours. Une statue de Jeanne d'Arc à des calvinistes! Aussi n'avons-nous pas été surpris d'apprendre, après la distribution des prix, que le don de M. Déroulède n'avait été attribué à aucun lauréat.

L'entrevue dont nous avons parlé précédait la présentation officielle des tireurs français au Comité helvétique, dit Comité de réception. Il est d'usage, en effet, dans les Concours fé léraux de la Suisse, que les bannières des sociétés qui viennent y prendre part, soient solennellement confiées à la garde du Comité de la fête.

M. Paul Déroulède ne fut pas présent à cette solennité. Nous avons raconté, dans un autre Chapitre, l'incident qui motiva cette absence. L'avis charitable lui avait été donné par un membre du gouvernement suisse, d'avoir à s'abstenir de toute manifestation et même de tout discours, sur le territoire de la République helvétique. Dès lors, le Maître, réduit au rôle de modeste spectateur, n'avait plus rien qui le retenait à Berne. Honteux et confus de ce rappel à l'ordre, qui contrastait si vivement avec l'attente d'une ovation dont il avait espéré être le héros, il reprenait en hâte le train de Paris, sous un prétexte qui dissimulait mal la vérité,

Le Drapeau du 8 août 1885 explique son départ dans les termes suivants :

« Rappelé d'urgence à Paris par une réunion du Comité d'organisation du deuxième Concours de tir, en sa qualité de commissaire-général, le président de la Ligue des patriotes a dû partir le même soir pour Paris, accompagné du directeur de tir, M. Lermusiaux. Avant de prendre congé d'eux, M. Paul Déroulède a exprimé à ses auditeurs et à ses hôtes tous les regrets que lui causait l'obligation de les quitter si vite.

« Nous savons, pour le lui avoir entendu dire et répéter, combien grande et profonde a été l'impression faite sur lui par l'admirable organisation de ces belles fêtes. Aussi est-ce véritablement avec tristesse que notre cher président a renoncé à assister à la cérémonie du lendemain. »

Les autres délégués de la Ligue crurent devoir rester à Berne, afin de masquer leur déroute. Il figurèrent ainsi dans la cérémonie de la remise des bannières. Une seule des Sociétés françaises, était venue au Concours fédéral avec sa bannière tricolore. Tous les tireurs français, même les indépendants, se mirent d'accord pour suivre sa bannière. Les délégués de la Ligue des patriotes avaient pris place en tête du cortège. Tous marchaient sous la conduite du commandant Sever. Ce fut cet honorable officier qui fit la remise du drapeau français au Comité helvétique Son discours, empreint d'un esprit tout fraternel, fut salué par des acclamations répétées. À ce moment, une délégation officielle des tireurs de la région de Paris, remit une coupe d'argent pour être décernée en prix. Cette délégation officielle avait pris, en dehors de la Ligue et plusieurs mois auparavant, l'initiative de cette manifestation fraternelle.

L'effacement imposé à la Ligue des patriotes pendant le Concours fédéral, avait mis au cœur du Maître une colère sourde, qui devait trouver l'occasion d'éclater au Coucours de Vincennes.

Quelques jours après, les tireurs Français se concertèrent pour rendre un hommage solennel à la mémoire des soldats de l'armée de Bourbaki, qui avaient succombé à leurs blessures dans les ambulances de Berne. La Ligue émit la prétention d'accaparer la manifestation, en déposant une seule couronne portant ses emblèmes. Les tireurs étrangers à la Ligue s'offensèrent d'une démonstration qui blessait leurs principes. Ils avaient pu faire une fois, à la Ligue, la pénible concession de suivre sa bannière, voulant ainsi épargner à leurs hôtes le spectacle de nos divisions ; mais ils n'entendaient pas aller plus loin. Ils proposèrent aux affiliés de la Ligue de se rendre avec eux au cimetière de Berne, mais comme Français, sans aucune épithète. Les ligueurs répondirent qu'ils iraient *quand même*, au nom de la Ligue, et leur groupe y alla seul.

Le lendemain, la colonie française de Berne accompagnait les tireurs indépendants, qui déposaient une couronne sur le monument, avec cette inscription :

« *Au nom des Français résidant à Berne.* »

XIV

CONCOURS DE TIR DE VINCENNES, EN 1885; CARACTÈRE QUE LUI IMPRIME LA LIGUE DES PATRIOTES

Sommaire : Le Concours est annoncé comme organisé avec la collaboration des Sociétés de tir de France; il est dénommé *national*, mais les Suisses et les Belges y sont admis : appel aux tireurs de ces deux nationalités. — Une article du *Carabinier-Gymnaste* montre que la Ligue n'a pas toujours fait parade de tels sentiments de fraternité : ses outrages aux Suisses et aux Tireurs français *indépendants*. — L'entrée est refusée aux tireurs des autres nationalités. Mais le Maître trouve une occasion d'inviter les Espagnols, après l'attaque de l'ambassade d'Allemagne à Madrid : il décerne au peuple d'Espagne un brevet de patriotisme, au risque de compromettre les Français, accusés par M. de Bismarck de l'agression contre l'ambassade. — Comment M. Déroulède obtient les ménagements du Gouvernement. — L'Administration semble rendre les Sociétés parisiennes seules responsables des incartades de M. Déroulède ; elle accable celles-ci de vexations et de difficultés ; propos grave d'un architecte de la Préfecture de police. — Le Concours est, pour M. Déroulède, une occasion de lancer sa candidature. — Le trafic des boussoles et épingles de cravate continue.

Le deuxième Concours de tir, annoncé sous le patronage de la Ligue des patriotes, eut lieu au polygone de Vincennes, du 29 août au 7 septembre 1885.

Le Comité de la Ligue avait inséré, en tête de ses circulaires, que le Concours avait été organisé par lui *avec la collaboration des Sociétés de tir en France*, bien que ces Sociétés eussent été absolument écartées de la direction, comme nous l'avons vu dans les Paragraphes précédents.

Le Concours était dénommé *national*, et si les tireurs belges et suisses y étaient admis, c'était par une exception que le Comité de la Ligue crut devoir justifier dans une proclamation aux tireurs de ces deux nationalités. Le caractère étroitement national du Concours de Vincennes contrastait singulièrement avec cette large hospitalité que la République helvétique accorde à tous les étrangers, sans distinction, au nom de la fraternité humaine. Nos frères de la Suisse montrent ainsi qu'il ne sont si bien armés que pour le triomphe de la paix.

Nous donnons le texte de cette proclamation en faisant remarquer que les signatures qui y sont apposées, sont celles de membres de la Ligue des patriotes et non de tireurs, mandataires élus. En effet les Sociétés de tir n'eussent jamais présenté une majorité pour sanctionner les principes qu'elle consacrait :

« *Aux Tireurs Belges et aux Tireurs Suisses*

« Le Comité-Directeur de la Ligue des Patriotes et le Comité d'organisation du deuxième Concours National de tir, ont l'honneur de vous inviter à prendre part au *deuxième Concours National français*.

« Si nous avons tenu, l'an dernier, à ne convoquer aucun étranger, à notre premier Concours, c'est qu'incertain alors de sa réussite, nous voulions ne tenter qu'entre nous l'essai de cette première organisation.

« Aujourd'hui, l'épreuve est faite, et nous croyons pouvoir présenter aux tireurs amis un champ de tir qui ne soit pas trop indigne de les attirer et de les recevoir.

« C'est pourquoi, *sans adopter en rien les doctrines d'un cosmopolitisme banal*, qui ouvre au premier peuple venu l'enceinte de nos réunions françaises, et en répudiant même cette fraternité universelle qui ne sait même pas distinguer la nation qui nous a nui d'avec les nations qui nous ont servis, notre première pensée a été d'attester hautement notre gratitude à la Belgique et à la Suisse, qui ont véritablement été l'une et l'autre les sœurs de charité de la France, pendant les jours douloureux et inoubliables de 1870-1871.

« Nous appelons donc cordialement nos frères belges et suisses à prendre part avec leurs frères français à notre *deuxième Concours National de Tir*, qui doit avoir lieu à Paris, au polygone de Vincennes, du 20 août au 7 septembre 1885.

« Que ces peuples amis soient les bienvenus !

« Pour le Comité-Directeur de la Ligue des Patriotes et pour le Comité d'organisation du Deuxième Concours national de tir :

« Le Président de la Ligue des Patriotes, Commissaire général du Concours, Paul Déroulède. Le Président du Concours, Membre-Fondateur de la Ligue des Patriotes, L. Delamain, Président de la Fédération des Sociétés de tir du Sud-Ouest. Le Directeur de Tir du Concours, Secrétaire de la Ligue des Patriotes, F. Lermusiaux. Le Secrétaire général de la Ligue des Patriotes, Directeur des Constructions et des Installations, J. Sansbœuf.

« *Article 3 du Règlement du Concours* : Sont seuls admis à prendre part au Concours les Français, les Alsaciens-Lorrains et les tireurs même étrangers, faisant partie d'une Société française de tir, de gymnastique ou d'instruction militaire ; y seront également admis, les Belges et les Suisses auxquels des invitations générales seront adressées en souvenir des services rendus par eux à la France en 1870-1871. Tout autre étranger qui, par erreur ou par surprise, prendrait part au Concours sans avoir reçu une invitation spéciale et personnelle, est prévenu qu'il n'a droit à la délivrance d'aucun prix ni à la publication d'aucun classement. »

Les membres de la Ligue des patriotes n'avaient pas toujours été d'accord pour faire montre de sentiments fraternels à l'égard des tireurs belges et suisses. Ainsi l'un des principaux organes de la Ligue, *le Carabinier-Gymnaste* du 24 mai 1885, s'était élevé avec indignation contre les tireurs indépendants qui, à l'appel du *Stand*, avaient décidé d'adresser au Comité du Concours fédéral helvétique le produit d'une souscription ouverte pour offrir des prix aux tireurs. Et *le Carabinier-Gymnaste* de s'écrier, en parlant du *Stand* :

« Les premières souscriptions qu'il cherche à recueillir, c'est pour les envoyer à Berne ! Pourquoi pas à Berlin ? Dans les deux villes, d'ailleurs, c'est la même langue qu'on parle et la même cuisine que l'on gargotte.

« Nous avons donc beaucoup trop d'argent pour nous, en France, qu'on nous sollicite encore d'en offrir à des étrangers ?

« Le ministre de la Confédération Helvétique s'est empressé d'accepter cette offre d'argent monnayé. Parbleu ! M. de Bismarck accepte bien les œuvres d'art qu'on lui offre pour sa fête et les domaines

nes dont on le gratifie : l'exemple est doux à suivre : et M. Lardy aurait mauvaise grâce à se montrer, pour ses concitoyens, moins généreux que le chancelier allemand pour lui-même !

« Se charger de faire parvenir au Comité Bernois les sommes récoltées parmi les souscripteurs *Français de Paris*, ne constitue pas un acte d'héroïsme. Et cependant, c'est la prose du légat suisse, qui tient lieu, dans le *Stand*, de toute communication française officielle ou seulement officieuse.

« Que devient donc le patriotisme dans cette affaire ?...

« Pour nous, tireurs du Nord ou du Sud, du Couchant ou de l'Orient, nous n'avons qu'un désir, c'est de nous trouver ensemble à Paris, *non à Berne*, pas plus qu'à Dresde où l'on invitait récemment nos frères les gymnastes, pas plus qu'à Berlin où l'on nous inviterait bientôt, si nous nous laissions engager dans cette voie. A Berlin, nous nous y trouverons peut-être quelque jour, mais ce sera sans y être invités, assurément. Ce jour-là, *Stand et Carabinier* se serreront la main, s'ils y sont bien tous deux, en chair et en os, et le visage démasqué.

« En attendant, rendez-vous à Paris, non ailleurs, pour les patriotes ! »

Cependant, les patriotes ne tardèrent pas à changer d'avis, en voyant la persistance des indépendants à participer au Concours fédéral suisse. Ils craignirent, en s'excluant eux-mêmes de ce dernier Concours, de perdre quelque peu de leur prestige aux yeux des Sociétés de tir. Ils résolurent donc d'aller à Berne, mais pour y tenir un tout autre langage, et même pour flagorner ceux qu'ils venaient d'outrager. On a vu combien peu ce changement d'attitude leur réussit.

Par une autre contradiction, les patriotes saisirent, pendant le Concours, l'occasion de flatter les Espagnols qui, pourtant, n'avaient pas été appelés, au début, à jouir du même privilège que les Belges et les Suisses. Mais le Comité de la Ligue continua de refuser l'entrée du Concours aux Portugais, aux Italiens, aux Hollandais, aux Danois, aux Russes, aux Grecs, aux Roumains, aux Américains et à une foule d'autres peuples dont les sympathies pour la France n'ont jamais été contestées.

Une circonstance imprévue avait déterminé M. Paul Déroulède à octroyer aux Espagnols le brevet de patriotisme : On venait d'insulter le drapeau de l'Empire allemand à Madrid, et la presse reptilienne de M. de Bismarck accusait des Français d'avoir été les auteurs de l'agression dirigée contre l'ambassade allemande. Cet évènement pouvait amener entre la France et l'Allemagne une guerre à laquelle nous n'étions pas encore préparés ; le patriotisme intelligent nous commandait donc de ne pas jeter de l'huile bouillante sur le feu, en provoquant

sérieusement les Allemands. Tartarin Déroulède, croyant peut-
être que sa Ligue des patriotes rendait la France invincible,
et que le souvenir de Jeanne d'Arc compensait le canon
Krupp, convoqua par une circulaire spéciale les Espagnols
résidant à Paris, et fit à leur ambassadeur, venu au Concours
de Vincennes, une réception enthousiaste.

L'esprit étroitement réactionnaire du Comité de la Ligue se
révèle dans les moindres détails. Ainsi les pavillons du Concours de Vincennes reçoivent les noms de pavillon Jeanne
d'Arc, pavillon Gambetta, pavillon Vercingétorix ; mais le
Comité se garde bien de leur donner des noms qui eussent rappelé, par exemple, les héros de la grande révolution.

Ce qui faisait particulièrement défaut aux chefs de la Ligue,
c'était l'esprit de suite dans la poursuite de leurs plans. Ils
voulaient la guerre pour la guerre ; or, il semble que leur conduite devait contrarier à chaque instant la politique molle,
indécise d'un gouvernement partisan de la paix à tout prix avec
l'Allemagne. On pouvait donc croire à l'existence d'un dissentiment profond entre la Ligue et le gouvernement. Mais non ; M.
Déroulède tenait à rester au mieux avec nos ministres, afin de
s'appuyer fortement sur eux et de trouver par ce moyen la
satisfaction de son ambition personnelle. La haine de l'Allemand venait en seconde ligne. Ainsi le voyait-on de temps en
temps mettre une sourdine à son patriotisme et abaisser le drapeau de la revanche. Il s'écriait alors : « Nous ne sommes ni
des provocateurs ni des imprudents. »

L'intérêt que la Ligue des patriotes semblait porter au développement des Sociétés de tir, était-il bien sincère ? Une observation qui suffit pour en faire douter, c'est que ces Sociétés
n'ont jamais été défendues par *le Drapeau* ou les autres organes
de la Ligue, chaque fois qu'elles ont été l'objet des tracasseries
ou des exigences injustifiables de l'administration. On sait que les
Sociétés parisiennes, parmi lesquelles dominait l'esprit républicain, eurent particulièrement à souffrir d'une recrudescence de
sévérité. Si l'administration n'osait pas demander compte à
M. Déroulède, candidat agréable, de ses déclarations dangereuses, elle s'en prenait aux Sociétés de tir, qui portaient
ainsi la peine de manifestations qu'elles réprouvaient.

On vit ainsi l'architecte de la Préfecture de police imposer au
Stand de Puteaux des travaux dont le prix ne devait pas s'élever à moins de dix mille francs. C'était condamner cette Société
à se dissoudre ; et comme elle s'en plaignait vivement, l'architecte fit l'aveu brutal des dispositions de la Préfecture : « Si
cela ne dépendait que de moi, dit-il, il n'existerait pas une seule
Société de tir. »

Le Stand d'Asnières se vit contraint de la même manière à se dissoudre, en présence des travaux exorbitants, exigés par l'administration préfectorale.

D'autres Sociétés ne furent pas mieux traitées : Les Sociétés du Pré-Saint-Gervais, de Versailles et de Clichy subirent des restrictions, des servitudes et des vexations sans nombre ; on allait jusqu'à leur marchander la distribution de la poudre et des cartouches de guerre.

Ces sévérités étaient attribuées aux discours belliqueux de M. Déroulède et aux entraînements qui pouvaient en être la suite. Mais ce prétexte était-il le seul ? Nous croyons volontiers que l'administration célait surtout à d'autres craintes, et qu'elle redoutait de voir les citoyens se livrer à des exercices d'un caractère qui l'inquiétait, parce qu'ils lui paraissaient un empiétement sur les attributions militaires.

Tels étaient, pour les Sociétés, les fruits du patronage de la Ligue.

La conduite de M. Déroulède, pendant le Concours de 1885, ses tergiversations, ses provocations violentes suivies de reculades, s'expliqueraient difficilement, si l'on ne se rappelait qu'à ce moment, il nourrissait certain projet ambitieux, et qu'il n'espérait atteindre le but qu'en se faisant un marchepied du patriotisme, et en même temps en s'assurant le bienveillant appui des hommes au pouvoir. Equilibre assez difficile !

Nous avons raconté comment les lieutenants de Tartarin Déroulède lancèrent, pendant le Concours, la candidature du sauveur de la France à la députation.

« Au dessus des partis, clamait le *Tireur* (3 sept. 1885), au dessus de toute préoccupation politique, il serait bien le sonneur de clairon, qui jetterait sa note patriotique au milieu de la Chambre, trop souvent prise de léthargie ! »

Nous n'insisterons pas sur l'organisation du Concours de 1885. Au point de vue technique, cette organisation ne laissa pas trop à désirer. Les critiques qui pourraient être formulées ne porteraient guère que sur des questions de détail. Ce sont là de simples divergences de vues dont la discussion n'entre pas dans le plan de cet ouvrage.

Comme au Concours de 1884, la Ligue des patriotes continua son trafic inoffensif de casquettes, de boussoles, d'épingles de cravate et de cannes plombées, le tout aux armes de la Ligue. Nous en avons assez dit sur ce mode enfantin de propagande patriotique.

XV

DES TIREURS SONT EXCLUS DU CONCOURS DE VINCENNES, A RAISON DE LEUR HOSTILITÉ A LA LIGUE DES PATRIOTES

SOMMAIRE : Est indigne du nom de patriote quiconque refuse d'accepter les ordres de la Ligue. — La société de tir du ix⁰ arrondissement de Paris en fait l'expérience : lettre du secrétaire de la Ligue — La société de tir *les Volontaires* proteste contre des injures adressées à son président : M. Déroulède couvre son employé. — La Ligue exclut du Concours MM. Violet et Marot, sans spécifier les motifs de cette exclusion, et sans même appeler ces messieurs à s'expliquer ; motifs invoqués par la Ligue. — Une disposition spéciale est introduite après coup dans le règlement du Concours. — MM. Violet et Marot se présentent au tir de Vincennes, et font constater par huissier l'interdiction qui les frappe.

Ce n'était pas seulement un patronage que la Ligue des patriotes entendait exercer à l'égard des Sociétés qui avaient eu la maladresse de ne pas protester contre sa protection ; elle entendait les absorber complétement et les enrégimenter sous sa bannière. Peu importait qu'il y eût, dans les Sociétés ainsi ralliées à la Ligue, des membres dissidents et protestataires, la Ligue entendait les soumettre, de gré ou de force, à ses règlements et à ses statuts, bien qu'ils eussent refusé de les accepter.

Quiconque n'était pas voué corps et âme à la Ligue et à son président omnipotent, infaillible et inviolable, était jugé indigne du nom de *patriote*, et il était bien près d'être rejeté du nombre des vrais Français. Voilà ce que les Sociétés de tir, jusqu'alors libres et indépendantes, avaient gagné à tolérer ou à subir une tutelle qui s'était annoncée comme devant faire leurs affaires beaucoup mieux qu'elles ne les feraient elles-mêmes.

La Société de Tir du ix⁰ *arrondissement* fut la première qui fit l'épreuve du pouvoir inquisitorial de la Ligue. Le 27 février 1887, à l'époque où les Sociétés parisiennes de tir poursuivaient la campagne entreprise pour enlever à la Ligue la direction suprême du Concours qui devait avoir lieu quelques mois plus tard, la Société du ix⁰ arrondissement, enrôlée dans la Ligue en qualité de membre fondateur, adressait au trésorier de cette association, sa cotisation annuelle de 20 fr. Mais le secrétaire de la Ligue retournait cette somme au président de la Société du ix⁰ arrondissement, en expliquant son refus par la lettre suivante (*Stand*, 8 mars 1885) :

« Paris, le 23 février 1885.

« Monsieur le président de la Société de tir du
IXe arrondissement,

« Votre demande de réinscription à la Ligue arrive à l'heure même où le Comité directeur examine quels sont les Sociétés ou les sociétaires affiliés, dont l'attitude, la conduite et les propos méritent
l'exclusion, en application de l'art. 29 : « L'exclusion de la Ligue
peut être prononcée par le Comité directeur pour fait de nature à
nuire à l'œuvre de la Ligue ou à compromettre sa dignité. » Votre
Société est précisément de celles sur lesquelles il y aura à statuer.

« Je suis donc chargé de vous retourner le montant de votre cotisation, le comité ne voulant pas la recevoir aujourd'hui, quand il aurait peut-être à vous la renvoyer demain.

« Recevez, monsieur le président, l'expression de mes salutations
distinguées.

« *Le secrétaire.*

« Georges BEAUME. »

Ainsi il était bien entendu, pour les ligueurs, qu'une Société
affiliée abdiquait toute indépendance, et que ses propres statuts
devaient plier devant les exigences de l'œuvre de la Ligue. Tout
acte par lequel une Société affiliée manifestait sa liberté propre,
et défendait son droit, son existence même, *nuisait à l'œuvre
de la Ligue ou compromettait sa dignité.* Tout signe d'indépendance faisait ainsi perdre la qualité de patriote.

L'autocratie des chefs de la Ligue et leur caporalisme brutal
se manifestèrent bien mieux pendant le Concours de Vincennes. Ainsi la Ligue émit la prétention de refuser des cartons
de tir aux tireurs qui avaient loyalement combattu son odieux
patronage.

Une lettre du 8 septembre 1885, adressée au *Stand* (n° du
13 sept. 1885) par M. Stermieri, président de la *Société de
tir les Volontaires*, expose un grief de cette nature. Des cartons avaient été refusés à un tireur de sa Société, et le refus
avait été accompagné d'injures ordurières à l'adresse du président. M. Paul Déroulède, commissaire général du Concours, à
qui plainte avait été aussitôt portée, avait approuvé la conduite
de son argousin, et avait même renchéri sur l'outrage dont le
président de la *Société les Volontaires* avait été l'objet.

Les membres de cette Société intervinrent à leur tour, et leur
indignation se fit entendre assez haut pour que les ligueurs
se vissent obligés de délivrer enfin les cartons qu'on leur
réclamait.

Voilà l'esprit dans lequel était dirigé le Concours de tir de

Vincennes, et pourtant, ce Concours avait été annoncé, sur toutes les affiches, comme étant essentiellement public.

Une mesure d'une gravité exceptionnelle fut prise par le Comité de la Ligue, à l'égard de deux tireurs qui s'étaient distingués par l'ardeur avec laquelle ils avaient dénoncé les manœuvres de ce Comité. Une note insérée dans le *Drapeau* du 1er août 1885, informait ces deux citoyens de leur exclusion de la Ligue des patriotes ; elle était ainsi conçue (Voir le *Drapeau* du 1er août 1885) :

« Conformément à l'article 29 des statuts, le Comité-Directeur a exclu de la Ligue, pour nombreux faits d'hostilité notoire, en France et à l'Étranger, MM. Léon Marot, président de la Société de tir *l'Étude*, et A. Violet, vice-président de la même Société.

« *Le Secrétaire général,*

« J. SANSBŒUF ».

L'introduction hâtive de cette disposition dans le règlement et le vote d'exclusion contre MM. Marot et Violet, déjà démissionnaires de fait, eurent lieu dans le même temps et probablemen dans la même séance. On ne peut donc douter que ce ne fut là un acte de basse vengeance, habilement prémédité. Du reste, l'article 8 était conçu dans des termes qui ouvraient une large porte à l'arbitraire. Ainsi l'exclusion du Concours n'atteignait pas seulement celui qui troublerait les exercices de tir ; elle s'étendait même à ceux qui, avant l'ouverture du Concours, avaient pu combattre le plan d'organisation, tel qu'il avait été imaginé par Tartarin-Déroulède, ou qui avaient seulement essayé d'*en dénaturer l'idée*. Il appartenait à la Ligue d'inventer le crime de lèse-Déroulède.

L'art 7 du règlement du Concours disposait encore :

« Aucun tireur exclu d'une Société de tir, de gymnastique ou d'instruction militaire, ne pourra prendre part au Concours. »

Dans l'esprit de cette disposition, la Ligue des patriotes s'assimilait à une société d'instruction militaire, et s'arrogeait ainsi le droit d'exclure du Concours ceux qu'elle aurait même arbitrairement chassés de son sein.

Un abus d'autorité, si monstrueux, de la part du Comité de la Ligue, qui ne s'était d'abord présenté aux Sociétés de tir que pour exercer sur elle un patronage, n'eut jamais été sanctionné par l'assemblée générale de ces Sociétés, si elles avaient été consultées sur les termes du règlement. Mais le Comité de la Ligue, qui était en même temps Comité de direction du Concours, en vertu de pouvoirs qu'il avait usurpés, agissait à sa guise, et se faisant juge et partie, se constituait en tribunal secret et souve-

rain, statuant en dernier ressort, sans appel ni cassation ! Il
édictait des réglements tyranniques pour les exécuter tyranni-
quement, et il donnait à ces lois un effet rétroactif, en les appliquant, non à des faits qui auraient suivi l'ouverture du Concours, mais à des faits antérieurs.

Le plus odieux en tout ceci, c'est que les termes mêmes des
réglements et arrêtés du Comité et de la Ligue et du Concours,
en matière d'exclusion, établissent que ces réglements et arrêtés
avaient été pris pour satisfaire une rancune personnelle contre
MM. Violet et Marot; eux seuls étaient visés.

Le réglement du Concours, publié par les organes de la Ligue,
quelques jours auparavant, n'avait pas fait mention de ces articles 7 et 8 ajoutés après coup.

Il n'est d'usage, dans aucune Société, qu'un de ses membres devienne l'objet d'une mesure aussi grave que l'exclusion, sans qu'il
ait été entendu. Or, ni M. Violet ni M. Marot n'ont été appelés à
fournir aucune explication au Comité. Si ces explications leur
avaient été demandées, ils auraient pris pour juges, non le Comité
de la Ligue dont ils ne reconnaissaient pas l'autorité souveraine
sur les Sociétés de tir, mais ces Sociétés elles-mêmes, et le débat
eut été public. Du reste, MM. Violet et Marot proposèrent de
discuter en assemblée générale des adhérents de la Ligue les motifs de leur exclusion. Une demande si juste et si modérée fut
écartée, et la lettre adressée à cet effet au Comité demeura sans
réponse.

Aucune notification personnelle de la mesure d'exclusion
dont on voulait les frapper, ne fut adressée à MM. Violet et
Marot; c'était une autre violation des formes communément
admises.

Enfin, n'oublions pas que ces deux tireurs ayant affirmé, dans
diverses circonstances et publiquement, qu'ils cessaient de faire
partie de la Ligue des patriotes, dont ils repoussaient le programme et dont ils combattaient l'intervention dans les Sociétés
de tir, l'arrêté d'exclusion rendu par le Comité de la Ligue ne pouvait atteindre deux citoyens devenus étrangers à cette association.

On ne saurait contester à aucune Société le droit d'exclure
ceux de ses membres qui sont en hostilité ouverte avec elle.
Mais le Comité de la Ligue eût pu s'épargner la peine d'éliminer de son association MM. Léon Marot et A. Violet, puisque
tous deux avaient pris soin de publier leur retraite, et qu'ils
l'avaient fait avec éclat, en dénonçant aux autres Sociétés de
tir les dangers que leur faisait courir le patronage de la Ligue.
Cependant, le Comité estima qu'une note publique serait d'un
excellent effet pour prévenir la contagion de l'exemple. Aussi

s'empressa t-il de mettre ses deux principaux adversaires au pilori. Cette note avait une autre portée dont nous verrons tout à l'heure les effets. Mais, auparavant, il importe de remarquer qu'elle vise des faits d'hostilité en France et *à l'étranger*, sans spécifier la nature de ces faits. On eut donc pu croire que MM. Marot et Violet s'étaient rendus coupables de quelque acte de haute trahison envers l'association des patriotes, alors qu'il s'agissait simplement des protestations fort légitimes dont nous avons donné le récit au Paragraphe précédent; protestations dans lesquelles ils avaient eu pour complices la grande majorité des tireurs Français venus en Suisse et la colonie française de Berne.

M. Déroulède n'avait fait appliquer à MM. Marot et Violet l'art. 29 des statuts, qu'afin de créer un précédent qui pût lui servir à exclure ces deux tireurs du Concours de Vincennes. En effet, le Comité directeur du Concours, qui n'était autre que le Comité même de la Ligue, introduisit dans le règlement du Concours une disposition perfide, qui était ainsi conçue :

« Art. 8. — L'exclusion sera prononcée contre toute personne dont les actes, la conduite ou les paroles seraient ou auraient été de nature à nuire à l'organisation du Concours, à en troubler le bon ordre ou à en dénaturer l'idée. »

Quels étaient les antécédents des citoyens frappés d'exclusion par la Ligue ? L'un est président et l'autre vice-président de la Société de tir *l'Étude* ; ils remplissent ces fonctions depuis cinq ans ; ils appartiennent, en outre, à un grand nombre des Sociétés de tir à longue portée. Tous deux sont connus de l'élite des tireurs, non seulement par les succès qu'ils ont pu remporter, avec leurs camarades, dans les nombreux concours où ils se sont présentés, mais surtout par les recherches théoriques et pratiques auxquelles se livre la société *l'Étude*, en vue du perfectionnement du tir et de l'armement militaire. M. Violet est unanimement considéré par les tireurs français comme l'un des cinq ou six champions dignes de se disputer le premier prix dans nos grands concours.

Voilà l'élément que le Comité de la Ligue et du Concours de 1885 entendait exclure à tout prix ! Et tel était l'emploi que faisait ce Comité des fonds alloués par les représentants du pays et ceux de la municipalité de Paris pour encourager une institution utile à la défense nationale !

Les incidents qui ont suivi l'exclusion dont nous parlons, et qui devaient avoir leur dénouement devant les tribunaux,

achèvent de démontrer combien le grief invoqué par le Comité
directeur de la Ligue était mal fondé. M. Déroulède avait porté
plainte contre M. Marot, à raison de propos prétendus diffamatoires, tenus au Congrès de 1885. Bien que la loi nous inter-
dise de rendre compte d'un procès de cette nature, ce qu'il
nous est permis de rappeler et de publier, c'est que M. Déroulède, après avoir obtenu gain de cause en première instance
et en appel, a succombé devant la Cour de cassation ; et qu'en
définitive, il a eu seul à supporter les frais d'une demande
imprudente. La Cour suprême s'est arrêtée à cette considération d'équité et d'ordre supérieur que l'action à raison de
propos prétendus diffamatoires était prescrite, et qu'ainsi le
juge n'avait même pas à apprécier les faits.

Telle était la valeur du seul grief — grief tout personnel ! —
que M. Paul Déroulède et son Comité pouvaient invoquer pour
justifier l'exclusion de M. Marot.

Dès que le Concours de Vincennes fut ouvert, MM. Violet et
Marot protestèrent par exploit d'huissier contre la mesure arbitraire dont il étaient l'objet. La protestation de M. Violet servit
de base à une demande judiciaire, encore pendante devant le tribunal de première instance. M. Marot renonça à suivre la même
voie ; et c'est le public qu'il fait aujourd'hui juge du mérite de
sa cause.

Les deux tireurs arbitrairement exclus s'adressèrent, en juin
et juillet 1886, au Conseil municipal de Paris et à la Chambre
des députés, demandant qu'une conquête fût ouverte sur le fait de
leur exclusion du Concours. La Chambre renvoya leur pétition
à la 1re commission. Cette commission prononça l'ordre du
jour, dans sa séance du 22 janvier 1886, sans que les signataires de la pétition eussent été appelés à fournir d'explications. La
fin de non recevoir qui leur était opposée reposait sur ce que le
Concours de Vincennes avait été organisé par une société privée, maîtresse de ses règlements, et que la Chambre n'avait pas
à intervenir dans une question d'ordre intérieur.

Cette décision eût été absolument justifiée si la Chambre n'a-
vait pas implicitement approuvé les règlements de la Ligue des
patriotes, en lui accordant des fonds pour l'exercice de son patronage.

Le Conseil municipal jugea autrement. Dans sa séance du 2
juillet 1886, il reconnut que la commission municipale n'avait
pas qualité, il est vrai, pour examiner le fond de la plainte, mais
que des faits semblables lui ayant été déjà signalés, il y avait
lieu de renvoyer la pétition à la commission du budget, pour
examen. Les abus signalés par les pétitionnaires et surtout le

fait relevé contre la Ligue qu'une somme de 15,000 francs, donnée comme subvention par la ville, avait été détournée de sa destination, parurent mériter son attention.

M. de Bouteillier donna une forme plus générale à la demande d'enquête, et déposa la proposition suivante qui fut adoptée :

« La Commission du budget est chargée de procéder à une enquête sur les Sociétés de tir, de gymnastique et d'instruction militaire, et à déterminer les conditions dans lesquelles des subventions pourront leur être accordées par le Conseil municipal. »

L'enquête devant la Commission du budget fut complète : la lumière fut faite sur le caractère de la Ligue des patriotes et sur ses actes. Cette association n'avait plus à espérer, désormais, aucune subvention du Conseil municipal.

XVI

COMPTES FINANCIERS DES CONCOURS DE 1884 ET 1885.

Sommaire : La Ligue déclare après le Concours organisé par elle en 1884, que la France n'a plus rien à envier à la Suisse. Comparaison des résultats des Concours de Lugano et de Vincennes. — Le *Stand* prouve que le chiffre de 30.000 tireurs, donné pour Vincennes, est inexact. — Chaque tireur ne devait recevoir qu'une carte matricule : quelques-uns en reçurent plusieurs. — Les Sociétés furent longtemps abusées sur les résultats du Concours par les éloges exagérés des journaux dévoués à la Ligue ; cependant, elles finirent par s'inquiéter d'un silence prolongé. — Comment le *Carabinier-Gymnaste* accueille leurs plaintes ; son étonnement de ce qu'on ose demander des comptes. — Le Comité convoque l'assemblée semestrielle de la Ligue, et met les comptes du Concours à l'ordre du jour. — Le Comité directeur se décide, en dernier lieu, à rendre les comptes à des groupes de la Ligue, convoqués séparément ; caractère intime de ces groupements. — Le président de la société l'Etude, demande au secrétaire-général de la commission de tous les documents qui permettaient d'établir un compte sérieux ; M. Sansbœuf oppose une fin de non recevoir à cette demande. — Les journaux dévoués à la Ligue ont avoué qu'il ne pouvait être fourni qu'un *aperçu approximatif* des comptes. — Les prix annoncés payables en espèces sont payés moitié en espèces, moitié en objets d'art. — Les journaux officieux de la Ligue répondent par des injures à ceux qui réclament des comptes. — La reddition des comptes a enfin lieu dans l'assemblée générale de la Ligue du 29 novembre 1884. — Extrait du rapport de M. Deloncle sur le contrôle du tir, pendant le Concours, et sur celui des recettes — Le Comité avoue, néanmoins, des lacunes dans la suite des numéros des séries, et il en accuse l'imprimeur. — Critique de divers articles du tableau des dépenses. — M. Déroulède déclare avoir soldé un déficit de 69.656 fr. 33. — Ambiguïté du compte de 85.000 fr. portés au tableau des dépenses, pour fournitures faites par la maison Belloir; les 85.000 fr. étaient-ils le prix d'une vente ou celui d'une location ? Les explications fournies aux délégués de la Fédération de l'Est, à Nancy, ne font qu'obscurcir la question ; il est allégué que la Ligue est devenue réellement propriétaire du matériel fourni par la maison Belloir. — Le *Tireur* revient sur la question et confesse que la Ligue a seulement acquis un droit de préférence comme locataire; aveu tardif! — Le président de la société *l'Étude* insiste pour une reddition régulière des comptes : on lui répond par un procès en diffamation. — Exemples de désordre dans la distribution des séries. — Comment expliquer l'écart entre le nombre des tireurs, qui ne paraît pas avoir été exactement déterminé, et le chiffre des recettes. — En tout cas, la comparaison du nombre des tireurs, en 1884 et en 1885, indique la défaveur croissante des Concours dirigés par la Ligue; néanmoins, le chiffre des recettes semble s'élever: explication du miracle. — Par une étrange anomalie, le chiffre des dépenses augmente en même temps que le succès diminue. — Combien l'esprit d'ordre et d'économie se manifeste davantage dans les Concours helvétiques.

Nous allons examiner ici les critiques soulevées, relativement aux résultats financiers des Concours de Vincennes, qui s'ouvrirent sous la direction de la Ligue des patriotes, en 1884 et 1885. Ces critiques sont de telle nature, et surtout elles s'appuient sur des documents tellement irrécusables, qu'on ne se reportera pas sans étonnement aux éloges que la Ligue se faisait décerner dans ses journaux attitrés, alors que les vrais résultats de chacun des Concours n'étaient pas encore connus.

« Enfin, nous n'avons plus rien à envier à la Suisse ! » s'écriait le journal de tir de la région de l'Est, à propos du Concours de 1884. Et ce mot d'ordre était répété avec enthousiasme par les plus fervents affiliés à cette association, pour qui le patriotisme constitue un art, et même une profession.

Cependant, des voix discordantes protestaient déjà publiquement, dès la fin de 1884 ; et de courageux tireurs, au risque d'être traités de *Prussiens* par les incorruptibles ligueurs, affirmaient que tout n'avait pas été pour le mieux au Concours de 1884, et que nous avions encore beaucoup à travailler pour n'avoir plus rien à envier à nos frères de la Suisse.

Dans son numéro du 7 décembre 1884, le *Stand* a fort bien résumé les faits qui établissent notre infériorité.

En premier lieu, l'affluence des tireurs a été beaucoup moindre au Concours de Vincennes, que celle qui avait été constatée, l'année précédente, au Concours de Lugano, en Suisse. Ainsi, pour une période de 22 jours, le relevé général qui a été fait pour le Concours de Vincennes, constate un total de 555,907 balles ; et, dans ce nombre, se trouvent comprises celles du fusil irescola, de la carabine Flobert, du révolver et du pistolet.

Au tir fédéral de Lugano (juillet 1883), le relevé officiel et exact a constaté 718,000 balles, tirée dans un espace de dix jours seulement. Il est à noter qu'en Suisse,, il n'y a ni tir réduit, ni Flobert, ni pistolet.

Contrairement à ce qui a lieu en Suisse, on n'a pu établir que d'une manière approximative le nombre des tireurs admis au Concours de Vincennes, et on l'a évalué à 30,000. La comptabilité du tir, chez nos voisins, permet de donner exactement le nombre des tireurs, le jour même de la fermeture du tir.

L'un des rédacteurs du *Stand* (numéro précité) critiquait en ces termes le chiffre de 30,000 tireurs, porté dans le compte financier de la Ligue :

« Le nombre de 30,000 *tireurs*, que des amis trop zélés ont même exagéré, nous semble d'une exactitude douteuse, si nous considérons la moyenne de 18 balles 53 centièmes par tireur. Ce nombre n'a-t-il pas été obtenu à l'aide des tourniquets (par où passaient souvent les commissaires, les agents et les employés), ce qui ferait qu'un tireur, entrant deux fois par jour pendant 22 jours compterait pour 44 tireurs ? Pour ma part, j'ai été inscrit deux fois sur les registres, et je possède deux numéros d'inscription. »

L'auteur de ce livre a également en main deux cartes matricules qui lui ont été délivrées de la même façon, sous les numéros 90, 1.013 et 865 ; et pourtant, chaque tireur ne devait recevoir qu'une seule carte.

En second lieu, la distance moyenne des cibles, au Concours de Vincennes, était de 275 mètres ; tandis qu'en Suisse, la plus faible distance est de 300 mètres.

Pendant longtemps les sociétés durent croire que les résultats financiers du tir avaient été en rapport avec le chiffre des trente mille tireurs qui s'étaient disputé les palmes. A la date du 13 septembre 1884, *le Drapeau* annonçait avec enthousiasme la pleine réalisation de ses espérances :

« C'est avec une joie reconnaissante, que nous pouvons constater, dès aujourd'hui, le grand succès de notre premier Concours de tir. Il nous est d'autant moins difficile d'en parler que ce succès n'est pas notre fait, mais bien le résultat direct de la bonne volonté nationale. »

Une note qui parut dans *le Rappel* du 30 septembre suivant, allait beaucoup plus loin :

« Le succès, y était-il dit, a dépassé toutes les espérances... Les résultats financiers ne sont pas encore connus ; mais il est à penser que les bénéfices couvriront les dépenses de quatre grands Stands, projetés par les organisateurs. »

Il y avait là une exagération qui faisait sourire les connaisseurs, qui n'ignoraient pas qu'un tel établissement coûterait environ 300.000 fr. ; mais le public devait être ébloui.

D'après ces déclarations, on croyait généralement, dans le monde des tireurs, que les recettes du Concours avaient dû, au bas mot, équilibrer les dépenses. Cependant, les Sociétés de tir attendaient avec intérêt, et même avec une certaine curiosité, un compte-rendu financier ; il s'agissait, pour elles, de savoir si les concours produiraient des résultats aussi satisfaisants qu'en Suisse où, à fort peu d'exceptions près, on constate chaque fois un excédent de bénéfices. Avions-nous fait notre apprentissage du premier coup? et grâce à l'esprit d'ordre et d'économie qu'avaient dû apporter les directeurs du Concours, pouvions-nous espérer que cette première épreuve assurerait aisément le succès des autres concours qui s'ouvriraient tous les ans ou tous les deux ans? Telles étaient les questions que les Sociétés se posaient avec anxiété.

En outre, les Sociétés espéraient qu'elles seraient convoquées en réunion générale, pour la reddition des comptes, bien qu'elles eussent été écartées, lorsqu'il s'était agi d'établir les conditions et le règlement du Concours. Cependant, le Comité de la Ligue gardait un silence inquiétant. On était arrivé en novembre sans qu'aucune reddition de comptes eût été annoncée ; aussi l'impatience commençait-elle à gagner ceux qui, parmi les tireurs, avaient conservé jusqu'alors la foi la plus robuste dans le patriotisme du Comité. La province elle-même s'émouvait : les plaintes les plus vives succédaient aux murmures. Dans un seul département, le Loir-et-Cher, cinq cents tireurs signèrent une déclaration contre les procédés du Comité directeur de la Ligue ; cette protestation se terminait par la promesse d'un prix de mille francs pour le premier Concours qui serait organisé par les Sociétés de tir elles-mêmes (*Stand*, 9 nov. 1884).

Le Comité de la Ligue se renferma d'abord dans un silence obstiné, sans s'expliquer d'aucune manière. Ses organes officieux affectaient même un certain étonnement de ce qu'on osait demander des comptes à la Ligue, et le prenaient de haut avec ceux qui exigeaient la production des registres. On lisait ainsi dans le *Carabinier et le Gymnaste de la région du Nord* (19 octobre 1884) :

« Décidément, le journal le *Stand* a une dent, et Dieu sait quelle
dent, contre le Concours National de Tir qui vient d'avoir lieu à
Vincennes, et dont le succès, il est bien obligé de le reconnaître, ne
peut être mis en doute une seule minute.

« Dans l'article de tête du numéro du 12 octobre, un de ses cor-
respondants qui signe Brutus, sous le fallacieux titre « L'INDÉPEN-
DANCE DES SOCIÉTÉS DE TIR » pousse une charge à fond contre le
Concours National.

« L'auteur de cet article qui, à propos de tir, vient, je ne sais à
quel sujet, nous entretenir de la loterie nationale et de la fête des
Tuileries, demande au Comité central de rendre les comptes de ses
recettes et de ses dépenses.

C'est là, il me semble, une drôle de manière de reconnaître
l'indépendance des Sociétés de tir, en venant demander les comptes
de leurs Concours.

Jusqu'ici j'en ai vu pas mal de ces concours. Quelques-uns,
comme ceux de Lunéville, Épinal, Bar-le-Duc ont, non-seulement la
bonne fortune de couvrir leurs frais, mais ils réalisent même des économies ; ce sont les heureuses et les rares exceptions du tir, pour
quelques concours qui réussissent, pour le moment du moins, combien
d'autres en commençant par les nôtres, règlent-ils tous les ans leurs
concours par un déficit.

« L'exemple partant d'en haut, il est évident que si l'on demande
des comptes aux organisateurs du Tir national de 1884, on viendra
nous en demander bientôt à nous, les humbles des Sociétés de tir.
Sous le régime de qui serons-nous alors ? Si c'est là ce que M. Brutus entend par Indépendance des Sociétés de tir, il a, il me semble,
une drôle de manière d'envisager l'indépendance.

« J'ignore complètement les mesures que prendra le Comité central à ce sujet, mais si j'étais à sa place, bien certainement, n'en dé-
plaise à M. Brutus, au nom seul de l'indépendance des Sociétés de
tir, je ne donnerais aucun compte.

« Le Comité central a promis un Concours, il a tenu ce qu'il a
promis ; il l'a largement tenu même, on ne peut le nier ; tout est
donc dit sur ce point, car on n'a rien promis et on n'a pris aucun engagement en dehors du Concours,

« Y a-t-il eu bénéfice ? y a-t-il eu perte ? peu m'importe, et je
suis certain que quand M. Brutus a terminé son Concours, je serais
très mal reçu, si j'allais lui en demander les comptes ; ce serait à
charge de revanche, du reste, s'il venait me demander les comptes
du mien. »

Cette déclaration ne produisit pas l'effet qu'en attendaient ses
auteurs. En présence d'un refus si formel de rendre des comptes,
les protestations prirent le caractère de l'indignation ; et ce sentiment se justifiait fort bien.

On pouvait supposer que le Comité de la Ligue éprouvait un
embarras réel à établir les comptes, et le langage maladroit de
ses défenseurs était propre à corroborer ce soupçon. Les direc-

teurs du Concours durent enfin céder, mais la manière dont ils réglèrent eux-mêmes le mode de révision et de contrôle de leurs registres semblait trahir leur trouble. Personne n'alla jusqu'à dire qu'il y avait eu malversation dans la direction ; mais les seuls faits que nous avons déjà signalés et qui étaient avoués par le Comité directeur, démontraient que l'ordre et la surveillance avaient trop souvent fait défaut ; et les Sociétés de tir tenaient à savoir jusqu'à quel point le gâchis s'était produit.

Le Drapeau du 25 octobre 1884 convoqua, pour le 5 novembre suivant, la réunion semestrielle des membres directeurs, fondateurs et associés de la Ligue des patriotes. L'ordre du jour portait :

« 1° Comptes du 1er Concours national de tir ;

« 2° Situation générale de la Ligue. »

L'assemblée ainsi convoquée eût été compétente pour recevoir les comptes de la Ligue ; mais quelques membres eussent sans doute exigé des comptes sérieux, vérifiés sur les registres du Concours. Or, c'est en cela que consistait la difficulté pour le Comité de la Ligue. Le Comité dut faire plus tard l'aveu d'un certain désordre dans les opérations du Concours, et dénoncer même des détournements dont il aurait été victime ; mais il n'en parla que dans des réunions intimes ; car il lui aurait trop coûté de faire, en assemblée générale, la confession publique de son défaut de surveillance.

L'avis suivant, inséré dans *le Drapeau* du 1er novembre 1884, fixa un nouveau mode de convocation :

« Le Comité directeur de la Ligue des patriotes a décidé de donner à la consultation des membres directeurs et fondateurs de la Ligue, projetée à la date du mercredi 5 novembre, un caractère plus intime et une portée plus efficace.

« En conséquence, les convocations, spécialement adressées en premier lieu aux membres qui habitent Paris, seront réparties sur l'ensemble des deux semaines prochaines ; ils seront mandés par groupes de deux à quatre arrondissements ; l'ordre du jour reste le même, et les conclusions de chaque assemblée partielle seront soumises à la ratification d'une assemblée générale.

« Les séances ainsi ordonnées commenceront à partir du lundi 3 novembre. »

Les réunions intimes ainsi annoncées durèrent quinze jours, et l'assemblée générale semestrielle dut ainsi être ajournée au 20 novembre.

Cette manière de procéder en famille produisit une impression fâcheuse. On doutait qu'il sortît aucune vérification sérieuse de cette division des contrôleurs en un grand nombre de groupes, chargés d'accorder séparément les additions et les soustractions. Une réunion générale pouvait seule permettre la libre discussion des comptes, et faire la lumière sur les fautes reprochables à la direction ou au commissaire général du Concours.

Ce n'était pas le besoin de récriminer contre les personnes, qui poussait les Sociétés de tir à demander une enquête approfondie : mais elles étaient convaincues que l'œuvre du Concours serait compromise en France si l'on n'établissait pas un contrôle aussi sévère que celui qui est exercé à la fin de chaque Concours fédéral, en Suisse. S'il y avait eu des désordres, des pertes dues au défaut de surveillance ou à des vices d'organisation, il importait de les signaler, afin d'introduire à l'avenir une réglementation de nature à les prévenir.

L'auteur de ce livre se sentit le courage d'entreprendre le lourd travail de la révision des comptes; et, pour obtenir les documents nécessaires, il écrivit la lettre suivante à M. Sanshœuf, secrétaire général du Comité de la Ligue :

« Monsieur.

« Membre de plusieurs Sociétés de tir très françaises et très patriotes, j'avais le désir de connaître les comptes détaillés du Concours national de tir de 1884, afin de les communiquer à un grand nombre de tireurs, étonnés comme moi que les Sociétés de tir, par lesquelles, disent les premiers imprimés faisant appel à des subventions, le Concours a été organisé, n'aient pas reçu, ainsi qu'il est d'usage constant à l'étranger, le compte-rendu des opérations financières.

« Je tiens, monsieur, à la disposition de la Ligue, telle somme qui sera raisonnable pour le travail spécial que pourra nécessiter à un de vos employés l'envoi du procès-verbal certifié véritable de la réunion *intime* à laquelle, par erreur probablement, on a omis de me convoquer.

« A défaut de procès-verbal, je me contenterais, signé de votre main, des chiffres officiels, concernant les chapitres suivants de la comptabilité : 1° Dépenses en installations et matériel, publicité, délégations gratuites des Sociétés, personnel, prix ; 2° recettes produites par les subventions et dons, par les entrées, par la location des armes, par la vente de la poudre et des cartouches, par le droit du restaurateur.

« J'avais, au sujet de la seconde partie du procès-verbal, la question suivante à poser : Est-il vrai que des personnes, membres du Comité-directeur, touchent des appointements ou des indemnités régulières. Je vous serais très reconnaissant si vous vouliez bien aussi répondre à cette question.

« J'ai l'honneur de vous saluer et vous prie de croire à mes sentiments de bon Français.

« Léon MAROT.

« Avocat à la Cour de Paris, président de la Société de tir « l'Étude », membre actif des Sociétés de tir de Versailles, Puteaux et 18ᵉ rég. territorial.

« Paris, 31, rue des Dames. »

« A Paris, le 16 novembre 1884. »

M. Sansbœuf ne répondit à cette lettre du 16 novembre que le 27 novembre suivant, c'est-à-dire l'avant-veille du jour fixé pour la reddition des comptes en assemblée générale ; « ses occupations multiples l'avaient empêché de répondre plus tôt. »

Le secrétaire général ne disait rien de la communication de la comptabilité, qui lui avait été demandée. Sa lettre contient, toutefois, un renseignement intéressant sur le travail qui avait été fait dans les *réunions intimes*, convoquées à partir du 3 novembre.

« Je ne puis que répéter, dit-il, les termes mêmes de la convocation insérée dans le *Drapeau* du 1ᵉʳ novembre, qui n'annonçait cette réunion et toutes celles qui l'ont suivie dans le même but, que comme des *réunions consultatives*, destinées à préparer l'Assemblée générale trimestrielle. »

Ainsi des réunions intimes, purement consultatives, devaient tenir lieu de la vérification rigoureuse que les Sociétés de tir attendaient.

Nous citerons encore la fin de la lettre de M. Sansbœuf :

« Pour ce qui est du résumé général des opérations financières, je ne puis que vous répéter qu'il en sera donné lecture à la réunion de samedi prochain. C'est au Comité seul qu'il appartient de faire cette communication et de recevoir les observations que vous croirez devoir présenter à cet égard.

« Il en est de même de la question que vous me posez au sujet des appointements ou indemnités attribuées à des membres du Comité directeur de la Ligue, et à laquelle j'ai le regret de ne pouvoir vous répondre. Je m'étonne que vous vous adressiez à moi pour un renseignement de ce genre, alors que vous n'ignorez pas qu'à la Ligue, pas plus qu'au Concours national de tir, mes attributions n'ont jamais consisté à m'occuper de la partie financière, et que vous n'êtes pas sans savoir non plus que si, au Concours de tir, il y a une commission des finances et un secrétaire-administrateur, à la Ligue, il y a un administrateur

général tout disposé à répondre aux questions qui pourraient lui
être adressées, de la nature de celles qui paraissent particulièrement vous préoccuper. — »

Telles étaient les fins de non recevoir jésuitiques, qui étaient
opposées par la Ligue des patriotes à la demande la mieux fondée et la plus honnête.

Les défenseurs du Comité de la Ligue daignaient quelquefois
s'expliquer sur les comptes. Ainsi on lisait dans *le Carabinier
et le Gymnaste de la région du Nord* (16 nov. 1884) :

> « Nous prierons notre confrère de consulter le palmarès que
> nous lui avons fait parvenir. Il trouvera, page 13, le nombre de
> balles tirées pendant la durée du Concours, 555,877 : soit à 5 balles
> par série : 111,175 séries : les unes à 1 fr., les autres à 0,50 cent.,
> et un grand nombre gratuites ; il aura ainsi un aperçu approxi-
> matif de la recette. »

Voilà donc tout ce que le Comité pouvait offrir à ceux qui
réclamaient l'état financier du Concours : *un aperçu approximatif de la recette*. Et encore cet aperçu restait-il des plus
vagues, en présence de cet aveu qu'il y avait eu *un grand nombre de séries gratuites*, délivrées pour le concours spécial entre
sociétés, mais sans que le nombre de ces séries gratuites ait jamais été publié.

L'imprudent ami de la Ligue des patriotes n'est guère plus
heureux, lorsqu'il ajoute.

> « Qu'il veuille bien maintenant faire le relevé des sommes *versées
> en espèces* aux lauréats, et des prix qui leur ont été distribués en
> nature : il en trouvera certainement, dans ces derniers, qui ont une
> valeur matérielle bien minime, mais qu'il consulte le palmarès d'un
> bout à l'autre, et il se fera une idée des sommes considérables qui
> ont été consacrées à l'achat de ces prix. »

Il est fait allusion ici à un procédé jusqu'alors inusité dans les
concours, et devant l'emploi duquel le Comité directeur n'a pas
reculé. Il avait été annoncé que les principaux prix seraient
payés en espèces, et ces prix variaient de 5,000 à 1,000 francs.
Mais, après le Concours, le Comité adressa aux lauréats une
circulaire qui plongea la plupart d'entre eux dans l'étonnement :
on leur annonçait que le Comité, désirant leur laisser un souvenir durable du Concours, leur délivrerait le prix qu'ils auraient
mérité, partie en espèces et partie en un objet d'art ; et on leur
demandait la ratification de cette proposition. N'était-ce pas
là un aveu indirect que le Comité n'avait pas entre les mains
les fonds nécessaires pour solder les prix en espèces, suivant la

promesse faite à l'ouverture du Concours ! Les lauréats l'entendirent ainsi, et s'empressèrent d'accepter, dans la crainte de recevoir plus tard une proposition nouvelle, qui aurait encore réduit la valeur du prix offert. C'est ainsi que quelques-uns reçurent par exemple, 400 francs en espèces et un bronze ou un vase de Sèvres arbitrairement évalué à 600 francs, pour solder un prix de mille francs.

Citons enfin la conclusion du journal *Le Carabinier et le Gymnaste* :

« Les hommes vraiment compétents ont pu dire, comme nous, qu'il y avait eu des défectuosités dans l'organisation, mais malhonnêteté ! nous dirons avec eux : Jamais ! »

Ceux qui ont insisté jusqu'à présent, et qui insisteront tant que la prescription de leur droit ne sera pas accomplie, pour avoir enfin des comptes, ont-ils jamais rien avancé de plus écrasant contre le Comité directeur ? Mais les comptes qu'ils exigent, ce sont des comptes qui signalent franchement les *défectuosités* et qui ne soient pas un simple *aperçu approximatif*.

D'autres journaux, à la suite de la Ligue des patriotes et de son Moniteur officiel, *le Drapeau*, ont tenu un langage plus audacieux encore ; ils ont répondu aux réclamations par des injures. C'est ainsi que le *Carabinier-gymnaste* écrivait, dans son numéro du 15 février 1885 :

« Quels sont les hommes qu'on accuse ? Quels sont les griefs qu'on leur reproche ?

« Celui qui, seul, est en butte aux attaques passionnées de tous ces gens, nous l'avons déjà nommé : c'est celui qui s'est montré supérieur à tous : c'est Paul Déroulède.

« Que lui reproche-t-on ?

« Ils ne le savent pas eux-mêmes : si, ils le savent, ou plutôt, ils savent que leurs accusations sont fausses.

« Qu'il nous rende des comptes disent-ils !

« Et pendant 15 jours durant, *les livres ont été ouverts et mis à leur disposition....*

« On ne devrait pas discuter avec des gens comme vous : *tel vous êtes, tel vous croyez les autres* : c'est pour cela que vous nous accusiez, il y a quinze jours, d'avoir, volontairement, omis de convoquer les Sociétés de Paris.

« Nous nous moquons de vos accusations, elles ne peuvent nous atteindre, comme elles ne peuvent atteindre l'éminent patriote que nous avons cité plus haut et qui les méprise. »

La reddition des comptes eut lieu dans l'assemblée générale du 29 novembre 1884 : M. Henri Deloncle donna lecture du rapport dont nous extrayons le passage suivant :

« Les comptes que nous présentons ont été examinés et approuvés en dernier ressort par le président et par les membres du Sous-Comité des finances, désignés au début parmi les délégués des Sociétés de tir; ils ont, de plus, été ratifiés en séance générale par les membres présents du Comité central d'organisation du Concours, assistés des présidents des Sous-Comités. Ils l'ont été aussi par le Comité directeur, dans sa séance du 27 novembre. Les membres de la Ligue qui voudront les examiner dans leurs diverses affectations et s'éclairer sur les particularités de notre contrôle, les trouveront à leur disposition, au secrétariat, jusqu'au 20 décembre.

« Ces comptes résultent d'un contrôle minutieux et multiple, dont l'exercice régulier a commencé dès le premier jour du Concours, pour être repris et complété depuis lors, et mené jusqu'au paiement intégral des dépenses.

« Le service du contrôle a été divisé, dès l'origine, en deux administrations, munies chacune d'un matériel de comptabilité spéciale, et dirigées, pour le tir et le champ de tir, par M. Lermusiaux, secrétaire-administrateur; pour les services annexes et pour l'organisation générale, par M. Marquis, trésorier. M. Marquis était assisté de M. Besse, président du sous-comité des finances, dont le dévouement a été au-dessus de tout éloge.

« M. Lermusiaux, assisté par un homme que nous devons nommer ici et féliciter pour vous, M. Hazard, avait sous ses ordres les préposés à la vente des bulletins de série et des munitions. Chaque tireur, en arrivant aux pavillons, se faisait délivrer sa carte matricule, comportant un numéro d'ordre, ce numéro était reproduit sur les bulletins de série, ainsi que sur les cahiers des greffiers préposés spécialement à chaque cible.

« Tous les matins, ces carnets à souche renfermant des bulletins de série et numérotés sans interruption, étaient remis par M. Lermusiaux aux préposés, avec un procès-verbal de remise sur lequel les numéros desdits bulletins étaient indiqués. Ce procès-verbal de remise portait contradictoirement les signatures de M. Lermusiaux et du préposé.

« Les numéros des bulletins vendus dans le courant de la journée étaient, au fur et à mesure, lors de l'exécution du tir, inscrits par les greffiers sur leurs cahiers personnels. Il y avait ainsi confirmation limitative par une pièce comptable de la livraison des bulletins.

« Le soir, lors de la remise par les préposés des bulletins restant non vendus, un pointage constatait les numéros vendus et permettait d'établir rigoureusement la somme des recettes spéciales à chaque agent. Un procès-verbal de perception était alors dressé pour cet agent, et signé comme le procès-verbal de remise.

« Les carnets ainsi contrôlés rentraient à l'approvisionnement pour être distribués à nouveau le lendemain, ou pour être versés aux archives comptables, en vue d'une recension générale après le Concours.

« La surveillance de la vente des munitions s'exerçait par des procédures analogues, et impliquait chaque soir des procès-verbaux particuliers.

« Chaque soir enfin, un procès-verbal d'ensemble était établi pour les recettes du tir, reproduisant exactement les procès-verbaux de chaque agent, et se référant aux talons demeurés dans les carnets employés.

« Ce procès-verbal était immédiatement remis avec le montant des perceptions entre les mains du trésorier, qui en reconnaissait le bien fondé par l'examen desdits talons et l'apposition de sa signature comme décharge sur les dits talons.

« Le contrôle de M. Besse s'exerçait dans des conditions analogues pour les services annexes, vestiaires, entrées, redevances de toute sorte, apport de prix nouveaux. M. Besse dépouillait les procès-verbaux de chaque agent et les comptes de recettes, dressait des procès-verbaux généraux appuyés de signatures contradictoires, et centralisait les versements et les pièces comptables entre les mains du trésorier.

« Les fonds étaient versés par M. Marquis chez le banquier du Concours, M. Lehideux, et soumis dès lors à une comptabilité spéciale d'entrée et de sortie, dont les livres de caisse et les carnets de chèques sont entre nos mains les pièces comptables.

« Toutes les dépenses étaient ordonnées par le trésorier sur signature contradictoire de la personne responsable de la dépense et donnant acquit. Un double élément de contrôle a pu leur être appliqué par le rapport détaillé de chaque somme au livre de caisse du Concours, et par le dépouillement entrepris, après le Concours, de toutes les notes et pièces comptables munies de signatures et versées au dossier d'archives. On a pu ainsi établir deux relevés quotidiens, et constituer un ensemble de dossiers par jour et par personne, qui ne laissent aucun doute sur la validité des affectations dont le tableau succinct vous est soumis par nos soins.

Les recettes ont été, depuis le Concours, l'objet d'une investigation détaillée. M. Coutelle, contrôleur de l'administration de la Ligue, a été chargé de diriger ces recherches et de soumettre chaque pièce comptable à une instruction particulière. Il a minutieusement pointé, numéro par numéro, les bulletins de série portés sur les talons des carnets à souche, reportés sur les procès-verbaux de remise et de perception, indiqués en dernier lieu sur les cahiers des greffiers et sur les procès-verbaux généraux de journée. C'est à l'aide de ce pointage, qui n'a pas occupé moins de deux semaines, que M. Coutelle est arrivé à reconnaître des lacunes dans la suite des numéros de séries vendues et de séries restant dans les carnets. Les cahiers des greffiers ne portant pas trace des numéros de séries correspondant à ces lacunes, il était évident que lesdits bulletins n'avaient pas été vendus, et que leur absence ne pouvait être imputée qu'au fournisseur, M. Brissy, comme une enquête complémentaire l'a définitivement démontré

• Les dépenses ayant été soumises au même contrôle, aucune autre erreur n'a été constatée.

L'existence de lacunes dans la suite des numéros des séries a été attribuée par le Comité à l'imprimeur. Mais alors même qu'une enquête eût établi ce fait, la responsabilité n'en remontait-elle pas ceux à qui il appartenait de vérifier l'ordre des séries, avant d'accepter livraison de l'imprimeur, et surtout avant de faire la vente des séries aux tireurs?

Il y a mieux : le Rapport de M. Deloncle nous dit qu'il y a eu, à l'égard des bulletins de série, *un contrôle minutieux et multiple, dont l'exercice régulier a commencé dès le premier jour du Concours.*

Mais s'il a été exercé un tel contrôle, les lacunes qui existaient dans le numérotage des séries ont dû sauter aux yeux des contrôleurs. Mais non ; ils n'ont rien vu, et c'est seulement lorsque les *commissions intimes* se réunissent, deux mois après le Concours, que les lacunes sont enfin révélées.

Le rapport qui précède reste muet sur toutes les autres questions posées par les hommes les plus compétents, et que nous examinons plus haut.

L'état des recettes et des dépenses, dont il fut donné lecture à la suite du rapport, contenait certains articles qui rendirent rêveurs bon nombre de tireurs. On y lisait, par exemple, au tableau des recettes :

« Somme directement allouée par le Comité directeur à M. Paul Déroulède, pour frais de voyage, et rétrocédée par ce dernier au Concours : 10.000 fr. »

Au tableau des dépenses on trouvait l'article suivant :

« Mémoire Belioir et Vazelle : 85.000 fr.

Enfin, la balance des recettes et des dépenses présentait un déficit de 59,656 fr. 33. Mais le rapport ajoutait:

« Messieurs, ce déficit de 59,656 fr. 33 est payé, grâce à M. Paul Déroulède, délégué de la Ligue. M. Déroulède a également avancé, sur ses deniers personnels, une somme de 10,000 francs, analogue à celle que le Comité directeur lui avait allouée pour frais de voyage, et qu'il a laissée dans la caisse de la Ligue. M. Déroulède a donc, en réalité, payé 69,656 fr. 33, et toutes nos dépenses se trouvent ainsi soldées.

« En conséquence, Messieurs, nous vous proposons d'approuver les comptes du premier Concours national de tir. »

Le compte-rendu présenté par le Comité directeur était conçu en termes d'une déplorable ambiguité, quant à la nature de la fourniture faite par MM. Belloir et Vazelle, et portée au tableau des dépenses pour 85,000 fr.

Y avait-il eu vente du matériel fourni par ces Messieurs pour le Concours de Vincennes? N'y avait-il eu qu'une simple location? La mention laconique « Mémoire Belloir et Vazelle : 85,000 fr. » n'était pas propre à dissiper le doute.

Cependant, à la suite d'une réunion dont nous allons parler, les Sociétés de tir durent être fixées : il y avait eu vente, et l'acquisition d'un matériel assez important pouvait même faire honneur à l'esprit de prévoyance du Comité et du commissaire général du Concours, M. Paul Déroulède, puisque la propriété du matériel devait faciliter l'ouverture d'un deuxième Concours, en 1885, en réduisant considérablement les frais.

On était d'autant plus disposé à croire à une vente ferme et non à une location pure et simple, que le chiffre de 85,000 fr., représentant le prix d'une location, eût paru exorbitant.

Une réunion des Sociétés de tir de la Fédération de l'Est eut lieu à Nancy, le 18 janvier 1884, sur la convocation de M. Alexandre Clérin: elle fut présidée par M. le capitaine Rogier, l'un des principaux membres de la Ligue. Cette réunion fournit l'occasion de dissiper les doutes. Nous extrayons le passage suivant du compte-rendu publié par le journal *le Tireur* (22 janv. 1885) :

« M. Rogier. — Une première question s'offre à vos délibérations, celle de savoir si le Concours doit avoir lieu en 1885.

« La question mise aux voix est tranchée *à l'unanimité* dans le sens de l'affirmative.

« M. Rogier. — Le principe étant posé, il me semble logique d'aborder une autre question déjà examinée par la réunion des tireurs du Nord. Qui fera les avances des premiers frais nécessaires à l'organisation du Concours? La Fédération du Nord a émis un vœu qui consiste à demander au gouvernement de mettre à la disposition des Sociétés de tir une somme de 50,000 fr. Il me semble très douteux qu'on puisse obtenir du gouvernement un pareil subside.

« M. Clérin. — L'appui du gouvernement consistera en dons en nature, cartouches, armes, etc., qu'en une avance pécuniaire qu'il faudrait nécessairement prendre sur un budget déterminé.

« M. Malgras, président de la Société de tir de Mirecourt. — Il me semble que la question des subsides se rattache intimement à une autre très importante: je veux parler de la *Ligue des Patriotes. Peut-on compter sur cet appui? Elle possède le matériel du dernier Concours, évalué 100,000 fr.; c'est l'acquisition de ce matériel qui l'a constituée en déficit pour une somme d'environ 70,000 fr. Sans les frais occasionnés par cette acquisition, elle aurait donc réalisé, sur le Concours de Vincennes, un bénéfice d'une trentaine de mille francs. Si, avec l'appui de la Ligue, les So-*

ciétés de tir peuvent compter sur ce matériel, les avances à faire seront minimes, et la question se trouvera ainsi bien simplifiée... »

« M. Bastien. — La Ligue tient-elle vraiment un projet en réserve ?

« M. Rogier. — Je ne le crois pas : M. Déroulède a été discuté, vilipendé par une poignée de polissons et de gens sans foi, qui ne respectent rien, pas même le patriotisme dévoué et sincère. Je suis convaincu que la Ligue, fatiguée des attaques dont elle a été l'objet, ne consentira à s'occuper du Concours que sur la prière instante des Sociétés de tir, et que, jusqu'à présent, elle n'a formé aucun projet pour 1885.

« M. Clérin. — Je suis convaincu qu'en demandant à la Ligue son appui, elle n'hésitera pas à nous l'accorder.

« M. Lorrain est absolument du même avis.

« M. Clérin expose comment la Ligue est devenue *propriétaire du Stand et du matériel* ayant servi au Concours de Vincennes. Avec l'appui de la Ligue, on est certain d'obtenir ce matériel sans bourse délier. L'achat d'un nouveau matériel serait impossible. »

La question paraissait résolue, lorsqu'un mois après la réunion de Nancy, *le Tireur* s'avisa, dans son numéro du 19 février 1884, de la reprendre dans le but de l'éclairer.

Tout était changé ! La Ligue des patriotes n'était aucunement devenue propriétaire du matériel de MM. Belloir et Vazelle ; il n'y avait eu qu'une location, ou plutôt un contrat innommé dont on eût été embarrassé de donner la définition juridique.

Le Tireur s'exprimait en ces termes :

« Je ne veux pas laisser passer cette causerie sans réparer une omission involontaire, mais déjà ancienne. *On nous a fait dire que la Ligue était devenue propriétaire du matériel du dernier Concours, évalué 100,000 fr., et que son déficit de 70,000 fr., comblé par M. Déroulède, était dû à cette dépense considérable. Il est vrai qu'à la réunion des tireurs de la région de l'Est, qui a eu lieu à Nancy, le 18 janvier dernier, un délégué d'une des Sociétés représentées avait avancé ce fait que nous ignorions absolument. Nous avons fidèlement rendu compte de la discussion, mais sans nous approprier en quoi que ce soit les idées émises par ceux qui y ont pris part.*

« *La vérité*, c'est que la Ligue des Patriotes s'est fait consentir par M. Belloir, l'entrepreneur du Concours de Vincennes, la promesse formelle *d'un droit de préférence* pour la location du matériel, le cas échéant. Ce matériel est resté la propriété de l'entrepreneur, mais il doit le livrer à la Ligue avant de satisfaire à toutes autres demandes, et n'est libre de le concéder, qu'après avoir *interrogé celle-ci sur ses intentions*.

« Telle est la situation vraie, qui donne à la Ligue des Patriotes un grand avantage, puisqu'elle n'a qu'un mot à dire pour se voir livrer *de préférence à tout autre*, les constructions et le matériel qui lui ont déjà servi l'année dernière. »

Eh quoi ! *le Tireur* avait publié le compte-rendu de la réunion de Nancy, sans l'accompagner aussitôt d'une rectification de l'erreur dans laquelle étaient tombées les Sociétés de tir de cette région, sans le moindre commentaire ? Il avait été dit, dans cette réunion, que l'acquisition du matériel par la Ligue pouvait seule rendre possible le Concours de 1885 ; partant de là, un vote unanime avait acclamé ce projet ; et *le Tireur* qui, d'un mot, pouvait rétablir la vérité, se garde de le faire ! *Le Drapeau* lui-même, *Moniteur officiel*, s'abstient d'aucune explication et laisse prévaloir la plus lourde erreur !

Doit-on s'étonner, dès lors, que les Sociétés parisiennes aient si souvent et si vivement insisté dans leur unique organe, le journal *le Stand,* pour qu'il fût catégoriquement répondu à la question suivante par M. Déroulède ou son Comité ?

Y a-t-il eu vente de matériel, estimé 100,000 fr., et par suite bénéfice de 30,000 fr., ou n'y a-t-il eu qu'une simple location, avec une perte sèche de 70 000 fr. ?

En tout cas, le simple doute sur une question si grave, qui n'avait pas été élucidée par le rapport de M. Deloncle, lu en assemblée générale, justifiait fort bien la demande d'une révision des comptes, qui eût été faite contradictoirement avec les délégués des Sociétés de Paris et de la Province, seuls intéressés, en définitive.

L'auteur de ce livre formula cette proposition ; et elle devint, pour M. Déroulède, le point de départ d'une plainte en diffamation qui aboutit, comme nous l'avons déjà dit, à un arrêt déclarant la plainte prescrite et non recevable.

Nous ne dirons rien de plus d'une affaire que la loi sur la presse nous interdit de discuter. Nous n'en avons retenu — et c'était notre droit, — que ce qui était relatif à la demande de comptes, question toujours pendante.

Le Concours de Vincennes de 1885 présenta un désordre et des irrégularités non moins graves que celles qui avaient été relevées pendant le Concours de 1884.

On devait croire que le Comité directeur, soucieux d'éviter jusqu'au moindre soupçon de déloyauté ou même de négligence, mettrait un certain ordre dans la distribution des séries, et qu'il s'épargnerait ainsi la triste nécessité d'accuser son imprimeur d'avoir passé, par exemple, du n° 2,500 au n° 4,500, escamotant ainsi 2,000 numéros dans la rapidité du tirage. Il suffisait, pour établir un contrôle à cet égard, de ne délivrer aux tireurs le n° 2 qu'après le n° 1, et ainsi de suite. Mais le Comité d'organisation dédaignait de telles précautions.

Nous apporterons ici un témoignage pris entre mille. Le jour même de l'ouverture du Concours, un vendredi, le n° 51,001 fut délivré à M. Tuleu.

Un moyen de contrôle vraiment élémentaire consistait à noter les numéros tirés dans chaque catégorie de tireurs et de cibles. En effet, les tireurs peuvent, par ce moyen, exercer eux-mêmes, pendant les exercices de tir, le contrôle le plus simple et le plus efficace. Le Comité d'organisation n'y songea pas.

Les divers comptes-rendus du Concours de 1885, publiés par *le Drapeau*, nous ont permis de relever une autre singularité que nous livrons, sans commentaire, à l'appréciation de nos lecteurs. Ici les chiffres témoigneront eux-mêmes. Nous lisons, dans *le Drapeau* du 24 octobre 1885, que 26 636 tireurs ont pris part au Concours. Or, chaque tireur étant dans l'obligation, avant de tirer un coup de fusil, de prendre une carte matricule dont le prix était d'un franc, il saute aux yeux qu'il a dû être délivré 26,636 cartes représentant 26.636 francs. Eh bien, non; il faut en rabattre. Le même journal, dans son numéro du 12 juin 1886, porte le nombre des cartes délivrées au chiffre de 8,969. De deux choses l'une: il suit de là que *le Drapeau* du 24 octobre a enflé outre mesure le nombre des tireurs, afin de grandir le succès de son Concours, ou bien *le Drapeau* et ses amis doivent s'accuser d'avoir admis 17.667 tireurs, sans qu'ils eussent à produire de cartes. Encore une fois, nous ne hasarderons aucune explication; c'est au *Moniteur officiel* de M. Paul Déroulède à se tirer de là comme il le pourra.

Dans une brochure circulaire du 25 mars 1887, sur le Concours de 1885, qui a été publiée par MM. Lermusiaux, Mérillon et Cardelier, nous trouvons la mention de 25,636 tireurs pendant le Concours, au lieu de 26,636, suivant le rapport du *Drapeau*. Nous prions ces Messieurs de se mettre d'accord.

L'état comparatif du nombre des tireurs et des résultats financiers des deux Concours de 1884 et de 1885, nous permet de faire certains rapprochements d'où il résulte que, sous la direction de la Ligue des patriotes, le succès des Concours était loin de suivre une progression croissante.

Le nombre des tireurs avait été de 31.802 en 1884; il s'était abaissé à 25 mille ou 26 mille 636 en 1885. Et pourtant, le nombre des prix annoncés était bien plus considérable pour le deuxième Concours: 2.880, au lieu de 2.134 en 1884. En outre, la valeur des prix était de 100.402 fr. 40 en 1885, tandis qu'elle n'avait été que de 80.000 fr en 1884. Des amorces si

brillantes n'avaient pas réussi à ranimer la confiance des tireurs, si fortement ébranlée depuis l'épreuve du premier Con-
cour . Néanmoins, les résultats financiers du Concours de 1885
étaient p us brillants en apparence. On avait réalisé un bénéfice
de 24.352 fr. 99, au lieu d'une perte de 70.000 fr. Mais ce miracle était dû, nous devons le reconnaître, à la présence de Mme
Adam parmi les organisateurs du Concours. Le nom de cette
dame et sa haute influence dans les cercles opportunistes en
possession du pouvoir, avaient valu à l'œuvre du Concours
une subvention de 60.000 fr. de l'Etat, de 10.000 fr. du
Conseil municipal, et des dons particuliers s'élevant à
49.734 fr 72 cent.

Quant au produit réel du tir, ce qui était le point essentiel et
le signe d'un succès solide, il avait diminué en même temps que
le nombre des tireurs. Cependant, par une étrange anomalie,
les dépenses du Concours de 1885 avaient augmenté. Ainsi
l'article *Casquettes,* pour la coiffure patriotique des employés,
avait presque doublé et s'était élevé à 774 fr. Les dépenses du
buffet où se restaurait le monde officiel, avaient aussi notable-
ment grossi et atteint la somme de 5,854 fr. 60.

La comparaison des comptes-rendus des Concours de Vincennes avec ceux des Concours fédéraux suisses, fournirait à
ceux qui se préoccupent de l'avenir des Sociétés de tir et des
Concours un enseignement utile. Cette étude démontrerait les
résultats sérieux qui se sont obtenus par l'esprit d'ordre et d'é-
conomie, autant que par la pratique sévère de cette loyauté qui
honore la nation suisse.

CHAPITRE VII

Dernière incarnation de la Ligue des patriotes; nouvelles manifestations du parti de la guerre.

I

CAUSES DE LA DÉCADENCE DE LA LIGUE DES PATRIOTES

SOMMAIRE: Pouquoi la nation résiste aux entraînements belliqueux de la Ligue; le gouvernement y résiste aussi, mais par d'autres motifs; humiliations auxquelles il se résigne. — Raison politique qui a forcé le gouvernement de se prononcer contre la Ligue. — M. Déroulède fait le mort; indignation des ligueurs; lettre de l'un d'eux. — M. Peyramont et le journal la *Revanche*. — Le *Drapeau* réduit son format; il ne flotte plus fièrement. — Le parti clérical soutient M. Peyramont et abandonne M. Déroulède. — Derniers signes de vie de la Ligue. — Déclaration du général Boulanger à la séance annuelle des Sociétés de tir et de gymnastique; attitude effacée du Maître.

L'occupation de l'Alsace-Lorraine par l'Empire allemand, en vertu du principe emprunté par M. de Bismarck à Machiavel: — La force prime le droit, — crée, entre les deux pays, un état d'hostilité latente. Cependant, la nation française ne veut pas entamer, pour reconquérir nos deux provinces, une guerre dont son existence même serait l'enjeu ; elle sait que les deux provinces recouvreront fatalement leur indépendance, le jour prochain où la démocratie qui mine le vieux monde aristocratique et clérical, aura complété son œuvre de propagande, malgré les persécutions et peut-être à cause d'elles, et qu'elle aura enfin affranchi tous les peuples.

La Nation sait, d'un autre côté, que la guerre ranimerait, entre les deux races française et germaine, des haines féroces, qui menaceraient de devenir séculaires ; et que la loi imposée par le vainqueur, quel qu'il dût être, ne serait jamais une solution acceptée comme définitive par le vaincu.

Telles sont les raisons profondes qui empêchent le parti républicain de suivre les dangereux entraînements des soi-disant patriotes, et de marcher à la suite de leur Ligue.

Le gouvernement français qui, depuis Gambetta et l'avènement de M. Grévy, est resté aux mains de l'opportunisme, variété de l'orléanisme, repousse également la guerre, mais par des motifs bien différents. Ce parti entend rester au pouvoir et s'y incruster. Or, la guerre, qui engendrerait peut-être une dictature militaire, marquerait sa fin. Puis, ce gouvernement pusillanime s'épouvante de l'écrasante responsabilité d'une guerre, qui ne pourrait être conduite victorieusement qu'en s'inspirant du génie de Danton et des héros de 92 et 93. Voilà pourquoi il évitera la guerre par toutes les concessions que lui demandera l'Allemagne, et qu'il pourra accorder sans offenser gravement et publiquement l'honneur national. Les humiliations que lui infligera le despote allemand lui paraîtront légères, en comparaison des périls qu'il croit ainsi éviter. Du reste, ces scènes se passent ordinairement dans le huis-clos des salons diplomatiques. En effet, en vertu de la constitution monarchique qui régit encore la République, ce sont là des choses dont le gouvernement reste libre de garder le secret, et qu'il n'est pas tenu de communiquer aux représentants mêmes de la Nation. Sous ce rapport, il n'y a rien de changé, en France, depuis le régime de Louis XIV.

A la fin de 1886, lorsque l'Allemagne prit prétexte des armements purement défensifs de la France, pour s'armer plus fortement à son tour et nous menacer même de la guerre dans un avenir plus ou moins éloigné, les transes de notre gouvernement pseudo-républicain redoublèrent. Il prit, vis-à-vis de la Ligue des patriotes, une attitude nouvelle. Il avait favorisé jusqu'alors le développement de cette association, parce qu'elle ne paraissait pas offrir un danger sérieux du côté de l'Allemagne, tandis qu'à l'intérieur elle secondait, contre la démocratie socialiste, la politique de répression inaugurée par lui. M. Paul Déroulède ne n'avait-il pas dit qu'il fallait conjurer le péril social avant de songer à marcher à l'ennemi? Mais il paraissait imprudent au gouvernement de persévérer dans cette alliance; car, en présence des menaces de l'Allemagne, la situation changeait : c'était le péril extérieur qu'il lui importait de conjurer à tout prix. Déjà même, M. de Bismarck avait fait valoir auprès de notre ambassadeur, que les menées de la Ligue des patriotes propageaient en Alsace-Lorraine une agitation dangereuse.

Le gouvernement avait enfin compris que ce n'est jamais impunément qu'on laisse le champ libre à un parti pour exciter à la guerre civile ou étrangère, et qu'il peut arriver un moment où ce parti se pose en maître.

Il n'en fallait pas tant pour imposer silence à M. Paul Déroulède. Le bravache qui parlait autrefois de traîner le gouvernement à sa remorque, s'il n'appuyait pas ses idées de revanche, se soumit à tout ce qu'on exigeait de lui. Cependant, c'était, de sa part, une véritable abdication ; et si la Ligue des patriotes acceptait ce mot d'ordre, elle n'avait plus aucune raison de subsister.

Ce qui jetait M. Paul Déroulède dans une indicible perplexité, c'est que les ligueurs le pressaient de se prononcer plus que jamais pour l'action immédiate, tandis que le gouvernement lui imposait silence. Il essaya de se tirer d'affaire en recommandant aux siens une expectative prudente ; mais cette façon de souffler le chaud et le froid devait déplaire à ses partisans. Son langage dissimulait mal son découragement. Ainsi, dans la réunion annuelle de la Ligue, qui eut lieu le 22 novembre 1886, il répondit à un délégué de Bordeaux, qui l'invitait « à reprendre le bâton de pèlerin pour continuer son apostolat en province :

— « Je vous remercie, mais j'insiste pour que nous fassions crédit au ministère actuel. Montrons dans tous nos actes la plus extrême réserve. Nos gouvernants ont l'air de marcher en avant ; nous n'avons pas à les précéder, mais à les suivre respectueusement. Nous n'avons été que des porte-voix, et nous devons garder le silence, depuis que nous avons enfin un porte-drapeau, le général Boulanger ! » (*L'vènement*, 24 novembre 1886).

Des dissensions se manifestèrent aussitôt au sein de la Ligue des patriotes. Le Maître fut généralement désavoué, et les ligueurs commencèrent à lui faire son procès. L'un d'eux a fort bien exprimé les motifs de cette défaveur, dans une lettre adressée à M. Louis Peyramont, rédacteur en chef de *la Revanche* (V. ce journal, 7 avril 1887) :

« Rennes, 3 avril.

« A Monsieur Louis Peyramont, rédacteur en chef de la *Revanche*.

« Monsieur,

« Dans la campagne patriotique que vous suivez, vous êtes le porte-drapeau des Français qui abandonnent les dissensions politiques en présence de l'étranger.

« Si les élections étaient plus proches, les députés ne feraient pas les sourds, surtout d'aucuns dont le silence est presque coupable ; et quand on voit des gens qui ont osé vous accuser, se montrer si lâches avec l'étranger, quand on voit un de *Lesseps*, envoyé en mission à Berlin, baiser le... dos de Guillaume, on se demande s'il n'y a pas là des projets de trahison pour une restauration monarchique.

« Quant à ce qui est de la *Ligue des Patriotes* qui, après avoir fait tant de bruit pour des riens, a fait la morte quand elle devait agir, vous n'avez pas insisté. Mais le *vrai*, c'est qu'elle a perdu bien de sa force parce qu'elle est devenue le *piédestal* de personnages, de *coteries*, et qu'on y recevait les *premiers venus* sans prendre de garanties. Voilà ce qui expl que comment des patriotes qui ont fait leurs preuves, s'en sont retirés.

« Si la *Ligue des Patriotes* était ce qui avait été promis à sa fondation, et ce qu'elle doit être, elle vous aurait soutenu dans votre campagne de patriote jaloux de l'honneur de la France.

« C'est pourquoi je joins mes encouragements et félicitations aux milliers qu'on vous envoie de toutes parts, et c'est pourquoi je ne suis plus de la *Ligue des Patriotes*.

« *Un ex-sous-officier de Moblots.* »

La création d'un nouveau journal avait été décidée par les dissidents ; M. Louis Peyramont devint le rédacteur en chef de cette feuille. Dès son apparition, la *Revanche* fit la plus redoutable concurrence au *Drapeau*, qui conserva, néanmoins, son titre de *Moniteur de la Ligue des patriotes*.

Le *Drapeau* ne put se maintenir qu'en réduisant son format. Son style subit une transformation identique. On n'y retrouve plus ce patriotisme ardent, qui, ne connaissant ni dangers ni obstacles, couvrait le monde entier de tonnerre et de flamme.

Le Maître est devenu morne et languissant ; et l'on peut prévoir qu'il va bientôt désarmer et rentrer sous la tente. On lui a commandé de faire le mort, et il a obéi.

Combien le parti de la guerre, rallié à M. Peyramont et à son journal, se montre plus énergique ! Il s'annonce par une entrée en campagne contre le gouvernement qui ne lui paraît pas résolu à provoquer la guerre ; et il aurait certainement raison de cet adversaire qui marche à l'aventure, au milieu des précipices, sans guide ni boussole, s'il ne rencontrait une résistance plus sérieuse de la part des républicains.

Les cléricaux et les royalistes accueillirent avec joie l'avènement des néo-patriotes de M. Peyramont. Nous avons vu, en effet, qu'ils ont besoin de la guerre pour la réalisation de leurs desseins. Tant que M. Déroulède a été jugé possible, ce parti l'a exalté ; car il excelle à créer des légendes autour des noms qu'il veut populariser. Mais Déroulède avait faibli devant les menaces d'un gouvernement résolu à éviter la guerre ; l'esprit de l'Eglise s'était dès lors retiré de lui, et le parti clérical encourageait secrètement celui qui avait pris sa place au poste de combat.

La Ligue des patriotes donna une dernière fois signe de vie, à l'occasion de la séance annuelle des Sociétés de gymnastique,

qui eut lieu le 14 novembre 1886. M. Sansbœuf, président
d'honneur de cette association, avait invité le général Boulanger à venir présider la cérémonie. Le général accepta l'offre.
Dans un discours fort remarquable, il garda l'attitude d'un
chef qui a confiance dans son armée, et qui attend résolument
l'attaque pour y répondre comme il convient, mais sans rien
faire pour la provoquer, et surtout sans forfanterie.

« Pour mon compte, dit-il, plus patriote encore que soldat, je
désire ardemment le maintien de la paix, si nécessaire à la marche
du progrès et au bonheur de mon pays. C'est pour cela que, dédaignant certaines attaques et fort du sentiment du devoir, je prépare
sans relâche la guerre... (Bravos prolongés) seule garantie des paix
durables... »

La France entière accueillit avec enthousiasme cette déclaration qui exprimait le calme dans la force. Si les craintes de
guerre continuaient de subsister, on envisageait du moins la
situation avec la quiétude et l'assurance qui sont le meilleur
gage de la victoire.

M. Paul Déroulède avait paru à cette réunion, mais bien que
les grands plis de sa lévite flottassent contre le général Boulanger, celui-ci lui tournait obstinément le dos ; et le Maître ne
sachant plus quelle contenance tenir, ne trouvait plus à placer
un seul mot. Son effacement marquait déjà celui de la Ligue
des patriotes.

Les autres solennités ou anniversaires qu'on a célébrés depuis ont été également privés de ses assauts d'éloquence.

II

LES NÉO-PATRIOTES DE LA REVANCHE CONTINUENT, COMME
PARTI DE LA GUERRE, L'ŒUVRE DE LA LIGUE.

SOMMAIRE : Parallèle entre M. Peyramont et M. Déroulède. — La *Revanche*
formule le programme du parti de la guerre. — Les néo-patriotes s'affirment républicains, ils ne sont révolutionnaires que sur le terrain de la
guerre quand même : leurs attaques contre les ministères Freycinet et Goblet : ils offrent la dictature militaire au général Boulanger ; le journal la
Revanche essaye de justifier cette dictature. — Les néo-patriotes se
prononcent contre les tripoteurs juifs : ils demandent une taxe sur les
ouvriers étrangers. — Comment, dans la haine du socialisme, les néo-
patriotes se rencontrent avec M. de Bismarck : déclaration du grand chancelier sur les craintes que lui inspire le socialisme. — Les élections socialistes de Berlin ont répondu aux appréciations de la *Revanche et de la Gu-*

zette de Cologne. — Il y a plus, les orateurs socialistes, au Reichstag, ont dénoncé les dangers de l'occupation de l'Alsace-Lorraine par l'Allemagne. — La haine des patriotes contre les socialistes allemands fait la partie plus facile à M. de Bismark ; les patriotes vont jusqu'à proscrire la fraternité des peuples, afin de mieux isoler la France ; citation de la *Revanche*. — Dans cet esprit, les patriotes deviennent, même malgré certaines protestations, les alliés de l'Eglise ; ils repoussent la séparation des Eglises et de l'Etat. — Les néo-patriotes veulent obliger la bourgeoisie à opter entre la guerre ou la révolution ; excitations de la *Revanche*. — Guerre ouverte entre les néo-patriotes et les divers ministères qui résistent à leur politique belliqueuse. — En définitive, les néo-patriotes continuent la politique des patriotes ; mais ils sont plus habiles dans le choix des moyens. — Ils attirent à eux les Sociétés de tir et de gymnastique, mais sans leur imposer aucune direction. — Les journaux reptiliens de M. de Bismarck attaquent les néo-patriotes, qu'ils considèrent comme étant aussi dangereux que les patriotes. — Cependant, l'armée des néo-patriotes n'offrant pas de cadres arrêtés d'avance, est plus difficilement saisissable.

Le parallèle entre M. Paul Déroulède et M. Peyramont est tout à l'avantage de ce dernier. Le directeur de *la Revanche* n'a pas les airs cassants du maître, il ne s'écrie jamais : — « Moi, dis-je, et c'est assez ! » — Son jeu est plus habile. Les patriotes qu'il détourne de la Ligue et qu'il rallie à son programme, ne sont point enrégimentés dans une association ; ils forment un parti qui aspire sans doute à avoir ses députés élus, mais qui n'est point dirigé par des chefs dont ils reçoivent les instructions. Aucune autorité ne s'impose à eux. Bien plus, le journal *la Revanche* ouvre une tribune libre à tout patriote qui lui adresse une communication utile.

Le seul lien commun qui unisse les néo-patriotes, c'est la revendication de l'Alsace-Lorraine par la guerre. Sur ce point, ils repoussent toute transaction, et accusent de trahison quiconque ose parler de réconciliation ou seulement d'entente possible avec l'Allemagne.

Dans l'un de ses premiers numéros, *la Revanche* (5 nov. 1886) expose, dans une sorte de déclaration de principes, les sentiments qui inspirent le parti de la guerre :

« On veut la revanche, en France, y est-il dit, non pas seulement pour laver une injure mortelle et se relever d'une chute terrible, mais parce qu'après avoir goûté de toutes les diversions, après avoir voulu toucher à tous les genres de compensations qu'un peuple battu peut connaître, nous avons reconnu qu'il n'y avait pas de diversions durables, ni de compensations appréciables à la défaite.

« En pleine possession de son sang-froid, la France s'est prise à considérer l'idée de la Revanche avec sympathie, on peut même dire

avec complaisance, parce qu'elle est persuadée qu'il n'y a rien de
bon à faire, dans aucun ordre d'idées, pour un peuple vaincu, et
qu'il n'y a pas de paix profitable qui puisse succéder à une guerre
lamentable.

« La France aspire à briser par la force les traités qui ont consacré son désastre militaire, parce qu'ils le prolongent sans fin sous
les formes les plus cruelles dans l'ordre économique.

« Il y a mieux.

« Nous voulons reprendre notre place dans le monde, non-seulement pour mettre fin à la crise morale et matérielle qui nous
éprouve, mais surtout pour faire cesser l'éclipse dont il souffre encore plus que nous ; et cela, moins dans un but d'égoïsme et d'amour-
propre personnel, que par dévouement à la civilisation dont la France
a toujours été le soldat et l'apôtre, et qu'elle ne peut continuer à servir efficacement qu'en dominant, en trônant, en rayonnant... »

Les néo-patriotes ont répudié l'opportunisme panaché de
cléricalisme, de royalisme, de bonapartisme, voire de républicanisme, qui faisait le fond du programme politique de M. Paul
Déroulède. En effet, l'âme du Maître s'était sentie assez grande,
large et généreuse, pour admettre tout cela à la fois, sous la
double condition que les uns et les autres de ses affiliés se
déclarassent patriotes en se prononçant pour la revanche, et
qu'il ne se mêlât à leur patriotisme aucune dose de socialisme
rouge, international et confondant toutes les patries en une
seule : l'Humanité ! Avec un tel programme, M. Paul Déroulède allait si loin dans l'oubli des injures faites à l'honneur républicain, qu'il était au mieux avec les ministères les plus réactionnaires, et qu'on était toujours sûr de rencontrer l'élite des
ligueurs, les archanges des Facultés catholiques, flanquant les
colonnes de la brigade centrale, lorsque celles-ci étaient appelées à cogner sur les manifestants républicains-socialistes.
Qui se ressemble s'assemble !

L'avènement de *la Revanche* marque celui d'une politique
nouvelle. Les néo-patriotes indiquent en ces termes leur programme, dans le premier numéro de leur journal (20 octobre
1886) :

« *La Revanche* sera un journal politique résolument républicain,
s'orientant vers le but suprême auquel tendent toutes les aspirations
françaises.

« Cela revient à dire que nous ne deviendrons jamais ni un instrument de manœuvres politiques, ni un moyen de provocation. »

Comme on le voit, les néo-patriotes affichent des principes
qui ne heurtent pas le sentiment des masses. Opportunistes, il

est vrai, dans les questions de réforme intérieure, ils cessent de l'être sur le terrain de la nationalité française et sur celui de la reconstitution de l'intégralité de notre territoire.

Constamment fidèles à leurs principes, nous les verrons lutter bravement contre les hommes de la *Republique française*, du *Temps* et des autres officines d'où sont sortis les gens arrivés aujourd'hui au pouvoir. Ils attaqueront hardiment les ministères Freycinet et Goblet, et verront généralement assez clair dans leur politique vacillante.

Cependant, par une contradiction apparente, mais qui résulte de leur affirmation d'un patriotisme trop étroit, les néo-patriotes pencheront pour une dictature militaire, et ils iront même jusqu'à offrir cette dictature au général Boulanger. C'est ce que *la Revanche* propose avec une entière franchise dans son numéro du 26 octobre 1886. On remarquera que cette déclaration dont nous donnons quelques extraits, est fondée sur cette idée que *la guerre pour la guerre* est une chose excellente en elle-même. Les vrais républicains répudieront énergiquement une doctrine qui serait la négation de tout progrès et qui ferait reculer l'humanité vers la barbarie.

« Un de nos confrères, dit la *Revanche*, salue en ces termes le réveil de notre vieille bravoure militaire :

« Pour la première fois, dit-il, depuis nos désastres, l'homme le plus populaire de France est un soldat. Il doit sans doute cette popularité subite, moins à sa jeunesse, à son entrain, à son indiscutable activité qu'à l'intérêt de la foule qui, intelligente des nécessités nationales, s'attache à celui qui porte crânement l'épée de la France.

« En toute rencontre, on acclame nos soldats ; leur uniforme ne passe plus pour la livrée de la servitude, mais pour celle de l'honneur et de la gloire. Les grands mots recommencent à sonner français. Officiers et soldats mettent tout leur cœur à la besogne... Notre peuple n'est donc pas déchu de toutes ses antiques vertus.

« Ce n'est pas nous qui répugnerons jamais à la conception d'une « république militaire », et, bien plus, nous la considérons comme l'instrument véritable et nécessaire de la grandeur et de la prospérité nationales.

« Oh ! nous ne nous faisons pas d'illusions sur le sentiment des partis à cet égard ; nous entendons d'ici les réclamations ironiques des politiciens et des parlementaires. Aux œuvres de la guerre, il ne manqueront pas d'opposer les œuvres de la paix ; à l'effort violent, à la destruction, à la mort reçue ou donnée, le travail tranquille, la production, le soin de sa propre vie et le respect de la vie des autres ; ici, la sécurité sous le toit, avec la préoccupation de la jouissance ; là, sous la tente et les armes, l'amour du carnage et presque le goût des ruines. C'est là un exercice de rhétorique à la portée de tout bon nourrisson de l'Université.

« Poursuivant leur amplification, les sectateurs de la paix à tout prix, les admirateurs de la politique négative nous reprocheront de sacrifier l'étude, l'art et la science; ils nous les représenteront naissant à l'ombre, dans le calme, dans la méditation et le silence, — comme si les agitations d'une vie héroïque ou passionnée n'étaient pas plus propres à émouvoir et à féconder les âmes. Ils nous accuseront de vouloir développer les instincts guerriers au détriment des facultés délicates, et de livrer, sans partage, la nation française au cliquetis de l'acier, au roulement des canons, au bruit des trompettes et des tambours.

« Mais quoi? Un soldat n'est pas un gladiateur, et la guerre n'est pas le meurtre. Fera-t-on de l'héroïsme militaire un mot vide de sens? Comptera-t-on pour rien l'amour de la patrie, le culte du drapeau, la fraternité d'armes, le renoncement à la vie et le désir de la gloire?

« Non, jamais on ne persuadera à ce pays que le péril imminent, le salut inespéré, la lutte calme ou furieuse, l'exaltation de la victoire, ou même les amertumes de la défaite, ne soient pas dignes de faire bondir les cœurs; jamais on n'obtiendra de lui qu'il renie les enseignements de la guerre, les plus clairs, les plus salutaires de tous, ceux qui saisissent le plus vivement l'intelligence. Oui, l'intelligence! Car la vie militaire ne forme pas seulement le courage; et, bien loin de les exclure ou de les paralyser, elle suscite et fortifie les plus hautes facultés qui puissent s'exercer dans une République...

« Et c'est pourquoi nous ne craignons pas d'appeler de nos vœux une République militaire ainsi comprise. Nous la préférons hautement à la République de fonctionnaires, qui nous a fait tant de mal; et la rude discipline du soldat nous parait infiniment plus saine, plus féconde et plus noble que la discipline souple des gens en place, toujours prêts aux bas offices de la servilité. »

Ce que veulent les néo-patriotes, c'est une république militaire, fortement autoritaire et même robespierriste et révolutionnaire; car la correspondance que nous allons citer nous montre qu'ils ne reculeraient pas devant la compression la plus terrible. L'un d'eux félicite en ces termes la *Revanche* d'avoir si nettement posé ce principe (*Revanche*, 22 décembre 1886) :

« Vous venez d'émettre une idée profonde, la Chambre étant bien telle que vous la jugez, nous ne pouvons plus assister patiemment à toutes ces discussions stériles, à tous ces changements à vue, comme sur un théâtre du boulevard, car nous ne savons que trop qu'ils ne sont produits que par des ambitions sans vergogne et par de honteuses convoitises. Attendre plus longtemps ne serait pas seulement de l'impassibilité stupide, mais bien de la lâcheté indigne.., un crime!

« L'opinion publique est éclairée aujourd'hui; elle n'ignore plus la situation terrible qui nous menace de toutes parts. C'est donc au pays à prendre le plus vite possible les mesures nécessaires pour prévenir un épouvantable cataclysme.

« L'Allemagne se prépare à la guerre ; 300.000 hommes sont déjà près de nos frontières ; elle a arrêté de nous imposer un désarmement immédiat, et, si nous refusons, de nous acculer à la guerre.

« Comment ferons-nous la guerre, gouvernés comme nous le sommes?

« J'aime la liberté autant que tout autre homme, mais il est des heures dans la vie des nations où, comme au temps de Rome, le salut commun fait taire tous les scrupules. Il faut alors mettre au service de l'action tout ce qu'un peuple renferme d'énergie, et constituer un pouvoir qui communique à tous une impulsion irrésistible.

« Est-ce bien avec les eunuques qui nous gouvernent que nous pouvons espérer faire face à plusieurs millions d'ennemis?

« Je ne crois pas que la timidité se soit infiltrée dans nos mœurs. Il y a chez nous beaucoup d'ambitieux et aussi pas mal qui préfèrent leurs écus à l'honneur national — mais qu'importe! le gros de la nation a conservé ses vieux instincts de race. Notre propre histoire ne nous démontre-t-elle pas, à chacune de ses pages, que pour être victorieux, il faut que nous soyons bien conduits, et qu'avec les gouvernements faibles nous avons toujours été battus?

« Lorsque le canon va prendre la parole, lorsque notre existence, comme peuple, va se trouver en péril, le règne des avocats doit faire place à des hommes. Personne de nous n'ignore que pour faire naître des Hoche et des Marceau, il faut autre chose que les caractères qui aujourd'hui nous gouvernent.

« Si nous voulons frapper fort, au dedans comme au dehors, si nous voulons que nos armées aient le dessus et s'ébranlent avec confiance, imitons nos pères, et, une fois encore, nous ferons trembler l'Europe.

« Pour n'avoir pas su créer un gouvernement de fer, 1871 a vu massacrer Paris. Sans cette défaillance, il y a longtemps que la revanche serait complète et appartiendrait à l'histoire. Nous n'aurions pas mis seize ans à préparer nos armes.

« Puisque la classe des avocats n'a pu nous donner un seul homme, sachons choisir ailleurs. »

Dans l'ordre économique, les néo-patriotes se prononcent suivant le même esprit que l'auteur de *la France juive*, contre les tripoteurs financiers, qu'ils considèrent comme de dangereux auxiliaires des Prussiens, l'éternel ennemi, et dont ils montrent la main dans toutes les entreprises du gouvernement et dans une foule d'autres opérations soutenues ou tolérées. La *Revanche* revient souvent sur ce thème.

Les étrangers, autres que les Allemands, sont eux-mêmes l'objet de la suspicion des néo-patriotes. Ceux-ci demandent une taxe spéciale sur les étrangers, sans distinction de nationalité ; et ils combattent durement les tendances cosmopolites des républicains socialistes. C'est ainsi que *la Revanche* se félicite d'avoir inspiré une délibération prise contre l'invasion des ouvriers étrangers, dans une assemblée de travailleurs des régions du midi réunis à Arles. Un ordre du jour, voté dans ce Congrès, réclamait, sinon l'exclusion des ouvriers étrangers, du moins leur admission dans les chantiers et ateliers nationaux, suivant une proportion déterminée (La *Revanche*, 18 novembre 1886).

La *Revanche* n'a pas vu autre chose dans les questions sociales qui agitent les classes laborieuses de l'Europe et de l'Amérique. Tout se réduit, selon elle, à opérer un isolement auquel elle engage tous les travailleurs français à se condamner. Une telle institution enlèverait évidemment toute sa force à un parti qui n'a dû de pouvoir s'organiser et agir qu'à la fédération de tous les éléments ouvriers dans les pays minés par l'oppression de spéculateurs parasites et usuriers. Mais cette considération qui tient le premier rang dans les préoccupations des despotes chancelants sur leurs trônes, n'arrête pas les néo-patriotes. Sur ce point, ils se trouvent d'accord avec la Ligue des patriotes. Il faut reconnaître qu'en cela ils se montrent conséquents avec leur principe fondamental ; car une nation ne peut se constituer comme puissance militaire sans sacrifier les droits imprescriptibles de l'homme. La conception étroite de l'idée patriotique n'implique-t-elle pas l'abdication de ces droits ?

Un simple rapprochement de faits suffira pour démontrer ce que valent, au point de vue de la défense même de notre territoire et de nos justes revendications, les théories anti-socialistes des néo-patriotes.

Le 1er novembre 1886, c'est-à-dire deux mois avant les élections générales en Allemagne, la Revanche publiait l'article suivant contre les socialistes allemands :

« L'ANARCHISME ALLEMAND A L'ÉTRANGER

« M. de Bismarck accusait, il y a six mois, la France d'être le foyer des doctrines et des périls anarchistes en Europe.

« Le chancelier mentait sciemment, une fois de plus, au moment même où les événements de Belgique dévoilaient la main et les excitations des immigrés allemands dans tous les troubles et les méfaits des terrifiantes journées du bassin de Charleroi.

« La lueur des flammes dévastatrices éclairait alors le danger qu'apportait avec lui l'élément dissolvant et démoralisant du germanisme d'importation. Mais la Belgique n'est pas le seul pays menacé par les hordes irrégulières de cette invasion allemande spéciale.

« La *Gazette de Cologne* elle-même dénonce ce danger en ce qui concerne non-seulement la France, mais l'Angleterre.

« Une correspondance de Londres, dans la feuille reptilienne des bords du Rhin, s'alarme de ce que la presse anglaise se taise au sujet des anarchistes allemands, qui sont p'us nombreux que les révolutionnaires anglais, russes, français et italiens réunis.

« Il y a à Paris, d'après la même autorité, deux fois plus d'anarchistes allemands que dans toute l'Allemagne; à Londres, six fois plus. Les anarchistes allemands de Londres se proposent d'accourir à Paris, dès que la guerre éclatera entre la France et l'Allemagne, pour y faire du désordre et y répéter les scènes de 1871.

« Voilà les Français prévenus. »

Depuis la publication de cet article, il s'est produit en pleine Allemagne, à Berlin même, des évènements qui ont donné le démenti le plus formel aux appréciations de *la Revanche* et de la *Gazette de Cologne*, que la feuille patriotique cite si complaisamment, lorsqu'elle croit faire ainsi échec au parti socialiste.

Plus de cent mille électeurs berlinois, c'est-à-dire près de la moitié des électeurs inscrits dans la capitale, ont voté pour les candidats socialistes. Ces candidatures ont été posées sans qu'elles aient pu être appuyées d'aucun journal, les journaux de cette couleur ayant été supprimés; elles l'ont été sans affiches ni distributions de bulletins, et malgré une pression énorme, opérée par les patrons pour éloigner les ouvriers du scrutin. La proportion des électeurs socialistes a été à peu près la même dans les grandes villes et les centres manufacturiers.

On voit déjà ce que vaut la statistique donnée par *la Revanche*

Ce n'est pas tout: pendant la période électorale et même auparavant, au sein même du Reichstag, les socialistes allemands ont hautement dénoncé les périls que l'occupation de l'Alsace-Lorraine créait pour l'Allemagne même, et ils ont proclamé, en conséquence, la nécessité de l'indépendance de ces provinces. Or, ce vœu émis par tout un parti qui, demain peut être, aura le droit de parler au nom de l'Allemagne, n'est-il pas exactement celui qui est formulé par les fougueux patriotes français?

La *Revanche* ne craint-elle pas, en montrant tant de haine contre les socialistes allemands, de faire la partie plus facile à M. de Bismarck, qui a solennellement juré que jamais l'Alsace-Lorraine ne ferait retour à la France? La Ligue des patriotes avait joué exactement le même jeu que la *Revanche* et les néo-patriotes. Devons-nous croire que les uns et les autres poursuivent le même but, mais par des moyens différents ?

Quant aux revendications sociales proprement dites, le républicanisme de la *Revanche* ne va pas jusqu'à les défendre; il n'en souffle mot. Tout entier à la revanche, il estime que si ce n'était l'Alsace-Lorraine et le traité de Francfort, nous habiterions le meilleur des mondes.

C'est ce qu'exprime la *Revanche* dans un article du 8 novembre 1866, dont nous extrayons le passage suivant :

« Faute d'envisager les choses sous leur vrai point de vue, au lieu d'éclaircir la politique et de définir les droits et les devoirs du peuple, bien des politiciens n'ont fait que rendre obscurs les principes les plus simples et les plus évidents. Il en est résulté que nous n'avon peut-ê re pas une notion suffisamment exacte du patriotisme, ou du penchant qui porte l'homme à vivre solidairement dans ce qu'on nomme la nation.

« Des gens soi-disant penseurs, mais qui, en dernière analyse, ne sont que des rêveurs, parlent sans cesse de fraternité, voire même de je ne sais quelle fédération européenne, où les intérêts seraient sinon communs, du moins équilibrés.

« Rien n'est plus imaginaire que cette fraternité, rien n'est plus utopique que cet e fédération opp sée aux préoccupations de défense nationale. Elles ne peuvent exister ni l'une ni l'autre, parce que les nations ont à pourvoir à leur économie intérieure, à s'assurer par le travail contre les jalousies, les rivalités, les questions de frontières, de servitudes, les questions, si j'ose m'exprimer ainsi, de mur mitoyen, seuls et véritables sujets de guerre.

« Nier cette vérité, ce serait prétendre que l'homme peut fuir volontairement son bien être et se complaire dans un état de misère.

« Comment peut on vouloir que nous, Français, qui sommes une nation façonnée de longue date au bien-être que procurent le travail et l'épargne, à l'usage de la liberté, qui n'ignorons pas, en définitive, que c'est au peuple entier qu'appartient la souveraineté et non, comme partout ailleurs, en Europe, à des minorités tyranniques, comment peut-on vou oir nous convertir à un sentimentalisme plus danger ux qu'une guerre avec n'importe quel pays voisin ?

« Oh ! laissons de côté toute cette philosophie décevante, tournons le dos aux déclamateurs larmoyants, aux faiseurs de tirades sentimentales, et examinons, dans la mesure permise par l'importance de cet article, ce que le peuple a à défendre, ce qui est son patrimoine.... »

Dans l'inventaire du patrimoine que l'ouvrier est invité à défendre, la *Revanche* mentionne le crédit public, notre sol si riche et si fertile, nos ateliers et notre outillage, c'est-à-dire tout ce que le socialisme considère comme instrument d'oppression. Vraiment, dans ses plus beaux jours d'inspiration, le *Drapeau*, émule du *Soleil* et du *Gaulois*, n'a jamais dit mieux.

Après la démonstration qui précède, si nous trouvons les néo-patriotes parmi les soutiens de l'Eglise, il n'y aura guère à douter que, malgré le républicanisme qu'ils affichent, leur cause ne soit la même que celle de M. Paul Déroulède et de la Ligue des patriotes.

Peut-il en être autrement ? Tout patriote veut une nation constituée pour la guerre ; or, le militarisme, comme on l'a souvent fait remarquer, tient de l'Eglise. Tous deux sont animés du même esprit d'intolérance et d'autorité, et ils exigent tous deux l'obéissance passive. Etant basés sur le même principe, il est naturel qu'ils s'étayent mutuellement.

Nous ne sommes donc pas étonnés de rencontrer *la Revanche* parmi ceux qui applaudissaient M. Andrieux, lorsqu'il venait défendre le budget des cultes devant la Chambre (*la Revanche*, 23 octobre 1886).

En toutes circonstances, ce journal ne parle des choses du culte qu'avec un profond respect, et il est de ceux qui paraissent croire à la possibilité d'un clergé patriote. Cependant, son cléricalisme ne va pas jusqu'à l'intolérance, et il laisse au *Drapeau* la spécialité des pieux cantiques en vers ou en prose. Dans le cas de l'abbé Roussel, par exemple, il ne marchande pas un jugement sévère contre ce trafiquant d'aumônes.

La Revanche est évidemment gênée de voir l'alliance étroite qui s'est établie entre le pape et le gouvernement de l'empire allemand ; mais elle se rassure et se console en voyant, d'autre part, le clergé Alsacien-Lorrain à la tête du mouvement anti-germanique, au Reichstag.

L'attitude réservée des néo-patriotes en face du parti clérical, ne semble pas porter ombrage à celui-ci. Tous, en effet, poussent également à la guerre *quand même*.

Si les néo-patriotes sont conservateurs sur le terrain des réformes, ils deviennent férocement révolutionnaires contre le gouvernement qui fait obstacle à leurs projets belliqueux. Ainsi ils ne craignent pas de lui dire: — « Choisissez : la guerre ou la révolution ! Sus aux Allemands ou face au mur ! »

La Revanche nous montre souvent la révolution sociale prête à dévorer la bourgeoisie, si celle-ci ne se résout pas à la guerre ; et elle dit, en parlant du bourgeois (*Revanche* du 30 octobre 1886) :

« S'il ne veut pas faire son devoir bravement, sur le champ de bataille, pour la grande cause de la France, s'il ne veut pas se laisser emballer par l'amour de la patrie, il tombera honteusement dans les coins sinistres, dans les embuscades ignobles et sous les représailles atroces de la guerre sociale ! A la gloire ou au supplice !

« A l'Allemand ou au mur ! Il n'y a pas de milieu.

« L'heure est venue pour lui de réfléchir. La France ne s'arrêtera pas dans la vase où elle patauge actuellement. Ce piétinement humide et visqueux prendra fin.

« Malheur alors à Patouillard, malheur à Joseph Prudhomme,
s'il n'a pas pris le bon parti, s'il a hésité entre la gloire nationale et
la colère du peuple.

« Car la poussée intérieure sera terrible, et beaucoup de ceux
qui sont encore aujourd'hui du côté de l'idéalisme guerrier et national,
seront de tout cœur, sans restriction ni réserve d'aucune sorte,
avec les masses affamées au moral comme au physique, trouvant
qu'elles auront bien le droit de prendre toutes les jouissances matérielles
qu'elles peuvent désirer, du moment où on persistera à les
sevrer des autres, ne serait-ce que pour se donner la satisfaction de
punir une bonne fois tous les égoïsmes coupables d'avoir consommé
la décadence de la France, et pour venger son esprit, à défaut de son
honneur. »

Et ailleurs, en s'adressant à l'armée (*la Revanche*, 1er novembre
1886) :

« De même que l'on mettait en demeure, il y a quelque jours, à
cette même place, le bon bourgeois anti-revanchard de bien réfléchir
au parti qu'il devait prendre et de choisir, avec la délibération
qui convient, entre le devoir à la frontière et l'adossement aux murs
sinistres, on peut dire certainement qu'il y a pour l'armée un
dilemme qui s'appelle : la victoire ou l'aventure, l'épopée ou l'émeute
d'en haut, qui ne vaut pas mieux que celle d'en bas, et la gloire resplendissante
de l'épée ou les gaîtés équivoques du sabre. .

» Politiciens trop pacifiques, députés qui ennuyez la France, journalistes
qui l'écœurez, prenez garde, si vous ne donnez à l'armée
son grand emploi, dès qu'une occasion favorable s'en présentera.

« Vous êtes des énervés, des blasés, des corrompus, des impuissants,
soit ; vous ne croyez qu'à la dépravation d'autrui et vous n'aimez
que la vôtre ; parce que vous avez fait deux ou trois révolutions
qui ont fini par vous servir, vous croyez volontiers que la fin du
monde est arrivée, et que ces braves jeunes gens qui montent la garde
autour des palais où vous vous livrez à vos savants exercices d'équilibrisme
négatif, sont là uniquement pour protéger votre *far niente*,
vous faire la digestion plus sereine et plus auguste.

« Erreur profonde. Cette jeunesse-là a dans le cœur et sous l'uniforme
toutes les énergies de la race que vous représentez si mal.

« D'un instant à l'autre, si vous ne vous hâtez de la marier avec
le canon, il peut advenir qu'elle tourne mal.

« Vous n'y gagneriez rien et le pays non plus. Cela ne servirait
qu'à l'abaisser davantage, à faire plus douteux le jour qui reste sur
son avenir, plus sombre et plus tragique le crépuscule qui descend
sur l'Europe.

« Si vous voulez que notre armée devienne un instrument de délivrance
et non d'oppression, et que la pointe de l'épée, dont vous admirez,
avec raison, la trempe remarquable, ne se trompe jamais de
direction, hâtez-vous de la soustraire à toute tentation d'équipée
malsaine, en lui ouvrant le chemin où ses devanciers ont trouvé le
meilleur de leur gloire. »

La politique pacifique du ministère Freycinet devait lui valoir les violentes attaques des néo-patriotes. Ajoutons que les dessins publiés par la *Revanche* avaient été saisis dès l'apparition de ce journal. Ce sont là de petites persécutions que le parti de la guerre considère comme autant d'offenses au patriotisme. Aussi accusa-t-il M. de Freycinet de mettre en œuvre la police et les fonds secrets, uniquement pour obéir à l'Allemagne et satisfaire les rancunes de M. de Bismarck (La *Revanche*, 10 novembre 1886).

Plus tard, le ministère Goblet et même le Président de la République deviendront, à leur tour, et par les mêmes motifs, l'objet des sarcasmes des patriotes (La *Revanche*, 25 mars 1887).

Les faits que nous venons de constater et les preuves que nous avons accumulées démontrent, d'une manière évidente, que les néo-patriotes, et leur organe la *Revanche*, n'ont fait que continuer la politique intérieure et extérieure de la Ligue des patriotes. Mais leurs moyens d'action sont plus habilement choisis.

Ainsi, les néo-patriotes s'efforcent d'attirer à eux les Sociétés de tir et de gymnastique, les associations alsaciennes-lorraines, et généralement toutes les Sociétés patriotiques ; mais ils se gardent bien de leur imposer des Comités directeurs, des présidents honoraires, des tuteurs, toute une aristocratie dirigeante. Loin de là, ils ne font sentir aucune autorité, et autant que leurs principes le leur permettent, ils se font peuple. Ils observent donc le franc-parler vulgaire, empruntant souvent même le style révolutionnaire ; ils n'affichent aucune dévotion qui les rendrait immédiatement suspects aux masses ; ils proclament même leur attachement à la République. Voilà pour la forme. Mais, quant à l'esprit qui anime ce parti, il est, au fond, le même que celui que nous signalions chez les chefs de la Ligue des patriotes.

Si *La Revanche* affecte de laisser dans l'ombre la Ligue des patriotes, si elle évite même de prononcer ce nom, souvenons-nous, néanmoins, que sa définition du patriotisme ne diffère point de celle de M. Paul Déroulède.

Les allures autoritaires du Maître lui avaient aliéné la plupart des sociétés, et la Ligue des patriotes était tombée avec lui. Ceux qui dirigent et inspirent la nouvelle Ligue par des moyens occultes, espèrent les ramener en flattant plus adroitement leurs instincts démocratiques. Mais la cause qu'ils servent les uns et les autres est la même ; et c'est, en définitive, le parti réactionnaire et clérical, constitué en parti de la guerre, qui peut seul profiter d'une propagande propre à nous jeter dans les aventures les plus graves et les plus périlleuses.

Les dangers que créait déjà la Ligue des patriotes, et que nous avons indiqués dans les Chapitres qui précèdent, subsistent donc avec les néo-patriotes. La démonstration en sera faite surabondamment dans les Paragraphes qui vont suivre.

La *Revanche*, à l'exemple du *Drapeau*, s'adresse aux associations qui se présentent sous une couleur patriotique, et elle s'empresse d'insérer dans ses colonnes toutes les communications qui les intéressent.

Nous lisons dans *la Revanche* du 26 novembre 1886 :

« La *Revanche* a compris le rôle qui lui incombait, et nous accueillerons avec bienveillance et empressement toutes les communications qui nous seront faites.

« Les gymnastes, tireurs et membres de Sociétés patriotiques trouveront dans nos colonnes une hospitalité toute française et largement ouverte.

« Nous aspirons tous au même but, aidons-nous, marchons la main dans la main, et n'oublions pas surtout que « l'union fait la force ».

M. de Bismarck ne se méprit pas sur le caractère du journal *la Revanche*. Il avait protesté contre les agissements de la Ligue des patriotes ; et celle-ci, cédant à la persuasion et peut-être à la menace, s'était dissoute de fait ou, du moins, s'était condamnée à ce silence auquel succède bientôt un oubli profond. Mais l'avénement du parti néo-patriote apparaissait comme une transformation de la Ligue. Aussi les journaux reptiliens de l'Allemagne commencèrent-ils à déverser sur ce parti un torrent d'injures, et à signaler les articles de *la Revanche* comme autant de provocations.

La Revanche s'en réjouissait en ces termes :

« Ainsi que nous devions nous y attendre, l'apparition de la *Revanche* a donné lieu, dans les journaux allemands, à un déchaînements d'injures dont nous ne pouvions être qu'excessivement flattés.

« Pour la circonstance, — et afin de ne nous laisser aucun doute sur la source de ces invectives, — tous les reptiles de Berlin et de Vienne ont tenu à prendre part à ce festin dont M. de Bismarck paraît avoir fait les frais avec une prodigalité inusitée.

« Tout ce que la colère peut inspirer de plus violent, de plus ordurier et de plus venimeux, s'étale, depuis trois jours, dans les colonnes des principales feuilles allemandes.

« Notre seul regret est de ne pouvoir reproduire *in extenso* les articles que les plumitifs d'outre-Rhin nous consacrent journellement avec un acharnement qui nous comble d'aise.

« Cette fois, l'irascible chancelier s'est senti piqué au vif, et il a tenu à faire donner toute sa meute. Ces aboiements furieux ne sont pas faits pour nous intimider, et, puisque c'est M. de Bismarck lui-même qui a justement comparé à des chiens hurlants les exécuteurs de ses basses œuvres, nous voulons ne rien négliger pour stimuler la folle rage de ces aboyeurs. »

Ce qui rendait *la Revanche* presque invulnérable, c'est que, à la différence de la Ligue, elle ne se présentait pas comme dirigeant une association de patriotes avec des chefs et des statuts déterminés. Elle constituait bien un centre d'action ; mais son armée ne montrait pas de cadres arrêtés d'avance ni une organisation qui eussent éveillé des soupçons. Le gouvernement français eût bien voulu se débarrasser de ce gêneur, qui pouvait fournir au loup germanique un grief pour partir en guerre contre nous ; mais les armes légales lui faisaient défaut. Tout au plus lui était-il permis de lancer de temps en temps sa préfecture ou son parquet dans les jambes de M. Peyramont. Il n'en résultait que des morsures légères, et l'armée des néo-patriotes restait insaisissable.

III

MANIFESTATIONS DU JOURNAL LA REVANCHE SUR LA VOIE PUBLIQUE ;
SES ATTAQUES CONTRE LE GÉNÉRAL BOULANGER

SOMMAIRE. — Les manifestations des néo-patriotes ne consistent d'abord que dans l'exhibition de dessins belliqueux et de caricatures anti-allemandes, ou dans des projections lumineuses de ces dessins sur la voie publique : la police y répond par des saisies. — Indifférence du public devant ces manifestations. — La pancarte affichée par le journal *la Revanche*, pour annoncer le résultat des dernières élections en Alsace-Lorraine. — Refus de M. Peyramont d'enlever le placard prétendu séditeux ; son arrestation, sous prévention d'avoir exposé l'État à une déclaration de guerre. — Les journaux radicaux blâment les poursuites. — Acquittement de M. Peyramont ; impression produite par cette sentence ; les patriotes applaudirent le verdict. — Réflexion du *Tintamarre*. — La *Revanche* acclame le général Boulanger ; puis, quelques mois après, elle se tourne contre lui, en l'accusant de réprimer trop peu sévèrement l'espionnage, et de ménager l'Allemagne. — L'opinion publique n'appuie pas les accusations des patriotes.

Les néo-patriotes avaient à cœur, de faire, comme la Ligue des patriotes, leurs manifestations, et de sonder ainsi l'opinion publique, afin de connaître jusqu'à quel point elle serait disposée à les suivre, et quels encouragements ils en recevraient. Mais ces manifestations ne consistèrent guère que dans des exhibitions de dessins ou de transparents lumineux.

Les premiers dessins belliqueux qui émurent le gouvernement plus qu'ils ne le méritaient, ornaient les prospectus destinés à annoncer l'apparition du journal *La Revanche*. Laissons ce journal raconter lui-même l'incident (n° du 20 oct. 1886) :

« La *Revanche* a reçu le baptême du feu avant de paraître. Dans son empressement a donner à l'Allemagne des gages de ses intentions ultra-pacifiques, M. de Freycinet n'a pas hésité à violer la Constitution.

« Au mépris de la loi sur la presse et sur l'affichage, les porteurs d'affiches de la *Revanche* ont été appréhendés et, par ordre exprès de M. Gragnon, le matériel dont ils étaient porteurs s'est trouvé confisqué et lacéré.

« Ces affiches avaient-elles réellement le caractère provocant que leur a prêté bénévolement l'autorité? On peut en juger par la description.

« L'affiche saisie avec tant de violence est une chromo-lithographie représentant la carte de l'Europe teintée par puissance. Au milieu de cette carte, une pieuvre gigantesque, coiffée du casque allemand, étend à droite et à gauche, un peu partout, ses formidables tentacules. Sur la partie France, un fantassin pointe la baïonnette contre la tête du monstre, tandis que sur la partie Russie, un Cosaque lève le sabre, prêt à frapper.

« C'est cette hypothèse coloriée d'une alliance franco-russe contre l'Allemagne, qui a motivé l'acte d'arbitraire insigne du gouvernement.

« Interrogé dès le lendemain, le chef de cabinet de M. le préfet de police, fort empêché de fournir la justification légale d'une pareille spoliation, a répondu que, redoutant les scènes de désordre que les affiches de la *Revanche* pourraient provoquer, M. Gragnon croyait devoir suspendre le droit de libre affichage jusqu'à ce que le gouvernement fût fixé sur l'impression du public.

« C'est, on l'avouera, une théorie assez neuve et assez piquante que celle de l'application d'une loi surbordonnée aux appréciations flottantes d'un gouvernement remorqué par l'opinion publique ».

Il faut confesser la vérité : l'opinion publique était restée fort calme, et les excitations des néo-patriotes n'avaient pas trouvé prise sur elle. On avait souri, parce que le dessin en valait la peine, et qu'après tout la vue du casque prussien provoquera toujours les quolibets de la foule. Mais, assurément, il n'y avait pas lieu, pour ce fait, de proclamer la paix publique en danger.

La saisie des prospectus sur la voie publique ne fut pas suivie de poursuites judiciaires. Bien plus, les journaux même modérés, et parmi eux *le Temps*, reprochèrent au gouvernement ce coup d'épée dans l'eau.

Quelques jours plus tard, le directeur de *la Revanche* imaginait de faire reproduire le dessin incriminé, à l'aide de projections lumineuses. Ce spectacle fut donné au public sur le boulevard Montmartre. La préfecture de police s'alarma de cette récidive et fit cesser la démonstration. Des voitures portant les fameux dessins circulaient dans Paris ; on mit les voitures en fourrière.

La rédaction de *la Revanche* répondit à ces tracasseries en publiant et en donnant la plus large publicité à de nouveaux dessins dont M. de Freycinet s'obstinait à poursuivre la suppression. En même temps, les projections interdites au boulevard Montmartre étaient remplacées par des transparents lumineux, placés aux fenêtres mêmes des bureaux de la rédaction. Sur ces transparents étaient représentés les dessins saisis et d'autres dessins inédits.

Les choses en étaient là, quand eurent lieu les élections générales dans l'Empire allemand, en février 1886. En Alsace-Lorraine, le scrutin venait de donner une majorité écrasante aux partisans de la protestation contre l'occupation allemande. Aussitôt que le résultat fut connu, le directeur de *la Revanche* fit disposer, entre deux trophées de drapeaux français et russes, un transparent sur lequel on lisait :

« *Élections d'Alsace-Lorraine* :

« Candidats français, 63,000 voix (chiffres connus).
« Candidats allemands, 18,000 voix (chiffres connus).
« *Tous les protestataires sont élus.*
« *Vive la France !* »

A l'invitation que lui fit un commissaire de police d'avoir à enlever ce transparent, M. Peyramont répondit par un refus. Un procès-verbal fut rédigé. Le lendemain, M. Peyramont était mis en état d'arrestation et recevait un mandat de comparution qui visait l'article 84 du Code pénal, ainsi conçu :

« Quiconque aura, par des actions hostiles non approuvées par le gouvernement, exposé l'État à une déclaration de guerre, sera puni du bannissement ; et, si la guerre s'en est suivie, de la déportation. »

Cette arrestation eut lieu sans être accompagnée de bruit ni de désordre. Cependant, les journaux radicaux-socialistes, même ceux qui avaient blâmé les manifestations de *la Revanche* ou qui y étaient restés indifférents, s'élevèrent contre une mesure préventive qui paraissait arbitraire. Évidemment, la loi pénale prévoit et punit des actions hostiles, mais elle ne peut s'appliquer à de simples délits de presse.

L'acquittement de M. Peyramont dut faire comprendre au gouvernement combien il avait été mal inspiré en déployant tant de rigueur. En effet, une condamnation eût été considérée de la part du jury, comme une défaillance en face des menaces, de M. de Bismarck, tandis que l'acquittement pouvait prendre le caractère d'un défi à l'Allemagne. Le gouvernement avait donc tout à perdre, en portant la question devant une cour criminelle.

Les néo-patriotes triomphaient avec M. Peyramont; ils applaudirent avec enthousiasme le verdict du jury. On remarqua même que, dès ce moment, leur audace et leur hardiesse de langage ne firent que s'accroître. L'un d'eux écrivait au rédacteur en chef de *la Revanche* (n° du 20 mars 1887):

« Contre toutes ses espérances, le coup a raté, parce qu'en France il se trouve encore des hommes qui ont pour principe de ne point s'applatir devant l'ennemi héréditaire.

« Mais les applaudissements qui ont accueilli votre acquittement, Monsieur Peyramont, et le verdict lui-même sont une paire de claques dont Bismarck gardera le souvenir. »

C'est au *Tintamarre* qu'il appartenait de tirer une *moralité* de cette affaire. Nous lui laissons la parole :

« F....-NOUS DONC LA PAIX !...

« Ce n'est pas que je trouve très drôle que l'on ait saisi les drapeaux exhibés par la *Revanche*.

« Ce n'est pas que je trouve très édifiant que l'on ait mis en prison le rédacteur en chef de ce journal agaçant.

« Je sais très bien que ces procédés d'exception ne valent pas cher, attendu qu'ils indiquent clairement aux gens qui peuvent en rire aujourd'hui ce qui leur pend au nez demain.

« Donc, ne nous réjouissons ni de cette saisie, ni de cet emprisonnement, qui peuvent devenir un de ces jours contre nous le plus détestable des précédents.

« Mais, saperlote et sapristi !... que cela ne nous empêche pas d'engueuler, et ferme, les idiots malfaisants, qui, sous le prétexte qu'ils sont patriotes, font tout ce qu'il faut pour fourrer leur patrie dans la limonade.

« Le *Tintamarre* l'a déjà demandé quinze fois, et il le demande une seizième :

« Que signifie un journal qui s'intitule bêtement : la *Revanche* ?

« Que signifie une société qui se baptise incongrûment : *Ligue des patriotes ?*

« Pour cette dernière, plus rien à dire. Nous l'avons constaté avec plaisir dans un de nos derniers numéros : elle est devenue honnête femme et ne fait plus parler d'elle.

« Le *Tintamarre* a applaudi au silence de M. Déroulède, depuis que de menaçants bruits ont couru. Il lui renouvelle sincèrement ses félicitations.

« Mais pour l'autre, pour le journal qui a pris cette sotte enseigne : *la Revanche*, c'est une autre affaire.

« Il n'est pas de gaffe volontaire et compromettante qu'il ne commette, depuis que tout le monde s'est fait prudent, et depuis que les plus écervelés se sont faits sages.

« Eh bien ! moi, je trouve ce genre de patriotes-là assommants.

« Et je trouve aussi que des amis de ce calibre-là ne vous donnent qu'une seule envie, c'est de vous asseoir dessus pour les boucher. »

Les premières maladresses des néo-patriotes devaient en engendrer beaucoup d'autres ; et dans la lutte qu'ils continuèrent contre le gouvernement, le choix de leurs moyens d'attaque fut rarement heureux.

On les vit d'abord encenser le général Boulanger. Peut-être avaient-ils cru découvrir en lui le dictateur militaire qui servirait un jour leurs desseins ? *La Revanche* du 27 novembre 1886 l'exprime assez clairement en ces termes :

« Voyons, soyez de bonne foi, ô politiciens : ôtez du ministère la personnalité spéciale du général Boulanger et la personnalité du ministre de la guerre... que resterait-il de votre indispensable ministère Freycinet devant le pays, devant les foules, qui ne comprennent rien aux chinoiseries parlementaires, qui ne les ont jamais aimées, et qui sont portées plus que jamais à les maudire.

« *Honni soit qui mal y pense*, mais n'est-ce pas le général Boulanger qui a *calé* et qui *cale* encore le ministère en dehors du Parlement... et ne comprenez-vous pas, ô politiciens, par ce fait indéniable, évident comme la lumière du jour, que vous n'en seriez pas où vous en êtes si les autres membres du ministère, à commencer par son chef, au lieu de contrecarrer le réveil du sentiment français et de chercher à s'appuyer seulement sur la dépravation, n'avaient tous eu qu'un objectif, l'objectif patriotique, et fait qu'une politique : la politique nationale !

« Dans tous les cas, il est impossible de rester où nous en sommes ; il faut des hommes pour diriger et sauver la France.

« Si vous croyez qu'il n'y en a pas dans la Chambre, il vous est impossible de douter qu'ils existent dans le pays. »

Puis, par un revirement qui ne s'explique pas fort bien, nous voyons trois mois après, les mêmes patriotes se tourner contre le général Boulanger. Que s'est-il donc passé ? Un employé du Ministère de la Guerre venait d'être révoqué pour avoir entretenu des relations suspectes, si ce n'est criminelles, avec certains personnages qui avaient le plus grand intérêt à connaître des détails précis sur certaines transformations importantes, récemment apportées à notre matériel de guerre.

Peut-être l'employé n'avait-il été qu'imprudent. Même dans ce cas, sa révocation était juste et méritée. Cependant, *la Revanche* reprocha au général Boulanger de ne pas s'être montré plus sévère, en appliquant à son employé la loi sur l'espionnage. Elle lui reprocha également de cacher les noms des personnages qui avaient intérêt à connaître les transformations de notre armement.

« Ces personnages sont parfaitement connus de M. le ministre de la guerre, disait la *Revanche* du 25 mars 1887 ; et s'il n'a pas cru possible de poursuivre l'enquête *plus loin* et d'appliquer à son employé Eyrolles la loi sur l'espionnage, c'est précisément parce qu'il sait que cette enquête et ces poursuites aboutiraient à montrer une fois encore la main de l'Allemagne dans cette criminelle trahison.

« Comme ses collègues du ministère, le général Boulanger éprouve une sainte terreur à l'idée « de se faire des affaires avec la Chancellerie de Berlin », et son attitude dans l'incident Eyrolles prouve qu'il tient à mériter les compliments dont M. de Bismarck se plaît à l'accabler avec une si cruelle ironie, depuis qu'il a percé à jour ce croquemitaine inoffensif.

« C'est aux actes qu'on juge les hommes, et les événements nous prouvent à quel point les patriotes français s'étaient trompés en jugeant le général Boulanger sur parole. »

Et dans le numéro du 26 mars suivant :

« Quant au général Boulanger, on sait maintenant à quel point il pousse le sentiment de l'obéissance passive aux volontés des avocats du cabinet et aux convenances de l'Allemagne. L'incident Eyrolles n'est qu'un pas de plus dans la voie boueuse où il a mis le pied et où il s'enlisera fatalement, jusques et y compris les épaulettes. »

Tout ce qui transpira de l'affaire Eyrolles dans le public, c'est que, disait-on, le général Boulanger n'avait pas eu la main forcée par ses collègues pour rendre sa décision, mais qu'il avait agi de sa propre initiative.

Quoiqu'il en soit, l'opinion publique n'appuya pas les violentes accusations de la rédaction de la *Revanche*. On comprenait fort bien que le général Boulanger ne voulait pas par une mesure précipitée, et dans une question qui pouvait présenter certains doutes, entamer avec l'Allemagne une discussion diplomatique qui fût devenue brûlante. La France a un trop grand intérêt à ne rien faire qui fournisse le moindre prétexte à une rupture, et sa modération même lui donne une trop grande force, pour qu'il soit permis au ministre de la guerre surtout de compromettre imprudemment cette situation.

Aussi les attaques de la *Revanche* n'ont-elles pas diminué la popularité du général Boulanger. Il ne paraît pas, du reste, que les patriotes, même les plus ardents, l'aient suivie dans cette voie.

IV

ATTITUDE DE LA REVANCHE DANS LA QUESTION DE L'EXPOSITION UNIVERSELLE ; SES ATTAQUES CONTRE LA LOGE MAÇONNIQUE LE GLOBE ; SES DÉNONCIATIONS CONTRE LA CONCURRENCE ALLEMANDE.

SOMMAIRE : — Les souverains étrangers refusent leur concours à l'Exposition universelle de 1889; M. Lockroy s'efforce de leur persuader que la solennité de l'ouverture de l'Exposition ne coïncidera pas avec la célébration du centenaire de la Révolution de 89 : les patriotes prennent acte de cette prétendue concession au grand chancelier allemand, et la reprochent au ministre du commerce. Indignation des néo-patriotes contre la Loge maçonnique *le Globe*, de Vincennes, qui a proclamé la fraternité des peuples; les Loges *Alsace-Lorraine* et *le Temple des Amis de l'Honneur français* s'associent à leurs protestations, qui restent isolées. — Appel des néo-patriotes aux ouvriers, en faveur de la revanche qui remédiera à tous leurs maux. — Ils repoussent les produits industriels de l'Allemagne, et demandent même la protection contre la concurrence artistique ou scientifique: ils blâment un membre de l'Institut d'avoir assisté aux fêtes de l'Université d'Heidelberg. — La musique allemande horripile surtout les patriotes; *la Revanche* ne permet pas la représentation du *Lohengrin*. — Attaques de Mme Adam contre Wagner; origine e motifs de cette animosité, citation du *Drapeau*. — Il y aura de la casse, si le *Lohengrin* est représenté à l'Eden-Théâtre. — Réponse de Rochefort.

Tous les moyens que peuvent leur inspirer la haine de l'Allemand sont employés par les néo-patriotes pour allumer les colères et entretenir l'irritation entre ce peuple et nous, de manière à rendre un choc inévitable.

L'organisation de l'Exposition universelle que l'honorable ministre du commerce, M. Lockroy, s'était chargé de mener à bonne fin, a rencontré de la part des puissances encore soumises au régime absolutiste d'un empereur ou d'un czar, certaines difficultés qu'on n'avait pas prévues tout d'abord.

L'Exposition universelle doit s'ouvrir en 1889, et correspondre ainsi avec le centenaire de la Révolution. On conçoit que l'évocation des souvenirs d'une Révolution qui a ébranlé partout, sinon déraciné, le vieux système féodal, et miné les trônes encore debout, ne soit pas de nature à éveiller de bien vives sympathies dans les cours d'Allemagne, et même de Russie et d'Autriche. En un mot, partout où nous ne trouvons pas un monarque lié envers son peuple par un pacte constitutionnel, nous devions nous attendre à ne pas voir accueillir avec empressement l'offre de participer à nos grandes fêtes internationales.

C'est ce qui est arrivé en effet; et, récemment, nos journaux ont tous reproduit la note suivante :

« Il est à peu près certain que la Russie, la Prusse et l'Autriche ne prendront pas part à l'Exposition universelle de 1889. Les décisions de ces gouvernements n'ont pas, il est vrai, encore été transmises au ministère des affaires étrangères; mais il ressort des informations publiées dans les journaux officieux de ces trois empires, que nous devrons nous passer de leur concours officiel. Les industriels et les commerçants russes et allemands auront, néanmoins, le droit d'exposer leurs produits chez nous. »

Notre ministre du commerce, mettant l'intérêt national au-dessus de mesquines considérations d'étiquette, avait fait valoir auprès des cours étrangères, afin de vaincre leur répugnance, que la coïncidence de l'Exposition universelle et du centenaire de la Révolution était absolument fortuite. Ne l'eût-il pas cru que nous devions lui pardonner cet innocent mensonge, puisqu'il s'agissait, après tout, de rendre la vie à notre commerce et à notre industrie qui languissent. M. Lockroy aurait même ajouté que les fêtes du centenaire et l'ouverture de l'Exposition auraient lieu à une date différente, afin de bien marquer l'intention de ne pas froisser les cours étrangères qui seraient représentées à l'Exposition.

Cette modeste concession, qui paraît n'avoir pas été acceptée par les trois grandes puissances, enflamma les néo-patriotes :
— « M. Herbette, disait *la Revanche*, a fait des courbettes inutiles auprès du grand chancelier allemand (n° du 5 nov. 1886).

Et ailleurs (n° du 16 novembre 1886) :

« M. Lockroy n'a vraiment pas de chance. Un jour, il demande pardon à l'Allemagne d'être obligé de célébrer l'Exposition prochaine à la date de 1889, et donne mandat à un journal officieux de Pesth, tout dévoué à M. de Bismarck, de publier que la coïncidence est purement fortuite : les fêtes du Centenaire, on les reléguera à part, dans les coins de Paris, — et tout sera dit...

« La *Revanche* découvre le scandale, s'en indigne, et le dénonce a tous les patriotes. M. Lockroy est pris. Comment s'en tirer ? Nier le fait ? Impossible. La feuille hermanomagyare est là. Répondre par un démenti, il n'y faut pas songer. — Bah ! il y a démenti et démenti, et il est avec certaines consciences plus d'un accommodement.

« M. Lockroy a trouvé. Il démentira, sans démentir, et ne démentira pas, tout en démentant.....

« Et c'est ainsi que les journaux inséraient, il y a quelques jours, la note de l'agence Havas où il était dit :

« Le ministre du commerce n'a jamais songé à *abandonner la célébration* du Centenaire, et la preuve, c'est que... le Conseil municipal de Paris s'occupe activement de la question.

« Triomphante réponse, n'est-il pas vrai ? et dont nous avons ici même apprécié toute la valeur morale.

« A la lecture de la note, un haut-le-cœur général s'empara du public. M. Lockroy était jugé.

« Certes, l'incident était piquant et caractérisque. Cependant, on pouvait croire encore qu'il resterait isolé. Ces choses-là, pensaient quelques esprits indulgents, n'arrivent pas deux fois. Le ministre du commerce s'est mis dans un mauvais cas, il a voulu en sortir par une gaminerie. Voilà tout. M. Lockroy, c'est un gavroche le gouvernement. »

Nous venons de voir les néo-patriotes soucieux de l'honneur des révolutionnaires, alors qu'ils trouvaient une occasion de faire échec au gouvernement français, conviant l'Allemagne elle-même à une lutte civilisatrice et essentiellement pacifique ; nous allons montrer maintenant les mêmes patriotes s'indignant contre les révolutionnaires socialistes, qui ne considèrent pas la guerre à outrance comme un moyen de relèvement pour notre pays.

La loge maçonnique de Vincennes, *le Globe*, avait cru devoir s'élever avec énergie contre la Ligue des patriotes et le journal *la Revanche*, dont les proclamations et les excitations belliqueuses nous conduisaient à jouer notre va-tout, l'existence même du pays, sur l'échiquier hasardeux des batailles. La loge maçonnique s'était surtout placée au point de vue des intérêts humanitaires et socialistes ; et il lui avait été démontré que la guerre anéantirait pour un siècle les espérances des Républicains. Vaincus, c'était le morcellement de la France et l'écrasement de la République ; vainqueurs, c'étaient l'avènement d'une dictature militaire, le réveil, plus vivace que jamais, des haines de race, et, par conséquent, l'isolement de la France, l'ajournement du triomphe de la démocratie universelle par la fédération des peuples. En un mot, la guerre ne pouvait profiter, selon la loge de Vincennes, qu'à la réaction royaliste et cléricale.

La Loge s'était préoccupée du sort des Alsaciens-Lorrains ; elle estimait que nos frères de cette province avaient mieux à

faire que de confier le drapeau de la revanche à des curés soi-
disant patriotes, en leur donnant mandat de les représenter au
Reichstag : c'était de faire une alliance étroite avec la démocratie socialiste de l'Allemagne, qui combattrait pour l'indépendance de l'Alsace-Lorraine, tout en défendant les principes qui
sont ceux de tous les peuples opprimés.

Un tel langage suscita la colère des patriotes. *La Revanche*
dénonça ce qu'elle appelait « le scandale anti-patriotique de
Vincennes, la conférence prussienne faite dans la loge *le Globe*
de cette ville » : elle parla même de l'indignation énorme à Paris
et dans les départements.

Cependant, cette indignation ne s'étendait guère au-delà du
cercle des patriotes et des partisans de la guerre à outrance.

Deux Loges parisiennes, dans lesquelles les affiliés de la Ligue
des patriotes disposaient de la majorité, furent seules à s'en émouvoir. Les chefs de la Ligue, MM. Deloncle et Hubert, dénon-
cèrent le sacrilège à la Loge *Alsace-Lorraine*, qui vota un
blâme à la loge *le Globe*. La loge *le Temple des Amis de
l'Honneur français*, autre refuge des revanchards de la
Ligue, apporta également son vote de flétrissure, et s'éleva
contre le cosmopolitisme révolutionnaire.

Enfin, une protestation de ces deux loges fut adressée au
Grand Orient de France.

Fort heureusement, la grande famille maçonnique, qui s'étend
dans toutes les parties de l'univers, et dont le cosmopolitisme est
la base fondamentale, la raison d'être, ne pouvait recevoir aucune atteinte de ces tentatives de quelques frères, qui semblent
peu comprendre l'esprit de la sublime association à laquelle ils
appartiennent. (Voir *la Revanche*, 27 oct. 1886).

Les patriotes sont les ennemis naturels de la concurrence
étrangère. Ce qui leur donne un certain avantage dans cette
question, c'est que le fameux traité de Francfort, conclu au lendemain de nos défaites, assure au commerce allemand des avantages ruineux pour le nôtre.

Nous n'entreprendrons pas de discuter ce sujet ; nous men-
tionnerons seulement la solution proposée par les patriotes.
Naturellement, il n'y en a pas d'autre pour eux que la guerre
de revanche. Ainsi, dans son numéro du 5 novembre 1886, *la
Revanche* invite les ouvriers « à mettre leur sang à la disposition de la Patrie, pour surmonter le péril qui résulte des conditions économiques de la société moderne. »

« Oui, ajoute-t-elle, quand l'heure sonnera, il n'y aura qu'à
frapper du pied la terre des faubourgs, pour en faire sortir une

armée innombrable et dévouée d'ouvriers qui se précipiteront à la frontière, comme la France entière le fit au temps de Valmy, de Jemmapes et de Fleurus. »

Ce journal ajoute qu'il ne s'adresse pas aux ouvriers qui attaquent sans mesure les patrons, à ceux qui marchent à la remorque des meneurs du mouvement gréviste ; mais qu'il en est d'autres qui, travailleurs sérieux et économes, cherchent dans le groupement corporatif professionnel, dans la revendication légale de leurs droits, le remède à apporter aux pertes si cruellement éprouvées par notre industrie.

Malheureusement pour les patriotes, la question de la concurrence étrangère, de même que toutes les autres questions sociales, doit être résolue, suivant le système des républicains socialistes, par un Congrès général des travailleurs, auquel ils entendent convier les travailleurs allemands eux-mêmes. L'ouvrier Français ne voit donc pas de solution dans la guerre ; et c'est ce qui désole nos patriotes.

Dans son numéro du 12 novembre 1886, *la Revanche* propose, à l'égard des produits allemands, une loi qui les éloigne de notre territoire, sans distinction. Elle ressuscite ainsi le système de blocus continental, qui a si mal réussi à Napoléon Ier.

Ce n'est pas seulement la concurrence industrielle que repoussent les patriotes : ils ne veulent pas entendre parler davantage de la concurrence artistique, ni même de la concurrence scientifique ; et cela, au nom du *patriotisme académique*. L'invention de ce mot appartient au génie du journal *la Revanche* (27 oct. 1886).

Un membre de l'Institut a osé avouer, dans un rapport scientifique, qu'il avait assisté, comme délégué du docte corps, aux fêtes de l'Université allemande d'Heidelberg ; et il s'est glorifié d'avoir été choisi pour cette mission. Puisqu'il est démontré que la science pouvait en profiter, nous l'en félicitons, au nom de la République ; car, si les arts et les sciences n'avaient pas été cosmopolites, dès les premiers âges, peut-être en serions-nous encore à ignorer l'usage de l'alphabet. Tel n'est pas l'avis de *la Revanche*, et ce journal de s'écrier :

« Mais aller rendre hommage à l'Allemagne du moyen âge ! s'incliner devant la supériorité menteuse de ces pédants, trop disposés déjà à bafouer ce qu'ils appellent l'ignorance française ! n'est-ce pas montrer un lamentable affaiblissement de l'instinct patriotique ? n'est-ce pas faire preuve d'un abandon coupable de notre plus intime dignité et de nos revendications les plus chères ? »

Ce qui horripile le plus les patriotes, c'est la musique allemande. Que de félicitations n'ont-ils pas adressées au directeur de l'Opéra-Comique, pour avoir définitivement renoncé au projet de représenter le *Lohengrin* de Wagner, un compositeur allemand !

A la vérité, le directeur de ce théâtre n'y a renoncé que dans l'impossibilité de monter cet opéra dans les conditions voulues : mais la *Revanche* (3 novembre 1886) veut y voir une démonstration purement patriotique contre un compositeur qui aurait eu le mauvais goût, après 1870, d'insulter grossièrement les vaincus, *les pantalons rouges*. Mais est-ce une raison pour ne pas rendre justice au musicien, si, comme beaucoup l'affirment, son œuvre est marquée au coin du génie? Si nous proscrivons ainsi l'art étranger, pourquoi paraîtrions-nous surpris de ce que les étrangers, à leur tour, refusassent de participer à nos expositions internationales? Que les patriotes se montrent donc conséquents avec leur propre principe !

Mme Adam que nous avons si souvent rencontrée dans les solennités où trônait M. Paul Déroulède, entouré de l'état-major de la Ligue des patriotes, avait donné, en janvier 1886, le signal de la campagne anti-wagnérienne.

Était-ce un sentiment artistique qui portait Mme Adam à se prononcer si vivement contre le compositeur allemand? Assurément non; dans une lettre adressée au *Drapeau* (23 janvier 1886), elle attribue elle-même à une cause politique son ressentiment contre Wagner. Ainsi elle raconte que, sous l'Empire, les opposants républicains et orléanistes, s'étaient donné le mot pour applaudir la musique wagnérienne que la cour impériale voyait d'un moins bon œil. Plus tard, lors d'un second voyage, le grand compositeur parut aux Tuileries, en pleine faveur auprès de l'empereur et de l'impératrice. Mme Adam, pour qui un artiste n'avait de mérite qu'autant qu'il était enrôlé dans son parti, ne lui pardonna jamais ce qu'elle considérait comme une défection. Cette fois, elle déclarait ne pouvoir supporter un artiste allemand qui avait proclamé que la musique italienne était sans valeur, la musique française ridicule dans Gounod et grotesque dans Auber. Mais, sans aucun doute, elle eût passé par dessus tout cela, si Wagner était resté fidèle aux salons de l'opposition

« Nul n'aura de l'esprit hors nous et nos amis. »

Dit un personnage de Molière. Les opportunistes auxquels Mme Adam a appartenu depuis, n'ont que trop bien appliqué ce précepte, hélas! en interceptant toutes les avenues à ceux qui ne pratiquaient pas comme eux.

En mars 1887, quand il fut question de représenter le *Lohen-*

grin de Wagner à l'Eden-Théâtre, la fureur des patriotes contre l'artiste allemand s'épancha en violentes menaces. Ils jurèrent que la représentation n'aurait pas lieu. *La Revanche* publia dans le même esprit une provocation qui avait pour titre : « Il y aura de la casse » (n° du 26 mars 1887). Et la raison pour laquelle on fera tapage, la voici, telle que l'expose l'organe des patriotes :

« Ils diront tous, là-bas, que nous saluons la supériorité du génie allemand sous toutes les formes, que la France s'avoue l'intérieure de l'Allemagne sur le terrain militaire, sur le terrain politique, sur le terrain artistique.

« Ils diront que la conquête de la scène parisienne par Wagner est un triomphe d'autant plus éclatant pour l'Allemagne que, Wagner étant plus détesté parmi nous, l'hommage rendu à son œuvre est plus concluant, etc., etc.

« Ou plutôt, ils ne diront rien du tout, parce qu'on n'applaudira pas le *Lohengrin* à Paris, parce que le sentiment national, parce que le patriotisme français se refusera à laisser présenter la traite avilissante qu'on tire si effrontément sur le public parisien..

« On ne jouera pas le *Lohengrin* à l'Eden, ni nulle part, entendez-le bien!... parce que la susceptibilité patriotique, trop systématiquement mise à l'épreuve et depuis trop longtemps, éclatera enfin, et ne vous le permettra pas!...

« C'est en vain que les dilettantes blasés et les pianistes incompris, que tout le *je m'enfoutisme* des *musicanti* cosmopolites, essaieraient de prêter main-forte à l'exécution d'une pensée impie.

« Paris se souvient ; il empêchera cette honte.

« Wagner a écrit que la capitale de la France était « une maison de fous habitée par des singes » ; l'héroïque population qu'il a lâchement tenté de flétrir à l'heure de la lutte suprême sera là, et si le sieur Lamoureux persiste à vouloir l'agacer avec ses spéculations sur le wagnérisme, il y aura de la casse. »

Un simple article de Rochefort (*Intransigeant*, 2 avril 1887), fit l'effet d'un seau d'eau froide sur la tête des wagnérophobes. L'éminent satirique n'eut qu'à faire un appel au bon sens pour forcer les patriotes à discuter, et pour faire reconnaître enfin que leur fougue patriotique allait beaucoup trop loin (*la Revanche*, 2 avril 1887).

V

LES PATRIOTES PRÉCONISENT L'ALLIANCE RUSSE ; CONSÉQUENCES DE LEURS PROVOCATIONS.

SOMMAIRE : — La France avec laquelle une alliance franco-russe serait possible, ne pourrait être une France républicaine. — Sympathie naturelle *à la France pour la nation russe. — Le rôle de la Russie pendant la guerre de 1870, nous indique quel serait son rôle pendant une nouvelle guerre entre la France et l'Allemagne. — Plan du gouvernement russe. — Intervention de l'élément socialiste. — Nos prévisions sont confirmées par la déclaration de Bebel, socialiste allemand au Reichstag. — Pendant que les patriotes acclamaient ainsi l'alliance russe, le cabinet de Saint-Pétersbourg se rapprochait de l'Allemagne. — Quel serait, pour la France, le prix d'une simple neutralité de la Russie, en cas de guerre entre la France et l'Allemagne? — Mission de M. de Lesseps à Berlin; « l'amie naturelle de la France! » — L'Alsace-Lorraine fait obstacle à un traité d'amitié entre la France et l'Allemagne. — Ni découragement ni excitations belliqueuses. — Comment la Ligue des patriotes a appelé sur l'Alsace-Lorraine les persécutions du gouvernement allemand; le dossier des griefs de l'Empire allemand contre la France. — Ce qui a paralysé jusqu'à présent le mouvement alsacien-lorrain.*

Les patriotes ont rêvé, de tout temps, une alliance entre la France et la Russie, alliance qui donnerait la suprématie à l'une en Occident, et à l'autre, en Orient. Bien entendu, ce ne serait pas la France républicaine qui offrirait cette alliance, ce serait une France bien pensante, une France soumise à une dictature militaire ou à un roi, une France qui inspirerait une confiance suffisante au despote du Nord, une France dévote et repentante, selon l'esprit de Notre-Dame de Montmartre.

La Revanche, organe des néo-patriotes, fut séduite et éblouie tout d'abord par cette idée prudhommesque qu'elle considérait sans doute *comme le plus beau jour de sa vie*. L'alliance franco-russe fait partie du grand programme qu'elle servit aux patriotes dans son premier numéro. Ce fut aussi le sujet de l'un de ses dessins que la police saisit dans les kiosques comme dangereux pour la paix générale. Il n'y avait pas de quoi.

L'opinion publique, en France, ne s'est jamais leurrée de l'espoir de cette alliance qui, au fond, serait pour nous une duperie.

En fait, une telle association n'est pas plus possible que celle du chat et du rat. L'idée républicaine portera toujours ombrage aux tyrans; et le czar est d'autant plus porté à s'en méfier que le nihilisme qui le menace à l'intérieur, est cousin germain du socialisme, et que le socialisme lui-même est sorti de la Révolution de 1789, comme une pousse nouvelle jaillit d'un vieux tronc d'arbre.

La suppression de la République serait donc la première condition de cette alliance. Mais cette suppression serait-elle jamais définitive dans un pays qui, depuis un siècle, n'a pas vu tomber sa constitution républicaine sans que, le lendemain, il se reformât un parti révolutionnaire pour la rétablir? La République est morte, vive la République!

Le peuple russe, dit-on, professe pour nous la sympathie la plus vive. Nous ne l'ignorons pas ; et, de notre côté, par dessus la tête de l'Allemagne impériale, nous lui tendons fraternellement la main. Mais le peuple et son tyran sont deux êtres liés l'un à l'autre comme l'esclave l'est au maître, et que la République ne confondra jamais.

Le jeu diplomatique de la Russie, dans ces derniers temps, a pu faire illusion aux patriotes ; mais l'histoire est là pour nous édifier sur la nature de l'appui que le czar peut prêter à la France.

Nous nous souvenons qu'avant la guerre de 1870, les Bonapartistes firent fond sur l'alliance russe. Le czar avait dit que, même en cas de défaite de la France, il ne permettrait pas le démembrement de notre pays. Napoléon III s'était abusé jusqu'à croire que ces paroles pouvaient devenir la base d'une alliance étroite. Mais, dès que nous fûmes engagés contre l'Allemagne, on constata qu'il avait été conclu entre le roi de Prusse et le czar un pacte secret, aux termes duquel chacun d'eux donnait carte blanche à l'autre pour agir librement, à savoir : le roi de Prusse, contre la France ; et le czar, dans les principautés danubiennes, vers Constantinople.

Toutefois, la Russie choisirait son heure, tandis que le roi de Prusse agirait immédiatement, s'il y était contraint, par une agression de la France. Dès ce moment, M. de Bismarck ne cessa de provoquer l'Empire ; Napoléon se fâcha et se porta follement agresseur. La Russie laissa faire l'Allemagne.

Qui nous garantit que les choses ne se passeraient pas de même, si la lutte devait se renouveler entre la France et l'Allemagne ? Ce que veut la Russie, nous allons le dire. Elle n'entend pas que la France devienne la proie de l'empire allemand, parce que cet empire serait rendu trop fort ; elle exigera donc qu'il reste, à côté de l'Allemagne, une France hostile et travaillée par le besoin de reconquérir son unité. La France deviendrait ainsi une sentinelle de la Russie. C'est l'application du vieil adage : — Diviser pour régner.

Suivant le plan du gouvernement russe, l'Allemagne ayant à craindre de se trouver serrée entre la Russie et la France, ne recourrait pas aux armes, et laisserait la Russie maîtresse de ses mouvements dans l'Europe méridionale et en Asie ; elle s'abstiendrait. La Russie n'aurait donc à lutter que contre l'Autriche et les Principautés danubiennes, secrètement secourues par l'Allemagne ; et elle espère en venir à bout.

Quant à la France, gardant la même impassibilité que l'Allemagne, elle assisterait, l'arme au bras, à l'égorgement de la

Roumanie, de la Bulgarie et des autres provinces danubiennes.

Ce serait, en définitive, l'invasion moscovite triomphante, au lieu d'une invasion allemande : car, la Russie devenant maitresse de Constantinople, c'en serait fait de l'Allemagne et du reste de l'Europe.

Voilà ce que nous réserve le plan de la Russie, si son exécution était possible, et si le czar n'avait à compter prochainement avec l'élément républicain socialiste qui, seul, par l'alliance des peuples contre les rois, sauvera la civilisation dans le monde entier.

A ceux qui se berceraient encore de l'espoir du salut par l'alliance russe, il nous suffira de rappeler le refus de la Russie de se faire représenter à notre Exposition universelle de 1889.

La gravité des considérations qui précèdent n'a pas échappé aux socialistes allemands. C'est dans *la Revanche* même (9 nov. 1886) que nous en trouvons un témoignage. Cette feuille reproduisait une correspondance de Berlin, du 7 novembre, ainsi conçue :

« M. Bebel, le chef du parti socialiste parlementaire en Allemagne, vient de renouveler contre l'annexion de l'Alsace et de la Lorraine par l'Allemagne victorieuse la protestation qu'il avait élevée, il y a seize ans, pendant la guerre, et qui lui avait valu l'honneur d'une arrestation et de plusieurs mois de prison sans jugement. Dans la revue économique *Neue Zeit*, le député socialiste passe en revue la politique étrangère de M. de Bismarck dans ses rapports avec la Russie, et expose les fautes graves que le chancelier a commises et qui l'ont mis, lui et son œuvre, à la merci de la Russie.

« M. Bebel n'hésite pas à dire que la première et la plus grave de ces fautes a été l'annexion de l'Alsace et de la Lorraine, à partir de laquelle l'Allemagne s'est trouvée forcément subordonnée à la Russie, par la crainte des revendications françaises. »

Nos patriotes, moins bien avisés, devaient se laisser éblouir par le mirage d'une entente franco-russe. Le 27 novembre 1886, *la Revanche* reprochait à M. de Freycinet de ne pas avoir accepté la mission de protéger les résidents russes en Bulgarie et en Roumélie. Il était sage d'éviter ce guêpier ; mais l'organe des patriotes jugeait que c'était là une condescendance envers l'Allemagne, et qu'elle diminuait « notre honneur et notre prestige. »

Quelques jours après, les journaux nous apprenaient que le journal officiel russe *le Messager du gouvernement*, avait adressé une note sévère aux journaux russes qui, à propos des événements de Bulgarie, avaient exprimé des sentiments hostiles à l'Allemagne. Cette note prouvait évidemment que le gouvernement français avait été assez bien inspiré en déclinant la mission qui lui avait été proposée par la Russie. Une acceptation aurait fourni un grief à l'Allemagne, sans nous donner aucune assurance quant à la fameuse alliance.

Le seul avantage que la diplomatie française paraît avoir obtenu dans les conciliabules avec les ministres du czar, c'est que la Russie mettrait sur les frontières qui la séparent de l'Allemagne, une armée assez imposante pour tenir en observation une forte partie des troupes allemandes. Pour prix de cette diversion, la France s'obligerait à ne contrarier en quoi que ce fût les entreprises de la Russie dans les Balkans.

Serait-ce-là un succès dont les patriotes auraient à s'enorgueillir ?

Les patriotes ne pouvaient manquer de jeter feu et flamme contre M. de Lesseps, qui s'était chargé d'une mission de réconciliation entre la France et l'Allemagne. Le baiser Lamourette avait été échangé entre celui qu'on a appelé le grand citoyen du monde et le vieil empereur d'Allemagne ; et, dans la tendresse de ses épanchements, M. de Lesseps était allé jusqu'à traiter l'Allemagne *d'amie naturelle de la France.* C'était, nous l'avouons, faire la partie belle aux patriotes. Nous pouvons admettre, en effet, que la France consente à ne pas déférer au sort des armes la question de la réintégration de l'Alsace-Lorraine à notre territoire ; mais la morale sociale n'admettra jamais la légitimité d'une reconnaissance expresse d'un acte de force contre le droit d'un peuple.

M. de Lesseps s'est donc trompé ; et le gouvernement français qui avait accepté son entremise, a eu le tort grave de solliciter une amitié que la République repoussera jusqu'au jour de l'affranchissement de nos deux provinces. Lors même que le pacte eût été signé, la Nation n'aurait pas plus suivi MM. Grévy et Freycinet, qu'elle n'a suivi Louis-Philippe s'aplatissant devant l'Angleterre et payant l'indemnité Pritchard pour conserver la paix à tout prix. La nation n'a pu digérer tant de honte, et, en février 1848, elle vomissait les d'Orléans.

Que MM. Grévy et Freycinet le sachent bien : une promesse d'amitié faite à l'Allemagne ne serait pas moins honteuse pour la France, et pourrait coûter tout aussi cher au gouvernement opportuniste, qui aurait ainsi comblé la mesure.

Nous ne voulons pas la guerre, parce qu'il ne nous est pas encore démontré que le gouvernement allemand ose la déclarer. Mais quant à un traité d'amitié, il n'est possible qu'entre deux peuples formant une même famille démocratique. Voilà pourquoi il n'en interviendra pas aujourd'hui entre la France républicaine et l'Allemagne impériale.

Si nous sommes éloignés de décourager les espérances de nos
frères Alsaciens-Lorrains, nous devons nous garder également
d'excitations intempestives et prématurées, qui les exposent à
de cruelles représailles. Aussi devons-nous blâmer les appels
imprudents que leur adressent en ce moment les soi-disant patriotes français.

Ils ont ainsi fourni aux impérialistes allemands l'occasion de
satisfaire leur basse et froide vengeance contre un peuple qui
n'a d'autre tort que de repousser une odieuse servitude. L'affiliation vraie ou même prétendue d'un Alsacien-Lorrain à la
Ligue des patriotes, la découverte faite chez lui d'insignes semblables à ceux que la Ligue prodiguait à ses adhérents, entraînent l'arrestation et l'emprisonnement. Dans les perquisitions
dont elle est chargée, la police, qui est la même dans tous les
pays du monde, va jusqu'à glisser des circulaires ou des insignes
de la Ligue parmi les papiers de celui qu'elle veut compromettre.

Ces procédés indiquent d'avance l'intention du gouvernement
allemand : il se ménage un grief qu'il puisse invoquer contre la
France, le jour où il lui plaira de dire que l'Allemagne est attaquée par nous. Déjà *la Gazette Nationale* de Berlin et les
autres journaux dévoués à l'Empire, répondant à nos journaux
qui, comme *le Temps*, prêchent platement et lâchement les circonstances atténuantes, ont publié ceci : — « A quoi bon essayer
de prouver que la France est animée de sentiments pacifiques,
alors qu'elle a formé contre une nation voisine, une ligue de
guerre comptant deux cent mille adhérents ! » (*Evénement*,
18 février 1887).

Nous savons, et les Allemands savent comme nous, combien
il en faut rabattre de ce chiffre. Mais il importe à M. de Bismarck
d'accepter cette exagération.

L'une des premières mesures prises par le gouvernement allemand, a consisté dans la suppression de la plupart des Sociétés
de musique, de chant, de gymnastique, d'escrime, de tir, et
même des Sociétés de sport, sous le prétexte fort plausible que
ces associations maintenaient l'influence française.

La circulaire du secrétaire d'Etat, qui arme les autorités départementales d'Alsace-Lorraine du droit de recourir à ces
mesures, indique en ces termes les cas dans lesquels elles doivent
être prises :

« Dès qu'il est prouvé que des tendances anti-allemandes règnent
dans une Société, celle-ci doit être dissoute. Pour obtenir de ma
part la demande d'autorisation de cette mesure, que je me réserve
d'accorder pour chaque cas isolé, un rapport spécial me sera adressé :

« Lorsqu'une des Sociétés susdites cherche à exercer une influence sur les affaires publiques dans un sens hostile à l'Allemagne ;

« Lorsqu'une Société, par son attitude, donne clairement à connaitre qu'elle suit la direction donnée par une autre association anti-allemande, non autorisée par la police.

Le secrétaire d'Etat termine ainsi :

« Veuillez demander aux directeurs d'arrondissement des rapports sur les résultats obtenus en vertu du présent arrêté, et me les communiquer avec vos observations. »

Le but de ces mesures a été récemment avoué par la *Gazett de l'Allemagne du Nord* : Le chancelier allemand compose un dossier de tous les griefs et de tous les incidents qu'il se réserve d'invoquer un jour contre nous (*La Revanche*, 4 avril 1887).

Les manifestations françaises, qui se multiplient dans les moindres localités, donnent lieu à des répressions judiciaires, qui ne font qu'accroître l'irritation générale.

Quelques-unes de ces condamnations sont d'une rigueur impitoyable. Ainsi un des grands industriels de Sainte-Marie-aux-Mines, M. Blech, a été condamné par la cour de Colmar à trois ans de prison dans une forteresse, pour affiliation à la Ligue des patriotes (*Intransigeant*, 5 avril 1887).

Les Français résidant en Alsace-Lorraine, et seulement soupçonnés d'affiliation à cette Société, sont expulsés par arrêté administratif. Cette mesure ne paraissant pas suffisante, il a été interdit, depuis, à tout Français de résider sur le territoire alsacien-lorrain, sans une autorisation expresse de la police. Des peines sévères sont encourues par celui qui accueillerait un Français non muni d'un permis de séjour toujours révocable (ordonnance du 31 déc. 1886). Encore toute demande de séjour doit-elle être motivée ; elle n'est valable que pour quinze jours au plus.

Il est difficile de prévoir où s'arrêteront ces vexations ; mais les conséquences peuvent en devenir dangereuses pour la paix de l'Europe.

Examinons, en terminant, comment peut aboutir le mouvement alsacien-lorrain pour l'indépendance et le retour à la France.

Ce mouvement est essentiellement nationaliste et, dans le vrai sens du mot, patriotique. Mais, il faut le reconnaître, tant qu'il ne s'affirmera pas avec un caractère républicain et anti-clérical, socialiste même, tant qu'il se confinera dans un complet isolement vis-à-vis de populations allemandes déjà ralliées à la République sociale, il restera impuissant et stérile. L'Allemagne ne le redoutera pas plus qu'elle n'a redouté les convulsions parfois terribles de la nationalité polonaise. Mais, au contraire, si l'Alsace-Lorraine cherche son point d'appui moral et matériel dans le développement du socialisme, elle sera sauvée ; car elle aura aussitôt pour alliées, dans l'intérieur même de l'Allemagne, à Berlin à Francfort et dans toutes les grands villes, les masses qui marchent sous le drapeau socialiste.

L'Alsace-Lorraine, la Pologne, le Sleswig-Holstein et le socialisme militant sont, pour l'Allemagne, autant de petits nuages épars çà et là sur un ciel encore bleu ; mais la moindre étincelle électrique rassemblera ces éléments épars, et les points noirs deviendront ouragan, torrent, trombe pour déraciner et entraîner tout ce qui tentera de leur résister. M de Bismarck, qui l'a compris, a cherché à conjurer le péril en s'alliant à la cour de Rome. Il a donc fait toutes les concessions possibles afin d'agir, par le Vatican, sur les âmes catholiques et anti-socialistes, en leur prêchant l'horreur de la violence et la soumission à César.

Dans cette situation, tant que l'Alsace-Lorraine enverra au Reichstag des députés tirés du clergé et ainsi liés envers le pouvoir pontifical, les agitations fébriles de nos deux provinces seront sans résultat et ne feront que river plus fortement leurs chaînes.

Ce qui se passe aujourd'hui dans la Grande-Bretagne confirme ce que nous venons de dire. Tant que le mouvement irlandais est resté à la fois séparatiste et catholique, l'insurrection n'a pu se développer ; car elle a été suspecte à toutes les autres classes de la population britannique. Mais on nous annonce que les socialistes de Londres et d'ailleurs font enfin cause commune avec les Irlandais, et que ceux-ci, jusqu'à présent abusés et bernés par leur clergé, cherchent leur point d'appui dans le socialisme. Quand cette union aura été fortement cimentée, c'en sera fait de l'aristocratie anglaise, et l'Irlande sera sauvée, en même temps que la Grande-Bretagne deviendra vraiment une nation.

L'enseignement qui se dégage de ces faits et des observations qu'ils suggèrent, c'est que les progrès de la République sociale par la fédération des classes et des races opprimées, est le seul péril que redoute l'autocratie allemande aussi bien que l'aristocratie anglaise.

Il est à prévoir que le développement du socialisme en Alsace-Lorraine sera accompagné du détachement de l'élément catholique et des classes privilégiées ; celles-là iront à l'absolutisme prussien plutôt qu'au socialisme ; mais le reste de la population alsacienne-lorraine, dévouée à la cause socialiste, se sentira appuyé de toutes les forces de la démocratie allemande et vaincra avec elle.

Résumons : — Une guerre entre la France et l'Allemagne ne

nous rendrait peut-être pas l'Alsace-Lorraine ou ne nous en laisserait que la possession précaire ; l'avènement du socialisme nous les rendra sans que nous ayons à combattre l'Allemagne.

Berlin le sait, et voilà pourquoi tous les prétextes lui paraissent bons pour provoquer la lutte à son heure. Ainsi, quand elle la voudra, ni les humiliations ni les aplatissements de nos gouvernants devant le despotisme allemand ne nous l'épargneront. D'un autre côté, le parti clérical, en France, y pousse également, car il espère en faire sortir, chez nous, l'écrasement du socialisme.

Nous croyons avoir suffisamment démontré que les néo-patriotes, qui ont succédé à la Ligue, font, peut-être inconsciemment, le double jeu de M. de Bismark et des royalistes français, en provoquant la revanche quand même et à outrance.

VI

UNION DES SOCIÉTÉS DE TIR DE FRANCE SOUS LE PATRONAGE DE LA LIGUE

SOMMAIRE: La Ligue, dans la prévision de sa chute, a préparé la formation d'une *Union* dite *nationale des Sociétés de tir de France*. — Cette création fut projetée à la suite du Concours de 1885 ; une Commission instituée par la Ligue, en rédige les statuts. — Circulaire de la Commission aux Sociétés de tir. — Les Sociétés qui acceptent le patronage de la Ligue sont seules convoquées pour approuver les statuts de l'Union ; assemblée du 3 juin 1886 : M. Mérillon est nommé président ; rôle de ce dernier dans la Ligue : son rôle à la Chambre, comme député de la Gironde : il est répudié par ses mandataires, à raison de son vote de confiance en faveur du *ministère allemand*. — Aujourd'hui M. Mérillon veut faire reconnaître son *Union nationale* comme étant d'utilité publique. — M. Lermusiaux, secrétaire de la Ligue et en même temps secrétaire de l'*Union*. — L'Union sollicite une subvention de la Chambre au nom de toutes les Sociétés de tir. — Réapparition de M. Duquesne, fondateur du *Drapeau*.

Les chefs de la Ligue ne pouvaient plus se faire illusion sur le sort de leur association. Après la retraite du Maître, la désorganisation était complète. Cependant, ils avaient prévu depuis longtemps ce dénouement, et ils avaient préparé un moyen de galvaniser leur institution et de lui rendre un peu de vie par une transformation habile.

L'Union nationale des Sociétés de tir de France pouvait servir leurs projets. En effet, la fédération de ces Sociétés était un moyen d'autant mieux choisi qu'elles ont toujours été entourées d'une certaine faveur par l'opinion publique. Si le Comité directeur de la Ligue parvenait à faire triompher l'idée que les associations de tireurs étaient vraiment son œuvre, ainsi que trop de gens sont portés à le croire; s'il se mettait à la tête du mouvement fédératif pour le groupement de ces associations, peut-être reconquerrait-il une certaine popularité. Tel était son but.

Exposons d'abord quelles furent les origines de *l'Union nationale*. Après le Concours de 1885, dont la direction avait été absorbée par la Ligue, M. Paul Déroulède, voulant substituer définitivement son action à celle des délégués des Sociétés, avait nommé lui-même, le 10 septembre 1885, une Commission permanente, chargée d'organiser, d'accord avec la Ligue des patriotes, tous les Concours futurs.

La Commission se composait de MM. Lermusiaux, secrétaire de la Ligue, Vignat, Letalle et Potdevin, trésorier de la Ligue.

Cette Commission rédigea les statuts d'une fédération des Sociétés de tir de France, sous le patronage de la Ligue. Une circulaire, adressée aux Sociétés, les invita à envoyer leur avis sur le principe même de l'acceptation de ce patronage (*Drapeau*, 15 février 1886). Nous donnons un extrait de ce document :

> « ... Ce groupement aurait pour but *de prendre en main* l'organisation des futurs Concours nationaux de tir...
>
> « Désignés pour faire partie de la Commission provisoire chargée d'étudier les divers plans d'organisation, nous venons d'abord vous demander de vouloir bien faire voter votre Société sur cette question de principe:
>
> « L'union nationale des Sociétés de tir de France, sous le patronage de la Ligue...
>
> « Dès la réception de votre adhésion, le projet général des statuts vous sera adressé. »

Bien entendu, les Sociétés qui envoyèrent leur adhésion — et elles furent au nombre de 64 sur plus de 1.200, — furent seules convoquées (*Tireur*, 17 juin 1886). Encore les Sociétés de gymnastique, qui ne font du tir que très accessoirement, étaient-elles admises parmi les adhérents. Ajoutons que plusieurs présidents de ces Sociétés ont cru pouvoir engager leurs co-sociétaires sans les consulter. Les Sociétés parisiennes de tir, au nombre de soixante, n'envoyèrent que sept adhésions.

La réunion des délégués des Sociétés adhérentes eut lieu le 3 juin 1886. Les statuts présentés par les amis de M. Déroulède furent votés à main levée et sans discussion.

M. Mérillon, aujourd'hui député opportuniste de la Gironde, alors président de la Fédération des Sociétés de gymnastique de

Bordeaux, était désigné par la Ligue pour présider l'Union ; il fut nommé par acclamation.

Il est vrai que M. Mérillon avait eu, au concours de Vincennes, en 1884, un démêlé assez grave avec M. Déroulède, au sujet de l'attribution d'un premier prix contesté par M. Delamain et la Fédération des gymnastes du Sud-Ouest ; mais une réconciliation avait eu lieu entre eux, lors de la onzième Fête fédérale de gymnastique de Bordeaux, en mars 1885 ; et, comme gage de cette réconciliation, M. Mérillon avait reçu une médaille d'or de la Ligue (*Drapeau*, 13 juin 1885). La décoration de la Légion d'honneur suivit de près cette faveur de M. Déroulède. Nous avons rapporté plus haut les manifestations cléricales des chefs de la Ligue contre la Franc-maçonnerie, pendant cette Fête fédérale.

Il n'est pas indifférent, pour l'édification des tireurs trop longtemps abusés sur le rôle de la Ligue et de ses chefs, de rappeler que M. Mérillon a été du nombre des députés de la Gironde, qui, après avoir capté les suffrages de leurs concitoyens sur un programme radical, ont fait récemment la volteface la plus impudente, en accordant un vote de confiance au ministère Rouvier

La note suivante, publiée dans les journaux républicains, en juin dernier, nous montre que le châtiment commence pour les hommes du parti de M. Mérillon :

« Dimanche soir a eu lieu une assemblée générale des comités radicaux et indépendants de la Gironde et du Sud-Ouest.

« Plusieurs conseillers généraux et d'arrondissement et plusieurs maires y assistaient ; il y avait 150 à 200 personnes présentes.

« Après une assez vive discussion, l'assemblée, sur la proposition de M. Delboy, conseiller général de la Gironde, a voté une résolution blâmant les députés de la Gironde d'avoir oublié la signification du scrutin du 18 octobre 1885, qui les a nommés dans une pensée de concentration républicaine, blâmant, en outre, les chefs parlementaires de l'opportunisme, qui, dans la dernière crise ministérielle, ont abaissé le drapeau des républicains devant ceux de la réaction.

« La résolution ajoute : « L'assemblée fait appel au suffrage universel pour reconstituer, dans les prochaines élections, le véritable programme républicain et charger de son exécution des hommes sincèrement dévoués aux réformes démocratiques, et passe à l'ordre du jour. »

L'expiation sera devenue complète, le jour où les associations qui sont encore liées à l'*Union* dite *nationale*, auront rompu leurs attaches avec M. Mérillon et les autres amis du ministère Rouvier que l'opinion a flétri du nom de ministère *allemand*.

Aujourd'hui, le même M. Mérillon sollicite de l'administration supérieure la reconnaissance de son *Union nationale* comme Société d'utilité publique. Ce stigmate officiel serait dans notre situation politique intérieure, l'arrêt de mort des Sociétés civiles de tir déjà en butte à la concurrence officielle des Sociétés de tir de l'armée territoriale, dans lesquelles règne un esprit étroit et trop militaire pour favoriser le progrès.

A côté de M. Mérillon, nous trouvons, comme secrétaire de l'*Union nationale,* M. Florimond Lermusiaux, qui est en même temps secrétaire de la Ligue.

Le Drapeau du 20 novembre 1886 fait, dans les termes suivants, l'éloge de M. Lermusiaux :

« Il est l'un des créateurs de l'Union nationale des Sociétés de tir de France, à laquelle il donne sa collaboration de tous les instants, et dont M. Mérillon et lui ont su diriger les efforts dans un sens absolument conforme à notre but et à nos idées. Là comme partout où il s'agit de tir, M. Lermusiaux est le représentant discipliné et incontesté de la Ligue...

« Forgeons ces Sociétés à grand bruit de concours, de manifestations, de paroles... »

Nous en avons assez dit pour mettre les Sociétés de tir en garde contre le périlleux patronage de la Ligue. Mais que la vigilance de nos amis soit toujours en éveil; car ces hommes-là ont toutes les audaces. N'ont-ils pas osé, récemment, demander à la Chambre une subvention de cent mille francs, au nom de *toutes* les Sociétés de tir?

Plus récemment encore. n'ont-ils pas adressé aux Chambres une brochure dans laquelle ils s'annonçaient comme les représentants autorisés de toutes les Sociétés de tir de France, alors qu'ils n'en représentent pas la vingtième partie ?

Obéissant à un mot d'ordre, toutes les forces du cléricalisme semblent vouloir donner à la fois. M. Lebigre dit Duquesne, le prédécesseur de M. Déroulède et l'un des fondateurs du *Drapeau,* ne vient-il pas de proposer au Conseil municipal, entre autres marchandises patriotiques, un fusil scolaire de sa maison ? Avis aux représentants de la cité parisienne.

CHAPITRE VIII

Conclusion

I

M. DÉROULÈDE SE DÉMET DE LA PRÉSIDENCE DE LA LIGUE.

Sommaire : Les échecs successifs de M. Déroulède faisaient pressentir sa démission; son découragement; ses confidences à un correspondant du *Gaulois*. — Sa lettre de démission de la présidence de la Ligue. — Autre lettre de M. Déroulède au Comité directeur. — Caractère de la forme de cette abdication. — Délibération du Comité directeur : la démission est acceptée; M. Sanbœuf est nommé président. — Déclaration du Comité aux adhérents de la Ligue. — M. Déroulède avoue que le gouvernement l'a condamné au silence, et qu'il a obéi, — Subterfuge employé par M. Deloncle pour déguiser la déconfiture du Maître. — M. Déroulède confesse à un reporter du *Figaro*, qu'il a été découragé par l'attitude du gouvernement. — En quels termes la *Revanche* répond aux gémissements de M. Déroulède. — M. Déroulède désavoue un propos regrettable qui lui aurait été attribué. — Jugement de M. Peyramout sur la Ligue des patriotes et son ancien président. — Les soldats de l'armée de la Ligue ne sont pas moins sévères pour leur ancien chef. — Ranc lui-même se prononce contre M. Déroulède dans la *République française*. — Quelque temps avant sa chute, M. Déroulède se faisait encore illusion sur la puissance de la Ligue; sa préface du livre: *Avant la bataille*. — « Le soldat doit avoir confiance dans l'arme adoptée par son gouvernement, quelle qu'elle soit. » — L'orgueil étouffe chez le Maître la voix de la conscience: citation de la *France juive*.

La démission de M. Paul Déroulède de la présidence de la Ligue ne pouvait surprendre ceux qui, depuis longtemps, avaient observé tous ses actes. Il s'était vu d'abord encensé comme le symbole vivant du patriotisme. Des fanatiques, tels qu'il s'en rencontre dans tous les temps, lui avaient voué une sorte de culte. Les malins — et ils abondent dans le parti opportuniste, comme dans le parti clérical — lui avaient composé une véritable cour. C'est à ceux-là surtout qu'il paraît bon d'élever sur le pavois des hommes qu'ils chargent de dispenser largement les grâces et les faveurs. Ils leur octroient un brevet de génie, entourent leur nom d'une auréole de gloire, et les recommandent à l'adoration de la foule. Celle-ci, moutonnière de sa nature, se laisse trop souvent fasciner par des démonstrations éclatantes ou par des discours aussi pompeux que vides de sens, et elle applaudit à tout rompre. Mais il arrive une heure où cette même foule, se prenant à réfléchir, reconnaît son illusion grossière : le héros lui semble surfait, et ses travers lui apparaissent dans tout ce qu'ils ont de grotesque. Elle descend alors l'idole de son piédestal et la brise.

Cette heure était venue pour M. Paul Déroulède. Déjà, son orgueil avait subi de cruels échecs. La façon dont il avait été éconduit au Concours fédéral de Berne, en 1885, le succès douteux de ses Concours nationaux de Vincennes, l'accueil peu chaleureux qui avait été fait à sa candidature à la députation, le ridicule qu'il s'était attiré à l'occasion de son voyage circulaire en Europe, les invitations réitérées qui lui avaient été adressées par le gouvernement d'avoir à se garder de manifestations ou de discours belliqueux, et l'obéissance à laquelle il s'était vu contraint, l'avaient jeté dans un profond découragement.

La disgrâce dans laquelle il était tombé auprès du gouvernement, lui était surtout sensible. Le Maître, qui décernait naguère les décorations à ses fidèles adorateurs, avait été prié de rentrer dans le rang et d'y faire le moins de bruit possible. Sa popularité avait diminué en même temps que sa puissance ; aussi ceux qui n'avaient plus rien à attendre de lui commençaient à le discuter, et son portrait cessait d'être flatté.

Le Maître avait eu d'abord certaines velléités de rébellion contre le gouvernement. « Il était écœuré, disait-il déjà à un correspondant du *Gaulois*, au commencement de 1886, de la politique intérieure et extérieure du gouvernement français, des perpétuelles concessions au drapeau rouge et de la constante peur de se compromettre vis-à-vis de l'Allemagne. » Mais il s'était borné à l'expression de ces regrets, et l'audace lui avait manqué pour rompre en visière à ceux qui se mettaient en travers de la revanche. Loin de là, on l'avait vu se courber et s'humilier sous la main qui l'étreignait, et recommander même à ses amis d'imiter sa soumission. Cette timidité devait le compromettre, non vis-à-vis des autres chefs de la Ligue qui lui restèrent constamment fidèles, mais vis-à-vis de son armée qui commençait à douter de lui.

Ne cherchons pas ailleurs les causes de la chute du Maître.

Le 15 avril 1887, M. Paul Déroulède adressait sa démission en ces termes à M. Sansbœuf, vice-président de la Ligue :

« Cher vice-président et très cher ami,

« C'est vous, le plus ancien de mes collaborateurs à la Ligue, vous, son fondateur du premier jour, que je charge d'annoncer à nos amis la pénible détermination que j'ai dû prendre.

« Je quitte la Ligue; je quitte aussi la vie publique.

« Le deuil cruel qui nous a frappés, moi et les miens, a rendu plus étroits, plus impérieux, plus évidents à mes yeux, mes devoirs de famille. Que les patriotes me pardonnent. Je leur reviendrai peut-être un jour. Qu'ils se souviennent en tout cas que je les ai servis six ans avec tout moi-même !

« Qu'ils s'en souviennent et qu'ils continuent l'*Œuvre* !

« Vous êtes un de ceux sur qui je compte le plus pour les y aider.

« A vous, mon cher Sansbœuf, d'un cœur dévoué et reconnaissant.

« PAUL DÉROULÈDE. »

Une autre lettre, datée du même jour, était adressée par le président démissionnaire aux membres du Comité directeur de la Ligue.

« Chers camarades et chers collaborateurs,

« De graves raisons de famille me déterminent à me retirer de la vie publique.

« J'ai l'honneur, j'ai le regret de vous donner ma démission de président de la Ligue des patriotes.

« Notre œuvre que nous avons fondée ensemble, repose aujourd'hui sur des bases trop solides pour qu'une pierre de moins ébranle même un instant l'édifice.

« Je m'en fie à vous pour le maintenir, pour l'agrandir et pour rester toujours fidèles — ainsi que je l'ai été jusques à aujourd'hui — à l'impartialité de notre devise : « *Républicain, bonapartiste, légitimiste, orléaniste, ce ne sont là chez nous que des prénoms. C'est Patriote qui est le nom de famille.* »

« Veuillez agréer, chers camarades, veuillez faire agréer aux membres si dévoués de notre grande association, avec tous les remerciements émus et reconnaissants de votre troisième président, l'assurance des meilleurs vœux et de l'inaltérable souvenir de votre ami.

« PAUL DÉROULÈDE. »

Napoléon Ier, après Waterloo, n'apporta pas plus de solennité à la formalité de son abdication.

Le Comité directeur se réunit, au reçu de cette lettre, et prit la délibération suivante :

« Le Comité directeur de la Ligue des patriotes, dans sa séance du 18 avril 1887, a accepté la démission de M. Déroulède, démission motivée par des raisons d'ordre purement privé.

« Persistant dans ses idées et dans sa ligne de conduite, décidé plus que jamais à poursuivre l'œuvre de la Ligue, le Comité, à l'unanimité, a nommé M. Paul Déroulède président d'honneur.

« A l'unanimité, M. J. Sansbœuf, vice-président, a été nommé président.

« Ces résolutions seront soumises à l'assemblée générale, fixée au 12 mai prochain. »

Le Comité directeur fit suivre cette décision d'une *Déclaration* aux adhérents de la Ligue. Cette Déclaration est un monument prudhommesque. Jamais le pathisme n'avait atteint une telle altitude.

« Général, vous êtes grand comme le monde », disait, un jour, à Bonaparte un membre de la société des ligueurs de ce temps-là. Le Comité directeur, dans son apologie solennelle de M. Paul Déroulède, a encore amplifié cette image. Nous devons d'autant moins priver nos lecteurs de la communication de ce document, que la Ligue menace de continuer encore l'œuvre commencée par M. Déroulède, et que la retraite de Tartarin est présentée comme momentanée.

« Vous n'ignorez pas, y est-il dit, quels services sans précédents cet homme, d'une si haute éloquence et d'un cœur si valeureux, a rendus depuis dix-sept ans à la cause nationale. D'autres ont eu le pouvoir et la direction des partis. Il importait à ce noble esprit, que nous entourons d'une vénération profonde, de ne réclamer et de ne garder qu'une autorité toute morale, une direction des âmes.

« Au lendemain de la défaite, ce fut un poète éclatant. Dès le jour du relèvement, consacré par la remise des nouveaux drapeaux à notre armée, ce fut un orateur incomparable. Il a groupé autour de lui deux cent mille citoyens librement associés, prêts à donner leur vie pour la Patrie.

« Attaqué, calomnié, il n'a jamais voulu d'autres récompenses que notre constance, que notre union, que notre discipline. La Ligue des Patriotes l'a suivi comme une armée : elle est fière de son chef, et elle doit publiquement proclamer qu'elle fonde sur lui d'éternelles espérances.

« Tout un dogme, toute une vérité, toute une politique sont contenus dans les statuts que M. Paul Déroulède nous a donnés, en vue de la révision du traité de Francfort et de la restitution de l'Alsace-Lorraine à la France. Il a complété leur formule, et élargi notre horizon en faisant à travers l'Europe, autour de l'Allemagne, ce voyage si redouté de l'Allemagne auquel nous devons d'avoir accentué et précisé notre désir, notre mot d'ordre actuel : l'alliance de la République française et de l'Empire russe, sur le terrain de la paix et des armes.

« M. Paul Déroulède a, depuis 1882, parlé à ce pays. Cinq cents conférences sont là pour attester son passage. Il a supplié la nation de croire à son armée, à elle-même, à la vieille gloire des régimes passés comme à la gloire future et nécessaire du régime présent. Ces enseignements, qui n'en a recueilli le fruit ? La France est maintesant plus forte; sa conscience lui est rendue après sa force. Il ne faut pas que l'on oublie à qui revient l'honneur d'un tel succès.

« Devant la retraite volontaire et certainement passagère de notre président, nous ne devons avoir qu'une pensée : s'il nous abandonne pour quelques mois, dans les angoisses du deuil récent qui l'oppresse, dans la volonté où il est d'obéir à l'affection des siens comme il a toujours obéi aux ordres de la Patrie, c'est qu'il nous présume assez confiants, assez persévérants, assez sages pour aller jusqu'au bout de notre tâche, et qu'il envisage avec nous l'état de l'Europe avec toutes ses conséquences, dont la majeure part, malgré le génie de M. de Bismarck, doit se tourner en faveur de nos projets.

C'est pourquoi, nous vous convions à conclure plus ardemment que jamais notre pacte de coalition et de résolution ; nous sommes la Ligue des protestataires d'ici, vainement mêlée aux procès e ceux de là-bas. Nous n'avons pas besoin que les Alsaciens-Lorrains soient fidèles ; c'est à nous de les libérer, et non à eux de souffrir pour nous. Ils ont tout le martyre, et nous toute la honte. Nous sommes la Ligue des vieilles traditions, la Ligue de la France entière, la Ligue des héritages anciens, la Ligue sûre de ses aïeux, la Ligue du Rhin gaulois et du Rhin français.

« Aidez-nous, chers camarades, à parachever l'œuvre de Déroulède et, groupés autour de notre président d'honneur, marchez fermement à la reconquête des provinces perdues. L'heure n'est plus de douter ou de craindre, mais d'entreprendre. »

Personne n'ignorait que le gouvernement avait condamné M. Paul Déroulède au silence. Quelques-uns étaient même allés jusqu'à supposer que la retraite lui avait été commandée, ou au moins conseillée. Le Maître avait dissimulé le plus longtemps possible son aplatissement devant les ministères Freycinet et Goblet, lequel n'avait été égalé que par l'aplatissement de ces derniers devant les insolentes provocations de M. de Bismarck. Mais, le jour de sa retraite, M. Déroulède ne prend plus la peine de cacher cette blessure faite à son amour-propre. Il avoue alors, par l'intermédiaire de M. Henri Deloncle, « qu'il a été prié de renoncer, dans des grandes solennités patriotiques, à son droit de parole; qu'il a toujours déféré à ces vœux, formulés, d'ailleurs, avec toutes les apparences d'une courtoisie amicale. » (*Drapeau*, 23 avril 1887).

Toutefois, le Maître voudrait persuader au public qu'il y a eu conflit sur les questions de politique extérieure entre les membres du cabinet et lui.

Raisonnons, s'il vous plait. S'il y avait eu *conflit*, M. Paul Déroulède n'aurait pas battu en retraite et livré ses armes, c'est-à-dire ses foudres d'éloquence, devant un simple *vœu*, même s'il eût été exprimé avec *les apparences d'une courtoisie amicale*. Pour prendre une telle détermination, Tartarin attendait au

moins la vue du lion du désert ou la détonation du premier coup
de feu. Donc il n'y a pas même eu conflit, comme le prétendent
aujourd'hui M. Déroulède et ses amis. Le Maître a mollement
fléchi devant un froncement de sourcils de Jupiter-Grévy.
Telle est la vérité. Mais il en coûte de confesser cette reculade.
Aussi M. Henri Deloncle repousse-t-il comme un soupçon injurieux l'idée d'une pression ministérielle.

« Il (Déroulède) eût hautement réprouvé, dit M. Deloncle, toute
ingérence directe des pouvoirs publics dans une association libre :
et nous osons dire qa'un ordre ou un conseil de retraite émanant du
ministère aurait eu pour premier effet de le décider et de le contraindre à garder ses fonctions. »

M. Henri Deloncle insinue encore, pour expliquer la conduite
du Maître, qu'il avait à considérer l'alliance russe, — un mot
qui ne se dit qu'à l'oreille, mais auquel personne ne comprend
pas grand'chose, — la fameuse alliance qu'il avait lui-même
négociée dans son voyage en Europe!!! C'est donc pour ne pas
compromettre cette alliance qu'il se serait retiré. Voilà, du
ce moins, que M. Deloncle essaie de persuader (*Drapeau*, numéro précité).
Ceux qui ont voulu trouver dans M. Paul Déroulède un génie
supérieur, ou simplement un cœur viril ou un caractère, ne seront pas médiocrement embarrassés en présence d'une nouvelle
déclaration du Maître sur les motifs de sa retraite. En effet, il
nous a fourni lui-même une deuxième version.
Interwievé par un rédacteur du *Figaro*, le Maître s'épancha
en ces termes :

« La vérité vraie, la voici : l'Allemagne n'a rien demandé à M.
Goblet, je ne le crois pas ; M. Goblet ne m'a rien demandé, je vous
l'affirme ; mais à défaut des paroles, ce qui m'a décidé à partir, ce
sont les actes du président du conseil et tous les actes de tous les
hommes politiques du temps présent.
« Ce n'est pas que nous eussions hâte de déclarer la guerre à
l'Allemagne, mais c'est que nous voulions que la déclaration de
guerre de l'Allemagne trouvât la France prête et debout. Nous pré-
voyions en effet que l'heure viendrait tôt ou tard où, autant pour satisfaire sa haine héréditaire contre les Français qu'elle ne veut pas
laisser vivre indépendants, que pour échapper aux revendications
libérales des Allemands qu'elle ne veut pas voir vivre libres, la
Prusse jetterait tout à coup le cri de guerre et détournerait sur nous
tout le flot débordé des colères germaniques.
« Et cette heure était enfin venue. Notre peuple était de force et
de courage à envisager bravement un danger qu'il n'avait pas créé.

« Et pourquoi voulez-vous que j'use ma vie dans cette propagande inutile, puisque personne ne veut dans le Gouvernement relever l'esprit de la nation, armer la jeunesse, préparer la lutte, chercher et trouver la victoire? On nous fait un crime, non pas d'avoir levé le poing, mais de chercher à relever la tête ! On fait de la nation la plus généreuse et la plus vaillante le reflet de quelques impuissants et de quelques trembleurs. A ce peuple sincère et droit, on verse à pleines mains le narcotique comme un cordial, et dans le demi-sommeil où on le plonge, on le félicite encore de son insensibilité inconsciente et on le persuade, comme le chasseur de la fable qu'il n'y a plus désormais pour lui d'autre moyen que de faire le mort.

« Ces hommes ne s'aperçoivent pas que, dans leur horreur de la revanche, ils déshonorent tout ensemble la patrie et la République !

« Et la situation de ces gouvernements est bien singulière.

« Car ils craignent tout dans la guerre : vaincus, i s craignent un Quatre-Septembre anti-républicain ; vainqueurs, ils redoutent le général qui les enverrait à Mazas. Le gouvernement ne se reconnaît pas la force nécessaire pour maintenir dans la légalité le général qui reviendrait de là-bas victorieux. Et il aime mieux, pour le maintien de la République, laisser l'Alsace à l'Allemand.

« Et cependant, ce n'est pas dans une guerre civile qu'ils tomberont, c'est dans un vomissement.

« Quant à moi, républicain de vieille date, mais républicain gênant, mais écœuré des actes de cette République de lâcheté, je me suis dit que mon rôle était fini, puisque l'heure souhaitée de la revanche ne devait jamais sonner. »

C'était à M. Peyramont et au journal *la Revanche*, c'est-à-dire aux véritables continuateurs de l'œuvre de la Ligue des patriotes, qu'il appartenait de répondre aux gémissements de M. Paul Déroulède. Ils le firent en termes assez vifs, en relevant fort judicieusement les incohérences qui se rencontrent dans la conduite politique de l'ancien chef de la Ligue.

« Nous applaudissons des deux mains, dit la *Revanche* (22 avril 1887), et d'autant plus que l'ex-président de la *Ligue des Patriotes* ne fait que ressasser ce que nous ne cessons de dire depuis des mois, avec cette différence qu'il aurait dû peut-être le dire beaucoup plus tôt.

« Car, ce qu'il y a de singulier dans le cas de M. Déroulède, c'est qu'il a accepté parfaitement la consigne de ce gouvernement. C'est lui qui a imposé l'inertie à la *Ligue des Patriotes*, alors que son devoir le plus élémentaire était d'agir. C'est lui qui, le jour du discours pacifique du général Boulanger à l'Hippodrome, se prélassait sur la piste, auprès du ministre de la guerre, le faisait acclamer par ses gymnastes et prêchait le recueillement et le silence, comme la seule attitude à observer.

« Maintenant, il reconnaît les inconvénients de cette conduite ;

mais il a véritablement grand tort d'essayer d'en faire endosser la responsabilité par autrui.

« La *Ligue des Patriotes* et son président n'avaient et n'ont aucune espèce de raison d'être. s'ils ne sont pas militants. Au moment où il s'en aperçoit, M. Déroulède se retire ; c'est ce qu'il a de mieux à faire.

« Il le reconnaît, d'ailleurs, lui-même, et ajoute « que la Seine n'en coulera pas moins calme devant ses fenêtres, et que l'île de Croissy n'en sera pas moins verte. »

« Pour cette fois, M. Déroulède se rend, sans le vouloir, la seule justice qu'il mérite. »

Le récit publié dans *le Figaro* par le reporter de ce journal contenait un mot assez vif, et qui aurait été au-delà de la pensée qu'il était permis à M. Déroulède d'exprimer : — « L'heure de la revanche ne sonnera plus, aurait-il dit ; le peuple est lâche. » M. Déroulède affirma que ces mots n'étaient pas sortis de sa bouche et que sa pensée avait été dénaturée. Cette protestation bien justifiée fut accueillie par tous les journaux comme elle devait l'être, sans commentaire.

Ce qui ressort de ces aveux si divers et des observations qu'ils suggèrent, c'est qu'en se retirant, M. Déroulède cédait au découragement, et qu'il accomplissait un acte de désespoir, un véritable suicide. Les vastes projets qu'il avait annoncés si bruyamment s'étaient écroulés tout à coup ; et la Ligue des patriotes, qu'il avait rêvée si puissante, allait périr avec lui, si elle ne se transformait. Nous avons expliqué, dans le Chapitre précédent, comment s'accomplit cette transformation. C'était *la Revanche* avec son directeur, M. Peyramont, qui ramassait le fameux drapeau des patriotes, oublié et perdu dans la déroute du Maître.

Voici dans quels termes M. Peyramont s'emparait, au lendemain de la démission de M. Déroulède, de la direction du parti de la guerre, et comment il jugeait l'ex-président de la Ligue :

« Tous les journaux *sages* ont publié hier matin une note communiquée par l'*Agence Havas*, annonçant que M. Déroulède rentrait dans la vie privée à la suite d'un deuil de famille et venait de donner sa démission de Président de la *Ligue des Patriotes.*

En bon français, cela veut dire que la Ligue des patriotes ne comptera plus, qu'elle baisse pavillon, qu'on lui retire son panache aujourd'hui et qu'elle se dissoudra d'elle-même demain.

« Un vieux proverbe dit qu'on ne saurait être plus royaliste que le roi. De même, nous ne saurions être plus déroulédistes que M. Déroulède et que la *Ligue des Patriotes.* Nous ne nous affligerons pas plus que de raison du suicide qu'il leur convient de s'infliger. Les membres de cette société ont depuis quelque temps pris une attitude si effacée, si négative, si résignée, et un tel soin de faire les morts, que le décès définitif de leur entreprise a bien des chances de passer inaperçu.

« Mais au moment où la persécution redouble en Alsace, où le Prussien se livre à un nouvel accès de fureur anti-française, la retraite de M. Déroulède présente une signification qui crève les yeux aux moins éveillés, à laquelle nul ne peut s'empêcher de prendre garde et qu'un de nos confrères dégage, du reste, de la manière la plus naïve, en nous apprenant *qu'on explique* — en haut lieu, sans doute, — la démission du président de la Ligue des patriotes par le désir et l'espoir d'amener l'Allemagne à s'adoucir envers les Alsaciens-Lorrains soupçonnés d'être affiliés à cette Société.

« C'est donc un acte de soumission et de contrition pur et simple, une nouvelle manière de demander pardon à l'Allemagne de tout le mal qu'elle nous veut et qu'elle fait à nos infortunés compatriotes, un pas de plus accompli dans la voie de la capitulation à outrance. »

Les soldats de l'armée de la Ligue n'étaient pas moins sévères pour leur ancien chef. L'un d'eux exhale dans les termes suivants, les sentiments que lui inspirent le Maître et ses lieutenants (*Revanche*, 27 avril 1887) :

« L'idée de la Ligue était très bonne ; c'est pourquoi elle avait pris une rapide extension. Mais, d'abord, quand on a vu qu'on servait de piédestal à des ambitieux et que le Comité directeur administrait en *roi absolu*, qu'il était sûr d'être toujours renommé ; ceux qui n'entendent pas n'être que comparses et contribuables au profit d'*individus*, ont regimbé et, en plus, en découvrant que les *premiers venus* pouvaient être de la Société et qu'il y en avait qui ne seraient pas reçus dans *d'autres* plus prudentes, on a trouvé que c'était assez et que les discours ronflants de M. Déroulède n'étaient que des réclames pour lui et sa coterie et, de plus, que le Comité directeur employait l'argent *comme il voulait*, qu'il savait bien que les assemblées générales approuvaient tout avec le grand nombre de claqueurs bien placés.

« C'est en ce moment où le chevalier Lamoureux (ous'c'que t'as gagné ta croix ?) brave les patriotes avec son Wagner, que la Ligue devait se montrer. Ça lui était d'autant plus facile que vous aviez ouvert la marche et, sans vous arrêter devant les calomnies, les persécutions, la cour d'assises. La *vraie* Ligue des Patriotes, aujourd'hui, ce sont les lecteurs, les partisans de votre vaillant journal. »

En même temps que *les régiments de Déroulède* se débandent, ses amis les plus dévoués, ceux qui l'avaient adulé et flagorné avec le plus de bassesse, les opportunistes, joignent à leur tour leurs clameurs à celles de la foule et déversent un flot d'injures sur leur idole de la veille.

La *République française* avait eu d'abord la pudeur, en apprenant la démission de M. Déroulède, d'accompagner de quelques paroles de condoléances la note qui annonçait cette nouvelle. Mais, quelques jours après, le Moniteur de l'opportunisme change de langage et lâche à son tour le grand Patriote. C'est Ranc, Ranc qui avait accepté, aux dernières élections générales, de figurer sur la même liste que M. Paul Déroulède, Ranc, le renégat de l'ancienne démocratie militante, qui se charge de donner le coup de pied de l'âne à l'ex-président de la Ligue. Cet éreintement que nous ne relaterons pas ici, à cause du dégoût qu'ils inspirerait à nos lecteurs, parut dans la *République française*.

Ce n'était pas seulement une chute pour M. Paul Déroulède ; c'était un effondrement, un écrasement ! Il semblait que, par sa démission, il eût lui-même donné le signal de cette débâcle.

Certains signes annonçaient depuis quelque temps la décadence de la Ligue ; elle languissait et s'affaissait à l'unisson du Maître auquel elle s'était inféodée : mais son nom seul lui valait encore un prestige relatif. Ainsi, lorsque le Maître écrivait, peu de mois avant sa retraite, la préface du livre : *Avant la bataille* (1886), il paraissait encore se faire illusion sur l'avenir de la Ligue. Dans cette préface, il disait à ses ligueurs : — « Bien qu'en disent vos contempteurs, la renaissance du patriotisme est votre œuvre... Aujourd'hui vous êtes cent mille... »

Il croit toujours que cette armée est dans sa main, rompue à l'obéissance passive, et il lui dit :

— « Vous avez compris que les meilleures chances de succès pour vous étaient de vous tenir en dehors des partis politiques. »

Dans le même esprit, il s'élève contre ceux qui se plaignent de l'infériorité de notre armement : « Ceux qui critiquent quoi que ce soit, dit-il, sont des traîtres qui désespèrent de la Patrie et veulent l'avilir. »

N'avait-il pas dit de même, au banquet de Nancy : — « Chaque pays doit avoir confiance en l'arme de guerre *que son gouvernement a adoptée.* »

Généreuse confiance, en effet, qui, en 1870, nous conduisit droit à Sedan. Mais il semble que, dans la pensée conservatrice quand même du Maître, l'obéissance au pouvoir établi passe avant le grand principe de la revanche.

Quels remords ne devraient pas assiéger aujourd'hui cet homme, si l'orgueil n'étouffait en lui la voix de la conscience !

« Sans doute, écrit l'auteur de la *France Juive*, si l'on pouvait enfermer deux ou trois heures ce vaniteux dangereux, s'il pouvait se recueillir dans cet isolement qui pèse à ces natures comme le silence du tombeau, il serait effrayé lui-même du danger qu'il a fait courir

à son pays; il écouterait celui qui lui dirait : — « Voyons, vous êtes
un Français, un chrétien, et pour procurer une affaire aux Juifs,
vous allez faire tuer des milliers d'êtres qui ont des mères, des
femmes, des enfants. Vous savez que rien n'est prêt, que les concus-
sionnaires et les malversateurs de la Chambre ont gaspillé les milliards que nous avions fournis pour la réorganisation de l'armée.
Laisant, un homme de votre parti, vous a prouvé que l'effectif de
nos régiments était ridicule, vous avez vu Farre à l'œuvre, même
dans une affaire où toute la Juiverie était intéressée ; restez tranquille
et n'associez pas votre nom à la ruine de votre pays. » — Malheureusement, Déroulède n'avait jamais trouvé personne pour lui parler
ainsi... »

II

LE PARTI DE LA GUERRE SERVIT A LA DÉCADENCE DE LA LIGUE DES PATRIOTES

SOMMAIRE : Les patriotes vont au journal *la Revanche* dont l'allure énergique leur plaît. — Les néo-patriotes ont le gouvernement contre eux : raison politique de cette hostilité: c'est elle qui a fait sacrifier le général
Boulanger. — Les républicains socialistes sont également hostiles aux
néo-patriotes; ils attendent l'affranchissement de l'Alsace-Lorraine du
développement de leurs idées; l'ajournement de la guerre la rend de plus
en plus difficile pour le gouvernement allemand. — Malgré leur répugnance pour une guerre offensive, les socialistes ne s'humilieront jamais
devant la chancellerie allemande, et proclameront, si la France est attaquée, la guerre des peuples contre les rois. — Le parti clérical, au contraire, veut la guerre, dût la France succomber: ils attendent autant
d'avantages d'une défaite que de la victoire. — Les néo-patriotes ne
réussissent pas à intimider le gouvernement par la crainte de la Révolution. — Cependant, celui-ci a cédé devant la manifestation des patriotes
qui s'opposaient à la représentation du *Lohengrin*. — Difficultés amenées
par l'indécision de cette affaire. — Sur quelles bases s'est établie l'entente entre le ministère Rouvier et l'Empire allemand. — Opportunistes,
cléricaux et royalistes sont d'accord pour faire toutes concessions à la Cour
d'Allemagne; mais s'ils étaient débordés par le parti républicain, hési-
teraient-ils à déchaîner sur nous l'invasion allemande ?

Après la démission de M. Déroulède, le Comité de la Ligue
s'efforce, comme nous l'avons vu par les proclamations qu'il
adressa à ses adhérents, de les maintenir sous sa dépendance.
Mais déjà cette armée est en pleine dissolution, et la plupart des
ligueurs sont allés là où étaient l'esprit d'initiative et l'action.
Le journal *la Revanche*, sous la direction de M. Peyramont,
leur fournira un centre de ralliement et en même temps un organe énergique, qui ne reculera devant aucun obstacle ni même

devant aucun péril pour faire triompher le parti de la guerre.

Les néo-patriotes ont contre eux le gouvernement et, de plus, mais dans un esprit politique fort différent, les républicains socialistes.

Le gouvernement recule, autant qu'il le peut, devant la guerre ; et pour cela il multiplie les concessions jusqu'à l'obséquiosité à l'Empire allemand, en prenant soin de dissimuler les cruels affronts que renouvelle chaque jour M. de Bismarck, sans parvenir à lasser sa patience.

L'intérêt du gouvernement de l'Elysée à éviter à tout prix un conflit sanglant avec l'Empire allemand, n'est autre que l'intérêt même de sa conservation. Il sait qu'une guerre marquerait sa fin. En effet, la lutte armée demande un esprit de résolution et de fermeté, une audace même qui n'ont jamais été dans le tempérament de M. Grévy ni de son clan orléano-opportuniste. Il se sentirait incapable de décréter les mesures extrêmes, les lois de salut public que pourraient exiger les circonstances. Les députés et les sénateurs sont, en majorité, avec lui : mais quelle force lui apporteraient-ils ? Ils n'ont siégé jusqu'à présent que pour étaler piteusement leur impuissance à faire la moindre loi fondamentale, à accomplir la moindre réforme utile ; abdiquant toute initiative, il se sont fait les humbles courtisans des ministres, dispensateurs des places et des honneurs, distributeurs de la curée. Il est donc probable que la direction de la guerre échapperait très vite à nos gouvernants, pour passer aux mains, soit d'un dictateur militaire, soit plus vraisemblablement d'une assemblée révolutionnaire.

Effrayés de cette perspective, nos gouvernants signeront pour éviter la guerre, toutes les capitulations qu'il leur sera possible d'accepter sans combler la mesure et soulever contre eux l'indignation générale. N'ont-ils pas sacrifié à l'Allemagne notre général Boulanger, qui a su si habilement concentrer dans ses mains toute l'action des armées, et qui s'est attaché le soldat citoyen par l'introduction d'une discipline intelligente, n'ayant rien de commun avec l'obéissance passive ni surtout avec le caporalisme grossier et barbare des Allemands. Le général Boulanger devient, de ce chef, un facteur redoutable dans le cas où les maitres de l'Allemagne oseraient lancer contre nous leurs hordes d'esclaves. Aussi M. de Bismarck a-t-il cru tout gagner, dès qu'il est parvenu à convaincre nos gouvernants que le général Boulanger était le seul obstacle à une paix même temporaire, même précaire. Ceci nous rappelle les moutons de la fable qui signèrent la paix avec les loups, en abandonnant leurs chiens comme otages, tandis que les loups livrèrent comme

otages des louveteaux et que ceux-ci, devenus grands et forts,
dévorèrent le troupeau qui n'était plus gardé.

Nos gouvernants ont hésité un instant à lâcher le général
Boulanger ; on leur avait montré la Nation entière prête à se
lever contre ceux qui tenteraient de consommer un acte qu'elle
assimile à la trahison. Mais forcés d'opter entre une guerre
immédiate ou le renvoi du général Boulanger, ils se sont
décidés pour cette dernière forme de capitulation. Cette fois,
nous risquons d'avoir du même coup la révolution et la guerre.
Mais que les Prussiens ne se leurrent pas ! Jamais, a dit Montes-
quieu, un peuple n'est plus terrible que quand il est jeté dans
une lutte gigantesque contre un ennemi extérieur et un ennemi
intérieur allié avec l'étranger ; 1792 l'a démontré.

Les républicains socialistes repoussent la guerre aussi bien que
nos gouvernants, mais dans un intérêt différent et plus respectable.
Selon eux, l'affranchissement de l'Alsace-Lorraine suivra le développement normal des idées républicaines dans le monde
entier, et particulièrement en Allemagne. Ce développement
devient si rapide, si universel, qu'on peut déjà entrevoir son
triomphe prochain.

Les républicains socialistes n'ignorent pas que l'Empire allemand a un intérêt contraire à précipiter la guerre, afin d'enrayer, s'il est possible, un mouvement qui menace son existence ; mais ils souhaitent que cette guerre, si elle est inévitable, soit retardée autant que possible.

Voici pourquoi : chaque jour, chaque heure qui s'écoule dé-
sorganise le mécanisme militaire allemand, en minant ses forces
à l'intérieur et en lui enlevant des alliances à l'extérieur. Chaque jour, chaque heure, au contraire, augmente, par la propagande des idées, la cohésion et la puissance du parti républicain-
socialiste, en France comme dans le reste de l'Europe. Aussi le
jour où le choc sera devenu inévitable, la démocratie française,
qui n'aura fourni aucun prétexte plausible à ses agresseurs,
n'en sera-t-elle que mieux armée pour lever partout à la fois le
drapeau de la guerre des peuples contre les rois.

Le gouvernement et le parti socialiste se rencontrent donc
pour s'opposer aux entraînements belliqueux que les patriotes
essaient de produire. Mais leur but n'étant pas le même, leur
conduite, en face des provocations bismarckiennes, doit nécessairement différer. Tout en s'opposant à une déclaration de guerre
de notre part, les républicains socialistes ne seraient point d'hu-
meur à laisser passer les offenses du gouvernement impérial allemand, sans exiger qu'on répondît par de justes représailles, qui
n'auraient que le caractère de la légitime défense. Et si l'Empire

allemand en prenait acte pour se déclarer attaqué et engager l'action, nous n'en aurions que plus d'énergie pour repousser le troupeau d'esclaves habillés en soldats qu'il lancerait contre des hommes libres. Ce serait la lutte suprême de l'esprit révolutionnaire contre le vieux despotisme, du droit contre la force, de la civilisation contre l'invasion des barbares, du génie et de la science contre l'ignorance stupide :

Cette guerre-là, les chefs des patriotes n'en veulent pas ; ils la redoutent même : car elle ruinerait à jamais le vieux monde étayé sur les superstitions de toutes sortes, et le cléricalisme, leur allié. Il importe donc à ceux qui dirigent ce parti de provoquer un élan soi-disant patriotique, non pas seulement contre l'Empire allemand et la féodalité qui en est la base, mais contre la race allemande toute entière, en enveloppant dans cette extermination les républicains allemands, sans distinction. Il leur faut cette guerre, dût la nation française y succomber : car le parti clérical dont ils servent la cause, tirerait plus d'avantages encore de notre défaite que de notre victoire.

Malheureusement, ces provocations trouvent encore trop d'écho parmi ceux que les grands mots de *Patrie*, de *revendication de nos provinces*, transportent d'enthousiasme, et qui deviennent ainsi dupes de la générosité de leurs sentiments.

Vis-à-vis du gouvernement, les chefs des néo-patriotes, appuyés des cléricaux, emploient un moyen d'intimidation qui n'a pas réussi jusqu'à présent, mais dont la conception témoigne de leur habileté : ils essaient de persuader à nos gouvernants qu'ils vont bientôt être submergés par le flot débordant du socialisme, et qu'ils n'ont qu'un seul moyen d'y échapper : la guerre à l'Allemagne ! — « Oui, disent-ils, guerre ou révolution ! Guerre ou face au mur ! » — Redoutable dilemme !

Cependant, notre gouvernement, qui montre en face du danger une résignation toute chrétienne, fait la sourde oreille et continue de garder une attitude expectante. Advienne que pourra ! Les expédients et les ficelles politiques lui ont si bien réussi jusqu'à présent, qu'il espère maintenir longtemps encore un *statu quo* favorable à la hausse du trois et du quatre et demi pour cent. — « Ça durera peut-être autant que M. Grévy et le ministère Rouvier, pensent-ils ; et, après nous, la fin du monde ! »

Si les patriotes n'ont pas réussi à tirer le gouvernement de sa torpeur en agitant le spectre rouge, ils ont été plus heureux dans leur campagne contre le *Lohengrin* que le directeur de l'Eden-Théâtre s'obstinait à représenter.

L'incident de Pagny venait de soulever une juste colère contre

M. de Bismarck ; car l'enlèvement d'un fonctionnaire français sur notre propre territoire par des sbires teutons, devenait un acte d'agression contre la nation entière. Le journal *la Revanche* exploita l'émotion générale, en présentant comme un défi porté au patriotisme français la persistance de l'administration à laisser jouer une pièce qui glorifiait l'art allemand ; et il lança ses patriotes à l'assaut de l'Eden-Théâtre.

Le gouvernement eût volontiers déféré au vœu d'une partie de la population parisienne, en donnant l'ordre d'ajourner la représentation ; mais, s'il eût ainsi évité une émeute des patriotes, il avait à craindre que cette interdiction, émanant de son initiative, ne reçût à Berlin, une interprétation fâcheuse. Il se décida donc à autoriser la représentation, en faisant protéger les abords de l'Eden-Théâtre par une force considérable de police. Des bousculades s'en suivirent, pendant plusieurs jours. Le gouvernement s'en effraya, et obtint du directeur de l'Eden-Théâtre la suspension des représentations.

En cédant ainsi devant l'émeute, après avoir manifesté des velléités de résistance, le gouvernement montrait imprudemment sa faiblesse. Cette observation ne pouvait échapper aux journaux allemands ; mais ceux-ci allèrent plus loin, et voulurent voir une intention injurieuse dans l'interdiction de la représentation.

C'est ainsi que chaque mesure prise par notre gouvernement, en vue d'aplanir quelque difficulté, faisait éclater une maladresse nouvelle.

Nous laissons à ceux qui entreprendront d'écrire l'histoire contemporaine le soin de rechercher quelle fut la nature des intrigues diplomatiques qui suivirent ces derniers incidents. Les journaux étrangers et les journaux allemands eux-mêmes nous ont fourni des renseignements précieux. M. de Bismarck, qui redoute beaucoup plus les conséquences d'un mouvement républicain socialiste que le choc des armées régulières, s'est ému des progrès de ce parti ; le mouvement belge qui ne s'a prise dans la rue que pour se continuer par une propagande beaucoup plus efficace, l'a surtout alarmé. Il lui fallait des gages contre un tel ennemi. D'un autre côté, la réaction opportuno-cléric-royaliste, menacée par le même parti, ne demandait pas mieux que de les lui offrir. Ne cherchons pas ailleurs les motifs de l'entente qui s'est établie par la constitution d'un ministère Rouvier, entre le gouvernement de notre pays et l'Empire allemand.

Une fois engagée dans cette voie, la faction opportuniste qui s'est emparée du pouvoir, ira jusqu'au bout dans la voie des concessions à la cour d'Allemagne. D'une part, au parti clérical et royaliste, d'autre part : les exigences des uns et des autres augmenteront de jour en jour ; car l'occasion qui s'offre à eux de combattre, avec l'apparence d'un certain avantage, l'idée républicaine et révolutionnaire peut ne plus se représenter pour eux dans l'avenir. Cependant, les ennemis de la Nation et de la liberté vont fatalement se heurter à des résistances qu'ils ont prévues ; nous verrons alors se répéter les scènes qui ont accompagné la tentative de restauration royaliste du 16 mai ; et tout nous révèle que le dénouement sera le même.

Si l'issue de cette lutte intérieure ne peut être douteuse, il n'en est pas de même des difficultés extérieures. Aujourd'hui, le parti clérical-royaliste, qui occupe les avenues du pouvoir, a tout intérêt à marcher d'accord avec la chancellerie allemande. Mais si, demain, il se voit débordé par le parti républicain, il faut s'attendre à le voir provoquer l'Allemagne, et même à faire naître une cause de conflit, pour allumer une guerre qu'il aurait préparée de telle sorte que tous les avantages restassent à l'Empire allemand. Ce que nous avançons n'est pas une vaine hypothèse ; nous verrons, dans le Paragraphe suivant, que l'Histoire nous fournit à cet égard un précédent qu'il importe de rappeler.

III

COMMENT LE PARTI DE LA GUERRE FAVORISE LES DESSEINS
DE M. DE BISMARCK

Sommaire : Le parti de la guerre se présente aujourd'hui, en France, comme en 1791 : parallèle entre la noblesse et le clergé de cette époque, et les cléricaux-royalistes modernes. — C'est le même adversaire, l'Allemagne, que la France rencontre tout d'abord. — Comment la République répond au manifeste de Brunswick. — La guerre, entreprise par les Républicains, a pour objet l'affranchissement de ceux qu'ils vont combattre. — Napoléon Ier inaugure la conquête brutale ; la France, sous ce despote, oublie ses traditions ; mais la Prusse reconquiert son indépendance, et ce jour-là, le droit prime la force. — Le mouvement de 1848, en Allemagne, a prouvé que la déclaration des Droits de l'Homme et du Citoyen n'était pas oubliée en Allemagne. — Faits qui témoignent que l'esprit révolutionnaire pourrait se réveiller chez les Allemands ; ces faits dictent leur conduite aux Français : l'alliance avec les Républicain allemands leur vaudra l'affranchissement de l'Alsace-Lorraine plus sûrement que la force des armes. — Les cléricaux ne veulent pas d'une guerre toute défensive, basée sur l'alliance des peuples ; ils préfèrent des États monarchiques divisés : la Ligue des patriotes, les orléanistes verraient aussi une telle guerre avec frayeur : chez eux, la crainte du socialisme l'emporte sur celle de l'Allemand ; M. Déroulède l'a proclamé. — La tolérance d'une Ligue des patriotes sur le sol français est l'un des principaux griefs de M. de Bismarck.— La trompette de M. Déroulède fait plus de bruit en Allemagne qu'en France. — L'affiliation à la Ligue devient la cause de pesécutions en Alsace-Lorraine. — M. de Bismarck voit une démonstration belliqueuse dans le fait que le gouvernement français ne proclame pas solennellement qu'il se désintéresse de l'Asace-Lorraine. — A ce titre le ministre Goblet devient lui-même suspect, parce que ses déclarations même pacifiques n'expriment pas ce désintéressement. — Aucun pouvoir, en France, ne pourrait faire une telle déclaration ; car elle serait nulle suivant le droit des gens moderne. — Embarras que cette situation crée à nos gouvernants. — La Ligue déclare persister dans son programme revanchard ; M. Sansbœuf le proclame à la réunion semestrielle de la Ligue en mai dernier. — Grâce à ce programme, la Ligue peut servir, à un moment donné, la politique des cléricaux. — M. Delonele crée une *Ligue ouvrière des intérêts français* ; dans quel but. — Conduite de la Ligue, en face de la cour pontificale, alliée de M. de Bismarck. — Devoir des Français en face d'un clergé qui fait passer les intérêts du pape avant ceux de la Nation. — Cependant, les chefs de la Ligue ne désavouent que timidement le pape ; déclaration de M. Delonele, dans le journal le *Drapeau* — Cette même Ligue, en nous attachant le clergé aux flancs, nous convie à la revanche et fournit des griefs aux Allemands. — Avertissement donné par les correspondances étrangères. — L'alliance française est un leurre.

Aujourd'hui comme au lendemain de 1789, nous trouvons, en France, un parti disposé, selon son intérêt, à pousser violemment à la guerre extérieure. L'histoire se répète ainsi à un siècle de distance.

En 1791, c'était la Cour et, derrière elle, la noblesse et le clergé qui provoquaient la déclaration de guerre. Leur intérêt, contraire à celui de la Nation, leur dictait si bien cette politique que les amis de la Révolution la signalaient comme une trahison. En effet, la Cour spéculait sur notre défaite, et attendait les armées étrangères comme un secours nécessaire pour écraser la Révolution, en rétablissant la monarchie dans ses anciennes prérogatives, la noblesse et le clergé dans leurs privilèges.

De nos jours, le parti monarchique et clérical, qui essaie d'engager la France dans une guerre contre l'Allemagne, poursuit évidemment le même but. Mais il rencontre les mêmes résistances de la part des républicains-socialistes.

Cependant, de nos jours, les cléricaux-royalistes se montrent plus habiles que la noblesse et le clergé de 1789 : c'est en exaltant les idées de revanche, de gloire nationale, de relèvement de notre pays, qu'ils entraînent des patriotes ardents et sincères, mais aveuglés par l'ignorance : en même temps, ils rallient à leur politique les réactionnaires les moins belliqueux, en agitant le spectre rouge, et en présentant la guerre comme un dérivatif nécessaire aux entreprises des socialistes.

L'ennemi qui nous menaçait après 1789 était le même qu'aujourd'hui ; c'était surtout l'Allemagne, qui avait le plus à craindre l'invasion des idées républicaines. Le manifeste de Brunswick, généralissime des armées prussiennes, éclairait complètement sur les desseins des despotes étrangers. Ils venaient, disaient-ils, rétablir l'ordre en France, et faisaient appel, pour cela, à tous ceux qui étaient restés fidèles à la cause de Louis XVI.

La Cour qui avait introduit l'étranger sur notre territoire, ne recueillit pas le fruit de sa trahison. En même temps que Louis XVI expiait ce crime sur l'échafaud, la bataille de Valmy répondait à l'insolent défi des rois. Le cri de *vive la nation !* poussé par quarante mille combattants, faisait reculer d'épouvante leurs troupes depuis longtemps aguerries ; et le poète Goethe, qui accompagnait le roi de Prusse, lui donnait, le premier, le conseil de la retraite, en ajoutant : — « Il n'y a rien à faire contre de pareils hommes ! »

La guerre des rois contre la liberté fut suivie de la guerre du peuple français, armé contre les rois. Nos soldats franchirent le Rhin et entrèrent à Mayence.

Tant que la guerre avait été conduite par les générau Louis XVI, il n'y avait eu pour la France qu'une longue série de désastres ; le territoire avait été envahi. Mais lorsque les généraux de la République prirent à leur tour le commandement des bataillons de volontaires, rien ne résista à leur élan.

Ce n'était plus la vieille stratégie qui inspirait nos chefs militaires ; c'était le génie de la Révolution. Voilà pourquoi les armées des rois reculaient devant eux.

Avant de donner l'ordre de franchir le Rhin, la Convention avait fait précéder la marche de nos troupes d'une proclamation au peuple allemand ; c'était une réponse éloquente au fameux manifeste du duc de Brunswick, et elle devait être d'autant mieux entendue qu'elle était basée sur les immortels principes de la Révolution.

La Convention déclarait aux Allemands que nous entrions chez eux, non pour y exercer de sanglantes représailles et y porter la dévastation, en renouvelant les horreurs de l'ancienne guerre du Palatinat ; mais que nous leur apportions les bienfaits de la Révolution, et que nous venions chasser leurs tyrans, renverser la féodalité et rendre enfin la liberté aux serfs et aux paysans. Il y était dit que le moindre acte de pillage serait sévèrement châtié.

Comme on le voit, ce n'était plus l'esprit de vengeance, la

haine aveugle de race, qui animait les soldats de la République : c'était la volonté d'affranchir ceux qu'ils allaient combattre.

Les résultats de la campagne répondirent d'abord à notre attente. Souvenons-nous que les Allemands des bords du Rhin nous durent la proclamation de leur liberté. Une Convention siégea à Mayence, et y exerça les mêmes pouvoirs que la Convention qui siégeait à Paris.

Sans doute, l'Empire qui succéda à la République s'inspira de sentiments fort différents. Napoléon 1er ne fit la guerre que pour imposer la conquête brutale, et son despotisme raviva entre l'Allemagne et la France les haines de races que la Révolution s'était efforcée d'éteindre. — L'Allemagne se souleva enfin en 1813, pour reconquérir son indépendance, et, ce jour-là, le droit eut raison de la force !

La France, en acceptant la servitude sous un Bonaparte et en s'écartant ainsi des traditions de la grande Révolution, avait conspiré contre elle-même et préparé les éléments de sa propre défaite.

Cependant, les souvenirs de la Révolution ne purent jamais s'effacer complètement en Allemagne, même après les longues et terribles guerres de la République et de l'Empire. La date de 1789 et la Déclaration des droits de l'Homme et du Citoyen resplendissaient encore, même sur la terre allemande, comme un phare lumineux.

On le vit bien en 1848, quand les vieux trônes allemands s'ébranlèrent tous à la fois, dans la semaine qui suivit la révolution du 24 février. En ce temps-là, les Germains des bords du Rhin s'enorgueillissaient encore des liens de fraternité que la Révolution avait créés entre la race franque et la leur. Nos lois françaises étaient encore restées en vigueur dans les provinces rhénanes. Nous avons même noté, comme un trait qui mérite d'être rappelé, que quand des paysans des provinces rhénanes se trouvaient attablés au cabaret, il y a moins de vingt ans, et jouaient aux cartes, le gagnant jetait son jeu en s'écriant : — « Je suis Français ! »

Aujourd'hui même, et à la veille d'une nouvelle guerre dont le tyran qui règne à Berlin menace un peuple libre, ce tyran est-il bien sûr que les souvenirs de la Révolution ne couvent pas, comme le feu sous la cendre, dans le cœur de son propre peuple ?

Les dernières correspondances allemandes mentionnent les faits suivants :

Le Socialisme en Allemagne.

« Il souffle un vent de socialisme dans les villes ouvrières du Nord, Lubeck, Altona, Hambourg, etc.

« Les autorités sévissent avec une extrême rigueur ; il ne se passe pas de jour où l'on n'apprenne l'arrestation de quelque socialiste, la dissolution d'une société, la saisie d'imprimés, comme avant-hier, par exemple, à Bielefeld.

« A Lubeck, on a forcé un grand nombre de sociétés à se dissoudre, en interdisant aux restaurateurs de louer leurs locaux pour les réunions. Les peintres voulaient fêter un anniversaire ; ils n'ont pas eu l'autorisation de la police. De même pour les sociétés des menuisiers, des scieurs de bois et des charpentiers. Ces derniers doivent se réunir pendant les fêtes de la Pentecôte, en congrès général, comme ils le font chaque année. Mais, cette fois, on ne leur a pas permis de danser après la fête.

« Il n'y a pas de tracasserie que l'on ne fasse subir aux groupes dont on connaît les tendances révolutionnaires. Il règne une vive surexcitation parmi les classes ouvrières dans tout le nord de l'Allemagne. Des mesures extraordinaires sont prises, notamment à Stettin, Altona et Hambourg où l'on craint des troubles. » *Intransigeant*, 15 mai 1887.

Lorsqu'on voit ainsi la démocratie allemande, frémissante sous le joug de ses maîtres, protester contre la guerre fratricide pour laquelle on veut l'enrégimenter, qu'avons-nous de mieux à faire que d'attendre, l'arme au pied, l'attaque dont on nous menace à bref délai ? Ne serait-il pas criminel de nous porter agresseurs et, par suite, d'ameuter contre nous jusqu'à ces démocrates socialistes qui verraient alors leur indépendance en péril. En luttant contre leurs tyrans, ils luttent pour nous, puisqu'ils désagrègent l'Empire allemand : et ils préparent ainsi le retour de l'Alsace-Lorraine à la France bien plus sûrement que nous ne pouvons l'espérer par les armes.

Ce qui fera donc notre force, si la guerre est inévitable, c'est que notre ennemi ne marchera que d'un pied boiteux, et qu'il nous sera plus facile de jeter le désordre dans ses rangs en proclamant bien haut, comme l'ont fait nos pères en 92, que nous sommes armés pour défendre les droits des peuples contre les rois, et que nous reprenons, après un siècle de sommeil, les glorieuses traditions que nous avions oubliées.

Que la cour de Berlin se le persuade bien : la République ne donnera jamais le signal des hostilités contre l'Allemagne ; elle a compris, depuis longtemps, que chaque jour augmente sa puissance, en développant la propagande qui porte ses idées chez les autres peuples.

En nous retrempant dans la Révolution, nous imiterons ce

géant de la Fable, qui retrouvait toute sa force en touchant la terre du pied. Et si nous sommes attaqués, nous vaincrons ; car nous aurons avec nous l'âme et le génie de Danton ; car il n'y aura pas un seul serf allemand qui doutera que notre victoire ne soit aussi la sienne, et qu'en combattant pour notre indépendance, nous aurons combattu pour son affranchissement, pour les droits de l'humanité, cette grande Patrie !

Cette guerre-là, toute de défensive et qui sera la guerre sainte, les cléricaux catholiques, protestants ou juifs, la repoussent. Il leur faut, pour qu'ils continuent de régner, des peuples divisés entre eux ; il leur faut des souverains, jaloux de leurs droits, qui tiennent leurs hordes d'esclaves sous le fouet, pour les conduire, de vingt ans en vingt ans, à d'immenses hécatombes.

La Ligue des patriotes, à raison de sa parenté avec les cléricaux, ne veut pas davantage de cette guerre. Les orléanistes, les banquiers juifs, qui disposent chez nous de la fortune publique, la verraient avec frayeur. Qui sait même si, dans plus d'un cœur, la haine du socialisme ne l'emporte pas sur celle de l'Allemand ?

M. Paul Déroulède n'a-t-il pas dit, dans son discours à Buzenval : — « Je vous le dis, patriotes, la tâche immédiate de la Ligue est de lutter *avant tout* contre cette désagrégation intérieure (voir *le Livre de la Ligue*, par M. Deloncle, page 255).

En résumé, la victoire n'étant possible que par l'alliance des peuples, les réactionnaires qui combattent cette alliance, favorisent assurément les plans de M. de Bismarck.

L'un des principaux griefs invoqués aujourd'hui par M. de Bismarck contre la France, c'est, d'une part, d'avoir toléré, sur le territoire de la République, l'existence d'une association dont le mot d'ordre est : Guerre à l'Allemagne pour la revendication de l'Alsace-Lorraine ; et, d'autre part, d'avoir favorisé, dans nos anciennes provinces, la distribution des emblèmes de la Ligue, comme une protestation contre l'occupation étrangère.

Les excitations belliqueuses de la Ligue et de son ancien président n'ont jamais rencontré d'écho ni de sympathie chez les Républicains. Ce n'est pas que le sort de nos frères d'Alsace-Lorraine puisse laisser un seul Français indifférent ; mais les Républicains jugeaient avec raison qu'une revanche par les armes risquait d'attirer des malheurs irréparables sur notre pays, tant qu'il n'était pas préparé à cette guerre. Puis, nous avons démontré que la seule revanche espérée par les Républicains, était celle qui serait obtenue par l'alliance des peuples. D'ailleurs, en poussant à la guerre quand même, les ligueurs ne jouaient-ils pas le jeu de la réaction cléricale ?

Cependant, la trompette de Déroulède faisait plus de bruit en
Allemagne qu'en France. M. de Bismarck, à l'exemple du poin-
teur qui marque les coups, enregistrait une à une les moindres
manifestations de la Ligue des patriotes, soit en France, soit
surtout dans nos anciennes provinces, Il avait ainsi en réserve
une série de griefs qu'il pouvait articuler coatre nous, au moment où il lui plairait de dire que les menées de la Ligue nous
constituent en état d'offensive vis-à-vis de l'Allemagne, et, en
conséquence, d'y voir une agression qui justifierait une nouvelle
invasion de notre territoire.

C'est dans ce but que la police allemande recherche, en Alsace-Lorraine, tous ceux qui manifestent, de quelque manière
que ce soit, leur attachement à la mère-Patrie. Un mot qui exprime cette sympathie, un chant, un morceau de musique, qui
reportent les souvenirs vers la France, le port d'un ruban tricolore, donnent lieu à des condamnations d'une extrême sévérité.
La délation entre parents est encouragée et même soudoyée par
une basse police. Les fonctionnaires allemands cherchent ainsi,
mais sans y parvenir, à terroriser l'Alsace-Lorraine.

L'accusation la plus commune est celle de haute trahison pour
affiliation à la Ligue des patriotes. Des citoyens de toute condition et même des collégiens, des enfants de quatorze ans, deviennent l'objet de poursuites. Les fanfares, les sociétés de chant
sont dissoutes : tonte réunion est rendue suspecte et devient impossible.

Ce qui semble irriter le plus M. de Bismarck, ce ne sont pas
en elles-mêmes les déclarations sonores et ampoulées de M. Paul
Déroulède, mais c'est le fait qu'elles puissent se produire sans
que le gouvernement français songe à appliquer des lois qui pu-
nissent l'offense à une puissance amie. Il y a plus, les sous-entendus, les réticences ou les lacunes mêmes qui peuvent se rencontrer dans le discours d'un de nos ministres, prennent, pour
le grand chancelier, les proportions d'un formidable grief. Un
ministre s'avise-t-il, par exemple, de flatter les espérances de
paix. Rien de mieux. Mais que signifie, pour le cabinet allemand, ce vœu platonique et stérile, s'il ne s'y joint une déclaration expresse que la France, par l'organe de son gouvernement
et même de ses représentants, se désintéresse pour toujours de
la question alsacienne-lorraine ? Tant que cette déclaration
n'aura pas été faite solennellement, les démonstrations les plus
pacifiques ne désarmeront pas l'Allemagne. Tel est le langage
des journaux officieux de la chancellerie allemande. Nous lisons
ainsi dans *les Nouvelles politiques*, à la suite d'une appréciation du dernier discours de M. Goblet, au Havre :

« Si la France ne veut pas la guerre, qui donc la voudrait ? On dirait qu'en France, pas même le gouvernement ne possède à un degré suffisant le courage moral de dire la vérité. Et cependant, l'apaisement ne peut se faire dans les esprits que si on a la conviction que la France veut, sans réserve, se soumettre à l'état de choses actuel. Or personne, ni avant, ni après le discours du ministre, ne peut avoir cette conviction ; et voilà pourquoi le discours du Havre ne produira pas d'effet à l'étranger. »

Voilà donc M. Goblet lui-même partisan de la paix à outrance, classé par le grand chancelier parmi les accusés de haute trahison envers l'Allemagne. Sa soumission n'étant pas assez complète, il est jugé rebelle au même titre que les revanchards les plus obstinés !

Malheureusement, il n'est au pouvoir d'aucun ministre, pas même de M. Rouvier, ni d'aucune assemblée, et pas même de la Chambre introuvable, aujourd'hui prosternée devant M. Rouvier, de faire la renonciation solennelle, exigée par la Prusse. La revendication de l'Alsace-Lorraine, ou plutôt le droit qui appartient à tout peuple de régler sa constitution politique comme il l'entend, sans subir la domination ou seulement la pression d'aucun tyran, est un droit imprescriptible et inaliénable. Même si cette renonciation était faite demain, elle n'engagerait aucune des parties contractantes. Il n'est point de traité, fût-il de Francfort, qui puisse quelque chose contre cette loi psychologique. Un socialiste allemand, Bebel, a reproché à M. de Bismarck, du haut de la tribune, de ne pas avoir songé à cela, lorsqu'il annexa l'Alsace-Lorraine. Il est ainsi démontré une fois de plus que la sagesse humaine est toujours courte par quelque endroit, comme l'a dit Bossuet.

M. de Bismarck, qui en est encore au vieux droit international de Grotius et des autres politiciens du temps de la féodalité, *de jure pacis et belli,* ignore absolument qu'en vertu de la *Déclaration des Droits de l'Homme et du Citoyen,* qui constitue désormais la base du droit international aussi bien que du droit public et privé moderne, on ne dispose plus d'un peuple comme d'un troupeau de moutons. Le peuple seul reste l'arbitre de ses propres destinées. Il y a plus, le contrat par lequel il se donne un maître, roi ou empereur, est virtuellement nul, et l'insurrection contre le tyran reste pour ce peuple le plus saint des devoirs.

Tels sont les principes que 1889 a proclamés, et que les délégués de tous les peuples de la terre viendront jurer solennellement à Paris, au centenaire de 1889, sur l'autel de la Liberté et de l'affranchissement de l'Humanité entière. Les monarques de l'Europe qu'on laissait libres de venir assister à ce spectacle, ont refusé de prendre part à notre Exposition universelle. Leur présence n'est nullement nécessaire; car, dans cette assemblée où se discutera sans doute le nouveau Contrat social, leur voix ne comptera pas plus que celle du plus humble de leurs anciens serfs.

Nos gouvernants, qui croyaient avoir fait des sacrifices suffisants au Moloch prussien, jouent vraiment de malheur, et ils en perdront la tête. Ainsi les journaux nous annoncent que le ministère opportuniste dont le pays est affligé, prépare contre nos socialistes des perquisitions rigoureuses. Si les recherches aboutissent à quelques procès retentissants, le ministère aura mérité un bon point de la Cour de Berlin, qui, elle aussi, traque les socialistes justement soupçonnés de sympathies françaises. Mais, par une contradiction que ne manquera pas de relever la susdite Cour de Berlin, le même ministère affecte d'ignorer d'autres manifestations, d'un caractère fort différent, auxquelles se livre la Ligue des patriotes.

Cette association, qui avait été invitée à faire la morte, vient de déclarer solennellement qu'elle entend maintenir son programme revanchard. Le 13 mai dernier, M. Sansbœuf présidait, au Gymnase Heiser, la réunion semestrielle de la Ligue des Patriotes. « Le Comité directeur déclare, a-t-il dit, qu'il est pleinement d'accord avec M. Déroulède sur le but et le programme de l'œuvre fondée en commun. Cette œuvre sera, au surplus, maintenue en commun par vous et par M. Déroulède. Nous savons, en effet, que notre ancien président réviendrait parmi nous, si la Ligue périclitait ou si des dangers plus sérieux menaçaient la France. »

Ces paroles laissent supposer que la retraite de M. Déroulède n'est qu'une fausse sortie ; mais que, de fait, le Maître, maintenu comme président honoraire, reste l'âme de la Ligue.

M. Sansbœuf a ajouté :

« Ce serait faire injure aux Alsaciens que de les supposer capables d'avoir cédé à une pression extérieure quelconque. (*Applaudissements.*) Si quelqu'un les a influencés, c'est l'Allemagne par les vexations de tout genre, expulsions et arrestations dont elle les a gratifiés (*Bravos répétés*). Non, nous n'avons pesé d'aucun poids sur les résolutions de l'Alsace. Nous n'avons eu qu'à imiter sa patriotique attitude. Cela, nous l'avons fait et nous nous en félicitons hautement. » (*Tonnerre d'applaudissements*).

Voilà qui est bien entendu ! La Ligue des patriotes subsistera au moins de nom; et si, un jour, nos bons cléricaux ont besoin de quelque esclandre qui amène une guerre opportune, ils auront sous la main l'instrument qui servira leurs desseins.

De temps en temps, la Ligue des patriotes s'efforce, par sa participation à quelque œuvre nouvelle de persuader au public qu'elle compte encore pour quelque chose. Ne vient-elle pas de fonder, sous le patronage de M. Henri Déloncle et sous la présidence de M. Havard, de l'*Union syndicale* patronale de la rue de Lancry, une *Ligue ouvrière des intérêts français*, à l'effet d'appuyer un projet de loi sur la taxe des étrangers. On chercherait vainement l'élément ouvrier dans une association absolument contraire à nos principes républicains. Ce qu'on doit seulement voir dans cette tentative, c'est la persistance de la Ligue des patriotes à créer une situation qui aboutisse à l'état de guerre, en fournissant à M. de Bismarck de nouveaux griefs, qui enrichissent la collection dont il prépare l'impression.

Nous ne pouvons passer sous silence la conduite de la Ligue des patriotes en face de la Cour pontificale, alliée de l'Empire allemand. Cette alliance n'est pas un mystère; car M. de Bismarck n'a jamais caché l'intérêt puissant du gouvernement impérial à rallier à sa cause le chef de la catholicité.

Moyennant quelques concessions et certains privilèges, et même sur la promesse de reconstituer à son profit un royaume de Jérusalem, le pape a consenti à prêter son appui au grand chancelier, pour fortifier son autorité sur ses sujets catholiques. Les passions religieuses créant, chez les Allemands, des divisions profondes, qui se manifestent dans les assemblées politiques, M. de Bismarck avait à craindre de rencontrer, parmi les catholiques, une forte opposition à ses projets contre la France. Dans un discours à la Chambre des députés de Berlin, il a exposé en ces termes les appréhensions qu'il pouvait concevoir de ce côté:

« Il est possible que nous soyons exposés à de rudes épreuves, à des luttes à l'extérieur et à l'intérieur, contre des partis subversifs de différentes catégories. En face d'une pareille situation, je suis d'avis que tous nous devons nous efforcer de mettre fin à toutes ces dissensions intérieures inutiles. Or, je crois que nous pouvons fort bien nous passer des disputes ecclésiastiques, si on peut y mettre fin par le projet dont je vous recommande l'adoption. »

Vers la fin de son discours, le chancelier a dit de nouveau:

« En présence des graves épreuves qui nous attendent dans des luttes extérieures et intérieures, je me suis efforcé de mettre fin à toutes les disputes intérieures, et de faire cesser des luttes à propos ds choses qui n'ont pas pour l'État une importance majeure. Or, je suis d'avis que l'Etat peut très bien se passer d'une lutte avec l'Eglise catholique. »

L'intervention du pape et de son clergé en Allemagne a eu pour effet d'aplanir toutes les difficultés que pouvait rencontrer le grand chancelier, de la part des catholiques; on a même vu ce clergé peser de tout son poids sur les électeurs catholiques pour faire pencher la balance en faveur des candidats du gouvernement, et assurer ainsi le vote des subsides que réclamait M. de Bismarck pour préparer la guerre contre nous.

La France républicaine a donc cessé d'être la fille aînée de l'Eglise: elle est devenue, au contraire, l'ennemie déclarée du Vatican; et celui-ci, par l'action occulte qu'il exerce dans tous les pays du monde, en France surtout, nous montre ce qu'il peut faire pour contribuer à notre défaite.

Le devoir de tout Français, de tout républicain, semble dès lors tracé : nous avons à désarmer, chez nous, un ennemi qui se déclare si ouvertement contre la France, et dont la faiblesse de nos gouvernants a fait jusqu'à présent toute la puissance. Qu'ont fait ou proposé jusqu'à présent nos gouvernants, pour prévenir ses entreprises ou ses complots? Les représentants de la Nation, dédaignant le mandat qui leur a été donné par leurs électeurs de prononcer la séparation de l'Eglise et de l'Etat, continuent d'entretenir un clergé salarié ; les ordres religieux non reconnus, que M. Ferry avait momentanément expulsés, ont été rétablis dans leurs couvents ; des associations dites catholiques se forment sur tous les points du territoire ; et la lèpre cléricale, non contente d'envahir les administrations publiques, la magistrature, se maintient dans l'armée et dans les écoles militaires. C'est une véritable armée noire sous les ordres du pape, une armée dont chaque soldat, soumis à une obéissance aveugle, doit être comme un cadavre entre les mains de ses chefs. La Prusse est donc bien assurée de trouver là des espions conscients ou inconscients, qui lui coûteront beaucoup moins que les officiers qu'elle détache au milieu de nous pour surprendre les secrets de notre défense nationale.

Le danger que nous fait courir l'armée cléricale est si grand, et en même temps si pressant, que la mollesse et l'indécision de **nos gou**vernants les placeront bientôt en face d'une effrayante **respon**sabilité.

Nous savons par quel raisonnement les défenseurs de l'Eglise essaient de concilier leur attachement au pape, ennemi déclaré de la France, avec le patriotisme qu'ils affichent avec éclat, et dont ils auraient même le monopole, s'il faut les en croire : —

« C'est comme souverain temporel, disent-ils, que le pape a pu traiter avec l'Empire allemand contre la France; mais nous ne lui devons d'obéissance que dans le domaine spirituel. »

Allons donc! prétend-on nous berner longtemps encore avec une semblable distinction? Dans quel esprit sensé fera-t-on entrer cette idée que celui qui s'est emparé de notre conscience pour la diriger, ne nous tient pas en son pouvoir d'une manière absolue? Laissons de côté une distinction subtile et qui, d'ailleurs est absolument fausse, et proclamons ce qui est, à savoir que l'obéissance au pape, allié des Prussiens, à tel titre que ce soit, spirituel ou temporel, équivaut à une trahison envers la France

Nous avons assez bien expliqué par quels liens la Ligue des patriotes se rattache au clergé et au pape, pour que nos lecteurs ne soient pas surpris de trouver les affiliés à cette association, et les jésuites, confondus dans les mêmes rangs pour défendre la même cause. S'il restait l'ombre d'un doute, à cet égard, il serait dissipé par la déclaration suivante, publiée dans le *Drapeau* du 25 avril dernier, sous la signature de M. Henri Deloncle, le lendemain du jour de la démission de M. Paul Déroulède :

« France et Rome

« Ce n'est pas sans une certaine angoisse que nous avons suivi, depuis quelques mois, la politique adoptée en Allemagne par le pape.

« Nous n'avons pas mission de savoir quel conseiller de la curie romaine est plus spécialement responsable de cette attitude, et nous laissons aux journaux pour lesquels les questions de parti prédominent toutes choses, le soin périlleux de critiquer ou de louer sans mesure une série d'actes empreints à la fois d'une rare défaillance et d'une profonde visée

« Une rare défaillance, disons-nous: car personne ne parviendra à nous faire accepter des concessions aussi déplorables que celles dont le Saint-Siège se montre si prodigue envers le chancelier. *Nous avons toujours témoigné ici de notre respect pour les choses du dogme, et pour rien au monde nous ne discuterons les droits canoniques du pape sur les fidèles de son Église.* Mais nous n'admettrons jamais qu'une puissance étrangère, spirituelle ou non, intervienne dans les affaires d'Alsace-Lorraine pour moraliser ou frapper nos amis et servir la cause de la répression, alors que ce sont là des droits de conscience aussi inaliénables que ceux dont peut se prévaloir l'unité de la religion catholique

« Aussi faisons-nous un sincère appel à toutes les personnes chez lesquelles le sentiment de la foi religieuse et de la discipline apostolique s'accorde avec un vif sentiment des obligations des patriotes envers la Patrie. C'est à eux de montrer, par des observations très mesurées, mais très nettes, que le pouvoir papal se trompe dans ses conseils ou ses ordres au clergé et au peuple chrétien d'Alsace-Lorraine, et que ce n'est pas à lui qu'il convient de décider si l'enseignement des séminaires sera donné en français ou en allemand, dans les provinces annexées ; si les curés n'y prêcheront qu'en allemand s'ils devront soutenir M. de Bismarck, déjà chevalier de l'ordre du Christ, et demain protecteur de la catholicité : s'ils deviendront les courtiers électoraux des septennalistes, des envahisseurs et des traîtres.

« Là où le gouvernement prussien prétend seul gouverner, le pape n'a rien à dire. »

Et c'est cette Ligue des patriotes qui, en nous attachant aux flancs le clergé et son pape, ami des Prussiens, nous force à partir en guerre contre ces mêmes Prussiens !

Enfin, c'est cette même Ligue qui a fourni aux Prussiens les principaux griefs que M. de Bismarck a relevés pour nous déclarer agresseurs de l'Allemagne et ouvrir les hostilités, à l'heure qu'il jugera opportune.

Les correspondances étrangères annoncent une publication dans laquelle se trouveraient réunis tous les prétendus griefs de l'Empire allemand contre la France. L'une de ces correspondances nous en donne l'avertissement en termes d'une insolente ironie.

« Les Français, y est-il dit, devraient de nouveau se préparer à rester calmes, car, dans une quinzaine de jours, ils seront mis à une nouvelle épreuve. La cour suprême de Leipzig a l'intention de faire juger avec une ostentation inusitée l'affaire dans laquelle M. Schnaebelé a été impliqué.

« L'acte d'accusation comporte 500 pages ; il faudra quatre heures pour le lire. Tous les renseignements accumulés depuis quelques mois par les Allemands, en ce qui concerne les baraquements, les élections, les voyages de M. Paul Déroulède, M. Schnaebelé et ses émissaires, les journaux fondés par la Ligue des Patriotes, des lettres de toute sorte, constituent un acte d'accusation contre la France aussi bien que contre les prisonniers actuels. »

Comme si ce n'était pas assez de mettre, par ses agissements, la Patrie en danger, la Ligue des patriotes avait entrepris de nous leurrer de l'espoir d'une alliance avec la Russie. M. Paul Déroulède avait été très affirmatif à cet égard. De son côté, la chancellerie allemande qui excelle à entretenir chez ses ennemis des espérances qu'elle sait devoir être déçues, faisait circuler dans les correspondances internationales qu'elle soudoie, des notes qui présentaient l'alliance franco-russe comme un fait accompli. M. de Giers, qui dirige la politique étrangère à Saint-Pétersbourg, était tombé en disgrâce ; et ce ministre qui passe pour être favorable au cabinet allemand, cédait la place à un partisan déclaré de l'alliance franco-russe. La Bourse montait sur ce racontar, qui n'avait d'autre fondement qu'une dépêche datée de Berlin ; et les journaux à sensation exploitaient, pendant une semaine ou deux, une nouvelle qui laissait les Républicains indifférents, parce qu'ils n'y croyaient point. Mais la vérité se faisait enfin jour, et tous les bruits relatifs à la retraite de M. de Giers se trouvaient démentis. Les journaux publiaient alors une dépêche datée cette fois de Saint-Pétersbourg, mais d'une ambiguïté qui égalait celle des anciens oracles de Delphes :

« L'empereur Alexandre, y était-il dit, n'a qu'un objectif: la paix générale. Pour atteindre ce but, autant du moins que cela dépend de son pouvoir souverain, la Russie croit devoir maintenir entière sa liberté d'action.

« Il n'y a là ni menace, ni encouragement pour personne, et chacun peut en faire son profit. »

C'était exactement le langage que tenaient les correspondances moscovites, à la veille de la guerre de 1870, quand Napoléon III fondait sur l'alliance russe l'une de ses plus robustes espérances.

IV

GUERRE A LA GUERRE

SOMMAIRE : Caractère républicain d'une guerre purement défensive. — Les demi-mesures, les reculades de notre gouvernement le rendent impropre à soutenir une telle guerre : il nous faut l'âme de Danton et une Convention nationale. — La confiance est encore affaiblie par le désordre des finances publiques ; révélations sur le déficit. — Combien le gouvernement allemand a été plus prudent : les fonds sont votés pour une mobilisation immédiate. — Le trésor militaire allemand. — Notre essai de mobilisation est entravé par l'Allemagne ; citation de la *Gazette de l'Allemagne du Nord*. — Est-il défendu à nos gouvernants de prendre des mesures défensives sans la permission de M. de Bismarck ? — Reverrons-nous le tableau des errements de 1870 ? — Cependant de nouveaux millions seront jetés dans le gouffre du Tonkin. — Pourquoi avons-nous appelé l'attention de tous sur les dangereuses menées de la Ligue ?

Pour faire reculer la guerre, il faut être prêt à la supporter, et se trouver armé pour la victoire. Rien ne doit être livré à l'incertude, et aucune mesure de salut public ne doit être négligée.

La guerre défensive est la seule qui soit légitime pour un peuple républicain ; mais il est nécessaire de l'affirmer. Cette guerre, si nous sommes vainqueurs, doit-elle être toute d'extermination, comme la veulent des patriotes à l'esprit étroit, et devons-nous retourner à la barbarie antique, préparant ainsi de nouvelles revanches, de la part des vaincus réduits au désespoir ? Non ; le chant même de la *Marseillaise* nous dicte notre devoir après la victoire :

> Français, en guerriers magnanimes.
> Portez ou retenez vos coups :
> Épargnez ces tristes victimes,
> À regret armées contre nous !

Souvenons-nous toujours qu'en défendant la République, c'est pour la cause des peuples que nous combattons ; mais il est nécessaire de le proclamer.

Ce que nous avons le plus à redouter, c'est l'incertitude, c'est-à-dire cet esprit d'imprudence et d'erreur, de folle confiance suivie d'abattement, qui nous a été fatal en 1870. Le gouvernement allemand sait ce qu'il veut et où il va ; et, s'il prépare la guerre, il le fait avec résolution, brisant tout ce qui peut le gêner. Notre gouvernement en est encore aux hésitations. Ne voulant pas lui-même déclarer la guerre, il entretient jusqu'au dernier moment l'espoir qu'elle pourra être évitée. Il craint que des mesures hardies, mais certainement nécessaires, ne soient interprétées comme des actes d'agression. De là, des demi-mesures ou des atermoiements, autant de fautes qu'il est souvent fort difficile de réparer sous le feu de l'ennemi. Les esprits clairvoyants le sentent, et ils craignent qu'une déclaration de guerre, suivie d'une action rapide, ne vienne nous surprendre, avant que la Nation n'ait entendu retentir le : *Garde à vous !*

A Bismarck il faut opposer Danton et une Convention nationale ; et, malheureusement, nous n'avons que M. Rouvier succédant à Goblet ou Freycinet à Goblet, c'est-à-dire un gouvernement instable, partant sans force. Le général Boulanger, ministre de la guerre, inspirait confiance à la nation par sa prudence autant que par son énergie ; mais les orléano-opportunistes qui font et défont les ministères, jalousant son influence et sa popularité, lui ont déjà enlevé la direction des armées.

Cet esprit d'irrésolution de nos gouvernants aurait des conséquences fatales, s'il avait pour effet d'énerver la Nation au point de la faire désespérer d'elle-même. Mais il pourrait aussi allumer des colères qui deviendraient funestes au gouvernement seul.

Quoi qu'il en soit, la confiance est déjà ébranlée par le fait de l'incertitude dans l'attribution du commandement.

Ce qui paralyse encore la défense nationale, en ajoutant à la faiblesse du gouvernement, c'est l'impossibilité d'équilibrer le budget, et surtout de faire face aux dépenses que nécessiterait la guerre, autrement que par des emprunts, présage d'une banqueroute prochaine. Rien ne semble avoir été prévu à cet égard.

Il est aujourd'hui révélé que, sur un budget de trois milliards deux cents millions, les rentes et les intérêts de la dette publique absorbent seize cents millions ; le département de la guerre et celui de la marine, un milliard. Il ne reste donc guère plus de six cents millions par an pour subvenir à toutes les autres dépenses de l'administration publique, qui, à elles seules, exigent un milliard et demi. Il faut donc, chaque année, emprunter toujours et davantage ; et nous avons encore douze milliards à emprunter ainsi pour qu'il ne reste plus un sou disponible pour faire face aux dépenses de l'Etat. En effet, la totalité des recettes sera absorbée par les intérêts à payer aux rentiers. Avant sept ou huit ans, ce sera un fait accompli ; et même avant deux ans, si nous avons à traverser les péripéties d'une guerre.

Qu'a fait le gouvernement opportuniste pour prévenir les conséquences d'un tel état financier? Rien, rien, rien ! Oa ! pardon, il a laissé les Juifs et les banquiers allemands pousser la rente à 110 francs pour manifester une confiance sans bornes !

Il ne reste aujourd'hui qu'un moyen de salut : la contribution progressive sur les grosses fortunes et la reprise de possession des biens de main-morte des corporations religieuses. Et il y a lieu de faire tout cela sans hésiter : car nous voilà sur le radeau de la Méduse. Le gouvernement aura-t-il le courage de l'avouer, et surtout de recourir à ces mesures de salut public? Nous posons la question ; et s'il est une autre solution possible, nous l'attendons avec curiosité.

Combien le gouvernement impérial allemand s'est montré plus prudent ; les fonds affectés à la mobilisation des troupes sont votés depuis longtemps; et de plus, le gouvernement dispose d'un trésor militaire qui ne doit être employé qu'au moment de l'entrée en campagne.

Il n'est pas sans intérêt de porter notre attention sur le fameux trésor militaire prussien. C'est Frédéric-le-Grand qui, le premier, constitua ce trésor. C'était une réserve qui lui permettait, en cas de revers, de trouver sous la main des ressources suffisantes pour faire sortir de terre de nouvelles armées. Depuis, les princes qui se sont succédés sur le trône de Prusse, ont respecté et suivi cette tradition. Ce fut le Trésor militaire qui, en 1813, mit les Prussiens à même de faire la levée générale pour la libération de leur territoire ; il était alors enfermé dans la citadelle de Magdebourg. En 1870, le Trésor militaire fut éventré de nouveau. La rançon de cinq milliards, qui nous fut imposée après la guerre, a permis de le reconstituer. Jamais il n'a été inférieur à quatre cents millions de francs. Nous ignorons à combien il s'élève aujourd'hui ; car c'est là un secret d'Etat qui n'a pas été divulgué.

Quoiqu'il en soit, il n'est pas un soldat prussien qui doute de l'existence du mystérieux trésor, et qui ne sache que le signal de la guerre verra finir pour lui le dur régime et les privations de la caserne. Il espère revoir alors les distributions de bière et de cigares. Aussi le tableau de la misère présente-fait-il désirer à plus d'un le commencement des hostilités.

Voilà où en est l'Allemagne, quant à ses finances militaires. Qui peut dire où en est la France ?

Ce n'est pas tout : les Prussiens ont fait, depuis longtemps, leurs expériences de mobilisation, deux bataillons affectés au service des chemins de fer pour le transport des troupes, sont en activité, prêts à tout événement ; l'un de ces bataillons est à Berlin. Bien plus, la mobilisation de certains corps d'armée est un fait qu'on ne saurait nier ; trois de ces corps mobilisés occupent actuellement les frontières du côté de la France.

Tandis que les Allemands se massent ainsi d'une manière menaçante, où en est notre armée, quant à l'essai de la mobilisation ?

Dans la séance de la Chambre des députés du 10 mai, le général Boulanger a déposé un projet de loi relatif à un essai de mobilisation d'un corps d'armée et d'une section d'ouvriers de chemins de fer en campagne, dépendant d'un des grands réseaux.

L'importance de cet essai a été bien des fois signalée car la mobilisation exige une régularité et une précision très grandes dans les mouvements, afin de ne pas compromettre le but que l'on se propose d'atteindre. Or, il s'agit d'expérimenter un mécanisme qui n'a encore été étudié que théoriquement, de juger s'il n'offre rien de défectueux, et, d'autre part, si les chefs de corps possèdent, chacun dans sa sphère de commandement, les talents et les qualités morales, pour assurer le succès des mouvements stratégiques.

Il paraissait difficile que ces exercices, parfaitement justifiés, même dans un temps où la paix est le mieux assurée, portassent ombrage au grand chancelier ; mais il lui importe tellement de persuader à l'Europe que c'est l'Allemagne qui est attaquée, que ses journaux reptiliens ont prétendu voir dans un essai de mobilisation, projeté en automne prochain, une menace directe et presque un acte d'agression.

La *Gazette de l'Allemagne du Nord* dit, en commentant la nouvelle de la signature, par M. Grévy, du projet de loi de mobilisation, à titre d'essai, d'un corps d'armée :

« Bien que cet essai de mobilisation ne doive avoir lieu qu'au mois d'octobre, il est probable que l'effet produit par l'annonce de cette nouvelle se fera sentir beaucoup plus tôt dans les cercles militaires français. En effet, comme le corps d'armée choisi pour cet essai ne doit être désigné qu'au dernier moment, on peut penser, tout en admettant que ce choix doive être limité aux corps stationnés dans l'ouest et le sud de la France, que tous les commandants de corps d'armée prendront, à temps, toutes les mesures nécessaires pour mettre chaque corps d'armée isolé à même de se trouver immédiatement sur le pied de guerre, dans le cas où leur corps serait désigné. »

Le même journal ajoute :

« Les corps stationnés dans le nord-ouest et aux environs de Paris ont, dès maintenant, une avance au point de vue de leur état de préparation permanente.

« Dans cette situation, la portée du projet adopté par M. Grévy est beaucoup plus grande qu'elle ne le paraît au premier abord. »

Le journal allemand lance cette impudente protestation contre une mesure projetée pour l'automne, c'est-à-dire à une époque où la guerre sera depuis longtemps déclarée, ou définitivement rendue impossible par des circonstances indépendantes de la volonté de M. de Bismarck : et il proteste en passant sous silence la présence, sur nos frontières, de trois corps d'armée allemands, complètement mobilisés.

Ainsi voilà où en sont les choses : l'Allemagne est prête ; la mobilisation partielle de ses troupes est actuellement opérée ; peu d'heures suffiront pour mobiliser le reste. Et nous, nous en sommes à prendre tous les ménagements possibles pour ne pas irriter M. de Bismarck par l'annonce d'un projet qui sera vraisemblablement devenu inutile en automne prochain ! Ne croirait-on pas, en vérité, que nos troupes ne peuvent plus manœuvrer ni prendre telle ou telle position sans la permission de M. de Bismarck.

Et encore le projet de mobilisation *en automne* n'est-il pas aussi avancé qu'on pourrait le supposer. Avant qu'il soit définitivement adopté, la Chambre des députés aura à discuter, puis à voter l'ouverture d'un crédit probablement insuffisant de 1 millions 900,000 fr., pour les frais de l'expérience ; et rien n'annonce que le vote doive avoir lieu d'urgence. Quant au vote des crédits pour une mobilisation générale éventuelle, il y a lieu de craindre qu'il ne soit ajourné jusqu'au moment où la Chambre aura découvert le talisman à l'aide duquel il lui sera permis d'équilibrer son budget. Voilà ce qu'on est forcé d'avouer, en face de l'Allemagne, qui a déjà voté les fonds nécessaires pour une entrée immédiate en campagne.

Allons-nous recommencer les errements de 1870? Par le retard d'un seul jour, quelle effroyable responsabilité le gouvernement n'assumerait-il pas sur sa tête, si nous devions voir se renouveler l'invasion allemande, ce que nous saurons dans peu de semaines, dans peu de jours peut-être.

Oh! sans doute, aucune accusation ne peut être portée contre le général Boulanger personnellement. Nous savons combien ses projets de défense nationale ont été entravés par un gouvernement timide et indécis, qui ignore qu'on ne se fait respecter qu'en prouvant qu'on ne redoute pas le danger, et qui espère se sauver par des concessions qui ne font, au contraire, qu'augmenter les exigences et les audaces de son ennemi.

N'avons-nous pas vu, lors des récentes discussions du budget, au sein de la commission parlementaire, le ministère des finances réduire de plusieurs millions le budget particulier de la guerre, déjà si insuffisant, tandis qu'il réclamait des allocations supplémentaires pour le service des autres ministères!

Pendant que les crédits nécessaires pour la mise immédiate de notre territoire en état de défense sont ainsi ajournés, le gouvernement ne marchande pas le sacrifice de nouveaux millions jetés dans le gouffre du Tonkin.

Nous avons perdu là plus d'un milliard, qui aurait suffi pour compléter notre armement général.

Eh! que sommes-nous allés faire au Tonkin? Notre génération n'aura-t-elle pas à rougir d'avoir entrepris, au fond de l'Asie, sur les conseils perfides donnés à un certain Ferry par M. de Bismark, la conquête d'un pays qui lutte et luttera jusqu'au bout pour le maintien de son indépendance?

Le troisième Empire a pu méditer le renversement de la République mexicaine. La Nation n'était aucunement solidaire des actes d'un tyran qu'elle devait plus tard rejeter et flétrir si hautement. Mais quelle excuse invoqueraient les soi-disant Républicains, les opportunistes, qui ont tenté de faire, en Asie, une véritable Alsace-Lorraine, au nom de la force qui prime le droit! Que peuvent-ils opposer, désormais, à M. de Bismark qui prétend, lui aussi, garder l'Alsace-Lorraine, en vertu de ce même principe?

Tant de fautes seront-elles rachetées par l'état de notre organisation militaire et de notre matériel de guerre? Ces facteurs peuvent-ils inspirer à nos soldats une juste confiance? Oui, sans aucun doute. Mais alors que toutes les facilités nous sont offertes par notre génie national et la supériorité de notre industrie, pour surpasser les autres peuples, n'avons-nous pas trop souvent le tort d'attendre qu'un perfectionnement ait été apporté par nos voisins dans leurs armées, avant de l'introduire dans la nôtre?

Nous avons signalé plus haut sur les imperfections de notre armement, et la résistance que les améliorations proposées rencontrent de la part des bureaux de la guerre. Ainsi on a proposé depuis longtemps la formation de corps de tireurs-éclaireurs, qui se composeraient de l'élite de nos Sociétés de tir; on a démontré que les qualités natives du Français le rendent merveilleusement propre à cette guerre d'embuscades et de surprises, qui déconcerte l'ennemi, en déjouant ses plans et en arrêtant ses mouvements. Devait-on s'attendre, néanmoins, à l'opposition que les bureaux de la guerre ont faite jusqu'à présent à un projet dont le général Boulanger, nous le savons, a exprimé la volonté de hâter la réalisation?

Notre attachement à la cause républicaine nous a inspiré les considérations qui précèdent: elles résument, nous le croyons, les justes craintes qui ont déjà frappé l s meilleurs esprits. Nous nous féliciterons de les avoir exprimées dans cet ouvrage, si nous voyons se former enfin un courant d'opinion publique qui les propage, et qui fasse ainsi sortir de leur indifférence trop de citoyens qui ne s'éveillent qu'à l'heure du danger.

A ceux qui seraient tentés de nous reprocher la hardiesse de nos vues et de nos sentiments, nous répondrons: — Rappelez-vous les jours qui ont précédé la guerre néfaste de 1870. On conspuait, on frappait le citoyen assez clairvoyant et assez courageux pour dire la vérité sur le *merveilleux chassepot* ou sur *l'incomparable mitrailleuse de Meudon*. Celui-là était un traître, un Prussien! — « Nous sommes prêts! s'écriait le maréchal Lebœuf; il ne manque pas un bouton de guêtre » — « A Berlin! » hurlaient les soutiens de l'Empire, qui émargeaient au budget, On reconnut trop tard combien s'étaient montrés sages ceux qui avaient protesté contre la guerre.

Il nous a semblé que ceux qui dirigent la Ligue des patriotes et les imprudents qni marchent à leur suite, allaient renouveler les mêmes fautes. Aussi avons-nous écrit ce livre pour les éclairer.

Il est temps encore de rassembler toutes nos forces, toutes nos ressources, pour le suprême assaut que le despote allemand paraît disposé à nous livrer. Cette fois plus de forfanterie ! Que chaque jour, chaque heure soit employée à forger des armes ou à nous exercer. Méfions-nous d'un mépris exagéré de notre adversaire ; mais efforçons-nous de développer en nous-mêmes toutes les facultés et toutes les vertus républicaines qui nous rendront supérieurs à lui.

Vive la République !

FIN

Imp. typ. et lith. de M. Decembre, 326 rue de Vaugirard, Paris

www.ingramcontent.com/pod-product-compliance
Lightning Source LLC
LaVergne TN
LVHW020616180726
843502LV00002B/490